U1007699

成语故事大讲堂

中侨大讲堂

刘凤珍 主编

成语故事大讲堂

侯蕾◎编著

中国華僑出版社

成语故事大讲堂

图书在版编目（CIP）数据

成语故事大讲堂 / 侯蕾编著 .— 北京：中国华侨出版社，2016.12
（中侨大讲堂 / 刘凤珍主编）
ISBN 978-7-5113-6512-5

Ⅰ. ①成… Ⅱ. ①侯… Ⅲ. ①汉语－成语－故事 Ⅳ. ①H136.31

中国版本图书馆 CIP 数据核字（2016）第 286477 号

成语故事大讲堂

编　　著 / 侯　蕾
丛书主编 / 刘凤珍
总 审 定 / 江　冰
出 版 人 / 方　鸣
责任编辑 / 千　寻
封面设计 / 杨　琪
经　　销 / 新华书店
开　　本 /720mm×1010mm　1/16　印张：24　字数：480 千字
印　　刷 / 北京鑫国彩印刷制版有限公司
版　　次 /2017 年 6 月第 1 版　2017 年 6 月第 1 次印刷
书　　号 /ISBN 978-7-5113-6512-5
定　　价 /48.00 元

中国华侨出版社　北京市朝阳区静安里 26 号通成达大厦 3 层　邮编：100028
法律顾问：陈鹰律师事务所
发行部：（010）64443051　　传　真：（010）64439708
网　址：www.oveaschin.com　　E-mail: oveaschin@sina.com

如发现图书质量有问题，可联系调换。

前言

Preface

成语是人们长期以来习用的简洁精辟的定型词组或短句，它言简意赅，深刻隽永，是汉语词汇中的璀璨明珠。成语一般都有出处，或者说都有一段故事。汉语中的成语不仅数量众多，而且运用广泛，民族文化特征鲜明，要想了解中国文化，就不能不重视成语的学习和研究。另外，在文字表达中，恰当地使用成语，能起到画龙点睛、生动形象、言近而旨远的效果，历来善于写诗为文的人，为了加强作品的说服力或艺术效果，无不重视成语的恰当使用。而学习和阅读诗文及其他文化典籍的人，为了较好地理解作品的原意，也需要掌握成语的出处和含义。

成语故事一般都深具历史性、趣味性、哲理性、艺术性等，为人民群众所喜闻乐见。这本《成语故事大讲堂》遍搜中国浩如烟海的历史文化典籍及相关成语故事集，条目海量，蔚为大观。读者可以追本溯源，从生动有趣的故事入手，去体味中华五千年历史文化的博大精深，也可将其作为工具书查阅，可谓一册在手，成语故事全掌握。

本书在体例编排上注重知识性、可读性和完整性，每则分释义、出处、故事三部分，按笔画多少的顺序排列，便于读者检索查阅。对于一些类似成语的熟语故事，也予以适量收录。

本书在内容编排上具有两大显著特点：

一、搜罗宏富，出处广博。书中成语有的出自《史记》《汉书》等正史，有的出自《诗经》《尚书》《论语》《孟子》等“四书五经”，有的出自《战国策》《左传》《资治通鉴》《晏子春秋》《太平御览》等杂史别传，有的出自《庄子》《韩非子》等诸子百家著作，有的出自《楚辞》《全唐诗》《古乐府》《文选》等诗词文赋集，有的出自《三国演义》《红楼梦》等古典小说……涉猎极广，可谓触及了几乎所有的历史文化典籍，令读者眼界大开。

二、故事简洁完整，生动有趣。所有故事虽系摘选，但皆独立成篇，并紧扣所讲成语展开，使读者对成语的由来一目了然。而且所有故事同一般的历史故事或文学故事等别无二致，可读性强，能使读者于兴致盎然中学习领悟。

成语作为汉语言文化中的一部分，既是历史文化的积淀，又与我们的工作、生活须臾不可分。它们有些意思简洁明了，有些单从字面来理解很容易望文生义，闹出笑话。衷心希望本书能帮助广大读者扩大知识面，掌握更多的成语，并能得心应手地在实际中运用。

目录

Contents

一 画

二　画

三　画

四　画

五　画

六　画

七　画

八　画

九画

十　画

十一画

十二画

十三画

十四画

十五画以上

一　画

一成一旅

【释义】古时以方圆十里为一成，以士兵500人为一旅。比喻力量虽小却有所建树。

【出处】春秋·左丘明《左传·哀公元年》。

春秋时期，吴王夫差为了替父亲报仇，率兵攻打越国，把越王勾践和他的5000名残兵败将围困在会稽山上。勾践听从了大臣范蠡的主张，打算求和。

勾践便派大臣文种到吴王营里去求和。夫差打算同意，可吴国大夫伍子胥坚决不肯。他告诫夫差说："古语说得好，'建树德行最好是不断培植，去掉毒害最好是消除干净'。"接着，他就给夫差讲了夏朝时期的一个故事。

夏朝的时候，过氏部落首领浇杀了斟灌，攻打斟鄩，灭了夏朝的后相，后相的妻子后缗逃走了，后来生下了一个儿子，名叫少康。少康逃到有虞部落里，做上了官。酋长还把两个女儿嫁给少康为妻，并将纶邑这个地方封给他，纶邑虽然地方不大，只有十里见方，人口也只有500，也就是所谓的一成一旅，但少康到那里以后，广施恩德，安抚下属，积极训练军队。当时机成熟了，就率兵攻打过国、戈国，灭了它们，恢复了夏朝的天下。这就是"少康中兴"的故事。

吴王夫差像

伍子胥讲完这个故事后，接着又说："如今的吴国不如当时的过国，而越国却超过了少康的纶邑。假如将来上天让越国强大起来，对吴国将是极大的威胁。我们如果不乘胜消灭勾践，将后患无穷啊！"

可是夫差早被胜利冲昏了头脑，根本听不进伍子胥的意见，还是同意了越国的求和要求。伍子胥失望地对大臣们说："唉！越国用10年生息繁衍，再用10年教育训练，20年后一定会来报仇的。"

20年之后，越国真的强大起来，勾践率兵打败了吴国，并且连吴王投降都不允许。吴王懊悔莫及，只得自杀而死。

一心一德

【释义】表示一个集体彼此目标

相同，思想一致。

【出处】春秋·孔丘《尚书·泰誓》。

殷纣王是商朝最后的一个君主，也是历史上有名的暴君。他残酷地剥削和压迫人民，成天跟贵族们一起喝酒打猎，过着奢侈腐化的生活。他为了掠夺奴隶和财富，又经常不断地向周围各小国发动战争。

殷纣王的暴行，激起了国内人民和周围各国人民的强烈愤恨。于是，周武王起兵讨伐殷纣王，联合了西方 8 个小国的军队，渡过黄河，向商朝都城朝歌（今河南淇县）进攻。出发前在孟津举行誓师大会，武王的宣誓词叫作《泰誓》，里面有这样的话："乃一德一心，立定厥功，惟克永世。"意思是说：愿我们一心一德，誓把敌人消灭干净，让天下永享太平。

《尚书·泰誓》里的"一德一心"，后演化成"一心一德"这个成语。

一朝一夕

【释义】从早晨到傍晚。形容很短的时间。

【出处】战国·列御寇《列子·力命篇》。

杨朱是战国时期著名的哲学家。一次，他到朋友季梁家去，恰巧季梁身体不舒服，躺在床上。季梁的儿子见了杨朱后，哭着说："杨伯伯，我父亲的病看上去很凶险，您是否能帮我请医生来为他诊治一下？"

杨朱探视了一下，安慰季梁的儿子说："贤侄别急。依我看，你父亲的病并不严重，只要好好调理，很快会痊愈的。"

但是，季梁的儿子不信，一下子请来三个医生。

第一位医生给季梁诊治了一下，说："你的病是由冷暖没有节制，虚实失调，阴阳不和，平时饥饱不均造成的。只要吃几帖药，病就可以治好。"

季梁摇摇头说："你只是个普通医生，你走吧！"

第二个医生为季梁诊了脉，说："你的病是由于先天不足，而不是一朝一夕形成的。要用药来治好你的病，恐怕很难。"

季梁赞许地说："你是一位良医。"

第三位医生只望了望季梁的气色，说："你的病是由精神因素引起的，所以不用吃药，只要好好修心养性，就会好的。"

季梁赞许地说："你可真是一位神医呵！"

原来，季梁的病确实因精神忧郁而起。没过多久，他的病经过精神调节，果然好了。

一琴一鹤

【释义】比喻文士的高雅和清贫。

【出处】元·脱脱等《宋史·赵抃传》。

宋朝年间的一个早晨，有个叫赵抃的官吏去蜀地上任。赵抃的行装十分简单，随身只带着一只古琴，还有一只白鹤。古琴放在一只布袋里，而白鹤则放在一只竹篓里，一琴一鹤分两边驮在一匹马上，这就是赵抃的全部行装了。"琴"和"鹤"都是古代文人学士高雅不俗的象征。

皇帝宋神宗听说赵抃只带一琴一鹤上任的事后，十分赞赏地对赵抃说："你能以匹马入蜀上任，只随带一琴一鹤，这实在太好了。希望你到任后，能够精兵简政，不贪财物，就像你的行装一样简单。”

一鳞半爪

【释义】龙在云中，东露一鳞，西露半爪，若隐若现，不见全身。比喻只是事物的一部分，也比喻事物的零星片断。

【出处】宋·计有功《唐诗纪事》。

唐朝长庆年间，大诗人白居易有一次请他的好友，著名诗人元稹、刘禹锡、韦楚客到他家做客。

就座以后，白居易建议道：“今日难得幸会，若不赋诗饮酒，岂不有失雅兴？”见众人一致赞成，又说：“那我们就以《金陵怀古》为题目作诗，如何？”

众人纷纷提笔静思。刘禹锡是位饱经风霜的政治家，因参加了当时的改革而屡遭迫害。因此，此时他的脑海里一下子涌上了西晋伐吴、孙皓投降以及东晋、宋、齐、梁、陈五个王朝相继灭亡的情景，一种悲凉情调油然而生。他端起了一杯酒，一饮而尽，提笔在纸上一阵挥舞，一首题为《西塞山怀古》的诗很快跃然纸上：

王濬楼船下益州，
金陵王气黯然收。
千寻铁锁沉江底，
一片降幡出石头。
人世几回伤往事，
山形依旧枕寒流。
从今四海为家日，
故垒萧萧芦荻秋。

这首诗怀古叹今，意味深长，白居易脱口赞道：“好诗呀好诗，咱们四人一块儿下海探龙，你先得到了龙珠，余下的一鳞一爪还有什么用呢？”

元稹和韦楚客也附和着说：“我们不必再献丑了，快把诗稿藏起来吧，一鳞半爪怎比得上你的珠子呢？”

一曝十寒

【释义】意为晒一天，冻十天，植物难以生长。后指做事没恒心。

【出处】战国·孟轲《孟子·告子》。

战国时代，群雄割据，游说之风十分盛行，形成了一个百家争鸣的局面。一般游说之士，不但有高深的学问、丰富的知识，还要有好的口才，尤其善以深刻生动的比喻，来讽劝执政者。孟子就是当时的一位著名辩士。

有一次，他对齐王的昏庸和轻信谗言很是不满，便不客气地对他说：“虽有天下易生之物也，一日暴之，十日寒之，未有能生者也。”意思是说：天下虽有生命力很强的生物，可是你把它放在阳光下照了一天后，又放在阴寒的地方冻它十天，它哪里还活得成呢！他还进一步说：“我跟大王在一起的时间是很短暂的，承蒙大王信任，听了我的劝谏后有了一点从善的决心，可是我一旦离开你，那些奸臣又来哄骗你，你又会听信他们的话，这就与一曝十寒一个样了。”

一以当十

【释义】一人抵十人之用。同“以一当十”。

【出处】汉·司马迁《史记·项羽本纪》。

秦朝末期，各地反秦义军纷起，自立为王。秦国大将章邯打败了赵国的大将张耳。张耳保护赵王歇逃往巨鹿。章邯分兵再去围攻巨鹿，紧追不放。眼看着秦兵压境，情况十分紧急，

项羽像

赵王连连派遣使者向楚怀王求援。

怀王闻讯，赶紧派主帅宋义、副帅项羽、末将范增率领20万人马浩浩荡荡向巨鹿出发。

部队来到安阳，探子来报，秦军兵力强大。宋义不由心生畏惧，不敢前进，部队滞留了46日。项羽为此焦急不安，极力劝谏宋义立即出兵。但宋义不听，以各种理由来推诿。项羽不禁大怒，挥刀杀死宋义父子，急遣2万兵马渡漳河为巨鹿解围。但楚兵连连失利，损失惨重。项羽只得率领全体士卒渡过漳河以挽回败局，他明白置之死地而后生的道理，于是面对全体将士，深情地看了几眼后严肃而果断地说："沉掉全部船只，砸碎一切饭锅炊具，烧掉所有的帐篷，我们的成败将在此一举。"

轻装的部队已经义无反顾，当楚军与秦军再次相遇，楚兵个个奋不顾身，如入无人之地，没有一个不是"一以当十"的。双方大战九个回合，楚军终于战胜了秦兵，班师而回。"破釜沉舟"的成语也出自这个故事。

一毛不拔

【释义】一根毫毛都不肯拔掉。形容非常吝啬。

【出处】战国·孟轲《孟子·尽心》。

战国初期，魏国的哲学家杨朱主张"贵生""重己"，也就是重视个人生命的保存，反对别人对自己的侵夺，也反对侵夺别人。思想家墨翟与杨朱的主张正好相反，他主张"兼爱"，反对战争，提倡生产劳动，谴责贵族奢侈糜烂的生活。

有一次，墨翟的学生禽滑厘问杨朱道："如果拔您身上一根汗毛，使天下人得到好处，您干不干？"

杨朱说："天下人的问题，绝不是拔一根汗毛所能解决得了的！"

禽滑厘又说："假使能的话，您愿意吗？"

杨朱默不作声了。

有人问孟子对杨朱和墨翟这两位学者的观点如何评价。

孟子坦率地说："杨朱主张一切为自己，连拔下自己的一根汗毛有利于天下的事，他都不肯干，这一毛不拔也太自私了。墨翟与杨朱正相反，他提倡爱世上的所有人，只要对天下有利，他愿意做一切事情，哪怕磨秃头顶、走破脚跟，也心甘情愿，这是多么难得呀！但这恐怕不容易做到，尤其是要每个人都来做，更困难。鲁国贤人子莫提倡中道，我觉得主张中道情况就差不多了，但也要有灵活性，要会变通，不然坚持一点，不顾其余，就有损于仁义之道了。"

一发千钧

【释义】钧：古代的重量单位，合30斤。一根头发吊着千钧重物。比喻极其危险或形势非常危急。

【出处】汉·班固《汉书·枚乘传》。

公元前151年，汉景帝刘启即位。第三年，吴王刘濞因不满中央政权削减诸侯王封地的措施，便联合吴、楚、赵、胶东、胶西、济南、淄州诸侯王起兵叛乱。这就是历史上的“八王之乱”。

当时在吴王刘濞宫廷里任郎中的枚乘反对刘濞叛乱，曾进行过劝阻，呈上《谏吴王书》，书中采取比喻的方法暗示刘濞不要冒险。他说：“形势危急就像一根细线在高空中悬挂着千钧的重物，下垂的地方又是深潭，非常危险。在这生死存亡的紧急关头，您如果能倾听忠言相劝，国家就可以转危为安了。”

可是刘濞根本听不进去，终于联合其他诸侯反叛了。事实正像枚乘所预计的，“八王之乱”很快被平定了。他对吴王劝谏的比喻，成为“一发千钧”的成语，这个成语同“千钧一发”。

一衣带水

【释义】相邻很近，仅一水间隔。比喻江流狭窄，彼此之间极其邻近，不足为阻。

【出处】宋·司马光《资治通鉴·陈纪》。

隋文帝杨坚独霸中原后，想消灭长江中下游以南地区的陈国，统一中国。

他秘密派遣兵士装扮成行路人，来到陈国，偷偷顺风放火。江南多是茅屋竹舍，一处着火，便会成片烧光，储积在房屋里的粮食也随之全部烧成灰烬。等陈国人重新修建好后，他们又去烧。几年时间过去了，陈国财力损失巨大。同时，在南方农作物收获的时节，杨坚又派遣一些人马南下，佯装要袭击他们。陈国恐惧万分，迅速召集全部军队，兵分六路，沿长江南岸各个战略要地一线铺开，准备决一死战。这时隋文帝却又把自己的部队召回，从而使陈国成熟的农作物全部烂在田里。

587年，后梁尚书令萧岩等一帮人投降陈国。隋文帝非常气愤，对众官说：“陈国人生活在水深火热之中，我作为百姓的父母官，怎么能被一条衣带那样宽的江水阻隔而坐视不管呢？”于是下令大造战船，把造船余下的木片都投到江里去。

陈国知道了这些情况，想想现在又是农作物即将成熟的季节，一定是杨坚故技重演，也不做什么准备。结果隋军压境，陈国措手不及，终于灭亡了。

一网打尽

【释义】比喻全部抓住或消灭，一个也不漏掉。

【出处】宋·魏泰《东轩笔录》。

北宋时，都城开封每年秋天都举行赛神会。一年，眼看赛神会的日子又到了，进奏院主官苏舜钦叫属下找点东西卖掉，弄点钱喝赛神酒。这进奏院是个清水衙门，找不出什么值钱的东西，就把积攒的一堆拆下的公文封套纸卖了，但也没有几个钱，苏舜钦就拿出10千钱资助。其他人也有出些钱的。结果，酒席置办得不错，大家喝得挺高兴。没想到，太子中舍官李定一向与苏舜钦有怨恨，这次酒宴又未邀请他参加，因此对苏舜钦极为不满。他到朝廷告苏舜钦卖掉公家东西，铺张浪费。接着，与苏舜钦素来不和的朝廷御史刘元瑜奏请宋仁宗查办苏舜钦。宋仁宗不问青红皂白，免去了苏舜钦的官职，同时把那天参加宴会的人都给了处分，连大诗人梅尧臣也受到迫害。

不久，苏舜钦抑郁成疾死了。欧阳修惋惜地说："真想不到，因为赛神会的事，一时俊杰人物都举网而尽了。"

可干了这件缺德事的御史刘元瑜还自以为有功，扬扬得意地到处炫耀说："我把他们一网打尽了！"

梅尧臣写了一首诗，辛辣地嘲讽李定、刘元瑜之流：

客有十人至，共食一鼎珍。

一客不得食，覆鼎伤众宾。

一见如故

【释义】形容初次相见就像老朋友一样亲密无间。

【出处】宋·欧阳修、宋祁等《新唐书·房玄龄传》。

唐朝的开国功臣房玄龄从小机警聪慧，他曾悄悄地对父亲说："别看隋朝一统江山，太平无事，殊不知皇上无德无功，又重用奉承拍马之辈，滥杀无辜，百姓怨声载道，还随心所欲地废了皇太子。隋朝的灭亡，指日可待了！"

其父吓得连连喝住他不要乱说。

房玄龄 18 岁中进士，授羽骑尉。后来，汉王陈友谅反叛隋朝，房玄龄受牵连，被贬上郡。

房玄龄听说举义旗、反隋朝、名声显赫的秦王李世民巡行渭北，便策马赶来投奔，匆忙间竟拿着马鞭子上军门求见。

李世民对房玄龄早有耳闻，两人一见，也真投缘。《新唐书·房玄龄传》称他们"一见如故"，大有相见恨晚之感。李世民当即授房玄龄府记室之职。

从此，房玄龄跟随李世民走南闯北，九死一生。每次打了胜仗，将领们猎取的是金银财宝，而房玄龄却是为李世民收罗效力的人才。难怪李世民曾说："汉代光武帝有了邓禹，使幕僚们相亲相爱；今我有房玄龄，就如同得到邓禹一样。"

627 年，唐太宗李世民即位，宣布房玄龄与杜如晦、长孙无忌、尉迟敬德、侯君集等功居第一，任命房玄龄为中书令（宰相）。

一丘之貉

【释义】貉是形似狐狸的小兽。同一小丘上的貉。比喻彼此没有差别，都是坏人。

【出处】汉·班固《汉书·杨恽传》。

汉宣帝时期，杨恽在朝廷做中郎将，他是司马迁的外孙。杨恽的父亲担任过大司农、御史大夫，还代理过丞相，是朝廷的大官，杨恽也由于告发霍光谋反有功，而被封为平通侯。

杨恽因为受到皇帝的器重，自以为了不起，不把朝廷的大臣们放在眼里，还常常议论、讥刺汉宣帝，因此遭到一些人的嫉恨。不久，太仆戴长乐被人告发，被捕下狱，戴长乐怀疑是杨恽密告他的，因此在狱中写了一封信，向皇帝告状，说杨恽诽谤朝廷，咒骂圣上。他在信中写道："有一回，杨恽听说匈奴单于被人杀了，他议论说：昏庸的君主不采纳大臣们的善计，自然要得到如此的下场。秦二世胡亥宠信奸臣，杀害忠良，所以灭亡。若是他任用贤臣，也许秦朝会持续到现在呢！总而言之，古与今的昏君都是一丘之貉。这是杨恽引亡国之事，诽谤当世，违背人臣之礼……”

听说杨恽有这样的言论，汉宣帝非常气愤，但念他过去有功，没有杀他，只是把他削职为民。

貉是形如狐狸的小野兽，是一夫一妻制，喜欢夫妻住在一起。有时也找几个伙伴，共同住在一个洞穴里。因此人们在一个山包上往往会看到几只貉，这才有了“一丘之貉”的成语。

一身是胆

【释义】浑身都是胆气，形容胆量大极了。

【出处】晋·陈寿《三国志·蜀书·赵云传》。

赵云，字子龙，是刘备部下著名的勇将。有一次，赵云带兵驻守汉水附近，曹操的军队由张郃、徐晃率领，猛冲而来。赵云兵少势弱，看来难以抵敌，因此有的将士主张立即下令关紧营寨大门，以便死守。赵云不同意，反而下令敞开营寨大门，他独自骑马提枪，挺立在大门口。

这时，曹军见赵云营中静悄悄的，不动也不乱，赵云单枪匹马，立在门口，毫无惧色，疑有大批伏兵故意引诱深入，于是慌忙后撤。赵云发现曹军阵脚乱了，一声令下，战鼓齐鸣，喊声震天，雨点似的飞箭，向曹军射去。曹军纷纷逃命，自相践踏和跌入汉水而死的不计其数。赵云趁此引兵追击，攻占了曹营，打了一个大胜仗。

第二天，刘备和诸葛亮同来视察赵云的营寨，看到昨天的战绩，刘备十分高兴，对诸葛亮说：“子龙一身都是胆！”

一身二任

【释义】形容一个人担任两个职务。

【出处】唐·韩愈《圬者王承福传》。

王承福是唐朝的一个官宦子弟，祖父和父亲都担任京城高官，门第显赫，威震一方。天宝十四载，王承福随军效力，立下不小的功劳，归来拜见玄宗皇帝。玄宗赐他许多金银财宝，并要封他做官，但王承福婉言拒绝，只求回乡做一个泥水匠。皇上见王承福意志坚决，也不再勉强，恩准了他的请求。

虽然王承福出身官家，但没有一点儿骄横之气。他的手艺也十分高超：造的房子又牢固又美观。日复一日，王承福干这活，一干就干了30年。不少热心人为他做媒，然而王承福竟然一一谢绝了。几十年来，王承福经常把他辛苦赚来的钱送给一些残疾人和穷人。有人问：“王公子，你为什么这样做呢？”

王承福说：“种田织布要有人去做，只有各尽其力，人们才能生存。做官的，不论职位高低也得各尽其职。不然老天会惩罚这些好吃懒做的人。因此，我干泥水匠这活，虽说很辛苦但我心安理得。功劳大的可以养家，而我这样的，如果娶妻生子，那对我来说又劳身又劳心。一个人担任两重责任，即使是圣人也不能胜任呀！”

王承福独善其身，不图名利，甘愿吃苦的事迹就这样传诵开来，著名文学家韩愈还专门写了一篇《圬者王承福传》，以此抨击当时官吏的腐败堕落之风。“圬者”即泥水匠之意。

一举两得

【释义】做一件事有两种收获。

【出处】汉·司马迁《史记·张仪列传》。

卞庄子是春秋时鲁国人，非常勇敢，敢同老虎搏斗。一天，山上出现两只老虎，他就提剑上山，要去刺死它们。旅馆的童仆劝阻他道：“且慢，那两只老虎，此刻正在争吃一头牛，它们激烈相争的结果，一定是力气较小的老虎要被咬死，力气较大的老虎也要受伤，那时，你上山去，同一只受伤老虎搏斗，就容易取胜，而且只要刺死一只伤虎，就可以获得刺死两只猛虎的美名。”卞庄子听从了他的话，后来果然轻易地获得了杀死了两只老虎的美名。

此成语出自《史记·张仪列传》，原文是：“两虎方且食牛，食甘必争，争则必斗，斗则大者伤，小者死，从伤而刺之，一举必有双虎之名。”

一箭双雕

【释义】一支箭射中了两只雕。比喻一举两得。

【出处】唐·李延寿《北史·长孙晟传》。

南北朝时期，北周有一名武将叫长孙晟，洛阳人。他武艺精湛，深谙兵法，特别是精于射箭。

当时，突厥的首领摄图到北周求亲。北周的君主决定把一位公主嫁给他，并派长孙晟率领一批人马护送公主到突厥去。

有一次，摄图和长孙晟一起外出打猎。摄图猛抬头，看见天空有两只大雕在争夺一块肉。为了试试长孙晟的箭法，摄图随手递给他两支箭，请他把两只雕射下来。长孙晟接过箭驱动坐骑奔驰向前，看准两只雕厮打争夺得难解难分的机会，拈弓射箭，“嗖”地一箭射去，两只大雕一起掉了下来。摄图连声称赞：“好箭法！”

从此，留下了“一箭双雕”这一成语。

一钱不值

【释义】值：指货物与价值相当。一钱不值，指连一个铜钱也不值。形容毫无价值或价值微不足道。同“不值一钱”。

【出处】汉·司马迁《史记·魏其武安侯列传》。

汉朝时期，有一位很出名的武将，叫灌夫。他屡建战功，被汉武帝封为淮阳太守。

长期的军旅生活，使灌夫喜欢结交英雄豪杰、侠义勇士，与他们称兄道弟，举杯狂饮。他愿意亲近地位卑下的人，而对那些朝廷权贵，灌夫一点儿也看不上眼。一次多喝了一点酒，竟然把窦太后的兄弟给打了，灌夫险些丢了小命。

灌夫后来不做官了，虽然家里的宾客一天比一天少，可是他鄙视权贵的脾气一点儿也没改变。一年的夏天，丞相田蚡娶亲，朝廷的官员和亲朋好友拉着灌夫去凑热闹。酒席上，灌夫举杯向田蚡祝酒，田蚡却傲慢地说：“我不能喝满杯！”

灌夫笑脸相劝：“今天是丞相大喜的日子，理应喝个满杯呀！”

商纣王叔父比干像

田蚡依旧无动于衷，不肯喝酒。灌夫自觉受到侮辱，热血直往脑袋上冲。恰巧，席间临汝侯灌贤和将军程不识两人正在交头接耳，灌夫便把一肚子的怒气借他俩发泄出来："我一向就说程不识一钱不值，大家看怎么样？今天都在向丞相贺喜，他却学女人的样子咬起耳朵，这算什么东西啊！"满屋子的人都知道灌夫是借题发挥。因得罪了田蚡，不久灌夫就被田蚡杀害了。

一窍不通

【释义】窍："孔"的意思。本意是指没有一窍是贯通的。比喻什么都不懂，一般用来讽刺别人愚蠢和糊涂。

【出处】战国·吕不韦《吕氏春秋·过理》。

商朝昏庸暴戾的君王纣王，非常宠爱妃子妲己。一天到晚与宠妃妲己饮酒取乐，不理朝政也不顾老百姓的疾苦，同时，他又听信妲己的话，杀害了不少忠臣和无辜的百姓。

他的叔父比干看见他这样昏庸和残暴，屡次向他进言，劝他改邪归正做个有道国君，为国家和百姓做点有益的事情。

妲己为了享乐和得到宠爱，嫉恨比干多管闲事，便对纣王说："如果比干真正是一个忠臣的话，你为什么不叫他剖开自己胸膛，取出心肝来献给你呢！"纣王果然令比干剖胸而死。

妲己的做法当然是毫无道理的。后来，孔子曾评论此事说："其窍通，则比干不死矣。"后人把孔子的话引申为"一窍不通"这句成语。

一意孤行

【释义】孤行：独自行事。顽固地按自己的主观想法去做，不接受别人的意见。

【出处】汉·司马迁《史记·酷吏列传》。

赵禹和张汤，是汉景帝时的两个大臣。

赵禹为人耿直，做官清廉，对自己约束得十分严格。入朝当官以后，他为自己约法三章，一是遣散家中的门客，不再听他们的闲言碎语；二是断绝与亲密朋友的来往，尽量少受他们的人情影响；三是婉言谢绝公卿大夫的邀请，不与他们往来应酬。赵禹认为只有这样坚决杜绝各种吃请，才能不受其他因素的影响，"孤立行一意"，也就是不听别人怎么说，始终坚持按自己的意愿去做，公正地处理各种事务。

张汤为人奸猾，喜欢巴结权贵，与长安的许多商人富豪关系密切。张汤还十分能言善辩，得到景帝的赏识，很快晋升为御史大夫。

一次，景帝召集群臣商议与匈奴和亲的事，博士狄山主张和亲。这时，张汤站出来蛮横地攻击狄山："你真是个迂腐之人，简直无知到了极点！"

狄山回击说："我是愚忠，你是诈忠。你是一个狡诈的小人！"

张汤是景帝的宠臣，如今被人辱骂，这还了得！景帝当即责问狄山："你能掌管一个郡，不叫匈奴进犯吗？"

"臣不能。"

"你能掌管一个县吗？"

"臣也不能。"

"能掌管一个要塞吗？"

狄山知道再强辩下去没有好处，就说了句："臣能"。

于是，景帝马上传旨，叫狄山到边境的一个关口去防守要塞。可是没几天，匈奴入侵，将狄山抓住并杀害，然后砍下他的脑袋带走了。这件事使群臣震惊，大家对张汤更加畏惧了。

张汤认为有景帝庇护，越发为所欲为，渐渐激起了民愤。一些官吏联名上书景帝，揭露了张汤的许多坏事。景帝发觉自己受了骗，就派“孤立行一意”、秉公执法的赵禹去责问张汤。张汤自知罪恶深重，就自杀了。

“孤立行一意”，对赵禹来说是个褒义词，而后来演化成“一意孤行”成语后，就变成贬义词了。

一蛇吞象

【释义】亦作“巴蛇吞象”。巴蛇是传说中的一种神蛇，长800尺，能吃象。比喻人心不足，贪得无厌。

【出处】佚名《山海经·海内南经》。

古代传说南海有一种蛇叫作巴蛇，它身长足有800尺，能吃象。巴蛇把大象连骨头吞下肚里，三年以后才把骨头吐出来，被吐出的骨头可以医治腹内疾病。这个传说流传很广。屈原在《天问》中有“一蛇吞象，其大如何”的句子。

后来有人根据传说，改编成“蛇吞象”的故事。古代有个穷苦猎人叫阿象，他怜悯一条饿昏的小蛇，精心地把它饲养大。此后，阿象一再向青蛇索取，使自己变成了富翁。但由于他贪得无厌，终于被青蛇一口吞掉了。这个故事是对“人心不足蛇吞象”的形象描述。

一笔勾销

【释义】原意为用笔一勾，取消了对官员的任命。比喻把一切都取消了。

【出处】宋·朱熹《五朝名臣言行录》。

范仲淹是北宋时苏州吴县人。在宋真宗大中祥符年间考中进士，历任右司谏、吏部员外郎、知州、枢密副使等职。

庆历三年(1043年)，范仲淹被任命为参知政事(副宰相)，与志同道合的韩琦和富弼等一起，进行了一场以改善吏治为中心的改革。他取来官员名册，一个个地检查他们的任职情况，凡是不称职的官员，他都在名册上“一笔勾销”了他们的职务。空出的职位，则从下一级能够胜任的官员中委任。

富弼见他毫不留情，便说：“你用笔一勾，就撤掉了他们的职务。他们一家人都要伤心得痛哭了！”

范仲淹说：“他一家人哭，总比他们祸害千家万户，让那些人家全部悲哭好得多吧！”

但是，由于新政触犯了当时贵族官僚的利益，遭到强烈反对，推行不到一年便夭折了，范仲淹也被贬到陕西任四路宣抚使。也就在这一年，他写下了“先天下之忧而忧，后天下之乐而乐”的千古名句。

《五朝名臣言行录》的原文是：“公取班簿，视不才监司，每见一人姓名，一人勾之。”后人根据此事概括出“一笔勾销”这一成语。

一鼓作气

【释义】原意是，打仗靠的是军士们的勇气。擂响第一次战鼓，军士们正振作起精神，勇气最旺盛。后用来比喻抓住时机，一股劲儿把事情办成。

【出处】春秋·左丘明《左传·庄公十年》。

公元前684年，强大的齐国派军

队进攻弱小的鲁国。双方军队在鲁国的长勺摆开了阵势。

鲁国国君庄公亲临前线指挥军队作战。他还请了谋士曹刿同坐一辆战车，随时听取他的意见。

阵势刚摆开，鲁庄公就想命令鼓手擂起战鼓发动攻击。曹刿连忙制止他说：“现在发动攻击还不行，得等待一下时机。”

齐国军队先擂起了战鼓。但他们的指挥官发现鲁国军队没有什么行动，心有疑虑，不敢发动攻击。过了一会儿，齐国军队擂起了第二次战鼓，看看鲁国军队还是坚持不动，依然没有发动攻击。

齐国军队不得不擂起了第三次战鼓。这时候，曹刿才对庄公说：“可以立即擂鼓进攻！”鼓声一起，鲁国军队向敌阵发动攻击，果然打败了齐国军队。

齐国军队撤退了，庄公打算马上追击。曹刿忙说：“且慢，等一下。”他先下车察看了敌军车轮留下的痕迹，又登上车子前面的横木瞭望敌军的情况，才说：“下令追击吧！”结果，在追击中大获全胜。

战后，庄公向曹刿请教克敌制胜的道理。曹刿说：“两军交战，军士们的勇气常常是取胜的关键。擂第一次战鼓可使军士们振作起精神，此时勇气最盛；擂第二次战鼓，士气就低落了；到擂第三次战鼓时，士气就衰竭了。当时敌方军队已萎靡不振，我方军队正振作起精神，勇气最旺盛，所以能打败他们。再说，齐国是个大国，大国在战争中可能有难以预料的行为，他们虽说败退了，也可能是以退为进，我看清他们车轮的痕迹乱了，

长勺之战

旗子也倒了，断定他们确实败退了，才请您下令追击。”

一厢情愿

【释义】只考虑单方面愿望，而不考虑另一方是否愿意。

【出处】古印度·僧伽斯那《百喻经》（南朝齐求那毗地译）。

古时候，有个农家青年到京城去玩，偶然见到了国王的女儿。他见公主长得美貌非凡，竟然不顾自己的地位、相貌和才智，一厢情愿地陷入对公主的思念之中。回到家里以后，他害了相思病，茶饭不思，人也一天比一天消瘦了。他的亲友们问他生病的原因，他便把自己的想法如实地告诉了他们，并说：“我要是娶不到公主，只怕性命难保了。”

亲友们便安慰他，并假意对他说：“你不用发愁，我们可以派人到京城去，请求国王把公主嫁给你。”

那青年居然信以为真，病似乎好了一点儿，一本正经地说："那真是太感谢你们了！你们快去吧！"

过了几天，那些亲友们又来探望他，欺骗他说："我们已派人去和国王商量过，国王问了公主，公主没答应。"

那青年听了，还是按照自己的思路来看待这件事，非常高兴地说："那好办了！只要我再去见一趟公主，公主就一定会嫁给我的。"

这门亲事结果如何呢？当然没有结果。

一叶蔽目

【释义】比喻目光为眼前细小事物所遮蔽，看不到远处、大处。

【出处】三国·魏·邯郸淳《笑林》。

楚地有个家境贫困的书生，虽然也读了些书，却迂腐无知，整天想发财。

有一天，他读到《淮南子》中的"螳螂自障叶，可以隐形"（意思是说：螳螂在捕蝉之前，等待时机时，总是借树叶来隐蔽自身，以便观察蝉的动作），不由得想入非非。在《淮南子》一书中还说："谁得到螳螂隐蔽自己的树叶，就可以用这片树叶把自己隐藏起来。"穷书生于是到处寻找可以隐身的树叶子。他发现树上有一只螳螂正隐身在树叶之下，就慌忙地把这片树叶摘下来，一不小心，树叶掉在地上，和地上的落叶混在一起了，一时分辨不清。他索性把地上的叶子全部扫起来带回家去。见到妻子，他就把树叶一片一片地取出来遮住自己的眼睛问道："你看得见我吗？"

妻子如实回答："看得见！"后来厌烦了，就哄骗他说："看不见！"

书生听了信以为真，便带上这片树叶跑到市场上去行窃，结果被当场捉住。在升堂问审时，官吏听了他事情的经过后大笑不止，说："你这个书呆子，真是一叶蔽目，不见泰山。"

"一叶蔽目"亦作"一叶障目"。

一挥而就

【释义】一挥笔就能成功。指才思敏捷，写字、作文或画画速度极快。

【出处】元·脱脱等《宋史·文天祥列传》。

人生自古谁无死，
留取丹心照汗青。

这两句诗是南宋末期做过右丞相的文天祥在被元军杀害之前留下的千古名句。

文天祥在青少年时就颇具才华，在 20 岁那年应试进士，在集英殿接受皇帝殿试。当时是理宗赵昀在位，朝政懒散，软弱无力。文天祥就针对朝廷的弊端，引经据典地对皇帝进行劝谏，一口气写了 1 万多字，不用打稿，一挥而就。

皇帝看过文天祥的文章，批为第一名。考官王应麟也从旁夸奖文天祥："忠肝如铁，臣庆贺陛下得一人才！"

"一挥而就"也作"一挥而成"。

一洞之网

【释义】只有一个洞的"网"是捕不到鸟的。

【出处】汉·荀悦《申鉴·时事》。

从前有一个人看别人布网捕鸟，发觉被捕住的鸟每只鸟头才钻一个网眼，就想：既然如此，何必结网？他回到家里，便剪断长绳，用一截截的短绳子做成了一个个圈圈。别人问他做这么多圆圈干什么，他答说：“网鸟用的，反正一只鸟头只钻一个洞，我做的这种圈圈比结一张大网不是省事多了么？”于是，他用这些圈圈去捕鸟，结果什么鸟也捕不到。

捕鸟之网，本是由许多网眼组成的整体，每个网眼只有在这个整体中，才是真正的网眼，并起到网眼的作用。那个自以为聪明的人看不到一个个网眼之间的相互联系，只见一洞，不见全网，当然会闹出“一洞之网”的笑话来。

一诺千金

【释义】诺：承诺，应允。一句答允的话，价值千金。形容说话极有信用。

【出处】汉·司马迁《史记·季布传》。

秦朝末年的季布，性格耿直，又肯助人，凡是他答应过的事，从不违约。因此，他受到很多人的称赞。当他在项羽部下带兵时，曾打败了刘邦好几次，后来项羽被围自杀，刘邦做了皇帝，就悬赏缉拿他。义士朱家说服刘邦老朋友汝阴侯滕公（夏侯婴）转请刘邦撤销了对他的通缉令，并封他做郎中官，不久他又改做河东守。

当时有一个叫曹丘生的人，是季布的同乡，听说季布做了大官，特地请窦长君写信介绍他去见季布。

可是季布一见到曹丘生，便露出厌恶的神情，但善辩的曹丘生却深深作揖，并且说了一大堆恭维的话，终于让季布听得高兴起来。《史记·季布传》描述了这一段情况时说：

曹丘至，即揖季布曰：“楚人谚曰：‘得黄金百（斤），不如得季布一诺’，足下何以得此声于梁、楚间哉……仆游扬足下之名于天下，顾不重邪？何足下拒仆之深也？”

曹丘生说的这段话大意是：楚人常言“得黄金百斤，不如得季布一诺”。你在梁、楚一带的名声为何如此之大？这都是我替你到处宣扬的结果啊！而你为何要拒绝我呢？

季布听了这段话，非常高兴，便把他当作上宾来招待。据说，曹丘生住了几个月才走。临走时，季布还送了他一份厚礼。后来，曹丘生继续替季布宣扬，季布的名声也就越来越大。

由于这个故事，后来就产生了“一诺千金”这句成语，也可说作“千金一诺”。

一寒如此

【释义】形容贫困至极。

【出处】汉·司马迁《史记·范雎蔡泽列传》。

范雎，是春秋时期魏国人。开始在中大夫须贾手下做事。有一次，范雎跟随须贾出使齐国，齐襄王很赏识范雎，赠送给范雎很多东西，范雎百般推辞不敢接收。谁知须贾一口咬定范雎泄露了魏国的机密，才获得了齐王的信任。回到魏国后，范雎遭到无辜迫害，被打断了肋骨。范雎只得装死，随后逃到了秦国。几年后，范雎当上了秦国的丞相，秦昭王给他取名为张禄。

一次，魏国听说秦国将要攻打魏国，派须贾去秦国打探消息。范雎得悉须贾来到秦国，便穿上破旧的衣服去见须贾。

须贾见了大吃一惊，问：“范叔是否是为秦国来做说客的？”

“没有，我是逃到这里来避祸的，

怎么还敢到处游说呢？”

须贾听他说靠做小买卖为生，很同情范雎的遭遇，便留下范雎喝酒。几杯酒下肚，须贾长叹一声：“想不到范叔竟然一寒如此！”就取一件绸袍送给范雎。须贾向范雎打听秦国丞相张禄的情况，并表示要见张禄。范雎答应了，当后来须贾认出张丞相就是范雎时，吓得急忙磕头谢罪。

范雎因须贾有赠袍之谊，遂放须贾返回魏国。

一抔黄土

【释义】抔：手捧。一捧黄土，意为不值钱的东西。

【出处】汉·司马迁《史记·张释之冯唐列传》。

汉文帝时，掌管刑狱的廷尉张释之断案公道，名声很好。

有一次，文帝出巡，行至长安城北的中渭桥，有个人突然从桥下跑出来，惊动了拖拉皇帝辇驾的马。卫兵立即抓住那个人，交给张廷尉问罪。张释之审讯时，那人说：“我是长安县的乡下人，得知皇帝驾到，就躲在桥下。过了好久，以为皇帝的队伍已经过去了，就从桥下出来，谁知正巧撞着了皇帝的车队。”张释之向文帝报告了审讯的情况，说此人触犯了清道的禁令，应处以罚金。文帝嫌他判得太轻。张释之解释说：“法律是天子和天下人应该共同遵守的。当时，皇上让人立即杀了他也就罢了，现在既然把他交给我廷尉，我就要公正执法，望陛下明察。”文帝无话可说。

后来，有人盗窃了高祖庙神座前的玉杯。张释之按照法律判处小偷死刑，并向朝廷奏报。文帝大怒，对张释之说：“这人无法无天，竟敢盗窃我先帝庙中的器物，应该灭他的九族。”

张廷尉急忙向文帝谢罪说：“按照法律，这样判处已经足够了。今天如将偷盗庙器的人处以灭族之罪，那么将来假如有人从先帝的陵墓上取走了一抔黄土，陛下怎么处置他们呢？拿偷盗庙器与破坏陵墓相比，其罪行只不过是万分之一啊！”

文帝听了，又和太后谈论了这件事，才同意廷尉的判决。

一往情深

【释义】形容对人对事倾注了深厚的感情，并因向往其人其事而不能克制自己的感情。

【出处】南朝·宋·刘义庆《世说新语·任诞》。

桓伊（字叔夏，小字子野）是东晋时的著名将领，起初担任淮南太守，后升迁为都督豫州诸军事、西中郎将、豫州刺史等职。383年，前秦皇帝苻坚率87万大军南下，攻伐东晋。东晋名相谢安命侄子谢玄率军8万与之相抗，桓伊也率领豫州之兵与谢玄共同抗击前秦军队，结果在淝水之战中大破前秦军队，立下了赫赫战功。

不久，桓伊因功担任江州刺史，虽位居高官，但从不居功自傲。

桓伊在作战和办公以外，最大的爱好是音乐，他会作曲，善吹笛，流传至今的名曲《梅花三弄》据说最初就是他谱的曲。他的笛子演奏技术在当时被称为“江左第一”。

桓伊还非常喜爱听别人唱歌，每当听到优美的歌声，他就会情不自禁地击节赞叹。当时的宰相谢安也十分喜爱音乐，两人见面时，也经常谈论音乐。谢安见桓伊音乐造诣很深，对音乐又如此倾心，说：“桓子野对音乐真是一往情深呀！”

于是留下了这句成语。

一鸣惊人

【释义】比喻平时不动声色，却突然做出了惊人之举。

【出处】汉·司马迁《史记·滑稽列传》。

淳于髡，战国时齐人，滑稽多辩，身材矮小，但屡次出使诸侯，未尝受过屈辱。那时，齐威王荒淫无度，常常通夜饮酒作乐，不理国事。因此，局势混乱，诸侯都来侵伐，国家危在旦夕，而没有人敢于进谏。

一天，淳于髡进宫，见臣子们恭立在殿下，便大声地向齐威王禀奏政事，齐威王正与座后的侍者竞猜谜语。夜深人静，齐威王喝得酩酊大醉，和旁边的宫女嬉闹着，一会儿哼曲子，一会儿胡说八道。他故意投其所好，请齐威王猜一则谜语：“我国有一只大鸟，它栖息在大王的庭院里，三年不飞也不叫，大王猜得到这是一只什么鸟吗？”

齐威王知道淳于髡是要用谜语来劝谏自己，意味深长地说：“这只鸟，要么不飞，一飞冲天；不鸣便罢，一鸣惊人！”

齐威王说了这样的话以后，就开始改变了作风，并召见了各县长官72人，赏了1人，杀了1人；还整顿兵马，加强国防，抵抗侵略。诸侯都畏惧起来，纷纷把侵夺的土地归还给齐国。

一时之选

【释义】指一个时期的优秀人物。

【出处】唐·令狐德棻《周书·唐瑾传》。

南北朝时期北周的唐瑾，体格强壮，性格温和，待人谦虚，很有学问。隋文帝杨坚，当时执掌北周朝政，很是爱才，写信给唐瑾的父亲要他的大儿子唐陵和小儿子唐瑾兄弟俩入朝为官。

于是，唐瑾兄弟俩同入朝堂，共立战功。唐瑾先后担任尚书右丞、吏部郎中、户部尚书、骠骑大将军、开府仪同三司等官职。

唐瑾每天退朝回家，总是衣冠端正地对着娇妻爱子讲述做人的道理。遇到打雷或狂风，即使是半夜三更，也一定起身，冠带整齐，正襟危坐，以防突然事故的发生。他乐善好施，所得的俸禄或赏赐，常常分给亲戚朋友，留给子孙后代的，仅仅是些坚硬瘠薄、不适宜于耕作的土地，而把肥沃的好地送给穷人。唐瑾的这些做法，赢得了朝廷内外的一致称赞。

当时有位燕公，叫于谨，德高望重，也非常爱才，于谨上奏文帝道："臣以为唐瑾虽是年轻晚辈，但学业有成，品行端方，臣愿与他同姓，结为兄弟，让我的子孙后代向他学习。"

文帝对于谨的做法，很是叹服，便赐唐瑾姓于，后官拜吏部尚书。在朝六位尚书被称为是"一时之选"，隋文帝称他们为"六俊"。

一饭千金

【释义】比喻贫穷时受人帮助，发达后给予重谢报答。

【出处】汉 · 司马迁《史记 · 淮阴侯列传》。

汉高祖时的大将韩信，是淮阴人，年轻时很失意、穷困，因而没有人推荐他做官。那时候，他时常到城外钓鱼，希望碰到好运气，可以解决生计，但是，并不能如愿。因此，时常要饿着肚子。幸而在他时常钓鱼的地方，有很多漂母（洗衣服的中老年妇女），其中有一位很同情韩信的遭遇，便不断地救济他，给他饭吃。韩信在艰难困苦中，得到那位勤劳刻苦、仅依靠双手勉强糊口的漂母的恩惠，很感激她，便对她说，将来必定要重重地报答她。那漂母听了韩信的话，并不高兴，表示不希望韩信将来报答她。后来，韩信果然替汉王立了不少功劳，被封为楚王，他想起从前曾受过漂母的恩惠，命人送酒菜给她吃，还送给她黄金1000两来作为答谢。

一枕黄梁

【释义】黄粱：小米。比喻一场短暂的美梦。

【出处】唐 · 沈既济《枕中记》。

青年卢生旅途中经过邯郸，住在一家客店里，与同时投宿的道人吕翁闲聊起来。谈话间，卢生长吁短叹，抱怨自己命运不佳：勤奋读书，却屡试不中；辛苦做事，仍一贫如洗。

吕翁听后，从行囊中拿出一个枕头，那枕上绣着"福禄寿"三字，还绣着乌纱帽、金元宝、美女和童子。吕翁说："你只要枕着这枕头睡觉，就可以得到荣华富贵。"这时，店主人正在煮黄色的小米饭，离开饭时间还早，卢生就枕着枕头，想稍事休息一下，不料一碰到枕头就睡着了，还做起了美梦。

梦中，他娶了清河崔府里的一位千金小姐，两人过着富裕的生活。接着，卢生考中了进士，做官一直做到节度使、御史大夫，还当了10年宰相，后来又被封为公爵。他们夫妻一共生了5个儿子，个个都做了官，并且同名门望族结了亲。他还有十几个孙子，也都生得聪明伶俐，整天膝前身后地绕来绕去，真是子孙满堂，福禄齐全，心满意足地一直活到80多岁。

梦做到这儿，卢生笑醒了，他从床上坐起，这时候，店主人的黄米饭还没有煮熟。卢生感慨万分地说："想不到几十年的荣华富贵，竟在如此短暂的一梦间，真是一枕黄粱啊！"

吕翁笑道："人生本来就是这样的呀！荣华富贵不过是过眼云烟、匆匆一场梦罢了，又何必去斤斤计较呢？"

一字千金

【释义】形容某些诗文或书法作品价值很高。

【出处】汉·司马迁《史记·吕不韦列传》。

秦始皇统一中国之后，由相国吕不韦当政，他感到战国时魏国信陵君、楚国春申君、赵国平原君和齐国孟尝君四大公子家里都有门客无数，声名远播天下，也想学一学，便花钱招募了3000个门客，给他们很高的待遇，让他们各显才学，并把知道的各种事都写出来。

当时天下已经一统，门客再无须替主人跑东到西，游说四方，更不需要为战争疲于奔命，所以他们很安心写作，没过多少时间，就各自把所知道的事及研究心得都写了出来。这样就集成了一部长达20余万字的巨著，分八览、六论、十二纪。因是吕不韦的门客所写，所以题名为《吕氏春秋》。

《吕氏春秋》内容涉及天地万物、上下古今，确是一部巨著。为此，吕不韦很得意。他命人把书的原稿运到国都咸阳公开展览，宣布道："有谁能指出上面的错误，删去一字或添加一字，立赏千金！"

可是，吕不韦的官很大，无人敢评论他组织编著的文章。

一字之师

【释义】因改动一个字后，诗文变得更加精简完美，则称改动字的人为"一字之师"。

【出处】宋·陶岳《五代史补》。

晚唐有个叫齐己的和尚，喜爱习文作诗，在当地颇有名气。为了进一步提高学问，他探知当世郑谷是有名的诗人，便带着自己的诗作，前去拜访请教。

在齐己带去的诗中，有一首《早梅》诗，他自以为写得不错，特地拿出请郑谷指点。诗中有这么两句：

前村深雪里，
昨夜数枝开。

郑谷读后，说："诗题既叫作《早梅》，便应突出一个'早'字。现下你的诗中有好几枝梅在雪夜开放，就显不出它早了，不如把这后一句改为'昨夜一枝开'，可能好些。"

这一字之改，不仅文题切合，而且韵味无穷。齐己听罢，既惶恐又敬佩，长跪而拜，表示感谢。

从此，天下读书人便称郑谷是齐己的"一字之师"。

一字不苟

【释义】一字之用也不草率着笔。

【出处】清·褚人获《坚瓠七采·四》。

唐代诗人高适，字达夫。他任两浙观察使时，过杭州清风岭，题诗云：

绝岭秋风已自凉，
鹤翻松露湿衣裳。
前村月落一江水，
僧在翠微开竹房。

后来，高适认为月落时江水随潮而退，只有半江之水，觉得改"一"字为"半"字，更为确切。以后，又来到清风岭僧舍，索笔改前诗。

和尚说："前月有一官过，称此诗极佳，但'一'字不如'半'字，改易而去。"

高适惊问何人，和尚说："义乌骆宾王。"可见古人一字不苟，但识见有迟速之分。但是据后人考证，骆宾王为唐初人，先于高适半个世纪。因此，褚人获所说的恐怕有误。

一柱擎天

【释义】擎：支撑。比喻一个人身负重任，支撑大局。也常来形容某些人的重要作用。

【出处】汉·刘安等《淮南子·天文训》。

在远古时候，有一个部落首领名叫共工，他与颛顼争夺帝位。共工盛怒之下用头触碰了不周山，一下子就把支撑天的柱子和拴地的大绳子撞断了。天失去了支撑，向西北方向倾斜，所以天上的日月星辰向西北方向运转。大地的东南方塌陷，所以江河、潭水、灰尘、泥沙都向东南方向流去。

屈原在《天问》中曾这样诘问："斡维焉系？天极焉加？八柱何当？东南何亏？"意思是说，天盖的顶端拴在哪里？天盖的边沿又安放在什么上面？八根擎天柱撑在哪里？东南方为什么亏缺？

柳宗元在一篇《天对》中，针对屈原提出的问题，发表了自己的看法："天哪里需要拴住，才能固定它的位置呢？天广大无边，所谓边际是没有的。如果天能够安放在什么东西上面，又怎么算得上大呢？天运动不息，哪里会有什么栋梁和房檐？天是由宏大无比、分散而不粘连的阳气构成的，哪里还需要八根柱子来撑住它？"成语"一柱擎天"就是从上面这些故事中转化而来的。"一柱擎天"同"擎天一柱"。

屈原像

一日千里

【释义】一日能行千里，原指速度快，现用以形容进步神速。

【出处】战国·荀况《荀子·修身》。

在一个晴朗的日子，周穆王把朝政交给几个亲信大臣，只带了几个贴身侍卫，坐上由造父驾驶的马车，向西方进发。造父驾着马车行了一程后，猛一松缰绳，口中一声轻呼，那八匹骏马便撒开四蹄欢快地跑了起来。穆王见此情景，不由得露出了满意的笑容。

他们一直跑啊跑，最后来到了昆仑山下的西王母国。西王母国建立在一片绿洲之中，仿佛世外桃源一般。

年轻美貌的女王西王母热情接待了穆王，亲自为他接风洗尘，穆王也送给她许多珍贵礼物，表示答谢。穆王沉浸在欢乐之中。转眼一个月过去了，穆王几乎已经忘了他远在东方的国家。造父见此情景，焦虑万分，多次劝穆王回国，穆王却始终不肯。

一天傍晚，穆王与西王母正在纳凉闲坐，突然，造父带着一个满头大汗的武士送来密封文书。原来，东方的徐堰王知道天子久离镐京，便乘机起兵造反。穆王恍如从睡梦中惊醒，立即命造父备车，启程东归。

造父知道刻不容缓，就举起鞭子猛力一抽，八匹骏马顿时撒蹄飞奔。造父施展全身的本领，一日千里地向东飞奔，终于，只用三天三夜便赶回了镐京。

回京后，穆王调兵遣将，亲率精锐部队与徐堰王决战。徐堰王被打得落花流水，自己也死于乱军之中。徐国从此灭亡。

《荀子·修身》有"夫骥一日而千里，

驽马十驾，则亦及之矣”。由此而逐步演化为成语“一日千里”。

一日三秋

【释义】一日不见，如隔三秋。形容思念殷切，虽历时甚短而感觉漫长。

【出处】春秋·佚名《诗经·王风·采葛》。

《诗经》中有一首诗是这样写的：

彼采葛兮，一日不见，如三月兮。彼采萧兮，一日不见，如三秋兮。彼采艾兮，一日不见，如三岁兮。

这是一首怀念人的诗，被怀念者可能是女性。古时的歌谣很多是歌唱爱情的，这首诗可以当作男士思念爱人的歌词。全诗的意思是说：

我思念中的人儿啊！
她在外面采摘葛藤，
一天看不见她，
就如三个月不见那样！
我思念中的人儿啊！
她正在野外采摘萧草，
一天看不见她，
就像有九个月那么长呀！
我思念中的人儿啊！
她正在野外采摘艾草，
一天没有见她的面，
就像隔了三年哪！

现在人们常用来表达思念之情的“一日不见，如隔三秋”，就是从此诗中演化出来的，后凝成“一日三秋”的成语。

一木难支

【释义】支：支撑。指一根木头难以支撑大厦。

【出处】南朝·宋·刘义庆《世说新语》。

南北朝宋顺帝时，权臣萧道成把持政权，残害忠良，横行恣肆，大有篡夺王室的企图。当时大臣袁粲和刘东两人，秘密商量要杀死萧道成，但反被萧道成的亲信褚渊知道了，他向萧道成告密，萧道成十分恼怒，立刻派部将戴僧静率领人马去攻打袁粲，把城池团团围住了。这时，袁粲对他的儿子袁最说：“我明知道一根木柱不能支持一座大厦使其免于崩塌，但为了名誉义节，不得不死守下去。”

后来，戴僧静率领部下越墙冲进城里去。在敌人的刀枪剑戟下，袁最勇敢地用身体掩护父亲。这时，袁粲对儿子袁最说：“我是个忠臣，你是个孝子，我们死而无憾。”

结果他们父子都牺牲了，但留下了“一木难支”这句成语。

一目十行

【释义】一眼就看到十行字。形容读书速度快。

【出处】唐·姚思廉《梁书·简文帝纪》。

南北朝时期梁国的简文帝萧纲，是梁武帝萧衍的第三个儿子。萧纲天资聪敏，刚刚6岁就会写文章，大家都感到惊奇，连他的父亲梁武帝也不相信。有一天他给萧纲出了一个题目，说：“你就坐在我面前写，我亲眼看着，就知道你到底会不会写文章！”

萧纲便提笔挥写，一会儿工夫便写完了。梁武帝边读边赞叹说：“好啊，语句流畅，辞采甚美，这下子谁还敢不相信我儿的才学了。”

萧纲长大以后，非常喜欢读书，而且看得极快。《梁书·简文帝纪》中说萧纲“读书十行俱下”。成语“一目十行”就是由“十行俱下”一句演变而来的。

一败涂地

【释义】涂地：指肝脑涂抹满地。比喻失败到无法收拾的地步。

【出处】汉·司马迁《史记·高祖本纪》。

汉高帝刘邦，江苏沛县人，年轻时任泗水亭长之职。朝廷征募建造秦始皇陵墓的工人，他奉命带领着一批农人前往骊山。可是，途中不断有人逃走，刘邦心里想：“再这样下去，恐怕还未到骊山，民工都将逃得无影无踪，身为带队和亭长，将获罪责，与其如此，还不如现在将他们都放了，自己也逃吧！”刘邦这样向众人一讲，众人都非常感动。有些不愿逃走的，便追随刘邦躲进荒山中。

不久，陈胜、吴广起义，刘邦的好友、在沛县任小官吏的萧何和曹参建议说：“目前局势，何不请刘邦回来帮助呢？”县令即派樊哙前去邀约刘邦，不料当率领百余部众的刘邦到达城下时，县令因见人数众多，心生后悔之意，下令关闭城门，并打算暗杀萧何、曹参。萧何、曹参获知情况有变，便连夜逃到刘邦营中。刘邦来到城下，写了封鼓动民众造反的信，用箭射入城里。城中县民响应，杀掉县令，大开城门迎接刘邦军队，并共同推举他为领袖。刘邦谦让道：“目前天下局势仍是混乱不平，如果你们选错了统率者，将会使起义之事一败涂地。”

最后萧何、曹参和众人极力推崇拥护刘邦，以沛县为根据地，展开了推翻暴秦的起义斗争。

平原君像

一言九鼎

【释义】九鼎：古代象征国家政权的传国之宝。一句话抵得上九鼎之重，形容言语极有分量，能起决定性的作用。

【出处】汉·司马迁《史记·平原君虞卿列传》。

秦昭王十五年，秦军攻打赵国都城邯郸，赵国派平原君到楚国请求援助。楚王不肯答应。最后，平原君手下一向被人瞧不起的、自愿前往的门客毛遂仗剑上殿，为楚王分析时局，说明利害之所在，终于说服了楚王。毛遂因此立了大功。

平原君称赞毛遂说：毛先生一至楚，而使赵国重于九鼎大吕。毛先生三寸之舌，强于百万之师。

这段话的意思是：毛先生一到楚国，就使我们赵国的地位提高到像九鼎大吕般的重要。毛先生的三寸不烂之舌，比百万军队的力量还要强大。

一筹莫展

【释义】筹：计策，办法。展：施展。形容束手无策，一点办法都没有。

【出处】元·脱脱等《宋史·蔡幼学传》。

《宋史·蔡幼学传》载：

宁宗即位，诏求直言，幼学奏：九重深拱而群臣尽废，多士盈庭而一筹不吐。

意思是说：宋宁宗即位后，下诏要求群臣直言，蔡幼学上奏说："小心谨慎怕惹是非，所以大臣们都失去了信心，即使朝廷中有许多谋士，却一点办法也想不出来。"

成语"一筹莫展"，就是从"一筹莫吐"演化而来的。

一概而论

【释义】概：旧时称量粮食、刮平斗斛的工具。一概：一个标准。不加区别地用一个标准来看待。后世常用此比喻对问题不做具体分析，笼统地看成一个样子。多用于否定。

【出处】楚·屈原《怀沙》。

屈原在《怀沙》中写道：

同糅玉石兮，
一概而相量。

意思是说：把玉和石头混杂在一起，用同一个标准来衡量。

屈原是战国时代著名的爱国主义诗人，他一心为国效力，却得不到重用，这句诗就表达了他内心的不平之情。

一丝不苟

【释义】苟：苟且，马虎。丝毫也不马虎。形容办事极为认真。

【出处】清·吴敬梓《儒林外史》。

据载，明朝皇帝禁止宰牛，有一个人为了能够吃上牛肉，就托人先送50斤牛肉贿赂县官汤奉。汤奉也十分想吃这牛肉，但又不敢违抗皇帝的禁令。于是，他向官员张敬斋请教该如何处理这件事。张敬斋对他说："你可以把那个送牛肉的人抓起来，重打几十大板。然后再把堆有牛肉的木枷给他带上，让他游街示众。到时张贴一张告示，说明自己是廉洁奉公，秉公执法的。这样，如果上司知道你做事一丝不苟，那么你就可以借此机会扬名高升。"

一壶千金

【释义】壶：即瓠，葫芦类植物。比喻匏虽价值不高，但关键时刻十分宝贵。

【出处】佚名《鹖冠子·学问》。

相传战国时有个楚国人，隐居山中，用鹖羽为冠，因此称之为鹖冠子。后人著了一部书，托称《鹖冠子》，共3卷19篇。

《鹖冠子·学问》中有一段话："中河失船，一壶千金，虽贱无常，时使物然。"

意思是说：在河中心突然从船上落水，此时一个能浮起来的匏瓜却价值千金。虽然这匏太平常了，但这时却派上了很大的用场。

一板一眼

【释义】板眼：民族音乐和戏曲中的节拍，强拍（击板）叫板，次强拍和弱拍（用鼓签敲鼓按拍）叫眼。多少板配多少眼有一定规则。形容说话做事很有条理。有时也比喻过于死板，不知变通。

【出处】清·吴趼人《糊涂世界》。

吴趼人在《糊涂世界》一文中说：

"老弟你看，如今的时势，就是孔圣人活过来，一板一眼地去做，也不过是个书呆子罢了。"

另有成语"一板三眼"的意思与"一板一眼"相同。

一木破天

【释义】一个"木"字加一横且露头，就成一个"未"字。隐指时机尚未成熟。后喻谋逆未成。

【出处】宋·李昉等《太平广记·神仙》。

东晋大臣王敦久怀篡逆之心，一天做了一个梦，梦见一木刺破青天。

他问吴猛说："我想做皇帝，你看好吗？"

吴猛说："木上一横且破天，是一个'未'字，'未'即不可，你不要轻举妄动，因为晋的天下还未衰亡。"

后来，王敦谋逆果然未成，死于军中。

一片冰心

【释义】冰心：清明纯洁的心。形容心地纯洁无瑕。比喻表里如一。

【出处】唐·王昌龄《芙蓉楼送辛渐》。

唐代大诗人王昌龄的《芙蓉楼送辛渐》诗曰：

寒雨连江夜入吴，
平明送客楚山孤。
洛阳亲友如相问，
一片冰心在玉壶。

玉壶，比喻高洁的胸怀。由于名句"一片冰心在玉壶"广为流传，因此，留下了成语"一片冰心"，亦作"冰心一片"。

一发破的

【释义】发：发出，射出。的：箭靶的中心。比喻发箭就射中了箭靶的中心。同时，也用来比喻一下子就击中了目标或一句话就击中了要害。

【出处】唐·房玄龄等《晋书·王济传》。

《晋书·王济传》载："恺亦自恃其能，令济先射，一发破的。"意思是说：王恺倚仗自己的能力，让王济先射，没想到王济一箭就射中了箭靶子的中心。

王恺和王济同是东晋时期的豪门贵族。王恺有一头快牛名叫"八百里驳"，是他的心爱之物。一次，王恺和王济以此牛为赌注比赛射箭。王济一箭射中，赢得此牛，又将此牛杀死，取牛心而食，令王恺十分沮丧。

一世龙门

【释义】比喻官居显要。

【出处】南朝·宋·范晔《后汉书·李膺列传》。

东汉时，朝政混乱，纲纪废弛，当时独有司隶校尉李膺，执法不阿，不避权贵。当时中常侍张让之弟张朔为野王县令，贪残无道，虐杀无辜，闻李膺严厉，惧罪逃还京师，藏匿于张让家。李膺知道他的罪状，捕获张朔，押送到洛阳狱，马上加以诱杀。从此诸宦官畏惧李膺，不敢复出。因此李膺声名日高，人称"龙门"。凡士有被其接纳者，名为登龙门。龙门，即河津，水险不通，鱼鳖之属不能上，如能跃上则为龙。

二　画

二分明月

【释义】天下三分的繁华，扬州已得了二分。形容古时扬州的昌盛。比喻一个地方的繁荣。

【出处】唐·徐凝《忆扬州》。

扬州，在古代并不是专指现在这个江都县境，这名字很古老，在《禹贡》（夏禹王治水时，制定九州地理）中就为九州之一，那时不但淮海一带皆统称扬州，便是江南一带也叫扬州。周秦时，现在的江苏、安徽、江西、浙江和福建各省，皆属扬州。东汉年间，扬州州治在今安徽和县；三国时魏、吴均有扬州，魏在今安徽合肥，吴在今南京；到隋文帝统一南北，才把扬州放在江都，也就是今日的扬州。古时扬州十分繁华，隋炀帝为了游扬州而开凿大运河，那是人心向往之所，唐朝徐凝在《忆扬州》诗中说："天下三分明月夜，二分无赖是扬州。"所谓"二分无赖是扬州"，也就是形容扬州的繁华，占了天下三分之二的风光。

二竖为灾

【释义】竖：即竖子，意为孩子。两个孩子在肚里肆虐为患，形容病势严重，无法医治。

【出处】春秋·左丘明《左传·成公十年》。

春秋时，晋景公得了重病，派人到秦国去请名医来诊视。

景公躺在病榻上，恍惚间梦见两个小孩，其中一个说："不好了，病人要请名医来了，咱们这回恐怕要倒霉，还是赶快逃了吧！"另一个小孩说："别慌，咱们躲入膏之下，肓之上，任他怎样的名医，用怎样的妙药，都奈何我们不得！"

晋景公醒来，记起梦中的所见，觉得奇怪，心想：那两个小孩难道就是病魔吗？

过了一会儿，秦国的名医来了，诊断后，果然说："没有办法了。这病已经进入膏肓之间，药力达不到那里，治不了啦！"

由于这个故事，产生了两句成语。形容疾病严重，无药可医，叫作"病入膏肓"。（中医管心尖的脂肪叫膏，管横膈膜叫肓，"膏肓"就是心膈之间的部位。）"病入膏肓"这句成语，后来不仅用来形容疾病的严重难治，有时还用来比喻坏思想、坏作风的习久难改。

另外，也往往把"二竖"作为疾

病的代名词，把生病称作“二竖为灾”。

十羊九牧

【释义】九个人牧十只羊，浪费人力。原比喻官多民少，后用于比喻使令不一，无所适从。

【出处】唐·魏征等《隋书·杨尚希传》。

南北朝时的杨尚希，在北周历明帝、武帝、宣帝三朝，长期担任要职。

隋文帝取代了北周政权后，杨尚希对隋文帝也是忠心耿耿。隋文帝将一切恢复汉制，完全改变北周鲜卑族政权的统治办法，以适应广大汉人的愿望。其中有一项是重新划分行政区域，设立州郡。

但是，隋朝设立的州郡比秦汉时期多了一倍，有些地方甚至方圆不到100里，就设几个县，不满1000户人家的一块地方，却要分属两个郡来管辖。这样，官府机构当然也相应增多，官员和吏卒也成倍增加，这简直使国家不胜负担。

杨尚希对这种情况深为忧虑，向隋文帝报告了自己的意见：“这种州郡过多的情况好比十羊九牧，完全没有必要。当务之急是把重要的州郡保留下来，闲置的州郡撤并掉。这样对国家来说，地域、人口不变，每年的租调、粮食、布匹等项收入也不会减少，而开支却可以大大节省。并且还可以把能派上用场的贤才能人，安排到最需要的地方去，办事效率可望明显提高。”隋文帝于是按照杨尚希的建议，撤销、归并了许多州郡，收到了良好的效果。

十鼠同穴

【释义】许多老鼠穴居在一个洞内。比喻许多坏人聚在一起互相争斗。

【出处】晋·陈寿《三国志·魏书·鲍勋传》。

三国时，曹丕的侍从官鲍勋为人恪守正道，不迁就情面，常常规劝曹丕。曹丕因此对他很不满意。

曹丕的前妻有个兄弟，利用职务之便，私自盗用公款，依法应当处死，曹丕为他向曹操求情，鲍勋不赞成。曹丕因此恼恨鲍勋，只因鲍勋的父亲曾救过曹操，对他也无可奈何。

曹操死后，曹丕成了魏文帝。鲍勋看到文帝贪图享乐，就提醒他说：“您刚做皇帝，当务之急是加强军备、发展农业，建造台榭苑囿等事，可以待财力允许时再办。”文帝听了很是反感。

过了一些日子，文帝要出去打猎，鲍勋又劝阻他：“从前的三皇五帝，无不以孝治天下，您也应该那样做，怎么可以在守丧期间跑出去打猎呢？”

文帝不听他的，硬是带了几个侍臣出去打猎。

后来，文帝率兵出征回来，在陈留郡屯兵休息。陈留太守孙邕是鲍勋的老朋友，想去探望鲍勋。当时军队刚停驻下来，营垒还没有建好，只是立好了矮墙的标志，圈定了范围。孙邕就跨过标志，想抄近路走。军营的管理人员刘曜要阻止他进来，鲍勋因为营垒还没有造好，就劝刘曜通融一次，让孙邕进入营地。

大军回到洛阳以后，刘曜犯了错误，鲍勋提议将他免职回家，刘曜不满，暗地里把鲍勋私自放孙邕入军营的事奏告文帝。魏文帝抓住了把柄，小题大做，命令把鲍勋交给廷尉治罪。廷尉决议“判刑五年”，可是三官驳回：

“依法罚金二斤。”文帝一听，火冒三丈，说：“这鲍勋没有活命的道理，你们竟敢放纵他！把三官抓起来，让他们跟‘十鼠同穴’一样，跟那伙邪恶奸诈的犯人关在一起！”

曹丕最后还是把鲍勋杀掉，泄了私愤。

七步之才

【释义】在七步之内，成诗一首。比喻才思敏捷。

【出处】南朝·宋·刘义庆《世说新语·文学》。

魏文帝曹丕的弟弟曹植（曹操的第四子），很有文才，十来岁的时候，就能吟诗作赋，写得又快又好，曹丕却很妒忌曹植，做了皇帝以后，常常对曹植进行打击。

有一次，曹丕对曹植说：“听说你才思敏捷，我却没有面试过你，现在限你在七步之内，要成诗一首，如果不能，我就要治你欺诳之罪！”

曹植无奈，只得一面走，一面作诗，还没走满七步，便作成了一首：

煮豆持作羹，
漉菽以为汁。
萁在釜下燃，
豆在釜中泣。
本是同根生，
相煎何太急？

全诗用同根生的萁、豆比喻同父母的兄弟，用萁豆相煎来比喻兄弟不睦。“本是同根生，相煎何太急？”这是曹植对曹丕沉痛而严肃的责问，是批评，也是规劝。曹丕当时听了这首诗，受到了感动，就不再杀害曹植了。

七步成诗

七尺之躯

【释义】比喻男子汉气概。

【出处】战国·荀况《荀子·劝学》。

荀子，是战国时代的赵国人，他认为学习必须注意消化，然后才能吸取营养。他说：“如果刚听到别人的一些谈论，不加思考、分析，就立即说出去，我们怎能用此短浅的东西来修养七尺高的身躯呢？”这段话的原文是：

小人之学也，入乎耳，出乎口，口耳之间，则四寸耳，曷足以美七尺之躯哉？

古人所用的尺比现在的市尺要短。七尺高的人，是中等身材。“七尺之躯”作为成语，其含义倒与高矮没有关系了。它形容不肯随便向人低头屈辱，是俗话所谓男子汉、大丈夫的一副体态。

七擒七纵

【释义】捉了七次又放了七次。指正确使用攻心战使对方心悦诚服。

【出处】晋·陈寿《三国志·蜀书·诸葛亮传》。

三国鼎立时，蜀汉丞相诸葛亮为了巩固后方，于225年率军南征。正当大功告成准备撤兵的时候，南方少数民族的首领孟获，又纠集了被打败的散兵来袭击蜀军。

诸葛亮得知，孟获不但作战勇敢，意志坚强，而且待人忠厚，在少数民族中极得人心，因此决定把他争取过来。

孟获虽然勇敢，但不善于用兵。第一次上阵，见蜀兵败退下去，就以为蜀兵不敌，于是不顾一切地追上去，结果闯进埋伏圈被擒。

孟获认定自己要被诸葛亮处死，不料诸葛亮亲自给他松绑，好言劝他归顺。

孟获不服失败，傲慢地加以拒绝。诸葛亮就放他回去。这样一连捉了七次又放了七次。孟获终于心服口服，为了让各部族都归顺蜀国，他把各部族首领请来，带着他们一起上阵，结果又被蜀兵引进埋伏圈。蜀营里传出话来，让孟获等回去，不少部族首领请孟获做主，究竟怎么办。孟获流着眼泪说："作战中七擒七纵，自古以来没有听说过，丞相对我们仁至义尽，我没有脸再回去了。"

就这样，孟获等终于归顺了蜀汉。

卜宅卜邻

【释义】指迁居应选择好邻居。

【出处】春秋·左丘明《左传·昭公三年》。

据传，齐景公曾为宰相晏婴更换一处新住宅，晏婴却仍旧住在原处，他引用一句谚语作为拒绝搬家的理由："非宅是卜，唯邻是卜。二三子先卜邻矣，违卜不祥。"意思是说：迁居时不是先在住宅方面占卜吉凶，而应该首先占卜邻居是否可以为邻，否则会不吉利。后世就把晏婴的话，演化为"卜宅卜邻"这个成语。

八面威风

【释义】无论从哪一面看都威风十足。形容声势显赫，威望极盛的样子。

【出处】明·董榖《碧里杂存·满江红》。

元朝末年，各地农民纷纷起义，朱元璋率领的起义军基本上扫平了中原，想继续南下进攻江南。在过年那天，他与大将徐达同乘一条小船，从长江北岸渡过长江。船主是一对老夫妻，知道船上坐着的是大名鼎鼎的朱元璋，便高声喊着号子向他庆贺说："圣天子六龙护驾，大将军八面威风。"朱元璋明白这是祝贺帝王的话，心里非常高兴，便和徐达轻轻地踢着脚，互相表达庆贺之意。

八百孤寒

【释义】八百：形容多。孤寒：指贫困的读书人。比喻众多的孤苦贫寒的读书人。

【出处】五代·南汉·王定保《唐摭言·七·好放孤寒》。

唐朝人李德裕，字涯州，官任太尉。他平素积极提拔贫寒的读书人，为他们广开仕途之门，贫寒的读书人十分感激他。后来，李德裕因事被贬官，谪居南荒之地。众多受他帮助过的贫寒读书人十分悲痛，其中有人便写了表述众人感情的名句：

八百孤寒齐下泪，
一时南望李涯州。

《唐摭言·七·好放孤寒》记载了这件事。原文为：“李太尉德裕颇为寒畯开路。及谪官南去，或有诗曰：‘八百孤寒齐下泪，一时南望李涯州。’”

九牛一毛

【释义】许多牛身上的一根毫毛。比喻极为轻微的意思。

【出处】汉·司马迁《报任安书》。

司马迁在汉武帝时，曾为太史令，由于李陵一案，被关进牢狱，还受了最残酷、最耻辱的腐刑。

李陵是一名勇将，当时任骑都尉之职。因匈奴时常进犯，李陵自请带兵5000名，北上抗敌。不料被匈奴8万骑兵团团围住。李陵寡不敌众，但是仍然打了十几天仗，杀伤了1万多敌人，最后，箭尽粮绝，归路被截断，后援盼不来，终于被俘而降。武帝听到李陵投降的消息，就把李陵的母亲、妻子和全家上下都杀了。司马迁认为李陵是有功于汉朝的，他的功劳足以抵补他战败之罪，并认为李陵5000人敌8万人能坚持到最后，是很难得的，他的投降一定不是真降，而是等待有利时机报答国家。武帝因司马迁为李陵辩护，而且还有讽刺国舅李广利率领大军正面拒敌而怯懦无功的意味，于是勃然大怒，公正敢言的太史令司马迁便遭了殃。

司马迁在肉体和精神上受到严重的摧残，痛苦万分，曾打算一死了之。然而转念一想：“假如我这样死了，还不等于许多牛身上少一根毫毛一样，同死了一只蚂蚁有什么区别？”后来，司马迁发愤图强，完成了《史记》这部伟大的著作。司马迁曾经在《报任安书》这封信里，提到了上述想死而又没死的想法，原文是：

假令仆伏法受诛，若九牛亡一毛，与蝼蚁何以异？而世俗又不能与死节者次比，特以为智穷罪极，不能自免，卒就死耳！……

司马迁《报任安书》中的“九牛亡一毛”这句话，后来就成为成语“九牛一毛”。

九死一生

【释义】命运不济，多次濒临绝境。也用来形容历尽艰险，死里逃生。

【出处】楚·屈原《离骚》。

楚国的大诗人屈原，遭受奸人的攻击而被流放。在残酷的处境中，他仍然牵挂楚国的百姓，为国家的命运担忧。他写了一首长诗，篇名叫《离骚》，其中有一节是这样的：

长太息以掩涕兮，
哀民生之多艰。
余虽好修姱以鞿羁兮，
謇朝谇而夕替。
既替余以蕙纕兮，
又申之以揽茝。
亦余心之所善兮，
虽九死其犹未悔！

大意是：我经常地深深地叹息，用袖子擦去满眶的眼泪，因为我时刻思念着楚国百姓，他们是那样艰辛、劳累！我只不过是追求美好的德行，却招来辱骂，竟然丢掉官位。流放我、迫害我、侮辱我，因为我身上戴着蕙草，因为我采集了芳草、佳卉！怕什么！只要是我真心喜爱的，即使为它死亡九次，也决不后悔！”这首诗的最后一句演变为“九死一生”。

人面兽心

【释义】外貌是人，但内心像野兽一样凶残卑劣。

【出处】战国·列御寇《列子·黄帝》。

据说有一次杨朱将老子请到家里，尊敬地向老子请教。老子见他态度诚恳，便给他讲了这么一个道理：

“看人看事，不应该看他的外表如何，主要应该看他的心智。圣人都是看心智的，而不看外表，然而庸人俗子只看外表，外表与我相同的，我就亲近他；外表与我不同的，我就疏远他。假如看人，只要有身子、手、脚、头发、牙齿，你说他是人，然而这种人不一定没有一颗兽心。他虽然长着一颗野兽的心，但外表与人一模一样，你也会亲近他；那些长有翅膀，有角、有爪、能飞、能跳的是禽兽。然而禽兽未必没有一颗人心，它们虽然有人心，但外表不与人相同，你还会疏远它的。过去的伏羲氏、女娲氏、神农氏、夏后氏，全是蛇身人面、牛头虎鼻，没有人的外表，可他们却有至高无上的圣德。夏桀、殷纣、鲁桓、楚穆之流，形状外表都与人相同，可是却长着禽兽的心。如果人们只看外表而以为他们也有德行，那不是上当了吗？禽兽之心智也有与人相似的地方，例如，它们会找东西吃，雄雌相偶，母子相亲，逃避敌害，躲寒就温，居则成群，行则有列，幼者居内，壮者居外，觅食相助，遇害群鸣……可是禽兽的心智远不如人，人所以能使唤它们。在黄帝与炎帝的时候，让熊罴狼豹上战场作战，让雕鹰鸢鸟协助攻敌，这是用力量驯化禽兽的结果。尧帝就不同了，他使用音乐便令百兽跳舞，使用箫、笛让凤凰来仪、百鸟唱歌。这些全是上古之人的神圣所在呀，他们知道万物的情态，了解异类的声音，才能驯化它们，只有圣人才能做到啊！”

杨朱听了老子的这番话，感到获益匪浅，对他更加佩服了。

人弃我取

【释义】人家丢弃的，我去收取。多指经商要抓住行情及时机，以获取丰厚的利润。后多指自己的兴趣、见解与他人不同。

【出处】汉·司马迁《史记·货殖列传》。

战国初年，魏国相国李悝大力推行变法，鼓励农民耕种粮食，开发土地资源，还实行“平粜法”，即在丰年时，国家以平价收购余粮，荒年减产时再以平价卖出。

当时，洛阳大富商白圭，从李悝的经济措施中受到启发，提出了一套经营致富的理论，叫作“人弃我取，人取我与”。意思是说：别人因生产过剩而低价抛售，他就收购；别人高价索求，他就出售。

白圭的具体做法是：在五谷成熟的季节，粮食大量上市，粮价变得很便宜，他就大量购进粮食，囤积起来。而这时不是蚕茧出产或割漆的季节，市场上丝、漆存货极少，价格昂贵，他就乘机把自己囤积的丝、漆以高价卖出去。按照同样的道理，到了蚕茧出产的季节，蚕丝生产多了，价钱就很便宜，但粮食的价格却上涨了，于是就低价收进蚕丝而高价卖出粮食。这么一来，白圭买进的货物价钱都很低，而卖出的时候价钱却很高。这样买贱卖贵三两次，白圭的财富就迅猛增长起来了。

此事出自《史记·货殖列传》，原文是：“当魏文侯时，李克务尽地力，而白圭乐观时变，故人弃我取，人取我与。”

人人自危

【释义】由于残酷的统治，人人都感到危险。形容局势或气氛十分紧张。

【出处】汉·司马迁《史记·李斯列传》。

公元前210年，秦始皇巡行出游，随同前往的有丞相李斯和中车府令兼符玺令赵高，还有他的小儿子胡亥。这年七月，秦始皇到达沙丘（今河北广宗、平乡一带）就生了病，病得非常严重，命赵高写诏书给守卫边疆的大儿子扶苏说，把军队交给蒙恬，立即到咸阳去主持葬礼。诏书已经封好，还没有交给使者，秦始皇就死了。

这时，诏书、印玺都在赵高手里，只有胡亥、李斯、赵高以及五六个亲信宦官知道秦始皇去世，其余群臣都不知道。赵高阴险地对胡亥说：“皇帝去世了，他没有留下诏书封你们儿子为王，而只赐给扶苏一封诏书。扶苏一到，就可以登位做皇帝，而您连尺寸的封地也没有。这怎么办呢？”

胡亥认为这是无可奈何的事，赵高却说：“并非如此，当今天下的大权，无论谁生谁死，都在您、我和李斯三人手里掌握着，希望您好好考虑考虑。”

胡亥决定篡夺皇位。于是，赵高去和丞相李斯密谋。接着，三人一起伪造了秦始皇给扶苏的诏书，内容是赐剑要他自杀，将军蒙恬不能纠正扶苏的错误，为人臣而不尽忠，应一起自杀。

赵高像

使者把诏书送到上郡后，扶苏哭泣了一阵后想去自杀，蒙恬对诏书表示怀疑，但在使者连连催促下，扶苏还是自杀而死。蒙恬不肯自杀，使者便立即将他扣押起来。

胡亥当皇帝后，称为秦二世。赵高为他出主意：只有实行严峻的法律和残酷的刑罚，把犯法的和受牵连的人统统杀死，才能巩固政权。胡亥听信了他的话，重新修订法律。接着，下令杀死了掌握兵权的将军蒙毅等人，又把12个兄长在咸阳街头斩首，将10个姐姐分裂肢体而死，他们的财物全部没收，归皇帝所有，连带一起治罪的更是不计其数。

司马迁在《史记·李斯列传》中这样记叙道：“法令诛罚日益刻深，群臣人人自危，欲畔（即叛）者众。”秦二世对百姓横政暴敛，最后终于激起人民的反抗，秦王朝也因此而覆灭。

人死留名

【释义】指人生前建立功业，死后留下美名。

【出处】宋·欧阳修《新五代史·王彦章传》。

五代时期，梁朝名将王彦章，作战时爱使一杆铁枪，跃马在沙场之上，如入无人之境，被誉为“王铁枪”。

王彦章年轻时跟随梁太祖朱温征战南北，屡建奇功，深得朱温的赏识和器重。末帝朱友贞继位后，朝廷大权为一伙奸臣把持，不重用王彦章，因而梁地连连失守。有一年，晋军攻破梁的郓州城，深入梁的腹地。梁朝举国上下惊恐万分。

这时，末帝听取了宰相敬翔的建议，任命王彦章为招讨使，率军迎敌。王彦章带领精锐人马，只用了三天时间就攻克了滑州、南州。可是梁军的后援不力，王彦章的人马终因寡不敌众而失利。末帝听信了谗言，下令撤去了王彦章的兵权。

不久，唐军又发兵攻梁，直趋梁的重地兖州。末帝见势不妙，不得不重新起用王彦章，还把京城中的500名御林军给他。但由于御林军缺少训练，毫无作战能力，因而兖州一战王彦章再次失利，身负重伤，被唐军俘获。

唐庄宗劝诱王彦章归顺。王彦章大义凛然地说：“我是梁朝的大臣，承受皇帝的恩泽，虽死不能相报，岂能替唐朝效力呢？梁人常说：‘豹死留皮，人死留名。’如果我向你屈膝投降，就要遭后人唾骂了。我王彦章是顶天立地的大丈夫，决不苟且偷生！”不久，王彦章便被杀害了。

人心所向

【释义】众人都有共同的向往。

【出处】唐·房玄龄等《晋书·熊远列传》。

晋朝人熊远，是个很有志向的年轻人，很有名望。县令召他到县衙做功曹，他辞谢不从。别人强行拉着他去县衙，他才勉强从命。熊远到县衙十多天，就被提拔到郡里做官。他请求太守说：“我还是回去吧，辞退大官不能辞退小官，我仍回到县衙去吧！”

熊远后来成为琅邪王、丞相司马睿的主簿。当时晋朝执政的是愍帝司马邺。有一年新年，朝廷要举行盛典庆祝，还要歌舞奏乐，熊远认为这样做太过分了，与国家的危难局面太不相称。他上书劝谏愍帝说：“上古时候，尧帝死后四海之内都停止音乐。现在晋怀帝刚死不久，天子应与百姓同忧，人心所归，惟道与义。我劝天子应该提倡忠孝之仪，宣扬仁义之统，不要搞那些娱悦耳目的盛典！”司马睿对他的建议十分赞同，便劝愍帝听从了。

人微权轻

【释义】地位低，说话不受人重视，威权不足以服众。

【出处】汉·司马迁《史记·司马穰苴列传》。

田穰苴在齐国危难之时，出任统帅，准备指挥齐军反击晋国、燕国的入侵，在被任命时，他曾推辞说：“微臣行伍出身，人微权轻，恐怕不能服众。”但齐景公鼓励他，让他大胆行使职权。齐景公为了使田穰苴能服众，派遣自己的亲信庄贾任监军，与田穰苴一块出征。他们约定第二日中午在军营相会。

田穰苴作战英勇，治军严明，天刚亮他就列队在营门，恭候监军庄贾。可庄贾是君王的宠臣，一向狂妄骄横，根本没把田将军瞧在眼里。这天，他很晚才起床，忙着接待为他送行的达官贵人、亲朋好友，一直拖到傍晚才趾高气扬地来到军营。

田穰苴迎面厉声喝问：“庄大人为何来迟？”

庄贾顺口回答：“亲朋为我饯行，刚刚脱身。”

田穰苴正言厉色地喊道：“大将从受命时起就应忘掉家庭，军士到了营地就应忘掉亲朋，士卒听见战鼓就应忘掉自己。时下敌军入侵，国家动荡不安，百姓生死存亡都系在你我身上，你竟然为酒宴而耽误了时间，这是违犯军法，该当何罪？”

庄贾挑衅地说：“你胆敢拿军法吓唬我？！”

田穰苴怒不可遏，大叫：“立刻斩首！”

庄贾被处死了。田穰苴这一举动威震三军，全军上下心悦诚服，冒死杀敌，不久便击退敌军，频频告捷。

人浮于事

【释义】原指人的才能超过所得的俸禄。后比喻人员太多超过了工作的需要。

【出处】汉·戴圣《礼记·坊记》。

《礼记·坊记》有这么一段话：“故君子与其使食浮于人也，宁使人浮于食。”（注：“食谓禄也，在上曰浮。禄胜己则贪，己胜禄则近廉。”）

其大意是说：俸禄和职位超过了自己的能力和贡献，那就类似于贪污；自己的勇力和贡献超过了俸禄和职位，就近似于廉洁。因此，古时的“君子”宁肯让自己浮在俸禄的上面，也不愿让俸禄浮在自己的上面。

“人浮于事”这个成语是从“人浮于食”演化而来的，而且今意和原意也有了很大的差别。

人言可畏

【释义】流言，可以伤人，使人感到害怕。

【出处】春秋·佚名《诗经·郑风·将仲子》。

《诗经·郑风》有一首题为《将仲子》的情歌，歌词共三节。描写一位热情的姑娘，怀念她的情人仲子，但又害怕被人发觉了要说闲话。歌词以姑娘自述的口吻，唱出了她又怀念又害怕的矛盾心情。这首情歌末一节的原文是：

将仲子兮，
无窬我园，无折我树檀。
岂敢爱之？畏人之多言。
仲可怀也，人之多言，亦可畏也！

歌词大意是：请求仲子呀，别爬我家的园，别折我种的檀。我哪里是爱惜檀木，怕的是别人说闲话。仲子你是多么的叫我怀念，别人的闲话却又多么的可怕！“人言可畏”这句成语，就是由此产生的。

人中之龙

【释义】形容杰出的非凡的人才。

【出处】唐·房玄龄等《晋书·宋纤传》。

晋代宋纤是一位品学俱佳的文士。他年轻时就胸怀大志，后来看到统治集团内部的种种黑暗，便开始厌恶官场生活，立志不参与政事，以隐居终老。

当地太守马岌很仰慕他的人品，特地寻访到他的住处，想请他出来做官。宋纤猜到马岌的来意，赶紧吩咐童儿关门，拒不相见。

马岌吃了个闭门羹，有点不高兴。但转而一想，一个人能不为高官厚禄所动，洁身自好，清贫自守，又禁不住生出敬佩之心。他颇有感慨地对随从说："宋纤的大名常能听到，他的德行总让人想着去效仿，但他的身形却不是随处可见，特别是在许多人想跻身其间的官场，绝对见不着。宋先生可真称得上是人中之龙啊！"

入木三分

【释义】原是形容书法笔力遒劲，后借喻见解、议论深刻。

【出处】唐·张怀瓘《书断·列传》。

王羲之12岁那年从父亲那里得到一本论述书法原理的书，爱不释手，天天抱着临砚揣摩，孜孜不倦，他本来就具有很好的基础，丰富的实践，现在经这一点拨，练起来更是得心应手，不满一月，技艺便突飞猛进。著名女书法家卫夫人见了，赞不绝口，惊讶地对他父亲说："你孩子近来写的字相当老成，你大概让他看了论述用笔窍门的书籍吧。"

王羲之像

王羲之精益求精，在勤奋苦练的同时，还研读各种理论，博采众长，终于声誉鹊起，成为一代宗师。

晋帝到北郊祭奠神灵，请王羲之在木板上书写祝词，挂在灵位之上。众人看了无不拍案称奇，那神妙莫测的字体，酣畅淋漓的线条，真是惊天地、泣鬼神。第二年再用木板的时候，要除掉上面墨字，可是工人无论用干布还是湿布都无法把它擦掉；只好用刀子削，才发现那些墨迹已经透进木板三分深了。

入幕之宾

【释义】原指暗中参与机要的人。后用以指称幕僚或与主人关系亲密的宾客。

【出处】唐·房玄龄等《晋书·郗超传》。

东晋的时候，有姓郗的父子俩，父亲叫郗愔，儿子叫郗超。郗愔很能聚敛钱财。儿子郗超却常把家中的钱拿出去施舍给穷人，为此父亲十分心疼。

郗超还很有学识，对天下的形势分析得很准确。他结交了许多读书人，整天凑在一块畅谈天下大事。晋朝的征西大将军桓温，很赏识郗超，便请他做了参军。桓温对郗超的见解常常是心悦诚服的。当时担任主簿的王珣，也很有能力，与郗超一起成了桓温的左膀右臂。所以桓温手下的人都说："长胡子的参军，短胡子的主簿，能令公喜，能令公怒。"

一天，谢安与王坦之到桓温军中商讨国事。桓温告诉郗超："你躲在军帐幕后听听，日后也可以帮我参谋参谋。"郗超就躺在幕后床上，偷听他们谈话。谢安和桓温正谈到高兴处，忽然一阵风吹进来，将帐幕吹开一个角，暴露了郗超。桓温觉得挺难为情，可谢安却开起了玩笑，说："郗生可谓入幕之宾矣！"——郗超可算是躲在幕后的宾客啊！郗超的字叫喜宾，谢安的话可谓是一语双关，说得大伙哄笑起来。

入室操戈

【释义】进屋来讨伐。比喻求学已达到超过老师的程度。

【出处】南朝·宋·范晔《后汉书·郑玄传》。

东汉著名学者郑玄，从小就喜欢读书。后来他投到大学者孔融门下求学。当时孔融有门徒400多人，能进入房内面对面听讲的只有50名学生。郑玄在那里学了三年，还没见过先生的面，他只能求别的学生给他讲书。郑玄十分刻苦，渐渐地学问超出了所有的弟子。

一天，孔融突然在楼上召见郑玄，向郑玄提出了几个难解的问题，郑玄对答如流，条理清晰，孔融惊奇地对弟子们说："将来把我的学问带走的就是郑玄呀！"

郑玄独自一人在外边游学，过了10年才回到故乡。当时有一位住在任城的何休，也很有学问，写出了《公羊墨守》《左氏膏肓》《穀梁废疾》等文章。郑玄看到了，就针对他的文章写出了自己的意见。由于意见中肯，击中要害，何休看见后感叹地说："郑玄这是进了我的屋子，操起我的矛，来讨伐我呀！"

"入室操戈"的成语即出典于此。

儿女情长

【释义】指青年男女之间的情爱连绵不断，难舍难分。

【出处】南朝·梁·钟嵘《诗品》。

在钟嵘的《诗品》中对晋朝著名诗人张华的诗作有这么一段评价："虽名高曩代，而疏亮之士，犹恨其儿女情多，风云气少。"

张华作诗喜欢模仿诗人王粲的风格。王粲，字仲宣，是建安时期的诗人，他的代表作有《七哀诗》等。张华的诗辞藻绚丽，讲究用字，追求诗文的华美，在运用借物起兴、寓意其中的比兴手法方面尚说得过去，所以在当时名声很高。但是钟嵘认为，他的诗叙述儿女柔情的多，而歌颂豪迈奔放气势的少。

后世由"儿女情多"演化成"儿女情长"这句成语。

了如指掌

【释义】了：了解，明白。指掌：指手掌里的东西。对情况了解得就像了解手里的东西一样。形容对事物或人的了解非常清楚。

【出处】春秋·孔丘弟子《论语·八佾》。

古代的帝王都要建始祖庙，在庙里，按照始祖的等级名分依次排列顺序，设置灵位。每逢有大的行动、节日之时，帝王们便进庙祭祖，以求保佑，称为"啰"。有许多人对啰礼不了解，就向孔子请教。而孔子认为当时鲁国宗庙灵位配祀的顺序和自己所主张的理论不符，名分颠倒，违背了周礼。因此，他对请教的人避而不谈，只是指着他的手掌说："知道啰礼的人，治理国家，就像把东西放在这里一样。"意思是说，懂得啰礼的人，都是懂得礼的；而且只有知礼的人，才能够治理好国家。

《论语·八佾》的原文是："子曰：'不知也。知其说者之于天下也，其如示诸斯乎？'指其掌。"

后世就把此话演化成"了如指掌"这个成语。

力不从心

【释义】很想做某件事，但力量不够，不能达到目的。

【出处】汉·班固《汉书·班超传》。

东汉名将班超，带兵镇守西域30多年，安抚联络当地的50多个小国，数次平定匈奴的骚乱，为保卫汉朝的西部边境建立了巨大的功绩。班超西去时年方40岁，70多岁觉得精力大不如从前，思念家乡的心情也日甚一日，于是给和帝刘肇写了一封奏书，大意是：

陛下，臣在西域转眼已经20多年了，夜夜日日无时不在思念故乡。臣听说先前的姜太公在齐国做官，可他的五世后代死后还要埋葬在原籍周地，其实周地与齐地之间不过千里；而我现在是身处遥远的西域啊，怎能不思念故乡呢？苏武留在匈奴不过19年，可我已经在西域快半辈子了。我不敢盼望回到酒泉，如能回到玉门关之内，也就心满意足了。

班超的妹妹班昭，是当时有名的才女、历史学家，她读了兄长的信，为之动情，也写信给和帝，替哥哥请求告老还乡，大意是：

我的胞兄班超，蒙受皇恩，自来西域，志捐躯命，屡立微功。他每逢攻战，总是身披金甲，不避死亡，倚仗陛下的神灵，才在这大沙漠里征战了近三十年，现年已七十，年老体衰，须发皆白，双手麻痹，耳聋目花，要拄杖才能行走。虽说他要竭尽全力，尽职尽责，以报答皇帝的大恩，可是倘使此地发生暴乱，超之力不能从心，这会损害国家、朝廷的利益，也会使为臣的前功尽弃，如果发生了那样的变故，该令人多么痛心呀！所以，我们诚恳请求返回内地，可是已经过了几年却仍然听不到陛下的答复。现在陛下是以孝理治天下，深得万民欢心。在此，我冒死替家兄班超请求，让他活着回到故乡，我的哥哥以壮年竭尽忠孝于荒野大漠，难道还让他在衰老的时候死在他乡异域吗？我满怀哀痛地向陛下奏禀实情，请皇帝开恩！

和帝读了班超兄妹这两封情真意切的书信后，深为感动，立即下诏传班超回京。102年，70多岁的班超总算踏上了故乡的土地。然而，他确实是"力不从心"了。这年9月他与世长辞。

班昭信中"超之气力不能从心"的话，后来演变为成语"力不从心"。

三　画

三令五申

【释义】屡次告诫，屡次发布命令。

【出处】汉·司马迁《史记·孙子吴起列传》。

春秋末期，齐国军事家孙武，投奔吴国的国君阖闾，同时献上他著作的兵法十三篇。

吴王读了十分欣赏，召他进宫询问道：“先生写的十三篇我全看了，可以小试一下用来约束军队吗？”得到孙武肯定的回答后，吴王于是把宫中的美女都叫出来，共有 180 人。

孙武把他们分为两队，让吴王两个宠爱的姬妾当左右队长，命令她们拿着戟，接着问她们道：“你们知道你们自己的心、背和左右手吗？”

宫女们都说知道。孙武点点头，说：“向右，就看右手所在的方向；向左，就看左手所在的方向；向前，就看所对的方向；向后，就看背所对的方向。”

孙武听宫女们都应声说是，便宣布纪律，设置执法的刑具，并当即再三地命令、告诫。接着，击鼓命令她们向右。不料，宫女们不仅没有听从命令行动，而且大笑起来。孙子说：“你们不明白约束，对告诫、命令不熟悉，这是主将的过错。”

于是他又再三地命令、告诫，之后再击鼓传令她们向左，不料，宫女们又是大笑。孙武说：“你们不明白约束，对告诫、命令不熟悉，这是主将的过错，但既然已经明确，仍然不照命令去执行，这是你们官兵的过错。”

孙武说罢，就要斩左右两个队长。吴王在台上观看，见自己宠爱的姬妾要被斩首，大吃一惊，赶快派人向孙武下令道：“我已经知道您能够用兵了，请您千万不要斩我的爱妾。”

孙武拜将

孙武严肃地说："我既然已经接受命令当将领，在军队里指挥战事，君主的命令也可以不接受。"

说罢，他命人斩了两个队长，又命令另外两名宫女担任队长。接着，再次击鼓向她们传令。结果，宫女们向左向右，向前向后，跪下起身等动作，全都符合标准，没有哪一个敢违背命令。操练完后，孙武派人报告吴王说："军队已经齐整，大王可以下来看看，并按照您的要求使用她们，就是到冰水火里面去也行。"

吴王皱着眉头说："您回到客舍去休息吧，我不愿下去看。"

孙武说："大王只喜欢读我的兵书，而不能使用我的实际本领。"

吴王知道孙武能用兵，终于任用他为将领。

三缄其口

【释义】缄：封闭。用三张封条贴在嘴上。形容其言谈相当谨慎，或一句话也不肯说。

【出处】佚名《孔子家语·观周》。

孔子一次到周国首都，去参观了周王的祖庙，看到在庙堂大殿右边的台阶前有一个铜人，铜人的嘴上封了三道封条，在它的背上还刻着字，写道："这是古时候说话最小心谨慎的人。"

此事载于《孔子家语·观周》。原文是：

孔子观周，遂入太祖后稷之庙，庙堂右阶之前有金人焉，三缄其口，而铭其背曰："古之慎言人也。"

三折其肱

【释义】肱：手臂。指多次折断胳膊，在治疗过程中，就能逐渐变成一个好医生。比喻处事遭受挫折多，就会富有经验，而成为这方面的行家。

【出处】春秋·左丘明《左传·定公十三年》。

在《左传·定公十三年》中有"三折肱，知为良医"的话，说的是这样的故事：晋国时，有范氏和中行氏两个集团的人，准备起兵攻打晋定公。一时间，形势紧张，许多人认为晋定公这次非败不可，但一些有识之士认为战事成功和失败的关键，要看民众是否支持，假如不能取得民众的信任和支持，便将失败无疑。范氏和中行氏起兵攻打晋定公是一种反叛行为，民众肯定不会支持他们的。再说晋定公自己多次经历战争，屡战屡败，落到流居异国的田地，但正如经过三次折伤手臂的人，经医疗后获得痊愈，他已尝尽折臂的滋味；在几次三番的折臂和治疗的经历中，也已了解到折臂的原因和治疗的经过与方法，只要态度坚决，方法得当，再不会失败了。

三呼渡河

【释义】至死不忘收复国土。

【出处】元·脱脱等《宋史·宗泽传》。

宋朝抗金名将、汴京（今河南开封）留守宗泽背上的痈疽化脓溃烂，疼痛难忍，心中忧虑悲愤，更使他痛苦万分。

宗泽的眼前浮现出一幕幕当年他跃马挥戈、杀退金兵的情景，联想当前形势，宋高宗远在南京（今河南商丘南），而京城开封处在金兵包围之中，只有皇上下决心还京抗敌，才能激励民心，收复国土。可是，丞相黄潜善把他的20多封请求还京的奏书都给死死扣压住了。

宗泽在临终前对看望他的几位将军说："我因为徽宗、钦宗二位皇帝被劫流亡在外，愤恨终日，以致今天病入膏肓。如果你们能英勇杀敌，收复失地，那我将死而无憾了。你们要努力啊！"

将军们都痛哭流涕，发誓说："一定尽力，能为国而死，马革裹尸也心甘情愿！"宗泽在奄奄一息中突然振作过来，连叫三声"过河北伐"，然后重重摔在床上，去世了。身边的人号啕恸哭，收集他的遗物，见到他临死前写的一封奏书，奏书坚决请求高宗皇帝还京抗敌，渡河北伐，收复中原。

三省吾身

【释义】经常自我检查，反省自己。

【出处】春秋·孔丘弟子《论语·学而》。

孔子的学生曾参，年纪虽小，却勤奋好学，深得孔子的喜爱。

一天，同学们问他："你为什么进步这么快呀？"

曾参说："我不过每天都要多次地这样问问自己：替别人办的事情有没有尽到力啊？与朋友交往有没有不诚实的地方啊？先生教我的学业是不是学习好啦……如果发现哪样做得不合适，我就及时改正。这样慢慢地也就成了习惯了！"

这个故事记载于《论语·学而》，原文是：

曾子曰："吾日三省吾身——为人谋而不忠乎？与朋友交而不信乎？传不习乎？"

刘备三顾茅庐

三顾茅庐

【释义】三次到草屋来。表示诚心地邀请。

【出处】明·罗贯中《三国演义》。

汉朝末年，逐渐形成了曹操、刘备、孙权三大势力。其中刘备势力最小，既无地盘，又无兵力，但他礼贤下士，很尊重人才。刘备听说诸葛亮极有才能，便恭恭敬敬地亲自去寻访。诸葛亮，字孔明，原籍山东琅玡，当时隐居在隆中（今湖北襄阳附近），人称"卧龙先生"，并称他住处一带的高冈为卧龙冈，他就住在冈前的茅庐里。刘备经由徐庶的介绍，曾前后三次专程拜访他。头两次，他故意避而不见，最后一次才见了面。刘备请求了半天，诸葛亮才答应出山相助。从此，诸葛亮为刘备出谋划策，打了很多胜仗，奠定了蜀汉的国基。后来，刘备称帝，诸葛亮做了丞相。

因为刘备当时访求贤才是那样的虔诚，所以后人比喻多次专程拜访，叫“三顾茅庐”。

三思而行

【释义】做一件事应多想想，然后再行动。

【出处】春秋·孔丘弟子《论语·公冶长》。

春秋时，鲁国大夫季孙行父，即季文子，为人谨慎，凡事都要多次考虑以后才决定做不做和怎样做，即主张“三思而行”。

一般说来，在干一件事情之前，多考虑考虑，然后行动，总是利多弊少的。可是孔子却并不赞同季文子的这种态度。孔子出生的时候，季文子已经死去十多年了。后来，孔子听人说到关于季文子的谨慎态度时评论道：“没有必要‘三思’，只要能‘再思’，也就可以了。”孔子的原话，见《论语·公冶长》：

季文子三思而后行。子闻之，曰：“再，斯可矣。”

孔子为什么认为只要“再思”就可以了呢？《论语》中没有说明。宋代儒学家程颢、朱熹等的解释是：考虑一两遍，就足以决定；考虑一多，反而要患得患失、疑惑不定了。

“三思而行”的“三思”，就是指多想。“三”不是限于三次的意思，而是“再三”“反复多次”。劝人好好考虑考虑，有时也可以用到这句成语。

大巧若拙

【释义】极为灵巧的人，表面上好像很笨拙。

【出处】春秋·老聃《老子·第四十五章》。

老子是我国古代的一位哲学家，他讲了许多深奥的道理，其中有不少辩证法思想。

老子在一篇文章中写过一段话，大意是：“最圆满的好似欠缺，可是它的作用永不枯竭。最充实的好似空虚，可是它的作用永无终极。最正直的好似弯曲，最灵巧的好似笨拙，最好的口才好似不会辩说。疾走能战胜寒冷，安静能克服暑热。清静而无为可以做天下的首领。”

“大巧若拙”的成语由此而来。

大公无私

【释义】为公着想，毫无私心。

【出处】汉·刘向《说苑·至公篇》。

春秋时期，晋平公有一次问祁黄羊说：“南阳县缺个县长，依你看，该派谁去当比较合适呢？”

祁黄羊说：“叫解狐去。他一定能够胜任的！”

平公惊奇地又问他：“解狐不是你的仇人吗？你为什么还要推荐他呢？”

祁黄羊说：“你只问我什么人能够胜任，你并没有问我解狐是不是我的仇人呀！”解狐到任后，果然很称职。

过了一些日子，平公又问祁黄羊说：“现在朝廷里缺少一个法官。你看，谁能胜任这个职位呢？”

祁黄羊说：“祁午能够胜任的。”

平公又奇怪起来了，问道：“祁午不是你的儿子吗？你推荐自己的儿子，不怕别人讲闲话吗？”

祁黄羊说：“你只问我谁可以胜任法官，所以我推荐了他；你并没有问我祁午是不是我的儿子呀！”祁午当了法官果然能干。

孔子听到这两件事，称赞祁黄羊说：“祁黄羊说得太好了！他推荐人，完全是拿才能做标准，不因为他是自己的仇人，便心存偏见，不予推荐；也不因为他是自己的儿子，怕人议论，便不推荐。像祁黄羊这样的人，才够得上是‘大公无私’！”

大义灭亲

【释义】对犯罪的亲属不徇私情，使之受到应有的惩罚。

【出处】春秋·左丘明《左传·隐公四年》。

春秋时，卫国的大夫石碏有个儿子，名叫石厚。石厚与卫庄公宠妾生的儿子、公子州吁关系非常密切，两人经常在一起游乐、习武。石碏觉得这样不好，一再告诫儿子别这样做，但石厚不听。

后来，卫庄公死了，卫桓公即位。这时，石碏因年纪大回乡养老，不问政事。又过了十几年，公子州吁与石厚合谋害死卫桓公，夺取了王位。对此文武大臣及百姓很不满意，州吁的日子很难过，石厚便献计说，他父亲石碏在朝内外很有威望，只要请他出来辅政，事情就好办了。

州吁认为这个办法好，就取出一双白璧，命石厚去请石碏来朝。石碏推说有病，不肯入朝。于是州吁又命石厚去向他请教怎样稳住君位。石碏回答说：“诸侯继位，要得到周天子的批准。如果周天子点了头，众人就必须服从。”

石厚怕周天子不批准，认为最好有人去周天子那里说情。石碏便说：“陈国的桓公与周天子关系很亲密，只有他才能说情，我与桓公也有交情，你可陪同新君到陈国去，请陈桓公在周天子那里说说好话，然后再去朝见周天子，这样可能被批准。”

石厚回到都城后，把父亲的计策告诉了州吁。州吁觉得这是个好办法，便带了一份厚礼前往陈国拜访桓公。

石碏给石厚出了这个主意后，马上给陈国的大夫子睨写了一封密信，要他为卫国臣民除害。州吁和石厚到陈国时，子睨已收到了这封信。经陈桓公同意，待州吁、石厚一到陈国都城，就把他们带到太庙。

进了太庙后，子睨忽然大声喝道："周天子有令：捉拿弑君乱国之贼！"两旁的武士一拥而上，将州吁、石厚逮住。子睨随即拿出石碏的信读了一遍。信中要求陈桓公主持正义，为民除害。

陈桓公打算把两人马上斩首，但子鍼认为石厚是石碏的亲生儿子，杀他不太妥当，还是让卫国自己来处置。陈桓公便派人将此情况通知石碏。石碏接到通知后，果断地表示，州吁和石厚犯的都是死罪，卫国应马上派人到陈国去处死他们。但卫国有的大臣认为，石厚是从犯，又是石碏的儿子，可以从宽处理。

石碏听了大怒说，州吁的罪过是他那个逆子怂恿而造成的。我就是有爱子之心，也不能因私情而忘了大义。接着，他派家臣去陈国执法。

家臣到了陈国，先斩了州吁。石厚一再要求家臣向石碏求情，免他一死。但家臣回答说，他们就是奉石碏之命来执法的。说罢，砍下了石厚的脑袋。

石碏大义灭亲的故事，从此流传千古。

大材小用

【释义】指人才使用不当，以致造成屈才和浪费。

【出处】南朝·宋·范晔《后汉书·边让传》。

东汉末年，陈留地方有一个叫边让的文士，名声很大。当时主持国政的大将军何进听说了，很想把他请来辅佐自己，怕他不肯从命，便以征兵的名义把他强行招来，但开始时并不重用，只让他做了一个小小的令史。

何进身边还有一个文士叫蔡邕，当时官居议郎，在与边让一起工作的过程中很佩服他的才华，认为何进不应冷落这样有才学的人，于是婉转地劝说道："将军，倘用煮牛的大鼎来煮鸡，想必一定会觉得不妥吧。因为这是很不容易把鸡煮好的，汁水多了就淡而无味，汁水少了又容易煮干，还不易把鸡煮熟。大器小用，本来就不太合适啊！还望将军不要用煮牛的大鼎来煮鸡，用人也当如此。"

何进当然懂得他的意思，于是重用了边让。

大腹便便

【释义】形容体胖肚大。现多用于贬义。

【出处】南朝·宋·范晔《后汉书·文苑列传》。

东汉桓帝时，有一位教书先生，名叫边韶，字孝先，曾做过临颍侯相、太中大夫，后来迁为北地太守、尚书令。在他教书的那几年，曾发生过一件有趣的故事。

边韶勤奋好学，年轻的时候就已经以文章写得好而知名于世了。他招收几百名学生，尽心尽力地给他们讲书、批文。不过边韶喜欢打瞌睡。因为他身子胖，肚皮有些大，行动不那么敏捷，学生们就凑在一块儿，给老师编了一段顺口溜：

边孝先，腹便便，
懒读书，但欲眠。

学生们一边念，一边哄笑，把先生吵醒了。他听了学生为自己编的顺口溜儿，觉得挺有趣儿，在地上踱了两圈儿，忽然灵机一动，提笔也写了一首顺口溜儿，自己摇头晃脑地念起来：

边为姓，孝为字。
腹便便，五经笥。
但欲眠，思经事。
寐与周公通梦，
静与孔子同意。
师而可嘲，
出何典记？

他的这首顺口溜儿大意是说："我的肚子是大了点，不过里边装的尽是经书。我是爱睡觉，可是我在梦中会见周公。即使有片刻安静的时候，我也念记孔子的教诲！你们嘲笑先生，这规矩见于哪家的经典？"

那几个恶作剧的学生想不到先生出口成章，做顺口溜儿也会教训人，不禁一个个窘得满面通红，偷偷溜出门外，老老实实地背书去了。

大逆不道

【释义】原指犯上作乱、破坏封建秩序的言行。现用来形容罪大恶极。

【出处】汉·班固《汉书·高帝纪》。

楚汉相争时，一次项羽率领的楚军和刘邦的汉军在广武城相遇了。项羽提出要和刘邦单独较量，就在阵前喊话："刘邦听着，我们二人纷争，扰得天下百姓不得安宁，今天咱们俩在阵前比试一下，谁赢谁就得天下！"

刘邦自知不是项羽的对手，就回答说："你不配向我挑战，你已经是个十恶不赦理该诛杀的罪人。"接着他数说了项羽的十条罪恶："第一，你违背了我们的约定，我先攻下关中，按约应该为关中王，你却自己称王；第二，你杀死卿大夫，自己称霸；第三，你违抗怀王命令，擅自带兵入关；第四，你烧毁秦宫，掘开秦皇坟墓，搜刮财物；第五，你杀死已投降的秦王子婴；第六，你活埋20万秦国百姓；第七，你封王封地，赶走原主，弄得天下不宁；第八，你占有了彭城，夺取韩国之地，又强占梁国和楚国的大片土地；第九，你阴谋杀害义帝怀王；第十，你作为臣子却杀死君主，为天下所不容，大逆不道。你犯下如此十条大罪，还有何面目来向我挑战啊！"

项羽一听，气得脸色铁青，拉开劲弓就射，刘邦躲避不及，被一箭射中胸口，跌倒在地。汉军将士赶紧抬起刘邦退回广武城中。

大失所望

【释义】希望全部落空。

【出处】宋·薛居正等《旧五代史·汉书·李守贞传》。

在五代时期的后晋、后汉两代交替期间，有一个河阳人叫李守贞，从军后当牙将，被晋高祖赏识，地位逐渐升高。

有一次与契丹交战，李守贞兵败投降，以后便为契丹卖命。他在接受契丹指令，带兵赴汶阳途中，正巧遇到了进驻汴州的晋高祖，内心恐惧，不得不来朝见，并假意表示归顺。

不久，晋高祖死了，李守贞变本加厉，愈来愈不安分守己，他暗中收买权臣，并不断加固城郭，扩充军队，随时做好反叛准备。这时有一个和尚，懂得占卜和看相。他看了李守贞的面相后，说他有国君的尊贵。这使他的狼子野心更快地膨胀起来，他就私下勾结盗贼，发兵占据潼关，公开亮出了反旗。

不久，朝廷派白文珂带兵前去征讨。李守贞自以为官兵中有不少人都曾做过自己的部下，这次用不着多动刀枪，他们就会大开城关，迎接自己。谁知在两军对阵时，昔日的旧部根本不买他的账，都厉声喝骂反贼，历数他的种种罪状。这一切使李守贞大失所望。

大器晚成

【释义】原意为大才需经过长期磨炼方能成就。现指成名较晚的人。

【出处】晋·陈寿《三国志·魏书·崔琰传》。

东汉末年，有个名叫崔琰的人，剑法很好。他特别喜欢交朋友。可是，有些人却认为他不学无术，除了舞刀弄棒，学问上一窍不通。一次，他去拜访一个很有学问的人，主人让管家出来告诉他说："主人正在潜心读书，无暇闲谈。"崔琰知道人家是嫌他没知识，感到无比羞愧，暗自下了决心，一定要好好读书，成为一个能文能武的人。从此，崔琰虚心拜师求学，学问逐渐增多起来，当时独霸北方的袁绍就把他招为谋士。

袁绍被曹操所灭后，曹操久闻崔琰才干，劝崔琰归顺自己。在曹营中，崔琰出了不少主意，很受曹操器重。有一次，曹操和他商量，想立小儿子曹植为太子。崔琰说："自古以来，都是立长子为太子。您立曹植，曹丕心里不服，大臣们也不服，这就种下了祸根。纵观古今，因为废长子立次子引起的骨肉相残还少吗？请主公三思而行！"其实曹植还是崔琰的侄女婿，不过尽管是亲属崔琰也不偏袒。曹操十分佩服崔琰的公正。

崔琰有个堂弟叫崔林。这崔林年轻时一事无成，亲友们都看不起他，可是崔琰却很器重他，他凭自己的经历常对人说："才能大的人需要长时间才能成器，崔林将来一定会成器的。"后来，崔林果然成才当上了大官。

万死不辞

【释义】愿意拼死效劳。

【出处】明·罗贯中《三国演义》。

东汉末年，董卓手握大权，把汉献帝视作傀儡，司徒王允下决心要为汉王室除掉董卓，但一时又想不出什么办法。

一天晚上，他在后花园散心，忽见府中美貌的歌伎貂蝉在牡丹亭畔长吁短叹，就问她为什么。貂蝉说："承蒙大人恩惠抚养，我感激万分。但我近来见大人愁眉不展，知道大人一定为国事所担忧，所以也长吁短叹起来，如果大人有用我之处，我一定万死不辞。"

王允听了，忽生一计，说："董卓迟早要篡位，眼看汉室将要倾覆，我怎能坐视不管？要杀死董卓才行啊！但董卓有个义子吕布，十分骁勇，无人能敌，而吕布又不离董卓左右，因此无计可施。”

貂蝉问：“难道真的就没有办法了吗？”

王允说：“我想了一条连环计，但需得到你的协助。我将你收为义女，先把你许配给吕布，再暗中献给董卓。你要设法离间他们父子，让他们为你而互相仇恨，最后挑动吕布去杀掉董卓。”

貂蝉依计而行，最后董卓终被吕布所杀。

万众一心

【释义】千万人一条心。形容团结一致。

【出处】南朝·宋·范晔《后汉书·朱儁传》。

东汉末年，爆发了黄巾大起义。汉灵帝派出军队镇压。朝廷派出的朱儁率部在宛城城外堆了一座比城墙还高的山丘。朱儁登上土丘细细观察宛城城内起义军将领韩忠的军事部署，发现城东北的守备比较空虚。第二天，朱儁让一支兵马佯攻宛城西南，故意把战鼓擂得震天响，吸引韩忠增兵西南，自己却带领主力急攻城东北，乘虚拿下了外城。

朱儁不理会韩忠的谈判要求，加紧围攻内城，可一连几天都遭到了起义军的有力抵抗。攻城屡屡受挫，朱儁又登上外城城墙向内城眺望，接着，下命令叫部队后撤几里。撤退后不久，城内守军纷纷冲出城外，试图突围，朱儁的兵马乘机从侧翼杀过来。韩忠不备，再退回内城已来不及，起义军只得四散而逃，伤亡很大。

事后，朱儁的部下问他用的什么计谋，他得意地说：“我从高处看得很清楚，内城十分坚固，城内尽是守兵。他们想谈判谈不成，想突围又出不去，这不是逼着他们万众一心跟我军拼命吗？一万个人齐了心尚且势不可当，何况他们有十万人马呢！倒不如先缓一缓，暂且松动一下包围圈，让他们产生突围的念头，然后乘乱杀上去，那他们的士气也就瓦解了。”

万马齐喑

【释义】所有的马都肃然无声。比喻人们沉默不语的沉闷局面。

【出处】宋·苏轼《三马图赞引》。

宋朝元祐年间，青唐羌族部落大将鬼章青宜结侵犯边界。朝廷遂命诸将讨伐。不久，擒获鬼章青宜结。同时获得的战利品还有一批西域良马，其中有三匹马非常高大健壮，头长得像蛟龙，而胸像凤，脊背像猛虎，而身上的纹理又像豹，当振动鬣毛嘶叫时，其他的马都寂然无声。百姓听到骏马高亢的嘶叫声，为之震动，争相出来观看，都啧啧称奇：“这样的良马真是生平第一次看见。”

在京任职的苏轼目睹了骏马的神韵，其形象在他脑海里挥之不去，于是请来名画家李公麟将三马画下来。擅长画马的李公麟根据苏轼的描述，以墨笔单线勾勒，在细部略施淡彩，一气呵成，一幅栩栩如生的三马图展现出来了：三马比例准确，形神兼备，其躯体的软硬、皮毛的光泽、马身的斑纹仿佛可以感觉到，甚至三马振鬣长鸣的声音也隐约听见。苏轼看了画拍案叫绝。

绍圣四年，苏轼被贬往惠州，闲

居无事，翻出旧日收藏的书画，看到《三马图》，追思往事，感叹三马的神骏，写下《三马图赞》。

下笔成章

【释义】一动笔就能写成好文章。形容才华横溢，思路敏捷。

【出处】晋·陈寿《三国志·魏书·陈思王传》。

曹植自幼聪明好学，写起文章来又快又好。一次，曹操故意问曹植："你的文章我看过了，写得不错，是不是找别人帮你写的呀？"

曹植跪下禀告："父亲大人，儿能出口成论，下笔成章，干吗要请别人帮忙？父亲如不信，就请当面试我一试。"

不久，曹操在邺下建造的铜雀台竣工了。曹操有心要试试几个儿子的文采，就叫他们都登台游览一番，然后要每人以铜雀台为题，当场写一篇辞赋给他看。曹植一会儿工夫就交了卷，曹操读罢赞赏不已，更加宠爱曹植，一度很想他立为太子。

曹植虽然很有文学才华，但性情孤傲，喜欢饮酒，不如哥哥曹丕稳重、成熟、有城府。曹操通过长期观察，最后认定曹植在政治上不如曹丕精明能干，决定由曹丕做继承人。后来曹丕做了魏文帝。曹植受到曹丕的猜忌和排挤，只活到41岁，就郁郁而终。他留下的《白马篇》《送应氏》《赠白马王彪》《洛神赋》等作品，都是传世之作。

下马作威

【释义】指新官上任，显示威风。

【出处】汉·班固《汉书·叙传》。

西汉有个叫班伯的少年，家世显贵，常出入宫中，很受皇帝的信任。当时，定襄石、李两家大姓对抗朝廷，捕杀地方官吏，弄得定襄一带人心惶惶。班伯听到此事，主动向皇上请求去定襄做太守。

定襄的豪绅大姓听说来了一位年少气盛的新太守，料定他走马上任初期，要雷厉风行，大抓大杀，显示一下威风。因此，他们把犯了罪的人藏了起来，然后静观其变。

班伯首先请来了当地的豪绅大姓，对他们客气地说："在座的都是我的父兄师父，今后有什么事，还需要大家鼎力相助，班伯一人治理不好定襄，也不打算在定襄待得太久。定襄是在座诸位的，要治理好也是诸位的事。我这次来，只同大家交个朋友。"说完，班伯对年长的行了儿孙礼。从这以后，班伯果然不问定襄的事，日日广交朋友。久而久之，他结交了不少的人，逐渐了解到那些犯法的人匿藏在何处。于是，班伯召集官吏，分头捕获，不到10天，郡中震动。定襄很快恢复了秩序。

《汉书·叙传》中记叙此事中有这么一句话："定襄闻伯素贵，年少，自请治剧，畏其下车作威，吏民竦息。"后来"下车作威"演化为"下马作威""下马威"的成语。

与人为善

【释义】偕同别人一起做善事，或帮助人做好事。

【出处】战国·孟轲《孟子·公孙丑上》。

孔子的学生子路，道德和学问修

养都很好，孟子在给弟子讲课的时候，常常拿子路的事迹教导学生。

有一天，孟子说："子路这个人是很虚心的，别人指出他的毛病和不足，他就非常高兴。从历史上看，凡是君子都是吸取别人的优点，自己来实行善事。大禹就是这样的典范，他听到谁说善言，就向谁敬礼。舜更是了不起，他把别人的长处吸收过来，把自己的短处抛弃掉，做起善事来非常愉快。舜从种庄稼开始，后来又做陶器、当渔夫，直到最后做了天子。他身上的优点、美德全是从别人身上学习、吸收来的。所以总括起来说，吸取别人的优点来自己行善，这便是'与人为善'，也就是说偕同别人一道行善。君子最高的德行就是'与人为善'。"

与民同乐

【释义】君王与百姓一同欢乐。

【出处】战国·孟轲《孟子·梁惠王下》。

有一天，齐宣王在自己的离宫里盛情款待孟子。在酒宴上，他很得意地问孟子说："像您这样道德高尚的贤者，也会享用这种人间老百姓的快乐吧？"

孟子回答："是的，如果他们得不到快乐，就会怨恨国君。国君以百姓的快乐为自己的快乐，百姓就会以国君的快乐为自己的快乐。反之，国君以百姓的忧愁为自己的忧愁，百姓也会以国君的忧愁为自己的忧愁。国君如果能够和天下的人同忧同乐，就能使天下的人归服于自己。"

齐宣王连声夸奖说："这真是圣人之见啊！"

才疏意广

【释义】志向很大，但才干不足。

【出处】南朝·宋·范晔《后汉书·孔融传》。

东汉末年的孔融，字文举，孔子第二十世孙，幼年时就被人称为奇才。

当时，黄巾军起义声势浩大，一连占领了好几个州。孔融因为触犯了董卓，被派到正当黄巾军要冲的北海郡为相。孔融到北海后，一方面表彰儒家，厚待儒生；另一方面集合民众，迎击黄巾将领张饶，可是很快被张饶打败，只好收拾残兵败将，退保朱虚县。不久，黄巾再次攻打北海，孔融不能抵抗，移兵都昌县，又被义军包围，情势万分危急，只得向当时任平原相的刘备求救，刘备派出3000人马，替他解了围。

以后，袁绍、曹操势力越来越大，孔融揣摩这两人有图谋汉室的野心，因而立志为国家平定这两股势力，但是最终一点儿成效也没有。建安元年，袁绍的儿子袁谭攻打孔融，最后，孔融部下仅剩下几百人。孔融自己却依旧凭桌读书，谈笑自若，直到夜间城被攻破，才逃到东山，妻儿全部被俘。后来，孔融死于曹操之手。

孔融成年后，声望很高，志向远大，可惜缺乏治政、治军的实际才干。因此，《后汉书·孔融传》评价他"才疏意广"。

土崩瓦解

【释义】像土崩塌，瓦破碎一样。形容彻底崩溃，无法收拾。

【出处】汉·班固《秦纪论》。

秦朝末年，刘邦、项羽的兵马逼

近京都咸阳，秦二世为此谴责丞相赵高。赵高恐惧不安，暗中与弟弟赵成、女婿——咸阳令阎乐密谋，决定杀了二世。于是，阎乐带了1000多名官兵冲进王宫内室。秦二世知道难逃一命，只得自杀。

接着，赵高将秦二世的侄子、公子婴立为秦王。公子婴和他的两个儿子商议说："赵高杀了二世，害怕大臣们杀他，才立我为王。他早晚要害我，我们不如先下手！"第二天，赵高让子婴到宗庙去拜祖先，子婴托病不去，赵高亲自来请，子婴乘机刺死赵高。子婴当了46天秦王，刘邦就攻入咸阳，秦朝灭亡。后来项羽又进入咸阳，把子婴杀死。

贾谊与司马迁在评论这段历史时说，如果子婴有一般君主的德行才能，任用忠贞贤能的人，为天下的苦难而忧，改正先帝的过失，以及采取各种方法减轻百姓的痛苦，天下人就会归附他。由于他没有这样做，最后自身也不免被杀。

东汉史学家班固则对子婴失去天下一事，做出了不同的评论。他在《秦纪论》一文中说：

秦之积衰，天下土崩瓦解，虽有周旦之材，无所复陈其巧，而以责一旦之孤，误哉！

大意是：秦朝的衰弱是积久而成的，当时天下已像土倒塌、瓦破裂，即使有周公旦那样的才能，也无法施展他的良策。而贾谊与司马迁竟拿秦朝的灭亡来责备登位几天的子婴，是错误的啊！

寸草春晖

【释义】寸草：小草。春晖：春天的阳光。小草难以报答春天阳光的恩惠。比喻子女报答不尽父母的养育之恩。

【出处】唐·孟郊《游子吟》。

唐代诗人孟郊，写过一首题为《游子吟》的诗：

慈母手中线，
游子身上衣。
临行密密缝，
意恐迟迟归。
谁言寸草心，
报得三春晖。

大意是：在异乡漂泊的年轻人啊，你身上穿的衣裳是母亲亲手缝做的呀。母亲一针一线地缝呀、缝呀，衣服缝得又严实又牢固，因为担心你在外边日子久了，衣服会破损。母亲的这一片慈爱之心，你能报答得了吗？就像柔嫩的小草报答不了春日阳光的恩泽一样，儿子难以报答慈母的恩情啊！

后来，人们将诗中的后两句"谁言寸草心，报得三春晖"简缩成一句成语"寸草春晖"。

上下其手

【释义】比喻暗中勾结，随意玩弄手法，串通作弊。

【出处】春秋·左丘明《左传·襄公二十六年》。

春秋时，楚秦联手讨伐吴国，刚到雩娄地方，吴国听到消息，做了防守准备。楚王怕吃亏，就撤回部队转向郑国，乘其不备打败了郑国的守兵，楚军将领穿封戌把郑军将领皇颉俘虏了。这次战争楚国的公子围也参加了。他是楚康王的胞弟，地位尊贵，却没有战功。他看见穿封戌俘虏了皇颉，十分忌妒，就派人把俘虏抢过来，硬说皇颉是他捉到的。穿封戌不服气，便去找太宰伯州犁评理。

伯州犁知公子围无理抢功，但因为他是王弟，只得袒护他。于是伯州犁貌似公正地说："这件事只能让俘虏皇颉自己说，因为他记得最清楚呀！"

军士把皇颉带进军营，伯州犁高声说："皇颉，你听好，现在双方争夺的是你，你可要放明白一些。"伯州犁高举起一只手，指着公子围说："这位是公子围，是楚王的弟弟。"伯州犁说着放下手，向旁边指点着穿封戌又说："他是方城山外边的一个小县尹，叫穿封戌。现在你说，究竟是谁把你俘虏的？"

皇颉从伯州犁的手势、语气里早已明白了其中奥妙，心想将来的处境还要依靠公子围呢，于是连忙说自己是被公子围俘虏的。伯州犁立即宣布："俘虏皇颉的功劳归公子围。"

后人从这个故事中概括出"上下其手"这条成语。

上行下效

【释义】效：模仿。上级或上辈怎样做，下级或下辈就跟着怎样学。

【出处】战国·佚名《周礼·天官太宰疏》。

春秋时，齐景公自从宰相晏婴死了之后，再也没有臣子当面指责他的过失。

有一天，齐景公宴请文武百官，散席以后，大家到广场上射箭取乐。每当齐景公射出一支箭，即使没有射中靶子的中心，文武百官都是高声喝彩："真是箭法如神，举世无双。"

齐景公把这件事情对臣子弦章说了一番。弦章说："这件事情不能全怪那些臣子，古人有话说：'上行后而下效。'国王喜欢吃什么，群臣也就喜欢吃什么；国王喜欢穿什么，群臣也就喜欢穿什么；国王喜欢人家奉承，自然，群臣也就常向大王奉承了。"

景公认为弦章的话有理，便派侍从赏给弦章许多珍贵的东西。弦章摇摇头说："那些奉承大王的人，正是为了要多得一点赏赐，如果我受了这些赏赐，岂不是也成了卑鄙的小人了！"

口若悬河

【释义】悬河：瀑布。说话像瀑布一样滔滔不绝。形容能言善辩。

【出处】唐·房玄龄等《晋书·郭象传》。

晋代有一个大学问家，名叫郭象，字子玄。他从小就很有才学，对于日常生活中发生的一切现象，肯留心观察并深入地思索它的道理。后来，他爱好老子和庄子的学说，并有精深的研究。

老庄学说比较难懂，他却乐此不疲，当时有许多权贵想请他去做官，但他一概辞谢，只是拿研究学问和谈论哲理当作最快乐的事情，最后做了黄门侍郎。但他并不以做官为乐，只是把做官作为研究学问和发表议论的台阶。

因为他的知识很丰富，能够把一切事情的道理讲得清清楚楚，而且一旦谈论起来，喜欢尽量发挥自己的见解，所以太尉王衍常常称赞他说："听郭象说话，如悬河泻水，注而不竭。"

口蜜腹剑

【释义】口蜜：说话甜蜜好听。腹剑：肚里藏着利剑。比喻口头说话好听，肚里却满是暗害人的主意。

【出处】宋·司马光《资治通鉴·

唐纪玄宗天宝元年》。

唐玄宗时，宰相李林甫善于谄媚逢迎，看皇帝眼色行事，并对玄宗喜爱的宦官和宠妃，也想方设法讨好卖乖，取得他们的欢心。他依靠谄媚高居宰相之位达19年。

平时李林甫和同僚们接触，总是装出一副态度恭谦、平易近人的模样，实际上却阴险狡猾，手段毒辣。他专门同有权有势的人结交，结成帮派，壮大自己的势力。凡是有才学有见识的人，他都非常妒忌，如果哪位官员功业超过他，被皇帝重用，地位威胁到他，他一定要想方设法把这个人除掉。

为了掌握唐玄宗的一言一行，李林甫用金钱玉帛买通了宦官和皇帝的嫔妃，因此唐玄宗那儿有什么消息，他马上就能知道。有一次他听说唐玄宗要重用兵部侍郎卢绚，便立即把卢绚调到外地，不久又把卢绚降职，却对唐玄宗说卢绚有病，不能重用。又有一次，他打听到唐玄宗想重用严挺之，就把严挺之请到京城来看病，然后告诉唐玄宗，说严挺之年老体衰，正在治病。他通过这样的手腕，妒贤嫉能，陷害了很多比他才能高的人。因此，大家都说他口蜜腹剑，对他十分痛恨。

千金买笑

【释义】指美人笑之难得。

【出处】明·冯梦龙、清·蔡元放《东周列国志》。

西周的最后一代帝王幽王，是历史上有名的暴君，他宠信虢公、祭公、尹球这三个奸臣。忠臣赵叔带以三川枯竭、岐山崩溃，为国家不祥之兆，要求幽王勤政恤民，求贤辅国。幽王却将赵叔带驱逐出朝，永不录用。另一忠臣、大夫褒珦闻赵大夫被逐，急忙入朝进谏：“大王不畏天变，黜逐贤臣，恐国本动摇，社稷难保。”幽王大怒，把褒珦打入大牢。

褒珦的儿子洪德深知周幽王酷好女色，便在褒村买到了一个绝代佳人，取名褒姒，献给幽王，以此来赎父亲的罪。幽王一见褒姒，非常喜欢，即日纳入后宫，传旨将褒珦开释。这个褒姒也果然妖艳动人，周幽王把她放置在琼台之上，日夜追欢寻乐。不久，褒姒生了一个男孩，取名伯服，幽王废太子宜臼为庶人，立伯服为太子，并将正妻申后打入冷宫。褒姒从妃嫔一跃而成为正宫娘娘。

褒娘娘虽然很得宠，但从未开颜一笑。幽王使尽各种手段，都未能博得她一笑。幽王无奈，传下旨意：“凡有人能致褒后一笑者，赏赐千金。”

烽火戏诸侯

虢公献计说："先王昔年因防御西戎入寇，曾在骊山之下，设有烽火台 20 所，如有贼寇进犯，只要放起狼烟，直冲云霄，附近诸侯见了狼烟，就会立即带兵来救。今天下太平，烽火毕熄，大王何不偕娘娘登骊山，兴烽火，使各路诸侯见烽火而至，至则无寇，乘兴而来，败兴而返，娘娘必开颜一笑了。"

幽王便照计而行。果然各路诸侯见骊山烽火起来了，连忙匆匆兴兵驰至骊山。幽王这时正在山顶与褒姒设宴，饮酒作乐。褒姒见山下各路诸侯从四方八面跑得汗流浃背地来到山下，可是并无发生什么变故，大家都面面相觑，诧异不已。幽王随即传旨："敬候各路诸侯，并无外寇侵犯，不劳诸公跋涉，请即回师。"大家气冲冲地各回本国去了。

褒姒见诸侯匆匆而来，匆匆而去，并无一事，觉得愚笨得可笑，果然开颜一笑了。幽王于是赏赐虢公千金。

后来犬戎进犯镐京，幽王再举烽火，诸侯以为又是幽王闹着玩的，因此不再听从召唤。西周于是灭亡。

千虑一得

【释义】平庸的人经过认真思考得出的意见也会有可取之处。

【出处】战国 · 佚名《晏子春秋 · 内篇杂下》。

春秋时的一天中午，齐国相国晏婴正要吃午饭，齐景公派人去看望他。晏婴把自己的饭菜分成两份，与来人一起用餐，当然，这顿饭晏婴没有吃饱。

景公听说此事后，觉得现在才知道晏相国家中不富裕，很是惭愧，就派人给他家中送去千金，以供他以后接待宾客之用。谁知，晏婴就不接受，再三推却，说他家并不贫困，不能接受景公的额外赏赐。为了不使来人为难，晏婴与送金人一起进宫，面见景公。

晏婴感谢景公的厚爱，并说作为一个臣子，能吃饱穿暖就应该知足了，不能追求过多的财富。

齐景公听了，仍坚持要把千金赏赐给他。景公说："从前，我国贤相管仲，为桓公成为当时各诸侯国的第一个盟主立了大功，桓公赏赐给他很多封地，管仲并没有推辞就接受了。如今你为什么要再三推辞我对你的赏赐呢？"

晏婴说："我听说有这样的话：'圣人千虑，必有一失；愚人千虑，必有一得。'管仲虽是圣人，但也许考虑这件事有失误；我虽是愚笨，但这件事处理得可能是正确的。"

齐景公从此更敬重晏婴了。

千军万马

【释义】形容兵马很多或声势浩大。

【出处】唐 · 姚思廉《梁书 · 陈庆之传》。

陈庆之是南北朝时梁朝的著名战将。有一年，梁武帝授命陈庆之率军进攻北魏。陈庆之一路攻城占池，所向披靡，率军赶到荥阳城下，立即对守城的魏兵发动猛攻。但由于荥阳城防守坚固，梁军连攻数天都被击退。

这时，北魏的大批援军相继赶到，梁军腹背受敌，形势万分危急。陈庆之见部下士气低落，就召集起三军将士，鼓舞大家说："我自北伐以来，攻克魏城数十座，而诸位将士们杀死的魏兵也不可计数。现在，魏兵有 30 多万，都把我们看作不共戴天的仇敌。可我军才7000人，我们只有与敌人拼死一战，才有可能获救。否则，大家的身家性命就难保了。”

陈庆之的一番话使梁军士气大振，结果荥阳城一下子就被梁军攻克了。陈庆之乘胜杀到洛阳城下，洛阳守军不战而降。当时，陈庆之麾下的将士一律身着白色战袍，在洛阳城中往来驰骋，显得十分威武。魏人见了，无不感慨，就编了一首民谣：

名师大将莫自牢，
千军万马避白袍。

千载难逢

【释义】一千年也难遇到一次。形容机遇十分难得。

【出处】唐·韩愈《韩昌黎全集》。

有一次，唐宪宗听说一所寺院里有一块佛骨——释迦牟尼的遗骨，便打算隆重地把它迎进宫里礼拜。刑部侍郎韩愈认为这样做很不妥当，便上了一篇奏章《谏迎佛骨表》加以反对。

唐宪宗十分恼怒，要将韩愈处死。后来，亏得宰相为韩愈说情，才改为贬职到潮州去任刺史。

宪宗后来改革了前朝的一些恶政，中央政权的统治有所加强。韩愈于是写了《潮州刺史谢上表》，恭维宪宗是扭转乾坤的中兴之主，并且建议宪宗到泰山去“封禅”。封禅，是一种祭祀天地的大典。秦始皇和汉武帝都举行过这种大典，韩愈提出这个建议，是把宪宗当作有杰出贡献的帝王来看的。在这道表中，韩愈还隐约地表示，希望宪宗让他也参加封禅盛会，并说如果他不能参加这千年难逢的盛会，将会引为终身的遗憾。

后来，宪宗把韩愈调回京都，让他担任吏部侍郎。

义无反顾

【释义】为正义的事业而勇往直前。

【出处】汉·司马迁《史记·司马相如列传》。

汉武帝很赏识司马相如的才学，让他在自己身边做官。

这时正赶上唐蒙在修治通往夜郎、僰中的西南大道。由于他征集民工过多，又是采取高压手段，引起了巴蜀人民的不安，发生了骚乱。汉武帝便派司马相如去责备唐蒙，并让他写一篇文告，向巴蜀人民做一番解释。

司马相如在文告中有一段是这么写的：

夫边郡之士，闻烽举燧燔，皆摄弓而驰，荷兵而走，流汗相属，唯恐居后，触白刃，冒流矢，义不反顾，计不旋踵，人怀怒心，如报私仇。

这段文告的大意是：有人不晓得国家的法令制度，惊恐逃亡或自相残杀是不对的。士兵作战的时候，应该迎着刀刃和箭镝而上，绝不容许回头看，宁可战死也不能转过脚跟逃跑。你们应该从长计议，急国家之难，尽人臣之道。

“义无反顾”就是从司马相如的文告中“义不反顾”一句中引申出来的。

亡羊补牢

【释义】丢失了羊，补好羊圈。比喻事情出了差错，及时补救，以避免再有损失。

【出处】汉·刘向《战国策·楚策四》。

战国时代，楚国大臣庄辛，一天对楚襄王说：“您在宫里面的时候，左边是州侯，右边是夏侯；出去的时候，鄢陵君和寿跟君又总是随着你，这四个人只知享乐，不管国家大事，这样下去楚国恐怕就要灭亡了。”

楚襄王骂道：“现在国家太平无事，可你故意说这些险恶的话，是来惑乱人心吗？”

庄辛回答说：“臣不是有意要冒犯大王，只是觉得如果您一直宠信这些人，楚国是一定要灭亡的。您既然不信我的话，请允许我避居到赵国，看事情究竟会怎样。”

襄王答应了。庄辛到赵国才住了5个月，秦国果然派兵侵犯楚国。襄王被迫流亡到阳城（今河南息县西北），这才觉得庄辛的话不错，赶紧派人把庄辛找回来，问他有什么办法。

庄辛说：“我听说过：‘看见兔子才想起猎犬，这还不晚；羊跑掉了才补羊圈，也还不迟。’只要我们能及时改正错误，不论任何失败都还有挽回的机会。”

亡命之徒

【释义】原指逃脱户籍改换姓名、逃亡在外的人。现指不顾性命冒险作恶的歹徒。

【出处】后晋·刘昫等《旧唐书·乐彦桢传》。

唐朝末年，乐彦桢有个不争气的儿子叫乐从训，经常在外和一帮狐朋狗友饮酒作乐，聚众生事。乐彦桢对此痛心疾首。

一次，乐从训听说都统王铎调往沧州，要经过魏州境内。他对王铎的家财垂涎已久。于是，用重金诱惑王铎家的歌女，说出王铎的行走时间和路线，便纠集了一批凶徒设置埋伏。等王铎一行走进他们的包围圈，便蜂拥而上，乱砍乱杀。乐从训等人杀死了王铎，抢了王铎的金银财宝和歌女之后逃之夭夭。

后来，乐从训胆子更大了，他招集了500多个亡命之徒，为非作歹，弄得周围鸡犬不宁。州府上下为此议论纷纷，要求惩办他。乐从训听到风声，连夜逃走了。

这时，乐彦桢被任命为六州都指挥使兼相州刺史。赴任后，乐从训便打着老子的旗号，收集兵器，索取钱帛，滥杀无辜，州府怀疑乐彦桢图谋不轨，便罢免了他，推举都将赵文㺹出来主持州事，乐彦桢又气又恨，不久病死。

乐从训带了3万余人来到城下，气势汹汹地问罪。赵文㺹胆小怕事，按兵不动。上司怀疑赵文㺹与乐从训串通一气，又罢免了赵文㺹。罗弘信自告奋勇出来充任节度使，率军出击，杀得乐从训片甲不留，终于消除了地方一害。

门庭若市

【释义】门口和庭院如同集市一样。形容人多，热闹非凡。

【出处】汉·刘向《战国策·齐策一》。

齐威王周围有一帮奉承拍马的亲信，一会儿称赞他英明果断，一会儿又说他治国有方，所以他不免沾沾自喜。

大臣邹忌忧虑重重地上朝拜见齐威王，说：“陛下，我近来注意到一个奇怪的现象：我明明不如徐公漂亮，可是，不管我妻子也好、小妾也好、客人也好，都说我比徐公漂亮，这是什么原因呢？我分析起来，大概是妻子偏袒我、小妾害怕我、客人有事求我。陛下，由此我想到了您。齐国方圆千里，人口众多，宫人和侍者没有一个不偏袒您，朝臣没有一个不害怕您，全国人没有一个不有求于您。既然这样，您怎么不会像我一样受到蒙蔽呢？”

齐威王恍然大悟。第二天，他便发布命令：“不论是谁，能够当面指责我过失的，受上等奖赏；送上书信、奏章劝我改正过失的，受中等奖赏；能在朝廷里或街市上批评我过失的，只要意见被我听到，受下等奖赏。”

命令刚刚发出，人们纷纷进谏，门庭如市。几个月后，渐渐少了。一年之后，人们想提一点意见，也得搜索枯肠，因为齐威王确实改进了。

门可罗雀

【释义】门口可以张网捕捉鸟雀。形容门庭冷落，宾客稀少。

【出处】汉·司马迁《史记·汲郑列传》。

在汉文帝时，有个名叫翟公的廷尉，掌管着刑罚的职权。因为他操有生杀大权，人们都来拜见他、奉承他，常常是宾客盈门，后来他被免去了官职，谁也不来看他了，他家的门前冷冷清清，简直可以张网逮着雀儿了。谁料人事难测，后来翟公又恢复了官职，许多人又去拜访他，他感慨地写了几句话贴在大门上：

一死一生，乃知交情；一贫一富，乃知交态；一贵一贱，交情乃见。

他用这些话嘲讽那些趋炎附势的人。《史记》中说道：“始翟公为廷尉，宾客阗门；及废，门外可设雀罗。”“门可罗雀”的成语由此而来。

子虚乌有

【释义】子虚：不真实的事。乌有：哪有。原为假设的人名。后用来比喻假设的或不存在的人、事。

【出处】汉·司马相如《子虚赋》。

西汉著名的辞赋家司马相如曾在梁孝王那里供职，梁孝王有一座“梁园”，方圆300余里，园内景色美不胜收。司马相如在那里住了3年，并在那里写下了名作《子虚赋》。

《子虚赋》的内容是：楚王派一个叫子虚的人拜访齐王，齐王率领全国狩猎能手，陪同子虚进行了一次大规模的游猎活动。后来，齐国乌有先生询问子虚对这次游猎活动的感受，期望得到赞扬。可是，子虚却大谈楚王的游猎活动是如何壮观，目的是贬低齐王的游猎活动。乌有先生竭力为齐王辩护，双方谁也说服不了谁……此文写得辞藻华丽，场面宏伟。汉武帝读了之后大为赞叹，下令召见司马相如。

司马相如说：“《子虚赋》写的诸侯游猎的场面，如果是天子的游猎，那场面一定还要壮观宏大。”汉武帝大喜，请司马相如再写。这样，司马相如就又写下了《上林赋》。

《上林赋》写的是亡是公听了子虚、乌有先生各自夸耀本国君主游猎盛况的对话后，认为齐楚之事都不足道，于是，他介绍了天子游猎活动的气魄和天子花园上林苑的壮丽。文章末尾，司马相如对诸侯、天子贪恋游猎、荒废政务的行为做了讽谏，主张修明政治，提倡节俭。

马革裹尸

【释义】用马皮将尸体包起来。形

容战死沙场，无棺盛殓。一般指为正义的事业而牺牲在战场上。

【出处】南朝·宋·范晔《后汉书·马援传》。

东汉建武二十年(44 年)，大将马援在边疆打仗得胜回朝，快到京城洛阳时，便见大路两边密密麻麻，站满了前来迎接的人群。

人群中有一位叫孟冀的人，他是马援的故友，在迎接时，对马援说了许多恭维的话，大意是此番得胜还朝，皇上定有封赏，从此高官厚禄，再不用愁。谁知马援听了，脸一下子沉了下来。他对孟冀说："当今天下并不太平，匈奴和乌桓不时要来侵扰我北方边疆，所以，我想的是外患未靖，应主动请战，杀退敌人，大丈夫应当有洒血疆场的准备，任由马革裹尸也在所不惜，怎么能效仿那些无用的懦夫，赖在家中与儿女打闹逗乐呢？"

孟冀不禁又羞又愧，由衷地叹道："做一个志士，确应有马援的雄心。与之相比，像我这样的人实在太没出息了。"

马首是瞻

【释义】原指作战时，士卒看主将的马头行事。后比喻服从指挥或依附某人。

【出处】春秋·左丘明《左传·襄公十四年》。

公元前 559 年，晋悼公联合 12 个诸侯国攻伐秦国。指挥联军的是晋国的大将荀偃。联军开到泾水边，先后渡过了河。秦景公事先在泾水上游投了毒，结果联军许多士兵被毒死。大家心里害怕，不肯行军了。亏得郑国的公子命令自己的队伍前进，才带动其他国的军队行进。大军到达秦地棫林后驻扎下来。

荀偃原以为 12 国联军攻秦，秦军一定会惊慌失措。不料秦景公已经得知联军军心不齐，士气不振，所以毫不胆怯，不想求和。荀偃只得准备打仗。他向全军将领发布命令说："明天早晨，鸡一叫就开始驾马套车出发。各军都要填平水井，拆掉炉灶。作战时，全军将士都要以我的马首是瞻，我奔向哪里，大家就跟着奔向哪里。"

荀偃的左右手、下军主将反感地说："晋国从未下过这样的命令，为什么要听他的？他马头向西，我偏偏要向东！"这位主将不仅这样说，而且确实这样做了。他带着自己的人马，朝东返回晋国去。主将的副手于是也率领自己的队伍朝东而去，这样一来，全军顿时混乱起来。荀偃只好下令撤回全军。

飞扬跋扈

【释义】飞扬：放纵，高傲。跋扈：蛮横，肆意妄为。原指意态举动超越常轨不受约束。后形容骄横放肆，不受法度制约。

【出处】宋·司马光《资治通鉴·梁纪》。

侯景是个极其残暴的人，原是北魏时的定州刺史。高欢篡夺北魏政权后，他又依附高欢，任大丞相府长史，仍兼定州刺史。他倚仗手下有 10 万精兵，统治河南 13 州达 14 年之久。

高欢死后，高澄执政，要剥夺侯景的兵权，侯景便又率兵归降南朝梁武帝萧衍。萧衍任命他为豫州刺史，坐镇寿阳。

但不久侯景又发动叛乱，攻陷了梁都建康，改国号为汉。

每逢出兵作战，侯景总嘱咐领兵

的将领攻破城池后，把城里的无辜百姓杀光，让天下人都知道他的厉害。他又禁止两人以上交谈，如有人违犯，株连九族。他建立了一个大舂碓，把对他不满的人都投入碓内捣死。但是梁朝的老百姓支持萧衍的第七个儿子湘东王萧绎，击败了侯景。侯景在逃跑途中被杀，结束了他飞扬跋扈的一生。

飞蛾投火

【释义】飞蛾扑向火焰，指自找灭亡。

【出处】明·施耐庵《水浒传》。

打虎英雄武松，因杀了毒死哥哥武大郎的西门庆与潘金莲，被充军发配至孟州牢城。

武松和两个公差一路奔孟州城而来，天气炎热，便到门前有棵大树的十字坡酒店歇脚喝酒。开店的孙二娘见武松包裹沉重，就设计要用蒙汗药蒙倒三人，武松见孙二娘的眼睛老是盯着他的包裹，怀疑她居心不良，就假装说："听江湖上人讲，'大树十字坡，客人谁敢那里过？肥的切做馒头馅，瘦的却去把填河'。"孙二娘自然否认，说是黄牛肉馒头。武松还问孙二娘丈夫不在家，是否太冷落。

孙二娘冷笑着想："这贼配军找死，来捉弄老娘！正是'灯蛾扑火，惹焰烧身'。"于是，孙二娘嘱咐店小二在酒中放了蒙汗药，把热的酒倒成三碗，分别让武松和两个公差喝。两个公差吃了下去。武松料定酒中有药，假装要肉吃，把孙二娘支开，却把碗中酒倒在墙角。两个公差倒下，武松也假装被蒙倒。两个店小二来抬武松，始终抬不动，孙二娘亲自来抱武松，准备将他肢解后做人肉馒头馅。结果武松趁势把她压在身子底下，惊得孙二娘不停地讨饶。多亏孙二娘的丈夫张青及时回家，问明了情况，武松才放过了孙二娘。

"灯蛾扑火"一词，现在一般用为"飞蛾投火"，也作"飞蛾扑火"。

小心翼翼

【释义】形容举止谨慎，唯恐出差错。

【出处】春秋·佚名《诗经·大雅·大明》。

在陕西渭河以北、岐山脚下，是一片黄土高原。三四千年以前，这里是周国的发祥地。周国人热爱这片国土，在这里划土田，设官吏，筑城邑，营宗室，建立起一个初具规模的国家。姬昌在周国的历史上，是一位承前启后的国君，很有作为。《诗经》上说他做事兢兢业业、小心翼翼，完全按照上天的旨意去治理国家，因而上天也格外保佑他。他改革周国的内政，努力发展生产，励精图治。几十年过去了，周国终于繁荣兴盛起来，邻国老百姓见到周国富庶，纷纷携儿带女来到周国。

周国的富强使姬昌成为西方诸侯各国的盟主，商朝只好封为他西伯，统一北方。后来商王对周国势力的扩大感到非常不安，一度把姬昌抓起来，囚禁在羑里（今河南汤阴境内）。由于其他诸侯和商朝的一些大臣说情和搭救，商王又不得不释放了他。

由于纣王荒淫无道，杀戮功臣元老，欺压百姓，引起朝野一致反对。姬昌积极争取奴隶主贵族的广泛支持，积蓄力量，准备讨伐纣王，可惜尚未发兵就去世了，周国尊称他为周文王。

他的儿子姬发继位，称周武王，率领军队灭掉了商朝。

四 画

不贪为宝

【释义】以不贪取财物为可贵。指作风廉洁的高尚品德。

【出处】春秋·左丘明《左传·襄公十五年》。

宋国有个人得到了一块价值连城的美玉，兴冲冲地拿来献给大夫子罕。哪知竟遭拒绝。这使他很觉不解：“这块玉我先交给工匠检验过，确定是一块罕见的美玉，才拿来送您的。”

子罕说：“你把美玉当作宝贝，是很正常的事，把宝贝赠人，也可见你的诚意，但你是否知道，我也有视作宝贝的东西呢？”

那人连忙问：“那是什么？”

“便是不贪为宝，我以不贪图、接受他人之物为宝，倘你硬是让我接受这块美玉，不就等于要我为了你的宝贝而丢开我自己所珍视的宝贝吗？想必你不会强人所难吧，所以，这块美玉还是烦你带回去，这样，我们还能各自拥有自己视作宝贝的东西。”

不伦不类

【释义】不像这一类，也不像那一类。形容不正派或不规范。也指将互不相关的事物拿来做比拟。

【出处】清·曹雪芹《红楼梦》六十七回。

《红楼梦》中有这样一段情节：薛宝钗把哥哥从江南带回的一些土产和小玩意，分成许多份，分送给贾府的姊妹们，林黛玉有一份，就是贾环那里她也没有忘记，为此赵姨娘十分感动，不住地夸奖宝钗说：“难怪别人都说宝丫头好呢，会做人，又大方，她哥哥能带多少东西回来？她挨门送，一处也不漏过，不分谁薄谁厚，连我这样没时运的她都想到了。若是那林黛玉，对我们正眼也不瞧，哪里还肯送东西？”

她忽然想起宝钗是王夫人的亲戚，就想趁机到王夫人那里卖个好，于是跑进王夫人的房子，满脸堆笑地说：“您瞧，这物件是宝姑娘送给环哥的，难为宝姑娘想得多周到，真是大户人家的闺女呢，多大方，怎么不叫人敬重呢？怪不得老太太和太太成天夸她、疼她呢！”

王夫人本来就讨厌赵姨娘，又听她说的话不伦不类，就没好气地说：“既然给你了，你就只管收了去拿给环哥玩罢……”

赵姨娘本来是来讨好的，没承想碰了一鼻子灰，只得讪讪地回到自己房中。

不拘一格

【释义】不局限于一种规格、方式。

【出处】清·龚自珍《己亥杂诗》。

晚清思想家、文学家龚自珍曾在道光年间中进士，担任礼部主事。当林则徐赴广东查禁鸦片时，龚自珍就预见到英国可能发动侵略战争，建议加强战备。后来，龚自珍被迫辞官归隐，离京返乡。途经镇江时，恰好赶上庙会，参加这次庙会的有好几万人，十分热闹。有位道士便请求龚自珍代自己写一篇“青词”。青词是人对神的祈求，写在青色的纸上，供奉在神像面前。

忧国忧民的龚自珍很希望有英雄人物降世，打破这万马齐喑的可悲景象。于是，他挥笔在青纸上写道：

九州生气恃风雷，
万马齐喑究可哀。
我劝天公重抖擞，
不拘一格降人才。

不谋而同

【释义】没有事先商量而见解和行动一致。

【出处】晋·陈寿《三国志·魏书·钟繇传》。

东汉末年，关中地区大乱，诸侯韩遂、马腾等各拥强兵相互争战。曹操于是派钟繇督守关中各路军马。钟繇到长安后，写信劝和了韩、马，韩遂、马腾还分别送一子到京城，名为侍卫皇上，实为人质。建安十三年，因马腾年老，曹操就任命马腾儿子马超为偏将军，统领马腾部下，却将马腾和他的两个儿子迁到邺地，仅马超一人留下。

后来，曹操又命钟繇攻打占据汉中的张鲁，调夏侯渊与钟会合。这时马超、韩遂、杨秋、成宜等关中将领怀疑钟繇要袭击自己，惶惶不安，于是决定合兵反对曹操，推举韩遂为都督。韩遂的部将阎行劝阻韩遂，不要与马超一起反叛，韩遂说：“现在关中各将领不谋而同，好像老天命定如此！”他带兵与曹军在华阴打了一仗，结果大败。韩遂留在京城的子孙全部被杀死。

不寒而栗

【释义】并不寒冷而直发抖。形容恐惧到了极点。

【出处】汉·司马迁《史记·酷吏列传》。

汉武帝时，有个叫义纵的人，曾经做过拦路抢劫的盗贼。义纵有个姐姐名叫义姁，是皇太后的医生，很受皇太后宠爱。凭借这个关系，义纵在朝廷当官，经常滥施刑罚，老百姓背地里都称他为狼心狗肺的“酷吏”。

后来，义纵又当上定襄郡（今内蒙古自治区和林格尔县东南）太守。为了平定那里的骚乱，他一上任就大开杀戒，把监狱里的重犯、轻犯200多人严加看管起来，又把去探望犯人的亲属、朋友、邻居200多人不分青红皂白全部逮捕，给这些探监人加上莫须有的罪名，然后将他们跟犯人一起定成死罪，统统斩首示众。

这件事震动了整个定襄地区。街头巷尾到处都有人在奔走相告：“太守一天内杀死400多人！”满城老百姓个个胆战心惊，不寒而栗，都怕灾祸不知什么时候会落到自己和家人的头上。

不学无术

【释义】没有学问和办事的本领。

【出处】汉·班固《汉书·霍光传赞》。

汉代的大司马、大将军霍光掌握朝廷军政大权长达40多年，可谓功勋显赫。可是，有一件事情他没有做对，因此而带来了祸患。

汉宣帝刘询刚刚继承皇位的时候，霍光的妻子出于私利，想把小女儿成君嫁给刘询做皇后。然而刘询已立了许妃为皇后，霍光妻子因此便想害死许妃。她买通了女医淳于衍，趁许妃生病的时候，下毒药谋害了她。许后暴死后，朝廷逮捕了女医淳于衍，关进大牢里严加审问。这件事霍光事先并不知道。他的妻子看女医下了狱，害怕事情败露，才如实告诉了丈夫。霍光一听，大为惊骇，想去揭发，又不忍心让亲人服罪，便将此事隐瞒起来，还替女医说情，把案子包庇下来了。

可是，霍光死后，有人把这件事向皇帝告发了。皇帝派人调查。霍光妻子又惊又怕，便招集兄弟姊妹女婿一同策划举事。不料朝廷早已发觉他们的计谋，派兵将霍氏家族搜捕、杀戮。因这个案子受牵累被诛杀的近亲、远戚有几千户。

史学家班固在评价霍光的功过时，指出霍光对自家人缺乏管教，过分宽容、放纵，所以才招致这样的结局，班固还说这是由于霍光不学无术、不明白大道理的缘故。

不自量力

【释义】不衡量自己的力量，过高地估计自己。

【出处】春秋·左丘明《左传·隐公十一年》。

春秋时，息国攻打郑国。郑国被迫应战，终于将入侵者打得大败。当时人们评论这件事情，说道："息国犯了五不韪，所以要失败，而且，恐怕不久就要灭亡了。"不韪，即"不对"或"不是"，也就是错误的意思。

息国所犯"五不韪"是哪五条呢？根据《左传》的记载，就是："不度德，不量力，不亲亲，不征词，不察有罪（不估计自己的威德是否比对方高，不衡量自己的力量是否比对方强，两国国君出于同姓、本是亲属而不亲爱，对双方争执的言辞不分析是非曲直，不认识自己的错误）。"又说："犯五不韪，而以伐人是以知息之将亡也（犯了这样五条不是，而还要去攻打别国，由此可以判定息国快要亡了）。"果然，没过几年，息国就被楚国所灭。

这个故事，说息国所犯"五不韪"之一的"不量力"，即成语"不自量力"的出处。

不违农时

【释义】不违背农作物的耕种、管理、收获季节。

孟子像

【出处】战国·孟轲《孟子·梁惠王》。

梁惠王曾经向孟子请教：怎样发展生产，达到国富民安的目的。孟子回答道：

不违农时，谷不可胜食也；数罟不入洿池，鱼鳖不可胜食也；斧斤以时入山林，材不可胜用也。谷与鱼鳖不可胜食，材木不可胜用，是使民养生丧死无憾也。养生丧死无憾，王道之始也。

大意是说：不耽误农活季节，粮食就吃不完了；细网不下池塘，鱼类也就吃不完了；斧斤进山也要遵守时令，木材也就用不完了。粮食、鱼鳖吃不完，木材用不完，就使老百姓生养死葬都没有什么担忧了。老百姓对生养死葬都没有什么担忧，这就是“王道”的开端。

“不违农时”一句，后流传为成语。

不可胜数

【释义】胜：尽。数不尽。形容很多。

【出处】汉·司马迁《史记·魏其武安侯列传》。

田蚡，是汉景帝皇后的弟弟。当时，汉武帝初继位，很年轻，田蚡以亲戚、心腹的身份为相，皇帝对他常常言听计从，诸侯百官纷纷投靠田蚡。于是田蚡一天比一天变得骄横奢侈起来。

有一次，田蚡召集许多宾客饮酒，他的哥哥盖侯朝南坐，他自己却坐了朝东的上座。他认为自己是地位尊贵的宰相，不能因为弟兄的缘故乱了尊卑位次。

他造的住宅比任何诸侯的宅第都要豪华；他购买的器物络绎不绝地从全国各地运来；他家堂前排列着钟和鼓，还竖着曲柄的旃旗，这是帝王家才能有的摆设；后宅妻妾婢仆数以百计；而各地诸侯奉送的金玉珠宝、宝马良驹及赏玩之物更是不可胜数。

不可救药

【释义】药：治疗。疾病严重，无法用药救治，比喻人或事物坏到无法挽救的地步。

【出处】春秋·佚名《诗经·大雅·板》。

西周后期，奴隶主贵族日益腐朽，他们不断发动战争，给百姓加重了负担。周厉王即位后，政局更加动荡。

当时朝廷上有位老臣，名叫凡伯。他极力劝谏周厉王不要太暴虐，力修德政，挽救国家。可是周厉王不肯听，朝廷上的一些权臣都嘲笑凡伯，说他不识时务。凡伯气愤至极，挥笔写成一首长诗《板》，诗中有一节的大意是：

老天正在行暴虐，
不要这样来喜乐。
老夫谆谆将你劝，
小子骄傲意轻薄。
说话非我老昏了，
是你有意来戏谑。
你的气焰如此盛，
真是不可再救药。

果然不出凡伯的预料，西周在公元前 841 年爆发了“国人暴动”，平民和奴隶手拿武器，打进王宫，周厉王仓皇而逃。

不足为意

【释义】形容不值得放在心上，有轻视之意。

【出处】后晋·刘昫等《旧唐书·李密传》。

李密原在隋朝做一个小官，十分

好学。一次骑牛外出，他将一只装着《汉书》的袋子挂在牛角上，自己一手抓住牛身上的带子，一手拿着书本观看。越国公杨素见了，对儿子杨玄感说：“我看李密的见识、气度，你赶不上。”玄感于是与李密结为朋友。

隋炀帝大业九年，玄感准备趁炀帝亲自征讨高句丽的机会起兵谋反。他悄悄要李密替他出主意。李密献了上、中、下三条计策。上策是趁天子远在高句丽，出其不意，发兵到蓟州（今北京附近），扼住隋炀帝的退路。中策是由于关中仅有卫文升镇守，这人不足为意，应迅速袭取长安，使天子失去后方。下策是就停在洛阳，这样胜败不可预料。

杨玄感虽有野心，但不图进取，采用了李密的下策，结果败于隋朝大将宇文述之手，自己也被抓住。

不名一钱

【释义】名：占有。没有一文钱。形容极其贫困。

【出处】汉·司马迁《史记·佞幸列传》。

汉文帝刘恒做过一个奇怪的梦，梦见自己往天上飞，可怎么也飞不上去，正在这时，来了一个戴黄帽子的年轻人，从后面轻轻一推，他就飞上天去了。回头一看，只见推他的那人从身后往前穿着衣服，带子系在后面。

第二天，汉文帝就到处寻找梦中那个年轻人，后来，终于找到一个名叫邓通的船夫，与梦中人一模一样，就封他做上大夫。邓通什么本事也没有，只会奉承巴结皇帝。

一天，汉文帝让相面人给邓通相面，相面人说：“邓通命里很穷，将来会饿死。”汉文帝很着急，于是就将蜀郡的一座铜山赏给邓通，允许他自己铸钱。这下，邓通发了大财。

有一年汉文帝背上生疮，邓通觉得这是巴结皇帝的极好机会，就天天进宫用嘴巴替皇帝吮吸脓汁。一次，皇太子刘启去问候皇父，正好汉文帝觉得疮口难受，就让皇太子替他吮吸。皇太子见疮口流脓流血，腥臭难闻，禁不住一阵恶心，但又不敢违抗父命，只得硬着头皮吮了一口。邓通却高兴地吮吸起来，脸上露出谄媚的奸笑。皇太子心里恨死了他。

汉文帝死后，景帝刘启刚即位，就免去邓通的官职，让他回老家。不久又以邓通私自铸钱为由，没收他的全部家产。邓通转眼间成了一个不名一钱的穷光蛋，后来真的饿死了。

不堪回首

【释义】表示对重大人事变迁的感慨。

【出处】南唐·李煜《虞美人》。

南唐的李后主李煜在政治、军事上昏庸无能，但在文学艺术方面很有才能，他的作品大多描写宫廷生活的情景。

李煜像

李煜的妻子周后娥皇，容貌出众，擅长书史歌舞，但不幸早逝。后来，李煜又与娥皇的妹妹小周后相爱，在花前月下饮酒作乐，而把国家大事置之脑后。虽然宋朝的威胁越来越严重，但李煜只求眼前安逸，并不做抵御的准备。后来，又主动向宋朝上表，希望取消南唐国号，作为宋朝的附庸。

974年秋，宋太祖赵匡胤两次派使者通知他到开封朝见。李煜怕赵匡胤杀他，称病不去。于是赵匡胤以此为借口，派10万大军征伐南唐。此年冬，李煜被迫投降，被押到开封。李煜穿戴白衣纱帽，战战兢兢地接受赵匡胤的召见。赵匡胤没有杀他，把他软禁起来。降宋后的痛苦生活，使他抑郁不堪。

一天，李煜作了一首名为《虞美人》的词。词中有“小楼昨夜又东风，故国不堪回首月明中”等句，意思是：过去美好的一切不能再回顾，回顾了只能使人更感到痛苦。这首词传到新皇帝太宗那里，太宗对他至今还留恋故国非常不满。后来，又有一些怀恋故国的词作传到太宗那里，于是太宗派人将他毒死。

不遗余力

【释义】指毫无保留地使出全部力量。

【出处】汉·司马迁《史记·虞卿列传》。

战国时，秦国与赵国在长平交战。赵军战败，孝成王忙召见大臣楼昌和虞卿研究对策。赵王说：“我要集中兵力跟秦军死战！”楼昌主张讲和。虞卿也主张停战，但反对求和。

虞卿说：“大王，您说秦国攻伐赵国，是想打败我们吗？”

赵王说：“是啊，秦军不遗余力地作战，看来是决心要灭亡我们！”

“那么，大王您听我的主张，咱们用贵重的礼物去联合楚国和魏国，楚国和魏国想得到大王的礼物，必然要接见我们的使者。这样一来，秦国就会以为我们有了联盟，一定会很害怕，到那时，再跟秦国讲和才能成功。”

可是赵王没有采用虞卿的策略，而是派特使去秦国求和，结果秦军趁机猛攻，包围了赵国的都城邯郸。后来，秦国因为力量不济，暂时从邯郸撤退，但是提出要赵国割让六个城池。

虞卿反对说：“大王，秦国要六个城池，您偏不给，您可以把这六个城池赠给齐国。因为齐国与秦国有仇，齐王得到六个城池，一定会出兵攻秦。这样，我看秦王恐怕要带着重礼，主动来向我们求和了！”

赵王终于采纳了虞卿的建议，派他出使齐国。

果然，秦国听到消息，立即派使者来赵国讲和。

不求甚解

【释义】指学习、办事等不认真，不求深入理解。

【出处】晋·陶潜《五柳先生传》。

陶渊明，名潜，因不满当时的官场，而情愿在农村过隐居生活。《五柳先生传》是他给五柳先生写的一篇传记。其实，五柳先生就是陶渊明自己。因为他家的屋旁边有五株柳树，他就自号“五柳先生”。

陶渊明在《五柳先生传》中，谈到自己“好读书，不求甚解，每有会意，便欣然忘食”。

陶潜像

“不求甚解”，陶渊明原意是反对死抠字眼、钻牛角尖；他读书注重深入领会书中的原意，所以“每有会意，便欣然忘食”。可是后人对于“不求甚解”这句话，只取它字面的意思，把它作为读书很不认真和不求深刻理解的形容语。

不耻下问

【释义】不耻：不以为可耻。不以向比自己学识差或地位低的人去请教为可耻。形容虚心求教。

【出处】春秋·孔丘弟子《论语·公冶长》。

春秋时期，卫国的大夫孔圉，由于谦虚好学，卫国国君在他死后特别赐给他一个“文”的称号，人们就尊称孔圉为“孔文子”。

孔子的学生子贡，也是卫国人。他认为孔圉不应得到那样高的评价。有一次，他问孔子凭什么赐给孔圉“文”的称号。

孔子回答说：“孔圉非常勤奋好学，聪明灵活，而且经常不耻下问，所以赐给他一个‘文’的称号。”

经过孔子这样一解释，子贡这才服气。

不翼而飞

【释义】没有翅膀而能飞动。比喻事物突然失踪或事物传播迅速。

【出处】汉·刘向《战国策·秦策三》。

战国时期，秦国大将王稽受命攻打赵国的都城邯郸，一连打了17个月，也攻不下城池。一天，军士中有个姓庄的人，进帐向王稽建议说：“您如果犒赏秦军的官兵，鼓舞将士的斗志，邯郸是能够攻下来的。”

王稽不耐烦地打断他的话：“我是大将，我只知道服从秦王的命令，别的情况我管不了……”

姓庄的军士又恭敬地说：“这样讲也不对，就是父亲给儿子下的命令，有的可行，有的就不可行。比如，父亲叫儿子退掉妻子、卖掉爱妾，儿子能够执行。但父亲不准儿子想念她们，这就难以做到了。秦军士卒虽然地位低贱，可是还懂得这点人情的。你媚上欺下已经相当严重了。如果一连有三个人谎报老虎来了，人就会信以为真；如果有十个人合力揉压一个木椎，这个木椎就会弯曲，如果人们众口一词，要求改变你的做法，这消息不用翅膀也会飞得很远（毋翼而飞），将士们的力量是极大的，你还是奖赏他们为好。”

王稽还是不接受他的意见，结果几天以后秦军发生叛乱，王稽因此被秦王处死。

“毋翼而飞”后演变成“不翼而飞”这句成语。

不能自拔

【释义】形容自己不能使自己从某种困境中解脱出来。

【出处】南朝·梁·萧子显《南齐书·刘善明传》。

南北朝宋明帝泰始初年，徐州刺史薛安和青州刺史沈文秀背叛了朝廷。当时青州州府设在东阳城，镇北将军刘怀珍一族就住在东阳。沈文秀一反，刘氏全族人都陷于城中不能自拔。

于是刘氏族人想方设法逃出东阳。刘怀珍的族叔刘弥之，假装愿意为沈文秀效力，沈文秀就交给他5000人马，让他援助薛安。刘弥之趁机出城，到了下邳，马上宣布反对沈文秀。刘家另一族人刘怀恭当时担任北海太守，刘怀珍的族弟刘善明暗中聚集了族中子弟和旧部下等3000多人，乘黑夜斩夺东阳城关，奔到北海会合。刘姓另一支刘乘民则在渤海一带聚集了一帮人，响应朝廷攻打叛军。由于刘氏族人和朝廷互相配合，最终迫使沈文秀投降。

天下无敌

【释义】形容强大无比，普天之下没有对手。

【出处】战国·孟轲《孟子·离娄上》。

有一天，孟子的弟子问他说：“先生，孔夫子曾说过‘仁不可为众也，夫国君好仁，天下无敌’，这话对吗？”

孟子说：“当然对。比如说，商朝的子孙有几十万，上天将他们送给周文王，他们就成为周朝的臣民。所以孔子讲，仁德的力量是不能以人数多少来计算的。一个君主爱好仁德，就会天下无敌。可惜的是，如今一些诸侯打算得到天下，希望天下无敌。可是他们又厌恶仁政，这岂不是与大热天不肯洗澡一样愚昧吗？自古以来都是一个道理，顺从老天的就生存下去，违背老天的就要灭亡。施行仁政就是顺乎天意啊！”

天下无双

【释义】世上再没有第二个。形容超群出众，独一无二。

【出处】南朝·宋·范晔《后汉书·文苑列传》。

东汉时期，江夏地方有个人名叫黄香，自幼丧母，黄香对父亲十分孝敬，在炎热的夏天，他用扇子把床上、枕上的席子扇凉，让父亲睡得舒服些；到了寒冷的冬天，他先钻进被窝里，把被子温热，再请父亲睡下。

黄香长大以后做了官。他当魏郡太守期间，有一次遭到水灾。当地的百姓被洪水冲得无家可归，没吃没穿。黄香拿出自己的俸禄和家产，分给了受灾的百姓。

因为黄香年幼时勤奋好学，学识渊博，对父亲十分孝敬，为官又清正廉明，所以博得了许多人的赞美。当时在京城里流传着这样一句民谣：“天下无双，江夏黄香。”

天涯海角

【释义】形容彼此之间相隔极远，

也形容遥远偏僻的地方。

【出处】唐·韩愈《祭十二郎文》。

韩愈像

唐代大文学家韩愈年幼时，父母相继去世，依靠他哥哥韩会和嫂嫂过活。韩会有一个嗣子叫老成，排行十二，所以小名叫十二郎，年纪比韩愈小。韩会42岁时，因官场斗争被贬为韶州刺史，不到几个月就病死在韶州，这时韩愈只有11岁，十二郎也很小，韩愈虽然有三个哥哥，但他的三个哥哥却都很早就离开了人世。这时，继承韩家基业的只有韩愈和他的侄子十二郎两个人，虽孤苦伶仃，但他俩一直守着父辈家业生活。

韩愈9岁时自宣城前往京城，往后10年的时间中，只和十二郎见过三次面。当他正打算西归和十二郎共同生活时，十二郎不幸死去，韩愈悲恸欲绝，于是写了一篇《祭十二郎文》，备了一些时下的物品从老远的地方去致祭他。文中有"一在天之涯，一在地之角"的句子，于是，就演变出"天涯海角"这个成语了。

天经地义

【释义】经：道，原则。义：理。天地间长久不变的常道、真理。形容绝对正确，不容怀疑。

【出处】春秋·左丘明《左传·昭公二十五年》。

封建统治者认为："夫礼，天之经也，地之义也，民之行也。"意思是：礼这个东西，是普天之下的常道，是人世间的正理，是老百姓的行为规范。

最早倡导礼的人是孔子。他35岁那年，大夫季氏家里组织一次舞蹈，由64个人组成。孔子听说后十分气愤。因为按周礼的规定，舞蹈队一行排列八人算一佾，只有天子才能使用八佾——64人的舞蹈队。诸侯用六佾，像季氏那样的大夫，只能用四佾——32人的舞蹈队。季氏竟然使用天子作乐的规格，这不是大逆不道吗？孔子惊呼道："连这样越礼的事情他都敢做，还有什么狠心的事情做不出来？"

天衣无缝

【释义】天仙的衣裳没有衣缝。比喻诗文浑然天成，毫无雕琢的痕迹。也比喻事物完美而自然，一点破绽也没有。

【出处】三国·蜀汉·牛峤《太平广记·灵怪集》。

传说有个名叫郭翰的读书人，一个夏天的夜晚，独自在院子里乘凉。忽然一阵清风拂面而来，顿时香气四溢。郭翰抬头一看，只见一位如花似玉、国色天香的姑娘，正从半空中飘然而至，正好落到了他的面前。郭翰一问，原来她是牛郎的妻子织女，织布织累了，到人间来解解闷。

郭翰被织女的服装吸引住了。这身衣裳色彩斑斓，闪烁不定。最令人叫绝的是，整套衣裳浑然一体，竟看不出一丝儿针缝。郭翰不禁纳闷：这衣服是怎么裁剪，又怎么做出来的呢？什么人有这么好的手艺？

织女仿佛看出了郭翰的心事，说："这是天衣。天衣和你们人间穿的衣服不一样，从来不用剪刀裁，也不用针线缝，当然找不到针缝了。”

郭翰第二天将奇遇告诉了左邻右舍，人们不禁个个称奇。

天马行空

【释义】神马奔驰于太空，像是腾空飞行一样神速。比喻才思纵横，气势豪放，不受拘束。

【出处】汉·班固《汉书·西域传》。

新疆境内的伊犁河一带，是古代的乌孙。那里出产一种名贵的马匹，称为“伊犁马”。这种马体型标致，毛色美观。它的四条腿结实有力，行动灵活、敏捷，特别擅长跳跃。它是优良的轻型乘用马，自古以来就受到人们的喜爱，古人称它是“天马”。

汉朝时，西域的大宛国也出产一种名马，被称为“西极天马”。传说大宛国峤山上有匹神马，可以“日行千里”。因为“西极天马”跑得神速，故称之为“天马行空”。

最早将大宛国出产天马的消息告诉汉武帝的是张骞。汉武帝获悉后，立即派人带着金银珠宝和马匹，去大宛国换天马。可是大宛国王不肯把天马献出，并且扣留下财物，杀了使臣，把宝马藏匿在贰师城。汉武帝大怒，派李广利为贰师将军，领兵讨伐大宛国。大宛国的大臣，惧怕汉朝的兵威，只得杀了国王毋寡，献出宝马3000匹。汉武帝万分欢喜，便作了一首《天马歌》：

天马来兮从西极，经万里兮归有德。
承灵威兮降外国，涉流沙兮四夷服。

天女散花

【释义】原是说佛经故事里的天女以散花的方式来测试诸菩萨和弟子的道行。后多借来形容大雪纷飞或绚丽纷呈的景象。

【出处】佚名《维摩诘经·观众生品》。

传说，天国里有一个漂亮聪明的少女，大家称她天女。有一天，她漫步在云层的上端，忽然听见浮云下面有一行人在说话，走近一看，原来是佛教的传播者维摩居士在向众人布道、宣扬佛法。他的旁边有佛祖释迦牟尼的大弟子文殊菩萨和普贤菩萨。其余的弟子们都簇拥着维摩居士，不时地发问。天女心想：这么多人在听维摩讲经，我不妨测试一下，看他们道行如何。

于是天女便飞到天国的花园里，摘了些天花来。她顺手撸下天花的花瓣，揣在衣兜里，待靠近他们一群人时，便把花瓣朝众人身上撒去。佛教有个规矩，修行时必定要六根清净，如果在人世间的各种欲望还未斩断的话，就算有修到正果，也必须继续修炼。天花花瓣撒落在人身上，如果经过人身而飘洒开去，就说明这人一心向着佛祖，有道行；如果花瓣附身，黏住不飞，那就说明这人佛心不坚定。

大家突然看见天上飘落大把大把的花瓣，都不知是怎么一回事，纷纷抬头向上看去。经天女一折腾，果然那一大群能说会道的弟子们身上全粘满了五颜六色的花瓣，唯有文殊和普贤身上却清清爽爽，连花粉都不曾沾衣上。只有维摩居士明白其中的缘由，他不动声色地微笑着。这时天女现了身形，并说明了原因，那一群大弟子听后都感到很难为情。维摩出来说：“普贤和文殊跟着佛祖释迦牟尼修炼了多少年，才达到这个地步，你们大家要努力才对呀！”大家都点头称是。

此故事出自《维摩诘经·观众生品》，原文是：“时维摩诘室有一天女，见诸大人闻所说法，便现其身，即以天华散诸菩萨大弟子上。华至诸菩萨皆堕落，至大弟子便著不堕。”

天真烂漫

【释义】天真：心地单纯，不虚伪做作。烂漫：坦率自然。原指不矫饰，不做作，纯真自然。后多用作形容儿童心地单纯、性情直率。

【出处】元·夏文彦《图绘宝鉴·郑思肖》。

南宋有个姓郑的画家，在南宋灭亡之后为自己改名为“思肖”。原来，宋朝是赵姓打的天下，“肖”是“赵（趙）”的偏旁。画家表示自己永远思念南宋，并隐居在苏州的一所寺庙里。

郑思肖在自己的寓所里挂了一块大匾，匾上是他亲笔写的“本穴世界”四个字。原来，“本”由“大”“十”两字组成，把其中的“十”字放在“穴”字中间，就成为“宋”，加上“大”就是“大宋”，说明自己仍然生活在“大宋”的疆域内。

他连自己的朝向也非常注意：无论坐着还是睡觉，总要面对南方。许多人慕名前来拜访他，交流画艺。他见来人说南方话，便热情接待；而听来人说北方话，便拂袖而起。

郑思肖爱画兰花，画的墨兰没有土根，却生动逼真，朋友们都赞叹不已。但有人问他：“先生画墨兰，为什么不画土根呢？”

郑思肖愤然作答道：“土地都给别人抢去了，哪来土根！”这是他对故土的怀恋和对元朝统治者的抗议。

郑思肖的画远近闻名，连当地县官也想得到一幅。一次，县官让差役传话，如果他能献出一幅墨兰，就可以免去他的赋税。郑思肖对差人强硬地说：“回禀你们老爷，他头可得，兰不可得！”县官听了，本想对他惩处，但考虑到这样做会引起文人们的反抗，也就不了了之。

有一次，他又画了一卷高五寸、长一丈多的墨兰。画上的墨兰，自然是全无土根的，他还在画上题了八个字：“纯是君子，绝无小人。”大家一致夸它画得纯真自然，生气勃勃。“天真烂漫”这个成语，就取自人们对郑思肖墨兰的赞语。

天翻地覆

【释义】形容变化异常巨大，多指社会制度或现状彻底改变。又形容颠倒混乱，闹得很凶。

【出处】清·曹雪芹《红楼梦》第二十五回。

贾府的赵姨娘和马道婆合谋陷害凤姐和宝玉。马道婆用纸剪了两个纸人，写上凤姐和宝玉的生日。又剪了五个青面鬼，拿针钉了，用巫术作法，害得凤姐和宝玉发起狂病。王夫人与贾母见了放声大哭，贾府上上下下登时慌乱如麻。

三天以后，宝玉和凤姐连气息都快没了，人们忙着为他俩准备后事，王夫人与贾母哭得死去活来。这时有人来向贾母报告：“两口棺材都备齐了。”

贾母更是心如刀绞，越发大骂不止：“是谁叫做的棺材？把做棺材的人给我抓来打死……”又哭又闹，把贾府闹个天翻地覆。

后来，来了癞皮和尚和跛脚道士，用法术治好了宝玉的病，这才平息了这场风波。

天罗地网

【释义】天空、地面所张设的罗网。比喻上下左右都设置了严密包围圈，使被围者无法逃脱。

【出处】元·关汉卿《单刀会》。

210年，刘备到京口（今江苏镇江）向孙权借荆州作为临时立足之地。周瑜竭力主张扣留刘备一行。鲁肃却力主把荆州借给刘备，给曹操多树一个敌人。孙权采纳了鲁肃的建议。

孙权借荆州给刘备，是双方在强大的共同敌人曹操面前互相利用的结果，孙权既不想长期“借”下去，刘备也不愿轻易还给他。赤壁之战以后，曹操的势力暂时退缩到北方，荆州在刘备手里，北进河南，可以追击曹操；顺流东下，则可直抵东吴，这是孙权所不愿意的。

215年，孙权派使者见刘备，要求归还荆州。刘备以夺取凉州后再归还为由拒绝。这时，刘备因为要去占据益州，就留关羽带兵镇守荆州。孙权则拜鲁肃为奋武校尉，引兵屯守陆口，然后移师益阳，与镇守荆州的关羽隔江相峙，双方都虎视眈眈。鲁肃派人过江送信给关羽，邀请他来营中赴宴，打算在宴席中要关羽让出荆州。

关羽明知是计，但为了不让鲁肃抓到把柄，不顾众将的反对，带领随身卫兵，单刀赴宴。关汉卿的剧中描写当时的宴会场面是：鲁肃“安排下打凤捞龙，准备着天罗地网，说起来是个待客的宴席，则是个杀人战场”。不过关羽最终还是安全脱了身。

天花乱坠

【释义】一是指天上的各色香花纷纷散落下来。后比喻说话巧妙动听，但却不切实际。二是形容雪花纷纷飘落。

【出处】佚名《心地观景·序品》。

梁武帝萧衍，在位执政47年，曾一度出现文化盛世现象，连北方的敌国也佩服他。当时的南朝以清谈哲理、经义、佛典为风气，梁武帝崇尚经学，不仅经常出席一些讲经会，还曾亲自在重云殿讲解《老子》的经义，声如洪钟，令上千名听众如痴如醉。据说有一次，梁武帝邀请高僧云光法师讲经，由于佛理精湛，听众虔诚，使佛祖也为之感动，便向会场上撒下一地五彩缤纷的香花，轰动了京城，一时传为佳话。

梁武帝自此后更加笃信佛教，每天只吃一顿饭，也不饮酒，穿的全是棉织品，不用丝绸。他认为取丝织绸要杀死众多蚕蛹的生命，与佛家的经义是相违背的。每当朝廷必须处死一些罪犯时，他会一连几天精神不振。后来他索性想出家为僧，四次来到建康城（今江苏南京）中最大寺院同泰寺修身。因此得了个雅号：皇菩萨。

然而，佛学的兴盛并没有给梁朝带来安定与昌盛。548年，梁武帝被部将侯景推翻，活活饿死。

此成语出自《心地观景·序品》，原文是：“六欲诸天来供养，天华乱坠偏虚空。”华：同“花”。

无功受禄

【释义】没有功劳却享受丰厚的俸禄。常用作谦词。有时也指工作不出力，没有成效而享受优厚的待遇或奖励。

【出处】春秋·佚名《诗经·魏风·伐檀序》。

在奴隶社会，奴隶们经常在河边伐树，“坎坎”的伐木声传得很远。奴隶们在烈日中挥汗如雨，而腹中空空，抬眼望见对岸奴隶主的深宅大院，囤积着满仓的粮食，悬挂着大大小小的猎物，十分悲愤。于是纷纷控诉起奴隶主，后来的乐师把它整理出来，就形成了一首诗，名叫《伐檀》。

《诗经·魏风·伐檀序》中写道：“在位贪鄙，无功而受禄。”就是指责奴隶主不劳而获的。这首诗的大意是：

坎坎地砍那檀树呀，
把它放在河边啦。
河水清清起着波浪，
你不耕种不收割，
为什么拿走千束万束的禾把呀？
你不上山狩猎，
为什么你院子里挂着猪獾呀？
那些“大人先生”呀。
可不是白吃米饭啊？！

无所不容

【释义】一切都能容纳。

【出处】晋·陈寿《三国志·魏书·曹植传》。

曹植很有才华，哥哥曹丕对他很嫉恨。

魏文帝曹丕即位后，因丁仪、丁廙曾反对自己做太子，便将两家所有的男丁都杀光。曹丕生性多疑，唯恐兄弟们造反，让他们都出京去各自的封国，并特设了监视诸侯王的官，监督他们的一言一行，随时提出警告或汇报皇帝。

一年后，曹丕授意监国谒者灌钧要治曹植的罪，于是灌钧上奏说：“曹植醉酒之后出言不逊，要挟皇帝的使臣，请求将他依法治罪。”曹丕本想趁此治曹植死罪，然而碍于太后的缘故，只将他的爵位降低，让他做了安乡侯，还装作很宽容的样子说：“曹植是我的同母弟弟，我对于普天下人无所不容，更何况是曹植呢？骨肉手足，怎能置亲情于不顾？因此，我才没将他治罪处死，只是改变了他的爵位。”

此后10多年里，曹植多次上书请求为国家出力，始终没有如愿，无处施展他的才华，终于忧郁成病，死时才41岁。

无所适从

【释义】不知该怎么办才好。

【出处】唐·李百药《北齐书·魏兰根传》。

北朝齐国的魏兰根，相貌奇伟，卓有见识，机警而有才能。

魏兰根的母亲去世后，要葬在常山郡境内。当地有一个董卓的祠堂，祠堂周围长了一片柏树。魏兰根说：“董卓活着时是奸臣，他的祠堂不该保存下来。”就命人把柏树全部砍伐干净，给他母亲做了棺材。别人劝他这样恐怕会不吉利，魏兰根置之不理。

有一年，秦陇一带闹饥荒，可官府却丝毫不肯减轻税负，结果发生农民起义。朝廷命令行台萧宝夤带兵讨伐起义军占据的宛川，当时任岐州刺史的魏兰根，也跟随萧宝夤的部队作战。

很快，起义军失败了，宛川城被攻陷，官军抓获了大批俘虏。萧宝夤从中挑选了10名美女，赏给魏兰根做婢妾。魏兰根很不赞成，说："宛川县地处偏远，地头蛇势力很强，皇室的恩威则比较薄弱，因此老百姓才感到无所适从，结果误入歧途，卷入了叛乱行动。如今朝廷应该总结经验教训，对他们采取怀柔政策：百姓饥寒，朝廷应该给他们送衣送粮，关心感化他们，怎么可以把他们发配为奴仆呢？"于是他把这些女子全部遣返家乡。

无妄之灾

【释义】意想不到的灾祸突然降临。

【出处】汉·刘向《战国策·楚策四》。

战国时期，楚国的考烈王没有儿子。相国春申君家里有个名叫李园的门客，他很想把自己的妹妹李嫣嫁给楚王，企图借这个途径升官发财。一次请假回家，故意晚归。春申君问他为什么没按时回来，他撒谎说："齐国国王派特使来聘娶我妹妹，我陪他们喝酒吃饭，所以回来迟了。"

春申君听信了李园的谎言，以为他的妹妹一定才貌超群，不然怎么会让齐王看上呢？于是就请李园把妹妹带到家里来，一看还真的是美若天仙，就收她做了自己的妾。

李嫣不久怀了身孕。一天，她亲昵地对春申君说："楚王对你是十分亲近和器重的。可是楚王没有儿子，将来他死后万一由兄弟继位，那你一定会垮台的，相国的官位和封地也难保。假如你将我献给楚王，我若生下一个男孩，就是你的儿子，将来继承王位，楚国不就是你的了吗？"

春申君依计行事，李嫣果然得到楚王宠幸。不久，她生下一个儿子，取名捍。楚王立他为太子，并封李嫣为王后。李园因此当了大官。李园和李嫣开始考虑下一步行动：杀死春申君，杀人灭口！于是私养兵士，准备见机行事。

当时有个叫朱英的人，对李园兄妹的诡计很清楚。他偷偷地告诉春申君："天下有无妄之福、无妄之祸、无妄之人哪！你做了20多年的相国，掌握楚国实权，不论是楚王死后你去辅佐新王，还是自己做国王，都是无妄之福；楚王现在病重，眼见要死。楚王一死，李园必定先杀掉你，然后操纵楚国大权，这就是无妄之祸；如果你先派我做郎中将，楚王死后我先处置李园，这就是无妄之人！"

春申君摇头说："你别说了，李园是个软弱的人，我待他又一向不薄，怎么会那样呢！"

朱英见他不听，怕跟他受连累，就自己逃走了。

朱英逃走后17天，楚考烈王死了。李园抢先进宫，命勇士埋伏在棘门之内。春申君刚进棘门，就被刺死。接着，李园立太子捍为王，李嫣为王太后，李园当上了相国。

无可奈何

【释义】奈何：怎么办。指毫无办法，无计可施。

【出处】汉·司马迁《史记·范雎蔡泽列传》。

范雎本是魏国人，曾被魏国的大臣须贾抓起来，打得半死。他后来逃到秦国，当上秦昭王的宰相。帮助他逃跑成功的人，是秦国的王稽。王稽奉秦昭王之命到魏国寻访搜罗人才时，有人将范雎介绍给他。王稽请范雎和自己一道乘车去秦国谋生路，走到秦国湖县时，远处驰来一辆马车。王稽观察了一会儿，告诉范雎那是相国穰侯的车。

范雎听说过穰侯很厉害，而且一直反对秦昭王到国外搜罗人才，害怕惹麻烦，就要求王稽把他藏在车里。穰侯果然把车子停下，盘问王稽："你这次去魏国有没有带来宾客呀？他们只会乱人耳目，对秦国可没好处！"

王稽恭敬地回答说："您说得对，我什么人也没带。"

范雎安全地进了咸阳城，拜见了秦昭王。范雎做了宰相后，王稽告诫他，说："人世间有三件事是无法预见的：一是皇帝不知哪天突然驾崩了；二是你自己不知啥时候一命归天了；三是我自己不知哪天抛尸山洼里。还有三件事是无可奈何的：皇帝死了，他再恨我们也无可奈何；你死了，我再恨你也无可奈何；我死了，你再恨我也无可奈何。"

范雎听到王稽这番莫名其妙的话，知道他心里不痛快。不久，请求秦昭王提升王稽为河东郡守，了却了这笔人情债。

开源节流

【释义】既要广开财源，又要节省支出。

【出处】战国·荀况《荀子·富国篇》。

战国时代的学者荀况，在《富国篇》中说，若要国家富强，朝廷就要爱护百姓，使百姓安居乐业，并积极发展生产，这样，才能使国家富强起来；如果朝廷不顾生产，只知滥征赋税，浪费物资，百姓穷困至极，那么国家怎能不贫弱呢。所以，他说："下贫则上贫，下富则上富。"并且说：

百姓时和，事业得序者，货之源也；等赋府库者，货之流也。故明主必谨养其和，节其流，开其源，而时斟酌焉。

大意是：百姓能积极利用适当的天时，按照季节次序顺利进行农事活动，从而获得好年成，这才是经济的根本，好比"水源"一样，至于征收来的各项赋税，存在国库里，再多也用得完，那不过是"水流"。所以贤明的君主一定懂得体恤百姓，给生产的发展以便利的条件，一方面节省财政开支，一方面更需开发经济来源，并且懂得合理调剂、统筹安排，兼顾到国家和百姓的利益。所谓"源"和"流"，是以水比喻财政经济。"开源节流"这句运用于财政经济问题的成语，现在已不限于指一个国家的问题，还可以广泛运用于各行各业。

开诚布公

【释义】诚心诚意，坦荡无私。也指交换意见时持真诚坦率的态度。

【出处】晋·陈寿《三国志·蜀书·诸葛亮传论》。

三国时，诸葛亮决定攻打魏国，先派人去守住重镇街亭。参军马谡立下了军令状，要求带兵去守街亭，当攻魏的先锋，诸葛亮答应了马谡的请求。然而马谡刚愎自用，不听副将王

诸葛亮像

平的劝告，结果丢失了街亭。亏得诸葛亮在城门设了“空城计”，才度过了司马懿重兵压境的危局。事后，诸葛亮挥泪斩马谡。

不一会儿，行刑的武士提着马谡的脑袋来回复丞相，诸葛亮恸哭了一场。在一旁的蒋琬此时不明白了，诸葛亮向他坦述了自己的心里话：“我并不是为马谡的死而哭，实在是我没有听从先帝临终前说的‘马谡这人说话言过其实，不可重用’的话，而造成了这样大的损失，我真痛恨自己的糊涂啊！”

诸葛亮将马谡斩首示众，以此来教育官兵，然后又叫人将马谡的脑袋与尸身用针缝上，殓入棺材。他亲自写了祭文悼念马谡，隆重地为马谡举行了祭祀。他又去安慰马谡的遗属，按时发给他们优厚的抚恤金。这一切都安排妥后，诸葛亮就向后主刘禅去请求降职，以惩罚自己错用马谡的罪过。

诸葛亮的一生时时处处以这种真诚、坦率、无私的言行待人处事，所以《三国志》里用“开诚心、布公道”的评语来赞美他。后来人们就把这个赞语简化为一个成语“开诚布公”。

开卷有益

【释义】开卷：打开书本。指读书有好处。

【出处】宋·王辟之《渑水燕谈录·文儒》。

宋太宗赵光义非常喜欢读书，可是当时社会上书虽然很多，但版本杂乱，难以收集，皇宫里的书籍也不成系统，难以查检。于是赵光义命令宰相李昉主持编辑一部书，把许多种古籍的重要内容分门别类编进这部书里。

李昉组织了全国许多名家，编出了3部巨著。因是在宋太宗的太平兴国年间完成的，所以书名分别叫作《太平编类》《太平广记》《文苑英华》。

其中《太平编类》工程浩大，前后编了6年，全书共1000卷，搜集和摘录了1600多种古籍的重要内容，分类划归为55门，总字数达478万，是古代最富有学术价值的巨著之一。

这部书编好后，献给宋太宗赵光义过目。赵光义看得非常认真，他规定自己每天一定要看3卷，如果因为事情忙，当天完不成看书计划，那么第二天一定要补。就这样，一年之内，赵光义终于把这部书看了一遍。因此这部书又叫《太平御览》。

当时有的大臣认为皇帝实在太辛苦了，便劝他少看一些，注意休息。赵光义说：“我生来喜爱读书，能从读书中得到无穷的乐趣，开卷有益嘛，朕不觉得这很辛苦！”

此事出自《渑水燕谈》卷六，原文是：“太宗日阅《御览》三卷，因事有阙，暇日追补之，尝曰：‘开卷有益’，朕不以为劳也。”

木人石心

【释义】意志坚决，不受名利诱惑。

【出处】唐·房玄龄等《晋书·夏统传》。

西晋时的某年三月初三，京都洛阳城的王公贵戚、才子佳人，都到洛河两岸宴饮游春。权势显赫的太尉贾充也来游玩。

贾充忽然发现在河边一只小船上，有个人神情庄重地端坐船上，对周围的花花世界无动于衷，便好奇地问他的姓名。原来这人叫夏统，会稽永兴人，因母亲病重，来京都买药。

贾充问他家乡有没有三月初三游乐的风俗，夏统傲然回答：“我们那里，性情平和，节操高尚，不慕荣华，有大禹的遗风。”

贾充又问：“你家居水乡，会划船吧？”夏统便驾船在河面上往返三次。他高超熟练的驾船本领，惊呆了两岸的游人。

贾充再问：“你能唱家乡的歌吗？”夏统唱了三首赞颂大禹、孝女曹娥和义士伍子胥的歌曲，歌声慷慨激越，动人心弦。

贾充觉得夏统是个人才，便要保举他做官。不料夏统便再也不愿答话，贾充调来威武的仪仗队，在夏统面前显示荣耀；调来一大群美女，载歌载舞，花枝招展，引诱夏统。然而，夏统稳坐船中，冷漠而又严肃。贾充等人议论：“这个家伙真是木人石心呀！”

木牛流马

【释义】木制的牛马形体、可行走的运输器具。

【出处】明·罗贯中《三国演义》。

诸葛亮六出祁山和司马懿对阵的时候，在葫芦谷中制造木牛流马。但这个工作进行得很秘密，只有马岱一个人知道。一天，长史杨仪来报告：“米粮皆在剑阁，人夫牛马搬运不便，怎么办呢？”

诸葛亮说：“我已经运谋多时，此时正令人制造木牛流马，牛马皆不饮水食料，可以昼夜搬运。”

众人皆惊道：“自古及今，未闻有木牛流马的事，不知丞相有何妙法，造此奇物？”

诸葛亮这才把木牛流马的做法，写在纸上，给大家看，众皆惊服，说：“丞相真神人也。”

木牛流马造成之后，由右将军高翔，带着1000名运输兵，驱使这些木牛流马到剑阁搬运粮食，往来不绝。

司马懿大为惊恐，便派张虎、乐琳二将，率领500名精兵，伪装成蜀汉军，埋伏在小路上，等这些木牛流马运输队走尽之后，在它尾队上抢了三五个木牛流马回来，照样儿也做一批。不消半月的工夫，造出了2000多个，同样能行走。司马懿大喜，便命镇远将军岑威，领兵1000多人，驾着

木牛复原模型

蜀军创制，用来运送军用物资。

这个木牛流马到陇西搬运粮草。

诸葛亮知道后大笑说："我正要他抢去，我不过损失几个木牛流马，不久我可得到更多的资助。"

原来诸葛亮已料定司马懿会仿照样儿制造。及至听到魏军果然利用木牛流马到陇西运粮，当即派出大将王平，领兵1000名，也扮作魏军，伪装成巡粮兵，混入他们的运输队，把护粮的兵将尽行杀散，推着木牛流马回来，并且告之王平，牛马舌头安置着机关，扭转过来，就不能动了，扭转过去，又能行走。魏军不知道这个机关，他们追兵追到时，王平便将木牛流马舌头一扭转，撤军而退。魏军想推木牛流马回去，谁知牛马却不能转动，拉又拉不走，扛又扛不动，干瞪眼看着。及至蜀汉的援军到后，魏军只得放弃了木牛流马，仓皇而去。蜀军再把牛马舌头一扭转，又依旧活动起来，把魏军的粮食，搬运到蜀汉军大本营的北原。

匹夫有责

【释义】匹夫：平民中的男子。指国家兴亡，每个人都负有责任。

【出处】明·顾炎武《日知录》。

顾炎武是明末清初著名的思想家。他出身乡宦家庭。6岁时，祖父和继母王氏便教他读书。14岁时，顾炎武参加了图谋革新的社团——复社的活动。

1645年，清兵攻占了南京。顾炎武同昆山知县杨永言等人一道据守昆山。不久城破，顾炎武的两个弟弟被清兵杀死，继母也绝食自杀。临终前，她对顾炎武叮嘱道："你千万不要做清朝的臣子！"顾炎武流泪答应。从此，他伪装成商人，奔走各地，联络沿海的抗清力量。清朝进士叶方恒为了吞没顾炎武的家产，勾结顾家的仆人陆恩告发了顾炎武，顾炎武被官府追捕，不得不逃离江南，前往山东。

在北方的20多年的岁月里，顾炎武足迹遍布河北、山西、陕西、河南等地，一年之中有半年住在旅店里。他与20多位朋友在雁门以北的地方建立秘密活动据点，坚持反清。后来，他定居在陕西华阴。

50岁以后，顾炎武集中精力撰写《日知录》，阐述他的思想和观点。他说："天下兴亡，匹夫有责。"他始终坚守民族气节，一直到69岁去世。

匹夫之勇

【释义】指不用智谋、单凭个人血气的小勇。

【出处】汉·司马迁《史记·淮阴侯列传》。

刘邦举行拜封韩信为大将的仪式以后，就向韩信请教同项羽争夺天下的办法，韩信直截了当地问刘邦："您认为自己在勇、仁、强各方面，与项羽相比如何？"

刘邦答道："我不如他。"

韩信说："不错，我也觉得您不如他。不过，我跟他数年，深知项羽勇是够勇的，一声呼喝，可以压倒几千人，但是他不善于任用贤能的将领，他的勇只不过是匹夫之勇。说到仁，项羽对人也还比较关心，但是他不重赏有功的人，只搞些小恩小惠，他的仁不过是假仁假义。另外，他分封地盘不公，诸侯都有意见；军队扰害地方，百姓怨恨在心；所以，他目前虽然强，但很快就会弱下去的。大王您只要反其道而行之，那么夺回关中之地并不难，进而夺取天下也就不难了。”

刘邦认为韩信讲得入情入理，后来，终于打败了项羽，统一了天下，建立了汉王朝。

车载斗量

【释义】用车载，用斗量。形容数量极多。

【出处】晋·陈寿《三国志·吴书·吴主传》。

孙权杀了刘备的大将关羽，夺回了荆州，从此两国联盟破裂，成了仇敌。

刘备为了给关羽报仇，亲自率领数十万大军，沿着长江水陆并进，直驱东吴。孙权跟蜀讲和不成，只有降魏一策了。可是派去的使者，既要能说服魏国去袭击蜀的汉中，以解除蜀国对吴的进攻；又要能向魏称臣而不失体面。这个使者很不好当，中大夫赵咨自告奋勇愿充使者。

赵咨见了魏帝曹丕，献上了孙权的表章。曹丕看了，自然明白了他的来意。他先不说攻蜀的事，只是跟赵咨闲谈。

“你们吴侯是怎样一位主子呢？”曹丕问赵咨。

赵咨回答说：“他是一位聪明仁智雄略之主。”

曹丕笑着说：“你过誉了吧？”

“我没有过誉，吴侯把鲁肃从普通人中提拔出来，这是他的聪颖；从士兵当中选拔吕蒙做大将，这是他的明智；俘虏了于禁而不杀他，这是他的仁义；夺取了荆州却兵不血刃，这是他的智谋；据有长江三个州而虎视天下，这是他的雄才；如今向陛下称臣，这是他的策略。这些还称不上是‘聪明仁智雄略’之主吗？”

曹丕又问：“吴主可有学问吗？”

赵咨说：“吴主带兵百万，军务操劳，但一有空闲，就博览群书，只不过不像书生那样寻章摘句死读书罢了。”

曹丕忽然语气一变说：“我想攻打吴国，你看怎么样？”

赵咨说：“大国有征伐的军队，小国有御敌的良策。”

曹丕又问：“吴国难道不害怕我们魏国吗？”

赵咨毫不让步：“我们吴国有雄兵百万，又有江汉天险，何畏之有？”

曹丕停了一会儿，说：“你们吴国像你这样的人才有多少？”

赵咨笑道：“特别聪明的人有八九十位，至于像我这样的，多得可以车载斗量，不计其数。”

曹丕点了点头说：“你可说是不辱使命！”

于是曹丕下诏册封孙权为吴王。赵咨告辞魏帝回东吴去了。

车水马龙

【释义】形容往来车马很多，连续不断，非常热闹。

【出处】南朝·宋·范晔《后汉书·马后纪》。

马后，是后汉初期的名将马援的女儿。汉明帝时，入宫为“妃”，后来升格为“后”，所以称为“马后”。到明帝的儿子章帝继任皇位，“马后”就又称“马太后”了。

汉章帝并不是马后的亲生儿子，但对她非常尊重，因此要给马家的几个舅舅分封官爵。一些专爱见风使舵的臣子乘机吹捧、怂恿，可是马后却坚决不同意。

她说：“凡是讨好取宠的人，都有他们图谋私利的目的。我前次回家，看到几个舅舅都阔绰得很，拜候请安的客人来来往往，‘车如流水，马如游龙’，热闹极了。还看到他们家的用人，都是穿得整整齐齐、漂漂亮亮的，我的马车夫比他们差远了。我当时竭力抑制自己，没有责备，也没有生气，不过从此就不再给他们生活补助了，让他们自己醒悟改过。”

专横跋扈

【释义】独断专行，骄横放肆。

【出处】南朝·宋·范晔《后汉书·梁统传》。

汉顺帝时的梁冀，因为他的妹妹是皇后，父亲又当大将军，所以他的官也越做越大，后来也当上了大将军。

梁冀倚仗权势，无恶不作，十分骄横。一次，他父亲的朋友吕放，对他父亲讲了他许多不良行为，他便怀恨在心，暗中派人把吕放杀死了。后来他又嫁祸于人，将无辜的人罪灭九族。

梁冀非常贪婪，州县官吏必须给他进贡钱银、珍珠财宝，不然他就横加罪名，捉拿问罪。有一回，梁冀想用一匹马做抵押，向财主士孙奋借五千万，可是士孙奋只借给三千万。梁冀心中恼怒，就诬陷士孙奋的母亲偷了他家的白珠、紫金，结果将士孙奋兄弟二人关在狱中，没收全部财产。

后来，汉质帝即位，年少的质帝知道梁冀为人骄横，对他很厌恶。有一次集会的时候，质帝望着梁冀对大臣们说：“这位是跋扈将军啊！”

梁冀听了，非常怨恨。当天质帝就被梁冀派人用鸩酒毒死了。

专心致志

【释义】把精力全部集中到自己的志向上面。

【出处】战国·孟轲《孟子·告子上》。

从前，有一个名叫秋的棋手，他有两个学生，一个非常专心，另一个却不这样。老师讲解的时候，他眼睛好像在看着棋子，可是心里却想着别的事情，由于他装模作样，胡思乱想，老师的讲解一点也没听进去。

结果，虽然这两个学生在一起学习，又是同一个名师传授，然而，那个专心致志的学生成了棋艺高强的名手，另一个却没有学到什么本事。

犬牙交错

【释义】原指交界线很曲折，就像狗的牙齿那样参差不齐。后用来比喻多种因素构成的复杂情况或双方力量对比互有长短。

【出处】汉·班固《汉书·景十三王传》。

汉景帝时，爆发了“七王之乱”，太尉周亚夫率兵平定了叛乱。但是，汉景帝没有从中吸取教训，又封自己的许多儿子为王侯。

汉武帝即位后，王侯势力已强大起来。大臣们担心他们叛乱，向武帝告发他们的罪状，建议削减他们的势力。

王侯知道这些情况后十分恼火，扬言说：“我们都是皇室骨肉，先帝给我们这些封地，就像犬牙相错，是为了让我们互相支援，保卫京都，使刘家天下坚如磐石。现在被人诬告，实在冤枉！”其中中山靖王刘胜闹得最凶，他在武帝面前哭哭啼啼，喊冤叫屈。

汉武帝表面上安慰他们一番，暗

地却采取措施，削减他们的势力，巩固了中央集权。

切肤之痛

【释义】亲自经历的痛苦。比喻感受极为深切。

【出处】清·蒲松龄《聊斋志异》。

朱生丧偶，见邻人之妻貌美，就与媒人戏说要去求婚，媒人也就势戏说："请杀其男子。"朱生说："好吧！"这本都是玩笑话，谁知数日后，邻人出去讨债归来时果然被杀于荒野。

邑令却疑那人为朱生所杀，但朱坚不承认。邑令又严刑拷问那妇人，朱生因怜妇人只好承认说："是我杀的！我犯了杀人之罪，有血衣为证。"于是被押回家取血衣。朱对母亲说："给血衣也死，不给也死，迟给不如早给。"母亲流着泪入里间，不一会儿果然把血衣托出来了。朱生于是被判为死刑。

一天，忽然有人直上公堂承认自己是凶手，他供说："知道被害者讨债归来，必有钱在身上，就把他杀了。听说朱生招认了，开始暗自庆幸，后来为良心责备，就入公堂投案"。

邑令又问朱生："血衣由哪来的？"

朱说不知道。又问其母，其母答："儿急要血衣时，我入里间割臂所染。"当场检查她左臂刀痕仍在，于是朱生免死。一年后，邻母欲嫁其妇，妇人觉得朱生有情义，就嫁给了他。

蒲松龄在文末感叹：由此知地狱中有无数冤魂，其中无辜受牵连者往往奸民少、良民多。他们受万罪于公门，皆属切肤之痛。愿为官者每审案时略一追问，该放走的放走，不该放走的除去，只需一挥笔一动腕之间，就可保全多少身家性命啊！

井底之蛙

【释义】比喻见识短浅而又盲目自大的人。

【出处】战国·庄周《庄子·秋水》。

在一口废井里，住着一只青蛙。一天，青蛙在井边碰见一只从东海来的大鳖。

青蛙对海鳖夸口说："你看，我住在这里多么快乐呀！高兴的时候，就在井栏边上跳跃，累了就到井壁石洞里休息，有时把身子舒服地泡在水里，有时愉快地在稀泥中散步。你为什么不到井中观赏游玩呢！"

海鳖听了青蛙的一番话，就想进入井中去看看。可是，它的左脚还没有完全伸进去，右脚就被井栏绊住了。它只好后退几步，把大海的情景告诉青蛙说："你见过大海吗？海的广大，岂止千里；海的深度，何止千丈。古时候，十年里就有九年闹水灾，海水并不因此而增多；八年里就有七年闹旱灾，海水并不因此而减少。大海是不受旱涝影响的。住在广阔的大海里才真正快乐呀！"

井底之蛙听完海鳖的话，非常惊讶、惭愧。

韦编三绝

【释义】韦：熟牛皮。韦编：指用牛皮绳编连的竹简书。三：表示多次。绝：断。形容读书刻苦勤奋。

【出处】汉·司马迁《史记·孔子世家》。

孔丘3岁时死了父亲，他曾经当过牧童，看守过粮食，也当过给人家办丧事的吹鼓手。孔丘17岁那年，母亲也死去了。在安葬母亲的时候，孔丘才找到了父亲的葬地，从而知道自己是贵族的后代。此后，他到贵族领地上一边干活，一边学习各种本领。

30 岁那年，孔丘创办了一所私学，教了不少学生。50 岁时，他被鲁定公任命为中都（今山东汶上）宰；几年后，他成为大夫（诸侯国中次于卿、高于士的官职，后成为一般任官职者之称）。55 岁后，他到各诸侯国去游历，直到 68 岁才回到鲁国。

孔丘晚年时，对《周易》产生了极大的兴趣。该书内容包括《经》和《传》两部分，是一部内容广泛而又复杂的著作。《周易》用当时已经不多见的古文字写成，非常难读，孔丘对它极有兴趣，决心读通它。

当时的书，主要是以竹子为材料制造的，称为“竹简”。竹简有一定的长度和宽度，一根竹简只能写一行字，多则写几十个，少则写八九个。一部书要用许多竹简。这些竹简必须用结实的绳子类的东西编连起来才能阅读。像《周易》这样的书，自然是由许许多多竹简编连起来的，因此有相当的重量。

孔丘花了很大的精力，把《周易》全部读了一遍，基本上了解了它的内容。不久又读第二遍，掌握了它的基本要点。接着，他又读第三遍，对其中的精神实质有了透彻的理解。在这以后，为了深入研究这部书，又为了给弟子讲解，他不知翻阅了多少遍。这样读来读去，把串联竹简的牛皮带子也给磨断了几次，不得不多次换上新的带子再使用。

孔丘为读《周易》而多次翻断了牛皮带子的故事，后人用“韦编三绝”这个成语来加以概括。

少见多怪

【释义】讥讽人见闻太少，遇到很普通的事物都要大惊小怪。

【出处】东汉 · 牟融《牟子》。

有一个人，从来没有见过骆驼，所以他不知道有骆驼这种动物。有一天，他外出时偶然看见一头牲口，背上长着两个好大的肉疙瘩，觉得非常

此图描绘了孔子不仕而退修诗书、办私学、整理传授“六经”的情景。

奇怪，不禁大声叫道："大家都来看啊！瞧这匹马，它的背肿得多高呀！"其实，他看到的是一头骆驼。骆驼本身并没有什么可奇怪的，只不过这人没有见过，才觉得奇怪罢了。因为他看到过马，还认为那是匹怪马。所以，东汉的牟融在他的《牟子》一书中说：

牟子曰："谚云：少所见，多所怪，睹骆驼言马肿背。"

因为少见，所以多怪，这就叫作"少见多怪"。

中流砥柱

【释义】砥柱：山名，在黄河中流，形状如柱，故名。像砥柱山一样屹立于黄河急流之中。比喻在艰难险恶的环境中起巨大支撑作用的力量和英雄人物。

【出处】战国·佚名《晏子春秋·谏下》。

在河南西部三门峡东边的黄河里有座砥柱山。据《水经注》记载：上古时代，因这座山堵塞了黄河的河道，河水不能畅通，夏禹治水时，便凿宽山两侧的河道，使河水分流而过，这座山就像一根高大的石柱，矗立在黄河的急流中。于是人们叫这座山为砥柱山。

黄河的水，在三门峡一带是最急最险的。三门峡那儿的河底横着三道高高低低的岩石，因而形成了三股急流，俗称北边一股为"人门"，中为"神门"，南为"鬼门"，而以"鬼门"最险。三门峡这个名称，就是这样产生的。从前，船只经过三门峡的时候，触礁遇难的事故常常发生。从三门峡汹涌东下的黄河急流，以万马奔腾之势，直对着砥柱山冲去，而这根高大的"石柱"，却迎着险恶的水势，巍然屹立，毫不动摇。

这种地理形势，逐渐演变出了"中流砥柱"这个成语。《晏子春秋·谏下》："吾尝从君济于河，鼋衔左骖，以入砥柱之中流。"出典就在于此。

日暮途穷

【释义】天黑下来了，路也到尽头了。比喻计穷力尽，到了末路。

【出处】汉·司马迁《史记·伍子胥列传》。

春秋时期的楚平王滥杀无辜，甚至杀害太子及太子的师傅伍奢和他的儿子伍尚。伍奢的次子伍子胥逃到吴国后，帮助阖闾刺杀了吴王僚，使阖闾取得了王位；接着又帮助吴王阖闾训练军队，治理国家，使吴国日益强盛起来。

为了替父兄报仇，伍子胥就率领吴军攻打楚国。吴军一连打了五次胜仗，最后攻下了楚国的都城郢。楚昭王带了部分大臣和将士逃到了随国（今湖南随县）。可是楚平王已死，伍子胥的仇也无法报了。在吴王的同意之下，伍子胥找到了楚平王的坟墓，挖开了坟，打开了棺材，举起铜鞭，一连在平王的尸体上鞭打了300下，直打得平王骨折肉烂，还割下了平王的头，才算解了心头之恨。

伍子胥的好朋友申包胥听说这件事，派人给他送去了一封信。信里责备伍子胥说："你也曾是平王的臣子，虽说为了报父兄之仇，可现在连死人也不肯放过，这样做未免太过分了。"

伍子胥对送信人说："请你替我向申君致意，并转告他：我好比是走远路的人，遇到日暮途穷的时候，心里焦急，无可奈何，所以只得倒行逆施，做出违背常情的事来。希望申君能理解我。"

日薄西山

【释义】薄：接近。太阳快要落山了。比喻人或事物接近死亡。

【出处】晋·李密《陈情表》。

李密是晋朝时候以孝敬祖母而闻名于世的人物。

晋武帝司马炎几次召他去朝廷做官，他都以祖母年老多病需要孝养为理由，不去就职。他曾直接给皇帝上表，陈述自己的苦衷，大意是：我父死母嫁，靠祖母把我抚养成人。现在祖母年事已高，体弱多病，卧床不起，只有我为她送汤喂药。她老人家好像太阳迫近西山，喘气都很微弱，生命已经危险了，早晨难以预料晚上。我没有祖母不能活到今天，祖母没有我也无法度完最后的时光。我确实不忍远离祖母去朝廷做官……”

李密的这张奏表使司马炎很感动，他同意了李密的请求，还赐给他两个奴婢照顾老人，又命令郡县供给老人的费用。

见怪不怪

【释义】见到怪异的事物应镇静对待，不要大惊小怪。

【出处】宋·洪迈《夷坚三志己》。

宋朝时，有个名叫姜七的人，开了一家旅店。一年春天，姜七常常听到后园那边传来悲切的哭声，但到那里去张望，又一无所见。次数多了，他也不以为然。

过了两个月，有五个客商来到他店里居住。当天深夜，五个客商都听到了悲切的哭声。循声到了后园，看到一头老母猪在流泪哭泣，便问道：“你这畜生，为何半夜里在此作怪？”

那老母猪竟口吐人言道：“我本是姜七的祖母啊！生前以养母猪为业，等产下猪仔后便卖掉，一年卖掉的多达数百头，靠此撑起家业。我死后受到惩罚，投生为猪，如今真是懊悔，所以痛哭。”

第二天一早，客商们把这件奇事告诉了姜七，并规劝他好生养那头老母猪。姜七不以为然地说：“畜生的话怎能相信？两月前我就觉察到这件怪事。见到怪异后不惊怪，这个怪便会自己消失，你们不必大惊小怪。”

过了两天，姜七忽然患病。他怀疑是那头老母猪在作怪，便叫屠夫把它杀了卖掉。不料，姜七的病越来越重，后来到了不可救药的程度。临死时，他发出猪被杀时一样的惨叫声。

见危授命

【释义】危难之时，不惜献出自己的生命。

【出处】春秋·孔子弟子《论语·宪问》。

一天，子路请教孔子说：“先生，怎样才能做一个十全十美的人呢？”

孔子答道：“一个人的聪明智慧如果能赶上鲁国的大夫臧武仲，又能像孟公绰那样清心寡欲，像鲁国卞庄子那样勇敢，像冉求那样多才多艺，具备这些条件以后，他再掌握礼和乐，来丰富自己的文采，可以说他就是一个十全十美的人。”

子路说：“先生，这些条件是极难做到的呀！”

孔子说：“是呀，十全十美的人哪里有呀！我看现在做一个好人，不一定都具备上面说的条件，只要是见到利益或便宜，能够想一想自己该不该得到，不要见到好处就贪；遇到危险的时候不惜舍弃自己的性命，虽然长久地过着穷苦日子，但从不忘记自己平日的诺言，这就是一个比较完美的好人了！”

见利忘义

【释义】看到眼前的私利就忘记了道义。

【出处】汉·班固《汉书·郦商传》。

刘邦死后，大权落在吕后手中。她想把原有的大臣、将军一网打尽，让吕氏家族来坐天下，因此，封自己的侄儿吕产、吕禄为王，掌握了中央的军政大权。等吕后死后，周勃和陈平一些老臣便秘密谋划，要一举诛灭吕氏家族。

但是，吕禄掌管北军，周勃不能靠近。紧急关头想起了老丞相郦商。因为郦商的儿子郦寄是吕禄的好朋友，可以利用他骗吕禄出来，然后设法除掉他。在家养病的郦商只得同意，让儿子郦寄把吕禄骗出来。

吕禄不明真相，便随郦寄一起出城打猎。周勃领兵趁机控制了北军，随后便把吕氏家族全部诛杀了。

郦商在这一年病死，他的儿子郦寄被皇帝封为将军。

后来《汉书·郦商传》记载这件事时，说郦寄的行为是出卖朋友，出卖朋友的人就是见到有利可图的时候，就不顾道义了。

长驱直入

【释义】军队以不可阻挡之势，深入敌人阵地。

【出处】三国·魏·曹操《劳徐晃令》。

三国时，刘备取得西蜀后，曹操和孙权联合，准备夺取由关羽驻守的荆州之地。诸葛亮为了解荆州之危，指示关羽率先向驻守襄阳的曹仁发起攻击。

关羽很快攻占襄阳。曹仁被迫退守樊城。关羽设计水淹七军，活捉了曹军主将于禁，并将樊城围困起来。

曹操得知樊城危在旦夕，就派大将徐晃率兵救援，徐晃考虑到自己兵力不足，设计轻取偃城，和樊城成掎角之势。

不久，曹操派出的其他几路援军赶到，统归徐晃指挥。徐晃见兵力大增，便开始部署战斗。徐晃知道关羽的主力在围头和四冢两个地方，便故布疑兵，做出要向围头进攻的样子，而实际上却亲率大军去进攻四冢。等关羽发现中计，徐晃已率军长驱直入，击败了四冢的守军，直达樊城，樊城之围遂解。

曹操接到徐晃的捷报，立即发了一份慰劳令即《劳徐晃令》送到军中。劳令说：“我用兵 30 多年，所知古代善于用兵的将领中，没有一个人能像你这样长驱直入，冲入敌人包围的！”

长揖不拜

【释义】只作揖，不跪拜。形容态度不卑不亢。

【出处】汉·司马迁《史记·高祖本纪》。

秦朝末年，项羽、刘邦等起兵反抗暴虐的秦王朝。刘邦率领军队西进，和其他将领会合攻打昌邑，没有攻克，于是再绕道向西，经过陈留郡的高阳。有一个叫郦食其的儒生正担任高阳“监门”的职务，看见沛公经过城门，非常惊奇地说：“经过这儿的大将很多，据我看，今后只有沛公才是显贵的人。”于是求见沛公。

郦食其走进沛公住所，沛公正在洗脚，没有站起来接待客人，态度非常傲慢。郦食其也不跪拜，只是拱手过头，作了一个长揖，说："您决心诛灭无道的秦王朝，就不应用这种态度见长者。"

沛公马上站起身来，整理好衣冠，郑重地向郦食其道了歉，请他坐上座，然后请教灭秦的计策。郦食其建议沛公，先计取陈留郡，夺得秦王朝囤积的粮食。沛公依计而行，果然拿下陈留，获得大批粮食。

事后，刘邦封郦食其为广野君。

长袖善舞

【释义】比喻善于钻营。

【出处】汉·司马迁《史记·范雎蔡泽列传》。

战国后期，秦国的相国范雎曾为秦国的富足强盛立下过汗马功劳。但后来，引荐他的王稽犯罪被杀，而他举荐的将领郑安平竟在攻打赵国时投降了赵国。秦昭王虽然没追究范雎的责任，但范雎很自责，甚至想辞官退隐。

这时，燕国的辩士蔡泽听说了这一情况，便风尘仆仆来到秦国。蔡泽托人求见范雎，对范雎说："相国，我听说你有退隐之心，这是十分明智的。你只有急流勇退，才能保住一生的荣耀。不然的话，就会遭到灾祸。纵观秦国的历史，这样的例子很多。商鞅为秦孝公制定了法律，富国强兵，功劳极大，最后被车裂而死；大将白起叱咤疆场，立下无数战功，但结果被迫自杀。而横观其他国家也是这样，楚国名将吴起被楚王肢解而死；越国的名相文种为越国强盛付出了无数辛劳，使越王报了夫差之仇，但最后免死狗烹，死于越王之手。"

范雎认为他讲得很有道理，而且他知道秦昭王对自己已不满意，便决心听从蔡泽的话，辞去相国的职务，并把蔡泽推荐给秦王。过了几天，蔡泽便在范雎的引荐下见到了秦王。蔡泽长袖善舞，滔滔不绝地讲了一通，秦王很喜欢他，立即拜他做了客卿。范雎乘机推托有病，请求辞官归隐。秦昭王同意，并在范雎的坚持下让蔡泽当了相国。

气壮山河

【释义】比喻人的豪迈之气好像高山大河那样雄伟壮观。

【出处】宋·陆游《老学庵笔记》。

南宋大臣赵鼎 21 岁考中进士，受到宰相吴敏赏识，被调到都城开封任职。

1125 年冬，金国出兵南侵。次年秋攻陷太原，宋钦宗惊慌失措，赶紧召集文武大臣商议对策。一些贪生怕死的大臣，主张割让土地向金国求和。赵鼎却说："祖先留下来的国土，怎能拱手送给别人？望陛下千万不要考虑这种意见！"

可是，钦宗非常惧怕金兵。金军要求把黄河以北的土地全部割让给金国，钦宗竟答应了。但是，金军继续南下。这年年底，抵达开封城下。钦宗不等金军攻破就亲自到金军营中乞求投降。不久，金兵统帅扣留了钦宗，让部下进城掠夺，然后把钦宗和他的父亲徽宗当作俘虏，连同搜刮到的大量金银财宝，一起返回金国。北宋王朝就此灭亡。

钦宗的弟弟康王赵构在南京（今河南商丘）建立了南宋王朝，史称宋高祖。即位初期，起用了一批主战派大臣，赵鼎也在其中，后来还当了宰相。在金兵不断的南侵下，高宗被迫撤退到会稽（今浙江绍兴）。后来，宰相秦桧知道高宗只想偏安江南而不真心抗金，便竭力唆使他与金国讲和。赵鼎对他自然反对。于是，秦桧经常在高宗面前说赵鼎的坏话。后来，高宗终于将赵鼎贬到外地去任职。

赵鼎在朱崖住了三年，生活非常困苦。秦桧知道他的处境后，便叮嘱地方官每月向自己呈报赵鼎的情况。

赵鼎 62 岁那年患了重病。临死前，对儿子悲愤地说道："秦桧非要置我于死地不可。我不死，他可能会对你们下毒手；我死了，才可不再连累你们。"说罢，他叫儿子取来一面铭旌（竖在灵柩前标志死者官衔和姓名的长鸮），在上面书写了一行字："身骑箕、尾归天上，气作山河壮本朝。"意思是："我身骑箕、尾两座星宿回归上天，我的气概像高山大河那样雄壮豪迈地存在于本朝。"几天后，赵鼎不食而死。

手不释卷

【释义】卷：古时候的书，不是装订成册，而是贴成一长篇，两端有轴，可以卷起来，所以叫作"卷"。手里的书舍不得放下。形容勤奋读书。

【出处】晋·陈寿《三国志·吴书·吕蒙传》裴松之的注文。

三国时，吴国大将吕蒙，行伍出身，读书很少。孙权见他年轻有为，而且身居要职，劝他要多读些书，以增长知识。吕蒙觉得领兵上阵的将士只要能打胜仗就行，不需要读什么书，便推托道："军伍里事情太忙，没有空闲时间读书。"

孙权说："你难道比我还要忙吗？我在少年时代，就曾读过一些经书，后来主持国家军政大计，又在百忙之中陆续读了一些历史和兵法的书籍，自己觉得很有长进，对工作也很有益处。像你这样的青年，聪明，记性好，如果认真多读些历史和兵法，那一定能够取得更大的收获和成就。"孙权还举了两个好学的军人为例，说："光武（即汉光武帝刘秀）当兵马之务，手不释卷，孟德（即曹操）亦谓老而好学，你为什么不能自求上进呢？"

吕蒙从此勤奋读书，努力自学，在文化上提高得很快。

升堂入室

【释义】登上厅堂，又进入内室。后比喻学问、技能达到高深的程度。

【出处】春秋·孔丘弟子《论语·先进》。

孔子的弟子子路，是个很勇敢的人，而且擅长弹奏乐器。有一天，子路在孔子家里鼓瑟，弹奏出的声音充满了战斗的激情。孔子是主张"仁"的，他觉得这乐声不平和，因此有些不满意，就说："为什么要在我家里弹奏呢？"

孔子的弟子们听到孔子对子路鼓瑟的评论，就在背后纷纷议论，对子路不够尊敬。孔子了解到这种情况，就对弟子们说："子路虽然升堂了，但未入于室。"意思是说子路在音乐方面已经入门，而且有一定的成就，但是还没有达到非常高深的境地。由此，大家便不再议论了。

今是昨非

【释义】现在是正确的，过去是错

误的。含有悔悟的意思。

【出处】晋·陶渊明《归去来兮辞》。

东晋著名的田园诗人陶渊明为人耿直，看不惯官场的腐败风气，又不愿拍马奉承，因此一再丢官，才能也无从发挥。

丢官以后，他家中生活艰难，又不甘心碌碌无为，因此在41岁时，又经他叔父推荐，出任彭泽县令。

他刚当了80天县令，郡守派督邮来县里检查工作，他不能忍受督邮的侮辱，又挂印而去。回到家里，写了一篇《归去来兮辞》。在这篇文章的序中，他回顾了自己的过去和自动去职的情况，并发出感叹："实迷途其未远，觉今是而昨非。"这两句话的意思是：我知道我自己过去确实迷失了道路，但好在迷失的路还不远，现在已经觉悟到今天所做的正确而昨天所做的是错的了。后来，他专心致志地写作，过着平民的生活。

毛遂自荐

【释义】比喻自己推荐自己，担负重任。

【出处】汉·司马迁《史记·平原君虞卿列传》。

战国时期，赵国平原君门下有个食客叫毛遂，他在平原君家里已经住了三年，一直默默无闻。公元前257年，秦国军队包围了赵国都城邯郸，平原君奉命到楚国去讨救兵。他本想选20个文武全才的门客一同前往，最后只选出了19位，后来毛遂自荐要一同前去楚国。

平原君对毛遂自荐的举动，感到很惊奇，便对他说："一个具有贤德与才能的人，好比一把锥子藏在口袋里，锥子的尖儿立刻就能看见。可是您在我这里都三年了，还从未听到过您有什么值得称道的事情。"

毛遂反驳道："如果您若是早一点允许我帮您谋划，那我的才能早就显露出来了。"平原君见他坚持要去，只好带他同行。

他们到达楚国，就与楚王商谈联合抗秦的事，可是从早晨谈到中午，还没有谈出结果。毛遂等得不耐烦了，便冲到楚王面前，一手提剑，一手拉住楚王衣服，慷慨激昂地陈述共同抗秦的利害关系。毛遂的行为使楚王既害怕又佩服，立刻答应签订盟约，并派出兵将前往赵国为其解围。

从此以后，毛遂就成了平原君尊贵的宾客了。

毛皮之附

【释义】比喻互相依赖、利害相关之意。

【出处】春秋·左丘明《左传·僖公十四年》。

春秋时代，晋国公子夷吾为取得秦国支持他回国做国君，答应事成之后，一定割让五座城池给秦国作为酬谢。可是后来自己当上了晋国国君（晋惠公）后，却没有履行这个诺言。

不久，晋国农业歉收，晋惠公和秦国商议买粮，秦国没有计较他背约失信，还是慷慨地答应了他的要求。

第二年，秦国年景不好，向晋国商议买粮。晋惠公却不愿意帮助。大夫郑庆劝他不要这样，说做国君的若不讲信义，便一定不能保住国家。

可是另一大臣虢射认为既然违背

了诺言，没有割给秦国五座城池，秦国对晋国的怨恨已经很深，纵然这时答应秦国在晋国买粮，秦国还是不满，不如不答应。并且打了一个比喻对晋惠公说："皮之不存，毛将焉附？"意思说晋国不履行割给秦国五座城池的诺言，这是根本问题；这个根本问题不解决，而答应卖粮食给秦国，仿佛只有毛而没有皮。既然没有皮，毛能依附在什么地方呢？光有毛而没有皮，毛又有什么用呢？

乌合之众

【释义】像乌鸦那样暂时聚合。比喻临时拼凑起来的队伍，毫无组织纪律。

【出处】南朝·宋·范晔《后汉书·耿弇列传》。

汉时，耿弇自幼好学，为人敏锐有计谋，善于骑射，对出兵布阵之事很有研究。23年，王莽建立的新朝败亡了，汉哀帝刘欣即位。各地将领纷纷起兵，独揽地方政权，改换郡守、县令。耿弇的父亲耿况认为自己的官职是王莽所设置的，心里很不安。此时21岁的耿弇便告别父亲到哀帝那儿去，趁机带去贡品，以此求得使自己的地位稳固。

一天，耿弇在路上遇到一王姓之人，此人诈称是汉成帝的儿子子舆，在邯郸起兵。这时跟随耿弇的官吏孙仓、卫包等都说："刘子舆是成帝的儿子，是汉室的正统，咱们应该归顺他才有出路。"

耿弇按住剑柄说："刘子舆，早晚是个降虏罢了。我到长安，参与国家组织的渔阳、上谷的军队，出入太原、代郡，往返数十日，回来领兵收拾这些乌合之众，像摧毁朽烂的木头一样。你们不识好歹，很快便会遭到灭族之祸。"

孙仓、卫包两人不听耿弇的话，投奔了王姓之人。

耿弇途中听说刘秀在卢奴，于是投奔了刘秀，得到刘秀的信任，多次克敌制胜，为刘秀平定天下立下了汗马功劳。

从善如流

【释义】听从高明的、正确的意见和建议，就像水从高处流下来一样顺畅。

【出处】春秋·左丘明《左传·成公八年》。

春秋时，一次楚军攻打郑国，郑国抵挡不住，晋景公就派大臣栾书率领大军去救援郑国。楚军见晋军来势勇猛，就退兵回国。

栾书便领兵攻打楚国的盟国蔡国。楚国派公子申、公子成二人，率领申县、息县军队，前往救援。

栾书准备出战，这时部下知庄子、范文子、韩献子劝栾书说："楚军退而复返，很难对付。如果我们打胜，只不过打败楚国两县的军队，不足为荣；如果打败，那就耻辱极了，因此不能打。"

栾书听了，准备收兵。可是有人说："元帅卿佐共有十一人，只有三人不主张打，可见主张打的人占多数。为什么不按多数人的想法办事？"

栾书回答："正确的意见才能代表多数，知庄他们三位是晋国的贤人，他们的建议正确，能够代表大多数人。我应当采纳他们的意见。"于是，他下令退兵。过了两年，栾书趁楚国不备，再次出兵攻打蔡国、沈国，结果很快取得了胜利。

《左传》中有一句赞扬栾书的话："从善如流，宜哉！"成语"从善如流"即由此而来。

从天而降

【释义】比喻出人意料地突然来临或出现。

【出处】汉·班固《汉书·周勃传》。

汉文帝时，有一年匈奴侵犯边境。汉文帝命周亚夫为将军，陈兵细柳。

汉文帝带领大臣们去慰劳军队。到了细柳周亚夫的驻军营地，见军士全部铠甲在身，手执兵刃，严阵以待敌军。皇帝的侍骑先驰到军营，守卫营门的士兵说："将军有令，不能随便进入军营！"侍骑重新拿着皇帝的令牌来到营门，守门兵士才放他们进营。但军吏又拦挡车骑，说："军内有规定，营内骑马不得奔驰！"汉文帝只好按辔缓行。皇帝一行人来到中营，周亚夫将军才出来，他向皇帝作了一个揖说："铠甲在身，不能叩拜，请允许我以军礼拜见！"皇帝离营后，大臣们就议论纷纷说："周亚夫太傲慢了，对陛下也不恭敬。"汉文帝却赞扬周亚夫说："他是真正的将军。"不久汉文帝便提升周亚夫为中尉。

汉文帝生了重病，临终前告诫太子说："记住，国家有了危险要任用周亚夫，这个人可以安定朝廷。"

汉景帝即位后，任命周亚夫为车骑将军。汉景帝执政才三年，吴王和楚王就开始谋反。周亚夫受命带兵去平叛。

周亚夫领兵出征，走到灞上，赵涉拦住他诚恳地说："你这次去平叛吴王和楚王，事关重大！吴王刘濞很强，他养了许多勇士。他知道你率兵去打他，预先必有伏兵，你最好走右边的路线，过蓝田，出武关，到雒阳，迟不过一二日，可以直入武库，击鼓鸣金，诸侯听见了会以为将军从天而下，必然惊慌失措。"

周亚夫接受了赵涉的意见，派精兵去断绝了吴王、楚王军队的粮道。吴、楚军内缺乏粮食，将士恐慌。周亚夫趁机击败吴军。吴王刘濞逃跑到江南，一月后被越人斩首了。

此成语出自《汉书·周勃传》，原文是："涉曰：'将军何不从此右去，走蓝田，出武关，抵雒阳，间不过差一二日，直入武库，击鸣鼓。诸侯闻之，以为将军从天而下也。'""从天而下"后演变为成语"从天而降"。

牛鬼蛇神

【释义】指社会上惯于兴风作浪、妖魔鬼怪式的人物。

【出处】唐·杜牧《李贺诗序》。

李贺是唐代后期多才而短命的一位诗人，只活了27年，但写了不少著名诗篇。他所写的"雄鸡一唱天下白"（《致酒行》）、"黑云压城城欲摧"（《雁门太守行》）等名句，至今为人们所传诵和引用。

李贺的诗，以构思独特、词句新奇见长，真有"语不惊人誓不休"的气派。当他还在少年时代，就被著名文学家韩愈所赏识。他成名后，诗人杜牧后来还给他写过《李贺诗序》。

因为李贺有些作品意境虚幻，想象丰富，充满了浪漫主义的色彩，所以杜牧在《李贺诗序》中评价说："鲸呿鳌掷，牛鬼蛇神，不足以虚荒幻诞也。"

杜牧借用张嘴的鲸、猛跳的鳌、牛头鬼、蛇身神等巨大和怪异的动物或鬼神形象，来比拟李贺诗的惊人出众，说鲸鳌牛蛇都不及他的诗那样虚幻荒诞，本来是赞美和叹赏的意思，可是现在，人们引用"牛鬼蛇神"这句成语时，含义却有了变化，成了贬义词。

牛刀小试

【释义】初次任事，就表现出才干。

【出处】宋·苏轼《送欧阳主簿赴官韦城》。

北宋的时候，文学家苏东坡曾写过不少题赠友人的诗。一次，他的一位姓欧阳的朋友去韦城做官，苏东坡便写了《送欧阳主簿赴官韦城》四首，在诗中有这样两句：

读遍牙签三万轴，

却来小邑试牛刀。

这两句话的意思是指这位友人读了很多书（牙签指书卷，三万是虚数，表示多），才高八斗，如今到韦城这个小地方去做官，不过是牛刀小试、略显身手而已。

在这里，“牛刀”一词比喻杰出的人才。

月下老人

【释义】指媒人。

【出处】唐·李复言《续幽怪录》。

唐代的杜陵人韦固，有一年到清河郡游学，住在一家旅店里。一天，有个客人给他介绍前任清河郡司马潘昉的女儿，约定第二天黎明在旅店西面龙兴寺门前相亲。

韦固求亲心切，天还没亮就起床去了。到了龙门寺，月光下，他看到台阶上坐着一个老人，正悠然地对着月光翻书。

韦固走近问道：“老人家，您这么早读什么书呢？”

老人和蔼地说：“这不是一般的书，是天下人的婚姻簿。”

韦固又问：“那您布囊里装的是什么呢？”

老人说：“是红绳子，专门用来拴系夫妇两人的脚。人刚生下来，就跟另外一个人拴系在一起了，将来要结成亲家。你的脚也已被拴好了，何苦到处寻求呢？”

韦固说：“那依您讲，我妻子在哪里呢？她家是做什么的？”

老人说：“她是你住的旅店北边一个姓陈的卖菜阿婆的女儿。”

韦固不相信，就坐在台阶上等待司马的千金。天刚放亮，路上开始有人来往。这时一个老婆婆挑着一担青菜过来。她瞎了一只眼睛，又瘸了腿，走路摇摇摆摆，怀里抱着个女孩。老人指着她对韦固说：“这人是你的丈母娘，她怀里的女孩就是你的妻子。”

韦固听了，一肚子不高兴，大骂：“你这人胡说八道，这么丑的老太婆怎么会是我的岳母？我怎么会娶她的女孩，再说还那么小！看来，你是老疯子。”

老人笑笑，一下子消失了。

韦固左等右盼，不见司马的千金来相亲，等到日上中天，只好快快回去了。这门婚事没有谈成。

过了14年，韦固当上了大官，也娶了妻子。妻子长得非常漂亮，才17岁。他们两人恩恩爱爱，感情非常好。一天，妻子讲起了自己的身世，说她原本出身官绅家庭，寄养在清河郡一家姓陈的卖菜阿婆家里，她虽然瞎眼瘸腿，心地却非常善良，在她家里长到10岁，父母才把她抱回去。

听了妻子的话，韦固想起龙门寺前的一幕，才相信那个月下老人说得确实不错。

风吹草动

【释义】风稍一吹，草就摆动。比

喻轻微的动荡或变故。

【出处】 现代·王重民等《敦煌变文集·伍子胥变文》。

楚平王的太子娶了一个美丽的姑娘，却被楚平王看中了，竟把儿媳妇夺了过来，又怕别人反对，就把太子的师傅伍奢和他的大儿子伍尚杀害了。

伍奢的小儿子伍子胥发誓要为父兄报仇，就逃跑了。楚平王下令四处追捕伍子胥，还在各地城门口挂着他的画像悬赏捉拿。

伍子胥只得乔装改扮，打算逃往吴国。走了很多日子，才到了接近昭关的地方。关口有许多士兵把守，城门上又挂着他的画像，恰巧这时伍子胥遇到了父亲的朋友东皋公。东皋公就悄悄把伍子胥领到自己家里。

可是东皋公一下子也想不出帮助伍子胥逃出昭关的办法，只得让他在家里耐心等待。等了一天又一天，一连等了七天，还是没有出关的机会。伍子胥焦急万分，忽然一夜之间，他的头发和胡子都急得变白了。

东皋公说："你现在白须白发，跟关口的画像不太像了，正好乘机出关！"

伍子胥像

伍子胥过关口时，神情难免有些紧张。不久，守关的军吏有些怀疑起来，便向前追去。伍子胥见有人追来，便慌不择路地向前奔逃。一路上，伍子胥只怕追兵赶到，只要有一点风吹草动，就立刻隐匿到路边的树林或草丛中去。

一会儿，他到了一条江边。他先在芦苇里躲了一会儿，见到江上有一个渔翁驾了小船朝岸边靠来，伍子胥立刻跑去跳上了船，求渔翁把他渡过江去。过了江，伍子胥解下随身佩带的宝剑，对渔翁说："这是我祖传的宝剑，价值千金，送给老丈，等会儿若有追兵来时，求你不要说出我来。"

渔翁说："看你的样子，我早知你就是城门口画像上的伍子胥。楚王重金悬赏，捉到你的人，奖粟5万石，还赐给爵位。这样的奖励我都不要，难道要你的宝剑吗？"

伍子胥谢过渔翁，上路而去。最后终于见到了吴王。他帮助吴王训练军队，出兵楚国，替父兄报了仇。

风驰电掣

【释义】 形容行动非常迅速，疾闪而过。

【出处】 战国·佚名《六韬·龙韬》。

有一次，周武王问精通兵法的姜太公：君王率兵师作战要有什么样的"股肱""羽翼"？

姜太公答复说："需要有各种各样的'股肱''羽翼'共七十二人。例如负责奋发军威的四人，主管选择才力、评论兵革，使军队行动起来迅速得像风在飞驰、电在疾闪一样，让对方莫名其妙，摸不清来龙去脉。"

风中残烛

【释义】残烛：即将燃尽的蜡烛。形容年老衰竭，将不久于人世。

【出处】元·左克明《古乐府·怨歌行》。

刘因是元初容城（今河北容县）人，非常聪敏，并且肯下苦功读书。著作有《静修集》《四书集义精要》等。

他幼年丧父，一向对母亲很孝顺。成人以后，曾在朝廷做右赞善大夫。后来他因为母亲生病，就辞去官职，回家侍奉母亲。

不久，朝廷又叫他去做官，他却不愿再去。有人问他为什么放弃做官的机会，他回答说："古乐府《怨歌行》中有'百年未几时，奄若风中烛'之句。我母亲已经90岁了，也好比是风中残烛，我怎么可以远去贪图一时的富贵呢？"

凤毛麟角

【释义】凤：凤凰。麟：麒麟。传说中的珍异动物。凤凰的毛，麒麟的角。比喻珍贵而稀少的人才或事物。

【出处】宋·刘义庆《世说新语·容止》。

谢灵运是南朝宋代的著名诗人，诗歌名噪一时，流传很广，其孙谢超宗也极有文才，颇有名声。

谢超宗曾担任新安王刘子鸾的常侍，王府中的文告函件都出自他的手笔。新安王的母亲殷涉仪去世后，谢超宗撰写悼念死者的悼词，写得非常精彩，孝武帝读过以后大加赞扬，对左右说："谢超宗真是有凤毛呀，天下又出了一个谢灵运！"

当时右卫将军刘道隆也在座。他听孝武帝夸谢超宗有凤毛。他是行伍出身，不懂得凤毛是什么意思，误以为他真有凤凰的羽毛，就跑到谢家央求说："听说你有稀奇物件，快让我看看！"

谢超宗不明来意，反问道："我这个贫寒之家，有什么稀罕之物呢？"

刘道隆还认为他们故意藏珍，就找寻起来，找了半天，直到天黑也没有找到凤毛，他自言自语地说："早上陛下说你有凤毛啊，怎么找不到呢！"

后来，人们把这件事当作笑话广为流传，"凤毛"一词也就慢慢演化成"凤毛麟角"这一成语。

分道扬镳

【释义】镳：马勒口。把马勒口向上提，驱马分路而行。后比喻各干其事，各奔前进。

【出处】唐·李延寿《北史·魏诸宗室·河间公齐传》。

南北朝时期北魏孝文帝的时候，有一天，洛阳县令元志乘车出门，在路上碰巧遇上了朝廷的御史中尉李彪。双方都不愿让路，为此争持不下，两人只好一块来见孝文帝，让皇帝裁决。

见了孝文帝，李彪说："我是朝廷上的近臣，哪有洛阳令与我抗衡的道理？"

元志说："我是洛阳县令，凡是居住在洛阳的人统统编在我的户籍里，我岂有趋避中尉的道理？"

孝文帝看看他们二人，都是自己的亲近臣僚，不好评判是非，只好说："洛阳是我们的国都，自然应该分路而行，驱马前进，自今以后，你们分开走吧！"

《北史》中的原文是："孝文曰：'洛阳，我之丰、沛，自应分路扬镳。自今以后，可分路而行。’”

分庭抗礼

【释义】 原指宾客和主人分别站在庭院的两旁相互行礼，以示平等对待，不相上下。后比喻地位、财力相当，彼此平起平坐或相互对立。

【出处】 战国·庄周《庄子·渔父》。

有一天，孔子带领他的弟子在树林中休息。弟子读书，孔子弹琴。这时有一位须眉全白的老渔夫坐在树林的另一头，侧耳恭听孔子的演奏，他招手叫子贡、子路到他面前，问道：“这位弹琴的人是谁呀？”

“我们的先生，鲁国的君子，主张仁爱的孔子呀！”

“哦，是这样，”渔夫微微一笑，“恐怕是劳累身心、危害纯真天性，偏行仁爱呀……”说完，转身朝河岸走去。

子贡急忙把这位渔夫说的话报告孔子，孔子放下琴猛然站起身子，惊喜地说：“这位是圣人呀，快去追他！”

孔子像

孔子（公元前551～公元前479），名丘，字仲尼，春秋时期鲁国陬邑（今山东曲阜东南）人。

孔子快步赶到河边，尊敬地向渔夫拜了两拜，说：“我从小读书求学，到如今已经69岁了，还没有听过高深的教导，怎敢不虚心地请求您的帮助呢？”

渔夫说：“真者，精诚之所至也。不精不诚，不能动人，故强哭者虽悲不哀，强怒者虽严不威，强亲者虽笑不和。真悲无声而哀，真怒未发而威，真亲未笑而和。真在内者，神动于外，是所以贵真也。”

孔子听得津津有味，末了，谦卑地对渔夫说：“遇见先生真是幸运，我愿意做您的学生，得到您的教授，请告诉我您的住址行吗？”

渔夫没有告诉孔子他住在哪里，跳上小船，独自划船走了。这时，孔子两眼直望着渔夫的船影，一直到看不见船的影儿，才惆怅地上了车子。

子路问孔子说：“我给您驾车子已经很久了，还没见过像渔夫这样傲慢的人。就是天子、诸侯、大夫同您见面，也都是分庭抗礼、平起平坐的，而您还带有自尊的神色呢！可今天那个渔夫撑着船篙，漫不经心地站着，您却弯腰弓背，先拜后说话，未免太过分了吧？”

孔子说：“子路呀，你真是难以教化呀，你那个鄙拙之心至今未改！遇年长的人不敬是失礼，遇贤人不尊是不仁，不仁不爱是造祸的根本。今天这位渔父，是懂得大道理的贤人，我怎能不敬他呢？”

分崩离析

【释义】 形容国家或集团等分裂离散，不能保持团结统一。

【出处】 春秋·孔丘弟子《论语·季氏》。

春秋末期，季氏把持着鲁国的朝政，要征伐鲁国的附庸国颛臾。一天，辅佐季氏的冉有、子路告诉孔子说：“先生，季氏对颛臾国发兵讨伐了。”

孔子说："我看这是你们的过错！"

冉有辩解说："这是季氏自己的主意，我们两人本来是不赞成的。"

孔子说："盲人遇到了危险，他的助手不去搀扶，那么还要助手干什么？你们是季孙氏的辅佐人，为什么让他这样做？"

冉有说："颛臾的城池坚固，力量很强，而且离季孙氏的邑地又近，不趁早将它征服，日子久了会给季氏留下祸患呀！"

孔子狠狠地斥责说："不承认自己贪婪无厌，硬要找个借口，这是最叫人讨厌的。你们二人辅佐季氏，不能够使用仁德让远方的人归服，又不能使国内和平团结，国家支离破碎而不能保全，反而想在国内使用武力征伐。我看季孙氏的忧虑不在颛臾国，而是在鲁国国内吧！"

"分崩离析"就是出自此处，原文是："今由与求也，相夫子，远人不服，而不能来也；邦分崩离析，而不能守也；而谋动干戈于邦内。吾恐季孙之忧，不在颛臾，而在萧墙之内也。"

火树银花

【释义】火树：树上灯火通明之意。银花：指灯光雪亮。比喻灯火光彩绚丽的景象。

【出处】唐·苏味道《正月十五夜》。

唐睿宗很懂享乐，虽然只当了三年的皇帝，但不管什么节日，他总要花费很多的物力人力大肆铺张一番，供他游玩。他每逢正月元宵的夜晚，一定要扎起20丈高的灯树，点起5万盏灯，号为火树。后来诗人苏味道就写了一首《正月十五夜》的诗，描绘它的情景：

火树银花合，
星桥铁锁开。
暗尘随马去，
明月逐人来。
游妓皆秾李，
行歌尽落梅。
金吾不禁夜，
玉漏莫相催。

于是，就产生了"火树银花"这个成语。

户限为穿

【释义】户限：门槛。来往人多，门槛都给踏穿了。

【出处】唐·张彦远《法书要录》。

南北朝的陈朝，有个著名的书法家，名叫智永，是个和尚，人们叫他"智永禅师"，会稽（今浙江绍兴）人。他善写各种字体，特别擅长草书。据说，他认真练字，曾坚持了30年，把写坏的废笔，随手投入大瓮（每瓮容量都是好几石），曾积了10瓮，后来，他把这些笔一起埋了，并且筑成一个墓，称为"退笔冢"。他还把所写的字，大约每千字一本，装订成800多本，分送给浙江的几百所寺院，大家都把它当宝贝一样珍藏着。人们对他的评价很高，请他题字的人因此一天天多起来。

智永当时住在浙江吴兴的永欣寺，因为每天都有许多人络绎不绝地去拜访他，永欣寺显得非常热闹。他所住的屋子，竟至"户限为穿"。后来，智永住处的户限，只好包上一层铁皮来加以保护，人们称之为"铁门限"。

"铁门限"后来也转化为成语，比喻限制严谨，不许随便出入，含义却与上述故事完全无关了。

方寸已乱

【释义】指心绪已被搅乱，六神无主，没有心思做事。

【出处】晋·陈寿《三国志·蜀书·诸葛亮传》。

三国时代，有一位名士叫徐庶，是刘备的军师。

曹操见他辅助刘备，取得很大成绩，便一心想网罗他，但都被拒绝。后来曹操采用了程昱的计谋，把徐母骗来，让徐母写信叫她的儿子归来。但徐母是个深明大义的女人，她知道曹操挟天子以令诸侯，存心不良，有篡夺汉朝天下的野心，所以不肯写信。

程昱没有办法，只好模仿徐母的笔迹，写了一封假信给徐庶，叫他投奔曹操。徐庶接到这封信后，知道母亲被曹操骗去作为要挟，心中非常慌乱焦急，指着自己的心对刘备说："我本来想凭着这方寸之心，助你共图兴汉除暴的事业，可是现在我的母亲被曹操俘去，我的方寸已乱，现在请让我离开，去看我的老母。"

后来，他推荐诸葛亮给刘备，自己则离去了。

计无所出

【释义】无法可想，无计可施。

【出处】宋·苏轼《艾子杂说》。

从前，齐国有两位大臣，一位是冢相（宰相），一位是亚相（御史大夫）。年纪都很大，经历了好几个朝代，很有名望，国家有了事情都要依靠他们决断。然而他们毕竟年纪太大了，头脑不像年轻时那么灵活，有时甚至显得迂腐可笑。

一天，齐国国君下令迁徙国都。负责迁都工作的官员们把王宫里的财物运到新的国都去。搬运时，发现有一口重达 5000 斤的宝钟需要 500 人才能搬动，可是当时人们都在做其他的事，一时抽调不出 500 人来，这可把官员们急坏了。他们反复研究，计无所出，只好向两位大臣汇报请示，两个老人也想不出什么办法来。

冢相坐在一旁，慢吞吞地说："这样简单的事情，亚相你怎么解决不了呢？这一口宝钟确实很重，需要 500 人才可以搬动。那么，立刻派人把这口钟非常均匀地凿成 500 块，然后命令一个人按 500 天的时间把它一块一块搬走，这不就行了吗？"

官员们接受了这个命令。

有位思想家名叫艾子，恰好听说了这件事，不住地摇头，叹息道："冢相这个办法绝妙，确实是别人想不出来的。不过，等到凿成碎块再搬到新国都以后，不知道要花费多少人力财力才能把碎片重新铸造成钟啊！"

斗酒学士

【释义】指善饮酒的读书人。

【出处】宋·欧阳修、宋祁等《新唐书·王绩传》。

隋末唐初，绛州龙门有个人叫王绩，特别喜欢喝酒，而且酒量奇大，一口气喝上三斗、五斗也不醉。隋朝时，他曾担任过六合县丞，因为喝酒误事而被免职，但他也丝毫不放在心上。

王绩有个朋友叫杜之松，深知王绩的这个癖好，逢年过节时，常送酒和食物给他。有一次，杜之松请王绩给人讲解“礼”，王绩拒绝说：“我不能谈那些糟粕而放弃香醇的好酒！”王绩不讲“礼”，却花费了很多精力搜集资料，写《酒法》《酒经》等书，并且专门建了一座“杜康祠”，祭祀酿酒的祖宗杜康。

唐高祖时，王绩再次当官，任门下待诏，按旧例，官府每天供给三升酒，可还是不够王绩喝。有人问王绩：“待诏喜欢什么？”

王绩回答说：“美酒佳酿！”

侍中陈叔达知道王绩善饮酒，就每天送给他一斗酒，当时的人因此称王绩为“斗酒学士。”

斗生之计

【释义】 以战斗求生存的办法。

【出处】 南朝·宋·范晔《后汉书·刘陶传》。

东汉末年，有一位县官名叫刘陶，为官清正。他在县内招募勇猛的青年壮士为县吏，让他们捉拿贼寇，使境内百姓安居乐业。

不久，刘陶因病辞去县官职务，县民非常思念他。

后来，刘陶被汉灵帝征拜为谏议大夫，他忠言直谏。汉灵帝的统治摇摇欲坠，他曾上书汉灵帝，指责宦官专权造成的祸患。

刘陶说：“目前河东、冯翊、京兆三郡的百姓到处逃亡，有的南出武关，有的北迁壶谷，他们像风雪一样散逃，生怕落在后边。现在活在当地的人不足十分之三四，士兵和百姓都悲伤发愁，人们只有宁肯逃跑退却而死的决心，而无以战斗求得活命的心思了。眼下局势这样危急，全是因为宦官误事造成的。如果陛下不采取措施，国家败亡只在须臾之间。”

刘陶一针见血地抨击了宦官，引起宦官的嫉恨。宦官的权势极大，皇帝对他们毫无办法。结果他们反咬一口，诬陷刘陶勾结叛贼。刘陶被投入监狱，旧病复发死在狱中。

斗粟尺布

【释义】 比喻兄弟不和。

【出处】 汉·司马迁《史记·淮南衡山列传》。

汉文帝时，淮南王刘长是文帝的兄弟，因罪发配到封地。

大臣袁盎劝谏文帝说：“淮南王从小娇生惯养，缺乏严师教育，以致犯法。他性格刚强，现在陛下用这种严厉的方法，恐怕他早晚会死在路上。陛下刚即位，却有杀弟的名声，天下人会怎么认为呢？”

文帝说：“我也因此苦恼，那么就赦免了他吧。”文帝的赦免令下达后，囚车已经离京城很远。

淮南王的囚车经过各县，县令遵命，不放他出来吃饭睡觉。淮南王在囚车中，无法忍受，就对押车人说：“人们都说我勇敢，其实，我哪里勇敢呢？我从小骄横，没有人敢说我的过失。唉，一个人怎么能忍受这样的痛苦！”于是，绝食而死。

文帝知道后非常悲哀，哭着对袁盎说：“我没有及早听从你的建议，才导致淮南王的死。”

袁盎宽慰文帝说：“人已经死了，也无可奈何，望陛下节哀。现在的办法是：严惩对此事负有责任的人以谢天下。”

后来，民间流传着一首民歌：“一

尺布，能在一起缝；一斗粟，能在一起舂。有兄弟二人，却不能相容。”

文帝听到后，叹息说：“我不徇私情是为了天下，可天下人却不理解，以为我囚禁淮南王，是贪图他的封地！”

为人作嫁

【释义】空怀才华，为他人效劳。现多用来颂扬“甘为人梯”的精神。

【出处】清·彭定求等《全唐诗》卷六百七十。

唐朝有一位诗人，名叫秦韬玉，其写的一首题为《贫女》的七言律诗，非常著名。全诗如下：

蓬门未识绮罗香，
拟托良媒亦自伤。
谁爱风流高格调？
共怜时世俭梳妆。
敢将十指夸针巧，
不把双眉斗画长。
苦恨年年压金线，
为他人作嫁衣裳。

诗的大意是：我这个生在穷人家的姑娘，从小就穿着粗布做的衣裳，因为家境清贫，我都长成大姑娘了，还没人来替我说媒。如今，人们看重的只是衣着、打扮，有谁欣赏我的高尚情操呢？我有一双灵巧的手，针线活儿也在姊妹们之上。至于把眉毛画得长长的，去讨人家的喜欢，跟别人争妍斗丽，这种事情我是不愿意干的。你看我这样的脾气、性格，不附和如今的世态人情，即使有良媒相托，不也是难择佳婿吗？唉！我自己的亲事毫无指望，叫人心神不定。可是还要天天手按金线、银线刺绣绸衣罗裙，不停地为人家缝制出嫁的衣裳啊。

诗人在诗里，是借未嫁女子苦闷心情的倾诉，表达那些贫寒的读书人，因为出身贫贱、举荐无门的忧郁、哀怨。那些才智超群的寒士，终年为人家谋划、献策，自己却屈居门下，得不到朝廷的赏识、重用，这是多么叫人伤心啊！

为富不仁

【释义】形容富人刻薄成性，唯利是图。

【出处】战国·孟轲《孟子·滕文公上》。

战国时候的滕国是一个弱小的国家，滕文公去请教孟子，如何能让国家富强起来。

孟子告诉他说：“实行仁政是最要紧的，国家的弱或强，关键在百姓。做国君的一定要认真管好国家，节省用度，尤其是征收赋税要有固定的制度，不能随便向百姓要东西。而想发财的人是不会喜欢仁政的，从前鲁国的阳虎，就说过这样一句话：‘要发财致富便不能仁爱，要仁爱便不能发财致富。’他的财产多了，势力大了，曾挟持鲁国正卿季氏专政鲁国，后来失败了，只好逃到国外去。讲仁德的君主，征收赋税要有限制，夏、商、周都是抽十分之一的税。少收赋税，让百姓生活有保证，然后再对他们进行教育，滕国就有希望了。”

滕文公听了，点头称是。

为虎作伥

【释义】充当恶人的爪牙，替恶人办坏事。

【出处】宋·李昉等《太平广记》。

传说从前有一只饿虎，在深山老林里遇到一个人，就把那个人咬死吃掉，但是老虎还不满足，它抓住那个人的鬼魂不放，非让它再找一个人供老虎享用，不然就不放鬼魂。

那个被老虎捉住的鬼魂，就给老虎当向导，帮助老虎找人，老虎见到鬼魂找的人，把人咬死。鬼魂找到了替身，为了使自己早点离开老虎，就上前去把那个人的带子解开，衣服脱掉，好让老虎吃起来更加方便。这个帮助老虎干吃人勾当的鬼魂，叫作“伥鬼”。

后来人们根据这个故事，概括出“为虎作伥”的成语。

心怀叵测

【释义】叵：不可。测：测定。心里藏有不可测度的险恶用心。比喻害人的奸诈心计。

【出处】明·罗贯中《三国演义》。

赤壁大战以后，曹操兵败退回北方。几年后，刘备再次与东吴孙权结成联盟，准备北上进攻曹操。曹操急忙召集手下的谋士商议对策。

谋士荀攸说：“与其坐等刘备和孙权两家打上门来，不如我们主动出击。”

曹操皱着眉头说：“可是万一西凉王马腾在我南下远征时乘虚而入，我们的后方岂不要危险了？”

荀攸又献上一条计策，说：“丞相的担忧很有道理，不除掉马腾，终究是个后患。不如封他为征南将军，下诏书诱骗他进京，然后见机下手。”曹操照计行事。

马腾接到诏书后犹豫不决，他的侄儿马岱极力劝阻他应诏入京。马岱说：“曹操假借皇帝的名义，下诏书给你，完全是心怀叵测，你千万去不得。”马腾的儿子马超则主张将计就计，在京城寻找机会，杀掉曹操。马腾权衡再三，决定让马超留守西凉，自己带5000兵马赶赴京城。

马腾到达京城许昌后，派人暗中与曹操的侍郎黄奎联络，密谋杀掉曹操。谁知消息走漏了，曹操正愁找不到除掉马腾的理由，便抢在马腾动手之前，把他和黄奎一齐抓获斩首。

心腹之患

【释义】指体内致命的疾病。多用来比喻内部严重的隐患。

【出处】春秋·左丘明《左传·哀公十一年》。

春秋时代，吴越两国交战，有一次，越王勾践射伤了吴王阖闾。吴王将要死时，吩咐他的儿子夫差不要忘记这次的仇恨，夫差流着泪答应了。

吴王阖闾死后，夫差当了国王，用伯嚭做太宰，天天练兵。过了两年，吴国出兵伐越，把越国打败了。越王勾践带了残兵躲避到会稽去，一面派大夫文种，带了许多东西，送给吴国太宰伯嚭，请求讲和，情愿用臣子的礼节服侍吴国。伍子胥劝吴王乘胜消灭越国，免除后患，但吴王不听，听了伯噽的话，和越国讲和了。

过了五年，齐国景公死了，因新立的国君昏庸懦弱，夫差便派兵去伐齐，伍子胥又向他说："越国的勾践很得百姓的拥护，将来一定是吴国的心腹之患。你不先去讨伐越国，却攻打齐国，不是大错而特错吗？"

事实证明，伍子胥的判断是正确的，后来越国果然打败了吴国。

心旷神怡

【释义】比喻心胸开阔，精神愉快。

【出处】宋·范仲淹《范文正公文集·岳阳楼记》。

岳阳楼在现在湖南省的岳阳市，此楼初建于唐朝初年，到北宋时，滕子京又加以重修。

滕子京和范仲淹是好朋友，他们两人都在1015年考取进士。宋仁宗庆历四年(1044年)滕子京担任了岳州(今湖南岳阳)知州，次年就重修岳阳楼，并请好友范仲淹为他写篇文章，来记叙这件事。范仲淹欣然接受了好友的请求，写成了《岳阳楼记》这篇传诵千古的文章。其中有一段是："至若春和景明……登斯楼也，则有心旷神怡，宠辱皆忘，把酒临风，其喜洋洋者矣。"

这一段的大意是：在春风和暖、阳光明媚的时候登上岳阳楼观赏景色，你就会觉得心胸开阔，心情开朗，精神十分愉快；这时，所有的一切荣辱得失都会忘记得一干二净，你再端起酒杯，在阳光的沐浴下，清风的吹拂下，举杯畅饮，这乐趣，真是无穷无尽啊！

后来，"心旷神怡"这四个字作为成语就流传下来。

引而不发

【释义】比喻善于启发、诱导。

【出处】战国·孟轲《孟子·尽心上》。

有一天，公孙丑向先生孟子提出了一个问题："先生，您给我们讲的道的确是极好的，可就是太难了，有点儿像登天一样，攀不上去。为什么它不能变得浅显一些，让大伙都可以学到手，我们也好每天去接近它呀？"

孟子说："一个高明的工匠，他使用的规矩别人是很难掌握的。但他绝不会因为别人掌握不了而废弃自己的规矩；古代的神射手后羿，他的弓别人是很难拉开的，但他不会因为别人不中意而改变自己开弓的标准。圣贤君子教导别人也如同射手一样，张满了弓，却不发箭，做出跃跃欲试的姿势，让你从中受到启发，领会其中的技法。传授道的人也是这样，他站在路中间，有能力的人便随从他去。"

公孙丑猛然醒悟："原来先生是让我随时随地细细领悟呀。"

比肩接踵

【释义】比：相连。踵：脚跟。形容人口众多。

【出处】战国·佚名《晏子春秋》。

春秋时，齐国的国相晏子，身材矮小，却极有口才。有一次，晏子出访楚国。楚王仗着楚国国势强大，对齐国使臣很不礼貌，一见晏子，竟然傲慢地问道："你们齐国难道没有人了，怎么派你这个矮子来呢？"

晏子答道："我们齐国的人民，比肩接踵，张袂成荫，挥汗如雨，怎说没人！不过我们齐国的规矩是：体面能干的使臣，出访上国去拜见才高德重的君王，而像我这样的矮人就只好派到这里来见您了！”

楚王本想奚落他，不料反被讥讽，自讨没趣。

允文允武

【释义】文武双全。

【出处】春秋·佚名《诗经·鲁颂·泮水》。

春秋时期，有一年，鲁国的鲁僖公讨伐淮夷获得胜利。他在新修筑的泮宫举行庆功会，让大夫写颂词来歌颂他的功德。这篇颂词中有下面这样一段，大意是：

鲁侯的美誉呀昭然显赫，
恭敬明白而又有道德。
做事谨慎仪表威严，
那是百姓尊奉的法则，
既有文德又有武德，
昭告于历代祖先。
国人无有不效法，
这是自己求福泽。

成语“允文允武”即出自这首诗中，即“既有文德，又有武德”的意思。

双管齐下

【释义】比喻两件事情同时进行。

【出处】宋·郭若虚《图画见闻志》。

唐代画家张璪，以善画山水松石闻名于世。他作画时，必先屏息静坐，灵感一来，挥笔疾如雷电，彩墨淋漓，顷刻而成。与他同时代的另一位画家毕宏，久闻张璪画松独具一格，请求一开眼界，张璪答允当众挥毫，只见他双手各握一笔，左右一齐开动，同时落墨。两手所画之物迥然不同，各有妙趣。在场众人，齐声称绝。更令人叹服的是，张璪用的竟是两支秃笔，兴之所至，还以手指代笔，蘸墨在纸上纵横摩按、揉擦，把松树的苍劲、山石的凝重、泉水的流动，刻画得活灵活现。

张璪画完，投笔离座。毕宏上前请教张璪师从哪位名家，张璪谦逊地回答道：“我以大自然为师，长期审察世上万物，使物在心中，才能达到得心应手的境界。”

毕宏细细玩味张璪的话，佩服地感叹道：“张公画松，非他人所能及，我辈从此可以搁笔了！”

尺寸之功

【释义】功劳很小，微不足道。

【出处】汉·刘向《战国策·燕策一》。

战国时期，有一年齐王发兵征伐宋国，还指使燕国出兵。宋国为此十分恐惧，君臣商量之后，由大臣苏代写一封信给燕昭王，让他不要和齐国联合，而是同秦国联合反过来进攻齐国。信的大意是：

燕国也算是一个万乘之国，可是却依附齐国，名卑而且权轻。现在齐国进攻宋国，一旦获得成功，则齐国会更加强大，那么燕国就更加要听命于他了。你服从齐国的指挥，百姓白白花费气力，你也不会有尺寸之功。齐国照样不信任你，因为燕国和齐国是有冤仇的。因此，宋国的失败对燕国来说也是灾祸。我劝你不如联合秦国，趁此机会攻打齐国，你可以报仇雪耻，也不会再受齐国的欺负了。

燕昭王看信后非常兴奋，把苏代请来。苏代来到燕国，燕昭王以上宾的礼节接待他，虚心听从他的计谋，不久就联合秦国、楚国和三晋，共同出兵讨伐齐国，获得全胜。

尺短寸长

【释义】任何事物都各有长处和短处。

【出处】汉·刘向《楚辞·卜居》。

屈原被楚王流放之后，仍然忠于祖国和人民，可是他没法回到都城，心里很烦乱，就去请人卜卦，并向那位卜卦先生提问说："宁肯说真话而得罪君王呢，还是追求富贵而糊涂地混日子呢？宁肯昂然不屈以保持忠贞呢，还是畏狼怕虎，献媚讨好去趋奉奸邪之徒呢？宁肯同天鹅一起比翼高飞呢，还是跟鸡鸭们去互相争食呢？"接着，他还说到"蝉翼为重，千钧为轻"（轻重颠倒，是非不分）、"黄钟毁弃，瓦缶雷鸣"（高尚的乐器废置不用，瓦盆之类却叮当乱响，比喻有才者不能发挥所长，无能者反被重用）、"谗人高张，贤士无名"（造谣挑拨的小人气焰极高，正直无私的君子反遭排挤）。他叹道："咳，这个世界如此污浊不清，我该怎么办呢？谁又能了解我呢？"

可是，卜卦先生说："'尺有所短，寸有所长，物有所不足，智有所不明。'卦也有所不准，神也有所不灵，我不能解决你的疑问！"

据说，《卜居》是屈原自己写的，他假托问卜的情节，抒发他忧愤不平的心情。"尺短寸长"这个成语，是从"尺有所短，寸有所长"这句话减缩而成的。

尺璧寸阴

【释义】璧：美玉。阴：光阴，时间。是"尺璧非宝，寸阴是金"两句话凝缩而成。形容时间宝贵。

【出处】南朝·梁·周兴嗣《千字文》。

陶侃是东晋时候的一位将领，升任为荆州刺史后，招来了诸侯王敦的嫉恨。他无故地把陶侃调到广州去当刺史。

当时的广州是个偏远的地方，陶侃到了那里，没有多少公事要做，很清闲。陶侃却不愿在衙门里过着闲散的日子，他叫人准备了百来块砖头，整整齐齐地叠放在院子里。每天清早，他把这些砖头一块块搬到屋外远处的空地上；到了傍晚，他再把这些砖头一块块搬回院子里。天天如此，从不间断。

府吏们觉得奇怪，就问："刺史大人，你每天不嫌劳累，把这些砖搬进搬出，是为了什么呀？我们派人帮你搬就是了！"

"不必不必！"陶侃笑着回答说，"我虽然身在南方，可心里还是没有一刻忘记恢复中原。要是现在懒散惯了，那将来一旦有事，恐怕就担当不起了，所以我要用运砖来磨炼自己的意志和筋骨。"

不久，陶侃又调回荆州。荆州刺史的公务十分繁忙，可他在广州养成的运砖习惯仍然不间断。有人劝他公务之余应该注意休息，可他说："古时候的大禹，是个圣人，他还要爱惜寸阴，那我们这些平常人更应该爱惜光阴才对，真所谓'尺璧非宝，寸阴是金'啊！"听他这么说，大家都受到很深的教育。

水火无交

【释义】表示没有任何礼尚往来，形容为官清廉。

【出处】唐·魏征等《隋书·赵轨传》。

赵轨是隋朝时期河南洛阳人，他为官很清廉。

隋文帝杨坚即帝位后，赵轨调到齐州任别驾，每遇出巡，他可以享受单独乘车的待遇。他虽然握有大权，却从不滥用。赵轨在任上时与家人居住在一座庭院里，邻居家有一棵桑树，枝繁叶茂，枝丫伸到他家院子里来了。初夏季节，乌亮的桑葚落到院子里，孩子们都拿着小篮子来捡，赵轨却要求孩子们捡起来还给邻居，他说："这桑果是别人的，不是他们送的，所以我们没有理由拿来享用，希望你们以此为戒。"

有一次，赵轨奉诏赴任，马不停蹄，日夜赶路。途中，随从的马跑到田里，糟蹋了农家的庄稼，赵轨便停下马不再赶路，等到天亮，赔偿了农人的损失后才启程离去。

赵轨在齐州四年，政绩考核年年第一，隋文帝征召他回朝。齐州的老百姓听说赵轨要离开了，扶老携幼，赶来送行。一位老人手捧一杯水，含着眼泪，颤巍巍地说："您为官四年，从没有在我们老百姓身上取点什么，所以我们不敢用酒来为您相送。您为政清明，为官廉洁，就像一汪水那样清澈见底，请允许我们酌一杯清水为您饯行。"赵轨听着，眼圈也红了，接过来，一口气喝完了。

水深火热

【释义】形容人民生活极端痛苦。

【出处】战国·孟轲《孟子·梁惠王下》。

战国时，燕国爆发内战。于是，齐国乘虚而入，齐宣王派大将匡章率兵10万攻燕。燕国百姓对内战不满，不愿出力抵抗齐军，有些地方燕国百姓反而给齐军送饭递水表示欢迎。匡章只用了50天工夫，就攻下燕国国都，但匡章不管束军队，士卒欺凌百姓，于是燕人纷纷起来反抗。

这时，齐宣王向正在齐国游说的孟子请教，问道："有人劝我不要吞并燕国，有人劝我吞并它，到底该怎么办？"孟子回答说："如果吞并燕国，当地百姓反而很高兴，那就吞并它。古人有此先例，周武王便是。"这是指周武王讨伐商纣，救民于水火之中，灭商而建立西周王朝。孟子又说："如果吞并燕国，当地百姓并不高兴，那就不要吞并它，古人也有先例，周文王便是。"这是指周武王的父亲文王，当初虽已三分天下有其二，但他认为商王朝还没有丧尽人心，仍侍奉商朝，不急于灭掉它。孟子接着指出："当初齐军攻入燕国，燕人送饭递水表示欢迎，那是因为燕国百姓想摆脱苦日子；而今如果齐国进而吞并燕国，给燕人带来亡国灾难，使他们陷入水深火热之中，那他们必然会转而盼望别国来解救了！"

齐宣王不以为然，一心要吞并燕国，结果不但引起燕国反抗，其他国家也表示要救助燕国。齐宣王被迫从燕国撤军。

水落石出

【释义】经过调查研究，弄清了事情的真相。

【出处】宋·苏轼《后赤壁赋》。

北宋文学家苏轼在被贬谪黄州（今湖北黄冈）时，曾两次游历黄州城外的赤壁，写下了两篇传世之作《前赤壁赋》和《后赤壁赋》。"水落石出"就是《后赤壁赋》描写江水山石的一句话。

深秋十月夜晚的月光分外皎洁明媚，苏轼和他的两个朋友沐着秋风兴致勃勃地一起在城外散步，美丽的夜景使他们诗兴大发。和朋友相聚，畅叙友情，更使他们忘记了一切烦恼。他们和歌吟诗，畅所欲言，欢乐之至，无以形容。

苏轼突然想到，以酒助兴，这才能不辜负这美好的夜景，可就是没有酒。苏轼急忙赶回家中，询问妻子家中是否有酒，妻子拿出一罐藏了很久的酒，说这就是供给他临时使用的。苏轼大喜过望，拿了酒，赶回朋友中间，来到赤壁下的长江岸边，登上小舟，泛舟游玩。

这时，只听见东流的江水发出潺潺的声响，在万籁寂静的夜晚显得特别清脆，岸边千尺陡壁，峻峭如削。一座座高大的山峰屹立，悬在山峰间的月亮显得小了；江水下落，沉在江水之下的石头露了出来。

就是这次兴之所至的游玩，使苏轼写出了著名的《后赤壁赋》。

水清无鱼

【释义】水太清澈，鱼就不得存身。比喻人太苛刻就不能容人。对非原则问题不要责人太严太苛，以免失去朋友。

【出处】汉·班固《汉书·东方朔传》。

汉武帝时，有个叫东方朔的人，写了一篇《答客难》，其中引用了这样两句话："水至清则无鱼，人至察则无徒。"意思是：水太清澈就没有鱼了，人太吹毛求疵，就没有人跟他了。试想一下，如果水中清澈得没有任何微生物存在，鱼靠什么生活呢；对人太苛求、办事严格超过限度了，甚至于抓住别人某些缺点、错误不放，自己也就孤立了。同"水至清则无鱼"。

水滴石穿

【释义】只要坚持不懈，即使力量很小，也能办成大事。

【出处】宋·罗大经《鹤林玉露·一钱斩吏》。

从前有个叫张乖崖的人，在崇阳担任县令。一天，他在衙门周围巡行，忽然看见一个小吏，慌慌张张地从府库中溜出来。张乖崖喊住小吏，只见他鬓旁头巾下藏着一枚钱，经过追问盘查，小吏承认是从府库中偷来的。

张乖崖将小吏押回大堂，下令拷打。小吏不服，怒冲冲地说："一个钱有什么了不起，你就这样打我！你也只能打我而已，难道你还能杀我？!"

因为当时纪律松弛，时有下属不服从，甚至凌辱长官的事件发生，张乖崖就想借机整治一下这种不良风气。于是，就毫不犹豫地拿起朱笔判道：

一日一钱，
千日一千，
绳锯木断，
水滴石穿。

判决完毕，张乖崖把笔一扔，手提宝剑，亲自斩了小吏。

水中捞月

【释义】比喻白花力气，去做无法做到的事。同"海中捞月"。

【出处】元·杨景贤《刘行首》。

相传，道教祖师王重阳得道成仙后，奉法旨云游四方，点化他人成道。

一天夜晚，王重阳来到西安府城外的北邙山下，在山间的松树下闭目养神，朦胧间听到歌声，王重阳一看，原来是个女鬼。

这女鬼看见王重阳，知道遇上了

真人，求他超度自己。王重阳要她先下到人间，托生为女子，还了五世宿债，20 年后，会有一个扎三角丫髻的马真人超度她，于是命人领着女鬼托生到汴梁刘家，名叫刘倩娇。

20 年后，刘倩娇出落得亭亭玉立，吹弹歌舞，吟诗作对，样样通晓，是汴梁有名的歌伎。一年重阳节，官府饮酒作乐，派人请刘倩娇去助兴。

刘倩娇打扮一番，便往官府去，走到小巷子里迷了路，正好见一身穿百衲袍、头上扎三角丫髻的道士走来，便上去问路，道士看着她，笑着说："正好撞上 20 年前还魂的故交了。"

刘倩娇好生奇怪："我 21 岁，怎么是你 20 年前的故交？"

原来，道士就是王重阳的弟子马丹阳，他奉师父之命来到人间寻那 20 年前的女鬼。他要刘倩娇脱离凡尘，跟他回头归于正道，谁知刘倩娇已根本不记得前世的事，她对马丹阳说："我正值青春妙龄，生活得好不舒服。跟你出家，有什么好处？"于是，央求马丹阳放她走，不要误了官府的事。

马丹阳见她执迷不悟，急得直跺脚："这个不回头的刘大姐，我要度你啊，就像沙里面淘金，金石中取火，水中捞月，难啊！"

那时，刘倩娇正要嫁给林员外做外室。马丹阳知道刘倩娇迷恋红尘，凡心太重，便索性追到她家里去点化她。但她不理睬马丹阳的纠缠，在一边打起瞌睡来。

马丹阳见她在瞌睡，心生一计，将 20 年前托生的前前后后，托梦给刘倩娇，劝她跟马祖师回头，刘倩娇终于有所醒悟，答应跟马丹阳出家修道。

后来，刘倩娇摆脱林员外的阻拦，脱下红裙，穿上布衣，不再依恋凡尘，跟着马丹阳取了长生诀，见众神仙去了。

以功赎罪

【释义】用功劳抵消罪过。

【出处】晋·陈寿《三国志·吴书·凌统传》。

凌统是三国时期东吴孙权手下的一名战将。孙权任命他为破贼都尉后，叫他与张异领兵一万攻打麻屯。不料有一个与凌统同一级别的将领，名叫陈勤，此人固执傲慢，有一次在一起喝酒时，为了一点小事，当众辱骂凌统，凌统泪流满面，没有吭声。等到吃罢出来，陈勤又拦住去路谩骂凌统，凌统忍无可忍，拔出刀来砍伤了陈勤，几天后，陈勤伤发而死。

马上要攻打麻屯了，凌统对大家说："这一场攻坚战非赢不可，我不战死，就不能赎罪。"

凌统身先士卒一马当先，用身体挡住敌方射来的箭和石头，不一会儿就攻开一面，众将乘胜大破麻屯。等到班师回朝，凌统把自己捆缚起来，以正军法。孙权赞赏他处理军务果断坚毅，让他以功赎罪。

以古非今

【释义】用古事非议当今的政事。

【出处】汉·司马迁《史记·秦始皇本纪》。

秦始皇当上皇帝以后，有一年在咸阳宫庆贺自己的寿辰。

酒宴开始以后，仆射周青臣大肆称颂秦始皇的功绩。博士淳于越原来是齐国人，对秦始皇本来就怀恨在心，

秦始皇像

听了周青臣的话很是反感，嘲弄地说：“我听说古时传至千岁的圣君都是封子弟、功臣为王，互为辅政，可是陛下统一了天下，而子弟仍是匹夫，这是违反先君的古法的，然而周青臣还一味地阿谀奉承，这不是加重陛下的过失吗？我看他不是忠臣！”

这时，丞相李斯冷冷地说：“五帝不相复，三代不相袭，因为形势不同了。今陛下开创大业，建立万世之功，淳于越所说的古法是不必效仿的，那时诸侯并争，所以厚招游学之士。今天下已定，法令出一，百姓应当为农、为工，士应该学习法令。现在有些人不学今而效古，以古非今，这是扰乱民心。我以为导致天下混乱的原因就是以古害今的那些学说、私学。我建议陛下下令禁止那些诗、书、百家之言，不是秦朝的典籍全部烧光，只留下医药、卜筮、种树的书册。谁私藏那些书就办他的罪；谁用诗书里的话来诋毁当今就杀掉他；谁以古非今就诛灭九族，官吏知情不举也同样受诛，下令后30天不烧掉违法书册的要判重刑。”

后来，秦始皇听信了李斯的话，下令焚书坑儒。

以邻为壑

【释义】原意是把水引向邻国，现在比喻嫁祸于人。

【出处】战国·孟轲《孟子·告子下》。

战国时期的白圭，曾经做过魏国的相国，很会治理洪水，为此他很得意。有一次白圭与孟子谈论起治理洪水的事情时说：“我治水的方法恐怕要胜过大禹呢！”

孟子冷笑道：“大禹治水是顺乎水的本性，把洪水引入河道，最后流向四海，使人们彻底免除了水的灾害。而你呢，只修筑堤坝，填补漏洞，加高坝的高度，你自己是保住了，可水流到你的邻国去了，让别人遭到危害，这是以邻为壑。你的这个办法，是具有仁爱之心的人全都厌恶的，你还夸耀什么呢？”

白圭听了，顿觉羞愧，再也不宣扬自己治水的功绩了。

以火救火

【释义】比喻危险或恶行不仅不能制止，反而助长其势。

【出处】战国·庄周《庄子·人世间》。

有一天，孔子的学生颜回，来向老师辞行。颜回说：“听说卫国的国君独裁凶暴，荒淫昏乱，不管百姓的死活，人们敢怒而不敢言，所以我打算去给卫国国君当个医生，替他治理国家。”

孔子却说："你是去送死，那位卫国的国君若是肯听贤臣的忠言，何必要你去呢？他身边难道就没有贤臣了吗？就因为卫君是个愚顽之人，专听奸人谗言，排斥贤良之士，才弄成这个样子。你若是去了，如果坚持正义，他们会迫害你；若是委屈顺从他，岂不是更助长了他的恶行吗？你这是用火去救火，更助长了他的威风。"

颜回于是就不再提去卫国的事了。

以逸待劳

【释义】采取守势，养精蓄锐，当敌人疲劳之后，乘机出击，以取得胜利。

【出处】唐·姚思廉《梁书·陈庆之传》。

南北朝时期，有一年梁军准备攻打北魏境内的涡阳，魏国征南将军元昭率领15万兵马援救涡阳。梁朝的将领陈庆之准备迎战，可是大将韦放却提出反对的意见，他说："敌人的前锋必是精锐部队，我们与他交战即使胜了，也不算什么大功劳，一旦失败就会挫伤我军士气。兵法上说'以逸待劳'，我看先不要与敌人交锋。"

陈庆之却坚持自己的意见："魏军远来，必然疲倦，离我军那么远，就不会警惕我们，我军趁他们的大军还没有聚集的时候，出其不意地打他一下，一定会得胜的。我已探听明白，魏军扎营的地方树木稠密，料他夜里肯定不会出来。这些都是我军袭击他的有利条件，千万不可错过战机。"

韦放和其他几位将领担心失败，不愿意同陈庆之一道出战。陈庆之独自率领自己的部队200骑兵，当夜奔袭魏军前锋，获得胜利。接着梁军连营而进，占据了涡阳城。

以暴易暴

【释义】以强暴代替强暴。

【出处】汉·司马迁《史记·伯夷列传》。

伯夷、叔齐是商、周时代的人，他们的父亲是孤竹国国君。父亲临死时嘱咐说，由叔齐继承国君的位置，可是叔齐认为国君应让大哥伯夷来做才对。伯夷拒绝说，应遵照父亲的遗命，由叔齐来做国君。兄弟两人互相推让，没有结果，伯夷就离家逃走，弟弟叔齐也随后出走。他们二人听说周文王对老人很敬重，就去那里投奔他，可是到了周地，周文王已经死了，他的儿子武王在集聚兵马，准备讨伐残暴无道的商纣王。伯夷、叔齐以为商纣王是天子，不能讨伐他，况且文王刚死，儿子不去守孝、治丧，反而大动干戈，是不仁、不义、不孝。他俩下马拦住周武王，劝他不要出兵。

周武王的部下拔剑想杀伯夷、叔齐，然而被军师姜太公劝阻了。姜太公说："他们是讲仁义的人，留下他们吧！"

不久，周武王灭掉了商纣王，建立了周朝。伯夷和叔齐仍然反对周武王的做法，决心不吃周朝的粮食，他们跑进首阳山里，靠挖山菜活着。后来他俩饿死在山里了。临死之前他们还编了一首民歌唱着：

我们登上首阳山啊，
吃山里的野菜度日，
你们用强暴去取代强暴，
还不知道自己的错误。
世间的圣主没有了，
我们也要找一个安适的去处。
啊，啊，

我们的命运到此休矣！

这首歌中的原文有两句是："以暴易暴兮，不知其非矣。""以暴易暴"的成语即由此而来。

以貌取人

【释义】以外貌来衡量人的才干。

【出处】汉·司马迁《史记·仲尼弟子列传》。

孔子的弟子中，有一个名叫宰予的。他能说会道，利口善辩，博得了孔子的好感，可是宰予逐渐地露出了本来面目，他既无仁德又十分懒惰。他白天不读书听讲，躺在床上睡大觉，孔子骂他是"朽木不可雕"。

一天，宰予问孔子："父母死了，儿子要服丧三年，这不是太长了吗？"

孔子生气地说："君子服丧，吃饭不觉得香，听音乐不感到快乐，你却觉得时间太长，你是不仁不义的人。儿女从生下来开始，三年以后才能离开父母的怀抱，所以为死去的父母服三年丧，是从天子到百姓，天下通行的礼仪，你却以为不应该，我与你实在谈不出什么道理来。"

宰予后来做了齐国大夫，因与田常合谋作乱而被诛灭九族。

孔子的另一个弟子子羽，鲁国人，相貌很丑，孔子开始认为他一定很笨，不会成才的，所以不喜欢他。然而子羽品德极好，办事公正，学习很用心。后来子羽在江南游学，跟随他学习的弟子有300多人，声誉很高，各诸侯国都传诵他的名字。

孔子听说了这件事，感慨地说："我只凭言语衡量人才，在宰予身上犯了错误；我只凭相貌衡量人才，又在子羽身上犯了错误！看来是不该以貌取人的呀！"

以卵击石

【释义】比喻不自量力。

【出处】战国·墨翟《墨子·贵义》。

春秋战国时期的思想家墨翟名声很大。有一年他往北方的齐国走去，途中遇见一个叫曰的人，对墨子说："今天上帝在北边杀黑龙，你的皮肤很黑，去北方是不吉利的呀！"

墨子不相信他的话，继续朝北走去，他不久又回来了，因为北边的水泛滥，无法渡河。

那个名叫曰的人得意地说："怎么样啊？我说你不能往北走嘛！"

墨子道："淄水泛滥，南北两方的行人全都受阻隔，行人之中有皮肤黑的，也有皮肤白的，谁都过不去呀！"

墨子又说："假如天帝在东方杀了青龙，在南方杀了赤龙，在西方杀了白龙，再在中央杀了黄龙，岂不是让天下的人谁也动弹不得吗？所以你的谎言是抵挡不过我的道理的，就像拿鸡蛋往石头上撞，把普天之下的鸡蛋全用光了，也不能毁坏石头呀！"

曰无话可说。

墨子像

五　画

东市朝衣

【释义】东市：汉代长安处决死犯之处。朝衣：古代官员上朝时所穿的礼服。指大臣无辜被杀。

【出处】汉·司马迁《史记·袁盎晁错列传》。

汉景帝时，御史大夫晁错经常上书皇帝，列数诸侯的罪过，请求削减他们的土地，收回他们的边郡。皇帝就让他修改法令。

晁错修改的法令有三十章，诸侯都叫嚣反对，憎恨晁错。

晁错的父亲听到这个消息，从颍川赶来，对晁错说："皇上刚登位，你执政掌权，削弱诸侯，疏远他们的骨肉，他们都在议论你，怨恨你。"

晁错说："我只能这样做。不这样，天子不会尊贵，天下不会安宁。"

晁父痛心地说："刘家的天下安宁了，晁家却危险了。"

没过几天，晁父便服毒自杀了，临死时睁着绝望的泪眼，痛苦万分地说："我不忍看到大祸连累自己。"

不久，吴楚一带的七个诸侯国果然发动叛乱，打出的旗号是"清君侧，诛晁错"。

这时，与晁错不和的几个大臣乘机在景帝面前煽风点火："不杀晁错，天下不会太平。"

景帝早已失了主张，误以为一切祸乱全因晁错而起，于是下令让晁错穿着上朝的礼服被处死在长安东市。

晁错死了以后，谒者仆射邓公担任校尉，率兵抵抗叛军。一次，他回京城面君报告军情，皇上问道："你从军中来，吴楚叛军听到晁错死了退兵没有？"

邓公说："吴王蓄意谋反，已有几十年了，诛杀晁错只是借口。晁错有什么错？削弱诸侯，尊崇朝廷，这是万世的好事！可惜的是计划刚开始实行，晁错竟然惨遭杀戮，从此，天下忠臣不敢讲话了。"

景帝这时也后悔了。

东食西宿

【释义】东家吃饭，西家睡觉，比喻贪利之人，一厢情愿地企图两利兼得。形容唯利是图，贪婪无耻。

【出处】唐·欧阳询《艺文类聚》卷四十。

从前在齐国，有一个年轻女子，长得非常漂亮，不少人来给她提亲。

一天，东边的一户富贵人家，派人来提亲说："我家公子虽然长得丑一些，可是家里有钱，到他家能享一辈子福啊！”第二天，西边的一户穷苦人家也求人来提亲，说：“他家的后生善良又忠厚，长得又俊，就是家里穷一些，家无隔夜粮呀！”

姑娘的父母犯起难来，嫁给富家吧，又嫌人长得丑；嫁给穷家吧，又怕闺女受苦。老两口没个主意，只好去问闺女。

母亲说：“闺女呀，提亲的人家你都知道啦，你自己拿主意吧。”

父亲说：“同意东家你就露出左胳膊，同意西家就露出右胳膊！”

姑娘淡淡一笑，也不答话，慢慢地袒露出左臂，接着又袒露出右臂。老两口惊讶地问：“这是怎么说呀？”

姑娘慢条斯理地说：“这不是很明白吗？我愿意到东家去吃饭，到西家去夜宿。”

父母慌张起来：“这可怎么行呀！”

此故事出自《艺文类聚》卷四十：“齐人有女，二人求之，东家子丑而富，西家子好而贫。父母疑不能决，问其女定所欲适。难指斥言者，偏袒令我知之。女便两袒。怪问其故，云欲东家食、西家宿。”

东山再起

【释义】失败后重新恢复力量再干。也喻隐退后复仕。

【出处】唐·房玄龄等《晋书·谢安传》。

东晋时期的著名文人谢安，隐居在浙江会稽的东山，经常与王羲之游山玩水，写诗作文。朝廷知道他有才学，召他做吏部郎，被他拒绝了。

后来，朝廷的征西大将军、明帝司马绍的女婿桓温，请谢安做司马，他不得已才答应。这时他已经40多岁了。

在谢安将要出任的那天，朝廷的官员们都出来欢迎。这时有个叫高菘的官，同他开玩笑说：“你过去高卧东山，屡次违背朝廷旨意，不肯出来做官，想不到今天到底出来了！”

谢安后来一直做到宰相，在前秦与东晋的著名淝水之战中，他派弟弟和侄子为大将，领兵迎战，击败了苻坚的百万大军。

东施效颦

【释义】原指丑人模仿美女的打扮。比喻不知道人家的好处何在，胡乱模仿，结果适得其反。现泛指仿效者的愚蠢可笑。

【出处】战国·庄周《庄子·天运》。

传说春秋时越国有个绝色的美女名叫西施。她不仅人长得美，品行也很好，既勤劳又善良，识大体顾大局。据说，当年越国被吴国打败后，越王勾践被抓到吴王宫里给吴王当差。为了复兴自己的国家，西施自愿来到吴王身边，以自己的美貌迷住了吴王，使他整天沉湎于饮酒作乐之中，不再过问国家大事。后来越国终于打败了吴国，雪了耻，报了仇。

东施像

在西施还没有到吴王宫里之前，家乡的父老乡亲们就很喜欢她。每当她在街上走，人们都要放下手里正在干的活儿欣赏她。有一次，西施心口疼的毛病犯了，她用手按住胸口，紧皱着眉头，慢慢往家走。人们见了，都说西施皱眉的样子也很好看。

离西施家不远，有个长得很丑的姑娘名叫东施。可她却一天到晚涂脂抹粉、扭扭捏捏，人又懒，嘴又馋，乡亲们都很讨厌她。东施见大家总夸西施长得美，很羡慕，就想学西施的样子。看见西施捂着胸口皱着眉头从街上走过，她也做出眉头紧皱、一副痛苦的表情，以为这样就美了。谁知，大家看到她那矫揉造作的丑样，更加厌恶她。

东窗事发

【释义】在东窗下密议的事败露了。后多用来形容密谋败露。

【出处】明 · 田汝成《西湖游览志余》卷四。

北宋后期，岳飞率领岳家军对金兵进行了顽强的抵抗，打了好几个胜仗。可是秦桧却不同意抵抗金兵，主张议和，竭力在宋高宗面前宣扬议和的好处。宋高宗同意了，岳飞就多次上书，要求罢和议抗金兵。秦桧要想议和，就要把岳飞除掉。一天，秦桧坐在东窗下，正为无法除掉岳飞发愁，夫人王氏进来，说："这有何难，你找几个罪名安在岳飞头上不就行了。"

秦桧说："罪名不难找，难找的是告发岳飞的人，这个人一定要是岳飞的部下才能使天下信服。"

王氏说："我听说岳飞手下的都统王贵，在一次战斗中胆小怕死，岳飞要将他斩首示众，后经众将求情，岳飞才免他一死。他肯定怀恨在心，你何不让他告发呢？"

秦桧大喜，两人又将陷害岳飞的细节密谋一番。秦桧派人找到王贵，要他诬告岳飞"谋反"。王贵不愿意，秦桧一伙就严刑拷打他，王贵只好屈从了。秦桧终于把岳飞杀了。

后来，秦桧病死了。死后七日，王氏请来道士为他做道场。道士恨秦桧杀害忠良，就装模作样做了一会儿法事，然后对王氏说："他看见秦桧，正在地狱受阎王、小鬼的拷问。"道士又说，"秦大人对我说，'麻烦你告诉我的夫人，东窗事发了。'"

左提右挈

【释义】挈：举起。左手提，右手举。比喻互相扶持或从各方面加以帮助。

【出处】汉 · 司马迁《史记 · 张耳陈馀列传》。

秦朝末年，各地农民纷纷起义，其中武臣率领的义军攻入赵地，一举就夺取了 30 多座城池。武臣的部下张耳和陈馀推举他为赵王，他们两人分任右丞相和大将军。接着，武臣派部将韩广率军夺取从前燕国管辖的地区。

想不到韩广权力欲极强，率军一进入燕地，就自称燕王。赵王武臣大怒，和张耳、陈馀一起发兵进入燕地。

赵军刚来到燕地那天，武臣只带几名亲随深入燕境，了解燕军动静。不料燕军防备严密，发现武臣等形迹可疑，便将他逮住。张耳、陈馀得知武臣被擒，先后派了十几名使者到燕营去商谈，但都被燕将杀死，以致没人敢到燕营去交涉。

正在这时候，武臣的一名侍卒却主动请往。那侍卒见了燕将，出乎意外地问道："请问将军，您知道张耳、陈馀是怎样的人吗？”

燕将马上回答说：“他俩是很有义气很能干的人，不过现在，他们都在指望我放回赵王。”

那侍卒听了大笑，说：“将军错了，想当初，张耳、陈馀和武臣率军进入赵地，没费多大气力，就拿下了几十座城池。他俩难道不想称王称霸？只是因为赵国新建，所以先立年纪大的武臣为王。现在赵国已经开始安定，他俩当然想把赵国分了，各自称王。所以表面上要你把武臣放回去，其实希望你们杀了他。现在一个赵国尚且瞧不起你们燕国，很容易吞并你们，何况将来还有两个贤王帮衬来问你们杀害赵王之罪。到那时，燕国不是很容易被灭了吗？”

那侍卒这席话竟然吓住了燕将，他赶紧向燕王报告。燕王韩广信以为真，马上把武臣放了回去。

龙骧虎步

【释义】龙：指高大的龙马。骧：马昂着头的样子。像龙马昂首，如老虎迈步。形容气概威武雄壮。

【出处】南朝·宋·范晔《后汉书·何进列传》。

东汉末年，汉灵帝荒淫奢侈，宠信宦官外戚。皇后何氏是大将军何进的妹妹，何进对这帮为非作歹的宦官极为不满，但又无可奈何。灵帝死后，何进重权在握，在部下袁绍等人鼓动下，密谋诛杀宦官集团。袁绍献计说：“现在猛将豪杰各据一方，势力很大，我们不如以朝廷的名义密召董卓等将领，叫他们以清诛宦官的名义，引兵开进京城，用武力胁迫何太后。”

何进认为此计很好，谁知主簿陈琳反对这样做，他劝说何进道：“这样做实在不妥，你现在是大将军，辅佐皇上，总揽朝政，掌握兵权，如同龙马昂首、猛虎迈步那样威武雄壮，大事小事要特别留心。如果把那些诸侯引来，就会像鼓吹洪炉反而烧了自己的毛发一样。那些诸侯聚在一起，强大的就会称雄，你把刀柄送给他们，必定会造成祸患。”

何进一心要消灭宦官，听不进陈琳的劝告，密告董卓进京。野心勃勃的董卓连夜率军赶赴洛阳，驻扎在郊外。何太后听说后，只好罢免张让等人。张让等不甘失败，假传太后诏令把何进骗进皇宫，趁机杀了他。何进死后，袁绍立即领兵包围皇宫。张让等宦官挟持汉少帝和陈留王刘协逃出皇宫，天明时被董卓率兵追上，纷纷投河自尽。

未可厚非

【释义】厚：过分。非：责难。不可过分加以责难。指还有一定的道理，不能全盘否定。

【出处】汉·班固《汉书·王莽传》。

在西汉与东汉之间，有一个王朝——新朝。新朝皇帝王莽推行过一些改革措施，如禁止土地买卖、废除蓄奴制等，也做过几件笼络人心的事。如称帝前在灾年捐款捐地救济灾民，曾亲自责令儿子自杀、为一个奴婢抵命，等等。

王莽即位后第二年，下令把汉室的诸侯王一律改为平民，派使者分别去收回他们的王印；又派许多将军分头到匈奴、西域、西南各部族去，将王印换成侯印。汉家的诸侯早已失势，

王莽像

都乖乖交出了原来的印，而那些少数民族的首领则不服从。句町（今云南）王首先反对，说："汉武帝封我们家为王，新朝却把我降为侯。"他杀了使者，还派兵经常在边界骚扰。

王莽派廉丹和史熊去攻打句町。这两人是酷吏，他们强征民夫，加重捐税，备粮备战，弄得当地民不聊生，纷纷起来造反。就都大尹（职位相当太守）冯英也因此向王莽上书，劝他与其这样劳民伤财，纵容酷吏，不如罢兵屯田，分化句町部落，悬赏招降他们。王莽阅后大怒，罢了冯英的官职。过了不久，他觉得冯英的建议也有一点道理，对别人说："看来，对冯英也未可厚非。"于是重新任命冯英为长沙连帅。

未雨绸缪

【释义】绸缪：用绳子缠捆，引申为修补。未雨：还没有下雨之前先将房屋修缮。指时刻做好准备防患于未然。

【出处】春秋·佚名《诗经·豳风》。

"未雨绸缪"这句成语，出自《诗经·豳风》的《鸱鸮》篇。作者假托一只母鸟的口吻来写的这首诗，共有四节。第二节的原文是：

迨天之未阴雨，
彻彼桑土，绸缪牖户，
今女下民，或敢侮予！

这几句诗的大意是：趁着天晴不下雨，取些桑根皮，修补旧窗户；看他巢下人，谁敢欺侮我！历代研究《诗经》的某些专家考证，认为这首诗是3000多年前的周公写给他的侄儿周成王的，劝周成王要时时勤谨警惕，努力治好国家，不要麻痹大意，自招祸害。孔子很称赞这首诗，他说："这首诗说得对啊，把国家大事都办好了，谁还敢欺侮他！"孟子在一次谈话中也曾引用过这首诗，他说，那帮诸侯卿相，在国家太平无事的时候，不知趁着天未阴雨，做些绸缪牖户的准备工作，而只知追求享受，贪图安乐，其实这就等于自招祸害。孟子还说："祸害和幸福，都是自己招来的。"

功亏一篑

【释义】功：所做的事。亏：缺少。篑：土筐。堆一个土山，只差一筐没有完成。比喻事情只差最后一点而没能完成（含惋惜之意）。

【出处】春秋·孔丘《尚书·旅獒》。

周武王任用能人治理国家，周朝很快强大起来。四方各国都来朝拜，甚至离周朝很远的小国西戎，也派使臣来朝贺，使臣还带来了西戎特产的一种大狗献给武王，武王很高兴。

太保召公对武王说："这是您的圣德呀，四方都归服于您，无论远近，都把当地的土特产贡献给您。您也应该对他们分封赏赐，以表示信诚。赏赐的物品是无所谓贵贱的。无德，物也不值钱；有德，物才显得贵重。德行要靠自己修养，圣主不可以沉浸在声色之中。把人当作玩物加以戏弄，会丧失德行；把稀罕物件当作玩物加以赏玩，会丧失志气，这就是玩人丧德，玩物丧志。犬马这类东西不是本地所产的，不应畜养它；珍禽异兽没有什么用途，也不该养它；远来的宝物不要那么珍爱它，不收人家的东西，人家才会归服你。最要紧的是珍爱能人，这是国家安稳的根本大计呀！明主应该随时积累德行，大德都是从小德积累而来的。比如筑一座九仞高的土山，如果最后一筐土没有加上去，这座山就没有堆成。您如果从这些方面加以注意，就可以世代稳坐天下了。”

武王听从了召公的劝谏，从此以后专心治理朝政。

功败垂成

【释义】垂：将要接近之意。比喻事业将要成功时失败了（带有惋惜之意）。

【出处】唐·房玄龄等《晋书·谢安等传论》。

383年，前秦苻坚率领百万大军南侵，企图一举灭晋。东晋宰相谢安，派名将谢玄率兵八万迎战。晋军进至淝水，要求秦兵略向后移，以便渡河决战。苻坚打算趁晋军渡河之际发起猛攻，因此同意后撤。可是，秦军一退就无法止住，将士们以为打了败仗，纷纷溃逃。晋军乘机渡水攻击，秦军大败，他们听到风声鹤唳，都以为是追兵。谢玄乘胜攻占洛阳、彭城等地。苻坚逃至关中。这就是历史上有名的淝水之战。

淝水大捷之后，谢玄想乘胜前进，实现统一北方的志愿。可是，东晋皇族非常忌妒他的功业，借口打仗的时间太长了，要他还师，坐镇淮阴。

谢玄在回师南归的途中得了疾病，过了两年，病故，死时只有45岁。

《晋书·谢安等传论》中记载说：“庙算有余，良图不果；降龄何促，功败垂成！”意思是说，老天给他的年龄怎么这样短促，北伐将要取得成功的时候，竟然失去了机会。

平易近人

【释义】平易：原指道路平坦、宽广。后比喻和蔼可亲，使人容易接近。

【出处】汉·司马迁《史记·鲁周公世家》。

周武王的弟弟周公，曾为周武王攻灭商朝、建立西周王朝立下了大功。周武王去世后，继位的成王年纪很小，周公就代成王处理政务。武王弟弟管叔和蔡叔不服和商纣王的儿子武庚一起发动叛乱。周公果断采取行动，平定了这次叛乱。接着，他又击败了东方夷族的反抗，继续分封诸侯，并建筑了洛邑（今河南洛阳）。

周公被封在曲阜为鲁公，但他仍留在都城辅佐王室，而派长子伯禽去接受封地，当了鲁公。伯禽到鲁地后，过了三年才向周公汇报在那里施政的情况。他说：“改变那里的习俗，革新那里的礼法，三年后才能看到效果，所以来晚了。”

在这以前，曾辅佐文王、武王灭商有功的姜尚被封在齐地。他只过了五个月，就向周公来报告那里的施政情况。当时，周公感到惊奇，便问他说：

"你怎么这么快就报告情况？"

姜尚回答说："我简化了君臣之间的礼节，一切按照当地的风俗去做，所以这样快。"

对比伯禽过了三年后才来做汇报，周公叹息道："唉，鲁国的后代将要当齐国的臣子了！政令不简约易行，百姓就不会对它亲近；政令平和易行，百姓就必定会归附。"

巧夺天工

【释义】天工：指自然形成的。精巧的程度超过天然。比喻技艺高超巧妙。

【出处】元·赵孟頫《赠放烟火者》。

三国时，魏国第一代皇帝曹丕的皇后甄氏原是袁绍之子袁熙的妻子。因生的美貌，曹丕当皇帝之前把她掳得为妻，后来，她被封皇后时，已经40岁了，为了使曹丕长久地宠幸自己，每天早晨都要花许多时间打扮。

据说在她宫室前的庭院中，有一条长得非常美丽的绿色的蛇，它嘴里时常含一颗红珠。每当甄皇后梳妆打扮的时候，它就在她面前盘成奇巧的形状。甄皇后后来注意到，这条蛇每天盘出的形状，从来不重复。于是，她就模仿它的形状梳头。

时间久了，甄皇后的头发虽然是用人工梳成的，但它的精致可谓巧夺天工。当然，她每天的头发形状也是不同的，后宫的人都称它为"灵蛇髻"。曹丕见了后，觉得她仍然非常年轻漂亮，还是对她十分宠爱。

但是，随着年华的消逝，即使再精致巧妙的梳妆，也无法改变甄皇后失宠的命运。年轻的郭皇后终于替代了她的地位。而她由于对此不满，惹怒了曹丕，最后被他下诏赐死。

此成语出自《赠放烟火者》："人间巧艺夺天工，炼药燃灯清昼同。"

巧取豪夺

【释义】表示用欺诈手段骗取，靠强力手段夺取。

【出处】宋·周辉《清波杂志》。

宋代有一位书画大家，名叫米友仁，他是著名书画家米芾的儿子，当时人们都称他为"小米"。米友仁青年时期就以书画闻名于世，后来在朝廷担任兵部侍郎、敷文阁直学士，奉命为宋高宗鉴定书法。

米友仁的书法和绘画都达到了很高的水平，尤其擅长行书和山水画。他对古代名人的作品更是爱之如命。有一回，他乘船旅行，偶然看见同船的旅客有一幅王羲之的真迹字帖，他非常喜欢，想用一幅画与他交换，可那人不同意，米友仁急得几乎发了疯。他登上船帮，死命地喊："你再不与我交换字画，我就跳河了！"幸亏有人将他抱住，才未发生不幸。

米友仁模仿古人的书画非常逼真，很少有人能鉴别出来。他用这个办法获得许多真迹古画。他向藏画人借来真本摹画，然后把摹本还回去，藏画人不能辨别真伪，竟认假为真，而把真品拱手让给米友仁了。米友仁这种欺骗别人、获得名画的手法，被时人斥之为"巧偷豪夺"。

扑朔迷离

【释义】兔被捉起双耳悬空时，雄兔四脚乱蹬（扑朔），雌兔双眼半闭（迷离）。比喻事物复杂，不易辨别。

【出处】南北朝民歌《木兰诗》。

花木兰是一个善良勤劳的农家姑娘，整天忙着纺线织布。有一年北方边境上发生战事，皇帝下诏书在百姓中征兵参战。征兵的名册上有木兰父亲的名字。可是父亲年老体弱，怎么能上战场去打仗呢？弟弟年纪还小，也不能替父亲去从军。为此，花木兰忧愁得吃不下饭，睡不好觉。一天，她忽然想到：替父亲去应征，女扮男装。于是木兰跑到市场上买来骏马，又购置了鞍鞯、辔头，跟着同村的男子们一块儿出征了。

木兰这一去就是十年，出生入死，转战千里。将士和同伴们许多战死在疆场，木兰侥幸地活着回来了，军队打了胜仗，皇帝犒赏凯旋的功臣。皇帝问木兰："你立了功劳，你想要什么，只管说吧！"木兰回答说："我唯一的请求是让我骑上千里骑，早点回到家乡去！"

木兰重新走进十年前自己居住的旧房，打开窗户，坐在木床上，心情真是畅快呀！她脱下战袍，找来旧衣服换上。倚在窗台上梳理自己的头发，把头发梳成女人的样式。又对着镜子在额头上贴一块花黄，变得和乡里的姊妹一样漂亮。

这时候，一同在疆场上拼杀的伙伴们来探望木兰。木兰穿着女人的衣裳，梳着女人的云髻，戴着女人的饰品，款款走出房门。同伴们一看，全惊呆了："我们在一块行军、打仗12年，竟然不知道你是个女的！"

雄兔四腿跳跃、眼睛眨动；雌兔眼睛半闭、四腿跳跃。两只兔子在地上一块儿跑，你怎么能辨别哪个是雄兔，哪个是雌兔呢？真是扑朔迷离呀！

玉汝于成

【释义】汝：你。像爱惜玉一样爱护帮助你，使你成功。多用于在困难的条件下。

【出处】宋·张载《西铭》。

北宋著名哲学家张载，年轻时喜欢研究兵法，并写信给陕西招讨副使范仲淹，要求参加与西夏的战斗。范仲淹对他的才学很欣赏，就劝他不必专谈兵书，好好读读儒家经书《中庸》。

张载读了《中庸》后，觉得说理太肤浅，就刻苦钻研哲学名著《周易》，逐渐形成了自己唯物主义和朴素辩证法的哲学思想。

张载38岁才考中进士，先后做过几任地方官，因为他性情耿直，因此触犯了执政大臣。1069年，他辞职回到从小生活过的横渠镇。横渠地方偏僻，条件很差，但张载却不以为苦，恬然自安。人们称他为横渠先生。

在横渠，张载每天手不释卷，常常为了思考疑难问题而废寝忘食。每当深夜，妻儿都已熟睡，而张载往往还在苦思冥想，偶有所得，就披衣下床，点起蜡烛，将其记下来。

1076年，张载从自己的哲学、历史著作《正蒙》中抽出两段，写在书房东西两扇门上，这就是有名的《东铭》和《西铭》。其中《西铭》中有一句"贫贱忧戚，庸玉汝于成也"，这句话的意思是：贫穷低贱和令人忧伤的客观条件，可以磨炼人的意志，用来帮助你达到成功。这是张载人生经验的总结。

节外生枝

【释义】在原来的枝节上又另生枝节。比喻从一件事情又生出了另外的事情。

【出处】宋·朱熹《朱子语录》。

《朱子全书》中的《读书法》说:“读书且就那一段本文意上看，不必又生枝节。”这是“枝节”一语见之于文字的最早者。“又生枝节”，后来也有人说作“另生枝节”，或“横生枝节”“枝节横生”，等等。

朱熹的另一部书《朱子语录》，在谈到读书方法时，有“节上生枝”的说法。它说:“随语生解，节上生枝，更读万卷，亦无用处也。”“节上生枝”，后来一般都说作“节外生枝”。

打草惊蛇

【释义】打草时惊动了伏在草中的蛇。比喻做事不严密，反被对方察觉了。

【出处】明·朗瑛《七修类稿·卷二十四》。

在南唐时候，有个叫王鲁的人，做着当涂县的县令。他大肆搜刮民财，贪赃枉法。县衙里的官吏看见县令这样做，也学他的样子，对百姓敲诈勒索，作恶多端。

一天，百姓联名写了一份状子，控告县衙主簿营私舞弊，贪赃受贿。状子递到县令王鲁手上。王鲁一看，吓得浑身打战。因为状子上写的虽然是主簿的罪状，然而那些违法事件没有一宗与他无关。他预感到大祸临头。

王鲁一边翻看案卷，一边琢磨对策。如果受理了此案，再往深查，那他自己便暴露无遗了。但又不能置之不理，否则，百姓还要上告。他就提笔在案卷上批了八个字:“汝虽打草，吾已惊蛇。”

意思是说：你们虽然告发的是我的属下主簿，可是我已经感到事态的严重了，就像打草时候惊动了草里边的蛇一样啊！

甘之如饴

【释义】甘：甜，情愿之意。饴：饴糖。像糖一样的甜。形容甘愿承受艰难困苦或做出牺牲。也形容不以为苦，反以为乐。

【出处】元·脱脱等《宋书·文天祥传》。

文天祥像

宋朝末年，文天祥抗元，因力量悬殊，不幸被捕。张弘范劝他投降，文天祥不为所动，元朝统治者就将他关在土牢里。文天祥被关的这间牢房，又矮又窄，阴暗潮湿。遇到下雨天，屋子漏得满地是水，泥泞不堪；到了夏天，又闷又热，地上墙角发出一层层的霉味和粪便的臭气，使人十分难受。

文天祥被关了整整三年，经历了一切威胁利诱，受尽了各种折磨，可是他杀身成仁、尽忠报国的决心始终没有动摇。他在牢中写下了一首传诵千古的《正气歌》。在诗里，叙述了自己抗击元军的艰苦经历，提到了历史上许多为了坚持正义事业而不惜献身的英雄人物。诗里有两句说:“鼎镬甘如饴，求之不可得。”诗的意思是说：为了坚持崇高的民族气节，即使把我放到鼎镬里去烹煮，我也会感到像喝糖浆那样的甜！正是求之不得，决不会畏惧屈服！

元朝皇帝忽必烈见刑罚利诱全都

无用，就下令杀害文天祥。但是，文天祥的这两句诗，却感动和鼓舞了后世的仁人志士为理想而英勇献身。“甘之如饴”这个成语，也就这样流传下来了。

正言厉色

【释义】正：严正。厉：严肃，严厉。形容言辞庄重、容色严厉。

【出处】清·曹雪芹《红楼梦》第十九回。

《红楼梦》里有这样一段故事：

一天，贾宝玉去林黛玉房中看望黛玉，正赶上黛玉在床上睡觉。宝玉怕她生病，便推醒她，劝道：“好妹妹，才吃了饭就睡下，会睡出病来的……”可是黛玉不答理他，用绢子盖上脸。宝玉忽然想出了一个主意，一本正经地对黛玉说：“你们扬州衙门里出了一件大故事，你可知道？”

黛玉听得他话语严肃，又正言厉色，以为是真事，便霍地坐起来，问道：“什么事？”

宝玉强忍住笑，顺口胡诌说：“扬州有座黛山，山上有个林子洞，洞里住着一群耗子精。腊月初七这天，老耗子升堂议事，说：‘明儿是腊八，世上的人都熬腊八粥，我们洞里没啥吃的，谁去偷点回来？’小耗子回话说：‘我知道，山下庙里米豆成仓，还有五样果品：红枣、栗子、落花生、菱角、香芋！’老耗子听了心中大喜，忙说：‘谁去偷香芋？’一个又小又瘦的耗子说：‘我去。’老耗子瞧它身小体弱，摇摇头说：‘你不行！’小耗子急了：‘我会摇身一变变成香芋，滚进香芋堆里暗暗地搬运，比兄弟们偷得巧！’兄弟们拍手叫道：‘妙妙，你先变个香芋给我们看看！’小耗子说声‘变’，忽然变成了一个年轻美貌的小姐。弟兄们一齐笑起来：‘错了，错了！你说变香芋，怎么竟变成个小姐来？’小耗子傲慢地说：‘你们真是没有见过世面，只认得香芋，却不知盐课林老爷的小姐才是真正的香玉呢……’”

黛玉听到这里，才知道宝玉在讥笑自己，她站起来按着宝玉，笑骂道：“我把你这个烂了嘴的……”边说边拧。宝玉连连央告：“好妹妹，饶了我吧，再不敢了……”

布衣之交

【释义】布衣：平民。原意是显贵的人和平民交往，后来也用来指贫贱百姓之间的交往。

【出处】汉·刘向《战国策·齐策三》。

孟尝君门下有一个食客和他的小妾私通，有人对孟尝君说：“做您的食客却勾引您的夫人，真是不义，还是杀

孟尝君

了他吧。”孟尝君回答说：“见美丽的容貌而喜欢，这是人之常情啊！”就没有杀这个门客。过了一段时间，孟尝君为这个门客准备了车、马、礼物，将他推荐给卫国国君。临行，孟尝君对他说：“您和我是布衣之交，希望您跟着卫国国君有远大前程。”由于孟尝君的推荐，这个门客到卫国后很受重用。

后来，齐、卫两国关系恶化，卫国国君准备联络诸侯兵马攻打齐国。这时，门客挺身而出阻止卫国国君，他说：“孟尝君是个很有道德的人。我做了对不起他的事，他没有惩罚我，还在您面前称赞我。而且我听说齐、卫二国，以前的国君曾歃血盟誓‘后代不互相攻打’，现在您却背弃盟约。请您不要攻打齐国，不然的话，我情愿用我脖子里的血溅在大王您的衣襟上！”

由于门客的舍命劝阻，卫国放弃了攻打齐国的企图。

目不识丁

【释义】连一个丁字都不认识。形容人不识字或没有学问。

【出处】后晋·刘昫等《旧唐书·张弘靖传》。

唐宪宗时，张弘靖任幽州节度使。

张弘靖来到幽州，他以为安禄山之乱发自幽州，便掘开安禄山坟墓，毁掉棺柩，因此当地人对他很不满。

韦雍和张宗厚是张弘靖手下的两个官吏，他俩常常聚合一伙人去酒店喝酒，一直喝到半夜，喝得酩酊大醉。还叫士兵点燃灯笼、火把送他们回家，搞得满街通亮、闹闹嚷嚷，百姓十分讨厌。他俩平日里对军吏非常苛刻，稍不如意就用鞭子抽打，所以军士对他俩怀恨在心。

一天，韦雍又喝醉了酒，对军吏大发狂言：“现在天下太平无事，你们目不识丁，只能挽开两石重弓，有啥用处？”听了他的话，连士卒也记恨他俩。

前任幽州节度使回到朝廷以后，派人送来100万贯钱犒赏军士，张弘靖却从中截留下20万贯充作军府杂用开销，只拿80万贯钱分给兵士。这件事引起众怒，加上他们本来就想报复韦雍、张宗厚，所以一呼而起，拿起刀剑杀了韦雍和张宗厚，把张弘靖抓起来囚在蓟门馆。

不久，张弘靖因为这件事受到朝廷的处分，被贬到抚州做刺史。

目无全牛

【释义】全牛指整个牛。形容技艺超群。

【出处】战国·庄周《庄子·养生主》。

有个厨工在第一次宰牛时举起牛刀，狠命地刺进牛脖子，黄牛顿时血流如注，折腾了半天才瘫倒在地。他靠近牛身砍大腿，割牛筋，切脊肉，弄得满头大汗、腰酸背痛，搞了一天，牛刀换了三把，而一头牛还没有宰好。

后来，这个厨工总结了经验，认为只有弄清牛的骨架、筋脉、皮肉，才能做到游刃有余，就下决心认识这些结构。他先杀死一头牛，剥开皮，切去肉，细细地进行研究，直到一切特征都烂熟于心了才罢手。从此，每看见一头活牛，他就想象着皮肉里的结构，渐渐地，一整头牛在他眼里都只有零散而连贯的骨节脉络了。

一天，梁惠王看他宰牛。只见他

把一头大黄牛用绳子绑好，膝盖顶住牛腿，举刀插进牛身，哗哗几响，皮肉分离；接着又蹲下身子，挥刀舞动几下，伴着悦耳的声音，骨肉成块成片，如尘土散落地面。片刻间，一头牛就肢解完毕了。他提刀起立，看看满地的牛骨牛肉，轻轻松松地取块干净的棉布擦了下牛刀，保存起来。梁惠王问："你用这把刀宰过几头牛了？"

他回答说："我这把刀已用过 19 年了，它宰过几千头牛。你看，仍然锋利无比！"

梁惠王点点头说："你真是技艺超群啊！"

目光如炬

【释义】 炬：火把。眼光亮得像火把。形容眼睛有神，也比喻见解高明，目光远大。

【出处】 南朝·梁·沈约《宋书·檀道济传》。

檀道济在东晋末年参加刘裕（后为南朝宋武帝）的军队，东征西讨，立了许多战功。

一次，檀道济率兵攻入洛阳，有人提议把俘虏全部杀掉，以壮军威，檀道济急忙制止说："不可，不可，平定民心正在今日！"随后放了俘虏，百姓都欢迎宋国军队。

檀道济的功劳越来越多，名声越来越高，左右部将又都骁勇善战，几个儿子都掌管兵权，宋文帝渐渐对他不放心起来。而皇帝身边的几个近臣，则早就蓄谋将他除掉。有一次，宋文帝生了急病，又逢魏军来征伐，便召檀道济入朝议事。彭城王刘义康与领军刘湛勾结，乘机给檀道济加上图谋反叛的罪名，捕捉下狱。"道济见状，愤怒气盛，目光如炬，俄尔间引饮一斛。"就是说，檀道济被关进大牢，又气又恨，两只眼睛瞪得像灯一样亮，像火一样发光，一口喝下一斛酒，扯下头巾摔在地上。接着，他的 11 个儿子和部将也全都被捕，同他一起惨遭杀害。

不久，魏军听说檀道济已死，便无所顾忌地大举进攻宋国。宋文帝闻讯登上石头城，见魏国兵马步步逼近，他想起了檀道济临死前说的那句话："你们这是自毁万里长城啊！"

出言不逊

【释义】 逊：谦虚恭顺。形容说话不客气，傲慢无礼。

【出处】 晋·陈寿《三国志·魏书·张郃传》。

张郃是三国时曹操手下的著名将领。当初，张郃在袁绍手下做中郎将，一次，曹操亲自率精兵进攻乌巢，形势很危急，张郃建议袁绍说："曹操的兵马精壮难敌，一旦乌巢失守，那我们就全军失利，您的前途也就断送了，现在应该派强兵前去救援！"

郭图反对张郃的意见，他说："你的看法不对，我们应该趁机攻击曹操大本营，曹操看到本营受敌，必然会撤兵回来，乌巢也就不救自解了。"

张郃急不可待地说："曹操的本营十分坚固，我们难以攻下。如果淳于琼被擒，我们大家就全要做俘虏了。"

袁绍听信了郭图的主张，派重兵袭击曹军大营，只用一小股兵力去援救乌巢。结果曹营没有攻下，淳于琼被曹操打败，袁绍的军队溃败而逃。

郭图自觉羞愧，又不愿承认错误，

就诬陷张郃。他对袁绍说："你看张郃这个人多傲慢，他出言不逊，办事不把别人放在眼里，他连你也不服。这次我们失利，他显得十分得意。"

袁绍听了这些话，对张郃很不满意。张郃明白如果再在袁绍这里待下去，是不会有好结果的，便偷偷地去投奔曹操了。

出尔反尔

【释义】尔：你。指这样说是你，那样说也是你。表示某人做事说话前后矛盾，不讲信用。

【出处】战国·孟轲《孟子·梁惠王》。

有一次，孟子去见邹穆公，见邹穆公正在生气，便问："大王为何如此生气？"

邹穆公说："最近，鲁国的人杀了我国的30多位官吏，当时我国很多百姓都在场，却不愿意出来帮助自己的官吏。我真想把在场的人都杀掉，又怕杀不了那么多；但如果不杀他们，今后谁还愿意救自己的长官？请问先生，这事该如何处理？"

孟子说："大王何不这样想：前几年，邹国闹灾荒，不少年老体弱的人饿死在路边，年轻力壮的人纷纷逃亡四方，而大王的仓库里，堆满了粮食、布匹。这不是大王不愿把财物拿出来救灾，而是手下的官吏根本不向大王报告。官吏们如此欺骗上级，残害下属，自然会自食其果。记得曾参说过'戒之戒之！出乎尔者，反乎尔者也（当心啊，当心啊！你怎样对人，人家就怎样对你）'。大王你想，这话不是有点儿道理吗？他们平时虐待百姓，到了紧急关头，百姓自然不管他们的死活。"

邹穆公听了，十分不高兴，他说："老百姓生来就应该服从他的君王，如果对他们太仁慈，君王还有威风吗？"

孟子见邹穆公如此昏庸，就离开了邹国。

出奇制胜

【释义】奇：奇兵、奇计。制：制伏。用奇兵、奇计制伏敌人，取得胜利。比喻用出人意料的办法取胜。

【出处】汉·司马迁《史记·田单列传》。

春秋时期，燕昭王派大将乐毅攻齐。五年之间，燕军接连攻下齐国70余城，最后只剩下即墨还在齐人手中。

齐国人田单精通兵法，足智多谋。开始的时候他在齐国的临淄当一名小吏，没有引起人们的注意。当乐毅率燕军攻入齐国时，他逃往安平（今山东临淄东），让家人把车轴两端突出部分锯掉，在轴头包上铁皮。不久，安平又被燕军攻破。齐人争先恐后出城逃亡，路上拥挤不堪，许多车子的轴头都被撞断，于是当了燕军俘虏。唯有田单家的车子，因为经过改装加固，安全地逃到了即墨城。这时，乐毅又将即墨团团围住，即墨大夫战死，守军就推举田单为将军，领导即墨的抗燕斗争。

公元前279年，燕昭王去世，燕惠王即位。惠王当太子的时候，与乐毅曾有过隔阂，彼此成见很深，又受到田单所散布的流言影响，便立即派大将骑劫接替乐毅的职务，调乐毅回国。

乐毅被无故撤职后，燕军士气低落。田单又派人混进燕军内部，散布流言说："齐军最怕的是被燕军割下鼻子，如果燕军进攻时，把割去鼻子的齐兵俘虏摆在队前，即墨城一定不攻自破。”

骑劫听了，不知是计，就照着做了。守城的齐兵看见自己的同胞被割去鼻子，非常气愤，守城的意志更加坚定。接着，田单又派人散布流言说：“我们最怕燕国人掘我城外的祖坟，糟蹋我们的祖先，我们时刻提心吊胆。”燕国人信以为真，把城外所有的坟墓都挖开，把尸骨堆在一起焚烧。即墨军民目睹燕军的暴行，无不咬牙切齿，一致要求与燕军决一死战。

田单看到齐兵士气高昂，又使用骄兵之计，使燕军战斗意志更加松懈。

这天夜里，齐军向燕军发动进攻。田单把城里的1000多头老牛集中起来，给它们穿上大红色的衣裳，上面画着五颜六色的蛟龙图案，又在牛角上捆绑锋利的尖刀，尾巴绑上浇满了油的芦苇，然后点着火，将牛从暗中凿穿的几十个城墙洞口赶出去，并派5000精兵跟在牛群后面，很快牛的尾巴烧着了，发起牛脾气，吼叫着直往前面燕营冲去。朦胧中，燕军被这突如其来的怪物吓得手足无措。跟随牛群的5000名齐兵，一声不响地冲入燕营，勇猛地冲杀。齐军又在城上擂起战鼓，喊杀声惊天动地。燕军毫无准备，突然遭到这么猛烈的袭击，一下子溃不成军。齐兵趁乱杀死燕将骑劫，燕军没有了主帅，成了惊弓之鸟，四处奔逃。田单率兵奋力追击，一路收复失地，被燕军占领的70多座城池全部收回。接着，田单又拥立襄王为齐君，恢复了齐国的政权。田单被襄王封为安平君。

司马迁在记述了田单火牛破燕军的事迹后，高度评价了他的“出奇制胜”战术。

出类拔萃

【释义】出、拔：均指超出。萃：指丛生的草，比喻在一起的人或事物。用以形容才能超过一般的人。

【出处】战国·孟轲《孟子·公孙丑上》。

有一次，孟子的弟子公孙丑和他的老师谈论孔子的人格。公孙丑问孟子：“孔子与伯夷、伊尹相比怎么样？”

公孙丑提到的伯夷，是商末孤竹君的长子。孤竹君生时以次子叔齐为继承人，他死后叔齐让位，但伯夷不接受，后来，两人都投奔到周。到周后，反对周武王讨伐商王朝。武王灭商后，他们逃避到一座山上，坚持不吃周人生产的粮食而死。

公孙丑提到的伊尹，曾帮助汤攻灭夏桀。汤去世后，他辅佐过两个王。太甲继位后，因破坏商汤法制，不理国政，被伊尹放逐。三年后太甲悔过，伊尹又接他回来复位。

孟子评论伯夷和伊尹说：“伯夷的处世态度是，不是他理想的君主他不去侍奉，不是他理想的百姓他不役使；天下太平他就出来做官，天下昏乱他就隐居起来。伊尹的处世态度是，什么样的君主他都可以去侍奉，什么样的老百姓他都可以役使；天下太平做官，天下不太平也做官。而孔子的处世态度是，可以做官就做官，可以隐居就隐居，可以继续干下去就干下去，可以马上离开就马上离开。他们三人都是古代的圣人，我个人就是要学习孔子。”

公孙丑又问：“他们三人不是一样

的吗？”

孟子回答说：“不，自从有人类以来，就没有出现过像孔子那样伟大的人物。”

公孙丑又问：“那么三位圣人有相同的地方吗？”

孟子说：“有，假如让他们做君王，他们都能够使诸侯归服，天下统一。但假如要他们去做一件不合道理的事情，或者去杀一个无辜的人，因而得到天下，他们都不会干的。这就是他们相同的地方。”

公孙丑又问：“他们的不同又在什么地方呢？”

孟子回答说：“听听孔子的学生是怎样评论孔子的吧。宰我说：‘我的先生比尧舜高明得多。’子贡说：‘先生看见一国的礼制就了解它的政治，听到一国的音乐就知道它的德教，一百代以后的君王，也不会背离孔子之道。’有若说：‘难道只是人类有高下之分吗？麒麟对于走兽，凤凰对于飞鸟，泰山对于小丘，江海对于小溪流，何尝不是同类？圣人对于百姓也是同类，但孔子却远远超过了他的同类。自从有人类以来，没有哪一个能像孔子那样伟大的。’”

成语“出类拔萃”就来源于孟子对孔子的评价。

四分五裂

【释义】形容国土被分裂，政权不统一的局面，也指家庭单位不协调，不和睦，矛盾突出，危机四伏的现象。

【出处】汉·刘向《战国策·魏策一》。

战国时候，七国争霸天下，秦国最强，它想对另外六个国家进行分化瓦解，以便各个击破，统一天下。秦王派张仪先说服魏王依附秦国。

张仪见到魏王说：“你们魏国地盘长不足千里，兵卒不超过30万，国内没有险要的山川可以阻拦敌人，离边境最近的才一二百里，敌人不费力气就能攻进来。魏国的四面都与邻国相邻，南边挨着楚国，你倾向楚国则齐国攻击你东面；你东面挨着齐，如果倾向齐国，则赵国攻击你北面；如果不联合韩国，韩国又会攻击你西面；你如果不联合楚国，楚国又要攻击你南面。这不是要把魏国四分五裂了吗？所以从魏国的安全着想，你还是依附秦国吧。那时谁也不敢动你，请你赶快拿定主意吧！”

魏王说：“我是个愚人，让我想想再说吧！”

四面楚歌

【释义】四面都是楚国的歌声。后用来形容到处受敌、孤立无援的困境。

【出处】汉·司马迁《史记·项羽本纪》。

《千金记》插图　霸王别姬

项羽在垓下被汉军打得大败。这天，项羽躺在床上，辗转反侧，思绪万千。突然，远处飘来了一阵凄楚的歌声，那么深沉，那么悦耳，那么动人心弦，那么熟悉，这不是楚地的歌曲吗？项羽听得心魄摇动，眼前浮现出家乡山山水水那明媚的风光，父老乡亲那熟悉的面孔，又想到自己正被刘邦和诸侯的军队包围，兵少粮尽，正陷入困境，不禁叹了口气。

外面的歌声越来越近，东面唱过西面唱，南面唱过北面唱，此起彼伏，哀怨的音调充满耳朵。项王大吃一惊，说："莫非刘邦已经把楚国全部占领了吗？为什么他军队里楚人这么多呢？"他从床上爬起来，默默地到案边喝酒解闷。

这时，绝色佳人虞姬走到项王身边，一杯又一杯地为他倒酒，骓马的嘶鸣声断断续续地传进来。项王心有所动，拿起筷子敲碗打拍，慷慨悲愤地唱道：

力拔山兮气盖世，
时不利兮骓不逝。
骓不逝兮可奈何，
虞兮虞兮奈若何。

唱了几遍，虞姬也忧伤悲切地唱歌应和：

汉兵已略地，
四面楚歌声。
大王意气尽，
贱妾何聊生。

歌未尽，而项王的泪水已一行行落了下来，左右的人放声痛哭。

叱咤风云

【释义】叱咤是大声呼喝之意，使风云为之变色。形容威力强大。

【出处】唐·骆宾王《为徐敬业讨武曌檄》。

唐代著名文学家骆宾王，曾经担任长安主簿的官职，他看见武则天独揽朝政，企图当唐朝的女皇帝，心中非常愤懑。这时唐朝将领徐敬业正在扬州起兵，反对武则天临朝执政。他征集十万大兵，准备向长安进发。骆宾王参加了徐敬业的兵变，并且为徐敬业写了讨伐武则天的宣言书，其中一段大意是：

"武则天窃据君位，残害贤臣，杀姊屠兄，天地不容，包藏祸心，妄图称帝。我徐敬业是唐朝老臣，蒙受先帝厚恩，顺应国人讨伐武则天的心愿，举起义旗，清除妖孽。我的兵马强大，铁骑成群，战车相连，粮食堆积如山，恢复唐室指日可待。胸怀怒气则山岳崩倒，厉声叱咤则风云变色。用这样的声势来制伏敌人，有什么不能成功！"

徐敬业的讨伐没有成功，被部将杀死，骆宾王则下落不明。

后来武则天见到骆宾王撰写的这篇讨武檄文，连声叫好："骆宾王真是才华横溢呀，文章写得这样精彩，可惜流落在外！"

叶公好龙

【释义】叶公喜欢龙不是出于真意，指那些言行不一、名不副实的人，不过是摆摆样子。

【出处】汉·刘向《新序·杂事》。

春秋时期，有一个叫子张的人，他去见鲁国的国君鲁哀公。他一直等了七天，鲁哀公也没有接待他。他便让赶车的人转告哀公"叶公好龙"的故事：

叶公很喜欢龙，他的武器上画着龙，

工具上刻着龙，屋子内外墙上画着龙，柱子上雕着龙。到处都是龙的图案。天上的真龙，听说叶公那样喜爱龙，有一天来到他的家里，把龙头伸进窗户探望，把尾巴拖在厅堂上。叶公看见真龙来了，怕得要死，转身就跑，吓得失魂落魄，神色惊慌。这说明叶公并不真正喜爱龙，他只是喜欢外表像龙而实际上并不是龙的东西罢了。

子张讲了这故事，还让赶车人转告说："现在我听说君王喜欢读书人，所以不怕路程遥远，从千里之外赶来见君王，君王却不以礼相待。看来君王不是真喜欢读书人，只喜欢那种像读书人而并非真正读书人的人罢了！"

叹为观止

【释义】赞叹所看到的事物好到了极点。

【出处】春秋·左丘明《左传·襄公二十九年》。

春秋时期，吴国君主寿梦死后，由四个儿子依次继承王位。第三个儿子馀昧继位时，拜他弟弟季札为相。季札主张罢兵安民，结交齐、晋等中原诸侯。馀昧同意季札的主张，派他出使鲁、齐、郑、卫、晋等国。

公元前544年，吴公子季札来到鲁国，表示愿与鲁国世代友好相处。鲁国很高兴，用舞乐招待季札。

季札精通舞乐，一边观赏，一边品评。当鲁国演出《韶箾》舞时，季札便断定这必然是最后一个节目了。观罢《韶箾》，季札赞叹一番，然后非常知礼得体地道谢："这舞乐好极了，我们就观看到这里为止吧！"鲁国人感到非常惊奇，季札竟能预知这是最后一个节目！

季札的博学获得鲁国的尊敬，使他在外交上获得成功。鲁国人把季札的来访载入了史册。

《左传》中记载说："见舞韶箾者，曰：'德至矣哉！大矣，如天之无不帱也，如地之无不载也，虽甚盛德，其蔑以加于此矣。观止矣！若有他乐，吾不敢请已！'"成语"叹为观止"即由此得来。

业精于勤

【释义】学业的精深在于勤奋。

【出处】后晋·刘昫等《旧唐书·韩愈传》。

韩愈是唐朝著名的文学家，也是一位正直敢言的官吏。后来因为直言敢谏得罪了皇帝和大臣，被贬职到边远的地方去做县令，多年以后才遇赦回京，担任国子监博士。

韩愈上任后，认真地教育他的学生。一天，他以自己的切身体验启发学生们说："年轻人啊，学业的精深，决定于勤奋，游荡懈怠就会荒废；事业的成功，在于独立思考，随波逐流就要失败。这是我多年来亲身的体会，这叫作'业精于勤，荒于嬉；行成于思，毁于随'。"

学生中有人大胆地提出了问题，说："老师，据我们所知，您文名满天下，学业可算得精深，学问好，朝廷并没有重用您；直言进谏，反而被贬到边远地区去了。如今您做国子监博士，是个无职无权的职务，妻子儿女还是免不了过着清苦的生活。那么，业精了，行成了，又有什么意思呢？"

韩愈严肃地说："你说错了！做人难道就为了升官发财？读书、做事难道只是为了让妻子儿女过上富裕的生活？屈原是个对国家大事能够独立思考的诗人，他被流亡直到自沉汨罗江，还是关心着楚国的兴亡；汉时司马迁是个学问渊博的人，他受了酷刑，仍然坚持完成《史记》这部伟大的著作。他们虽然身处逆境，却从不停止学习和思考，这不正是我们的榜样吗？”

号令如山

【释义】发出的号令像山一样威严，不可更改。

【出处】元·脱脱等《宋史·岳飞传》。

岳飞曾跟随周侗学习射箭，由于他刻苦练习，能左右开弓，百发百中；向宗泽学习作战阵图，勤学好问，终于青出于蓝。岳飞作战有勇有谋，敌军听到“岳家军”三个字就吓得闻风而逃。

但是，令敌人丧胆的更重要的原因是岳飞带兵号令严明。宗泽死后，接任他职务的南宋将领杜充投降了，部将们竟纵容部下大肆抢掠。岳飞那时也在杜充部下，只有他的军队对百姓秋毫无犯。他的将士们宁可忍饥挨饿也不敢扰民。因此百姓称赞岳家军“冻死不拆屋，饿死不掳掠”。

岳飞是个对皇帝十分忠心的人。绍兴（宋高宗赵构年号）五年，他奉旨征剿杨么农民起义。杨么的部下黄佐说：“岳节度（当时岳飞任荆湖南北襄阳路节度使）号令如山，如果和他对敌，万无生理，不如投降。”就率领下属投降了。

白虹贯日

【释义】指日光通过云层中的冰晶时，经折射而形成的光圈，即晕。古人迷信，以此来喻示凶兆。

【出处】汉·刘向《战国策·魏策》。

战国时，韩国的大臣严遂在朝廷上当众指责相国韩傀施政的过错，两人因此吵了起来，直至拔剑相向。韩傀气量狭小，睚眦必报，严遂怕报复，逃到了齐国，但是于心不甘，想找个人除掉韩傀。他听说勇士聂政，杀人避仇，现在藏身市井当屠夫，就带着酒食前去拜访。聂政因母亲年老，没有出山。

过了一段时间，聂母寿终，聂政守孝除服后，长叹道：“我一个穷屠夫，受到位极人臣的严仲子看重，又是送酒食，又是送黄金。先前没有报答他，是因为要供奉老母，现在母亲已终天年，我要为知己献身了。”他就投奔严遂。

严遂说：“我的仇人是韩相韩傀，宗族盛多，住处警卫森严，我已经准备好坚车骏马，勇壮猛士，伴您成就大事。”

聂政说：“行刺诸侯的相国，勇士再多也不顶用。另外人一多，行事中难免有被活捉的，审问时就会带出指使的人，这样，韩国绝不会放过您。我还是独来独往。”聂政仗剑独行来到韩都阳翟，穿越重重护卫，拔剑刺杀韩相，未待护卫靠身，他就剖腹自尽。韩国将刺客暴尸街头，聂政的姐姐聂荽伏尸痛哭，哀伤过度，死在弟弟身旁。

《战国策》有“聂政之刺韩傀也，白虹贯日”的记载。

白驹过隙

【释义】白驹：白色骏马。喻指太阳像白色的骏马在缝隙中飞快地越过，比喻时间过得极快，一闪而过。

【出处】战国·庄周《庄子·知北游》。

有一次孔子专程去请教老子说：

"先生学问高深，请给我讲讲道学吧！"

老子说："你想问道的学问，必须先去掉杂念，清净精神，心志专诚，洗涤身心，然后才能听讲玄道。不过今天我先粗略地给你说一说吧！我先说人吧。人活在天地之间，时间是十分短促的，好像骏马过狭窄的空隙，一闪而过。世上的事情，总在变化不停，生的生，死的死，生了死，死了生。生死往来皆是变化，本来是不足为奇的。可是对于死，人们却感到悲伤，这是因为人还被生死的观念所束缚，如果将死看成骨肉埋在地下，精气散向天空，变成无形的东西，这便是从有形归之无形，也就没什么可以感到悲哀的了。道这个东西，不可以多求问，关键在于领会它的妙处，真正弄懂了，就能深得其奥秘……"

孔子谢过老子，回去细细地琢磨他的道理。

生吞活剥

【释义】比喻生硬地搬用别人的文辞理论、经验、方法而不联系实际的不良行为。

【出处】唐·刘肃《大唐新语·谐谑》。

唐朝时，枣强县令张怀庆喜爱沽名钓誉，经常抄来名士的诗文，把它改头换面一番，伪造成自己的作品。有一次，一个名叫李义府的名士写了一首五言绝诗：

镂月为歌扇，裁云作舞衣。
自怜回雪影，好取洛川归。

张怀庆读了这首诗，手不禁提起笔来，在每句前加两个字，成为七言绝诗：

生情镂月为歌扇，出性裁云作舞衣。
照鉴自怜回雪影，来时好取洛川归。

原诗寓意清晰，文字精练，经他每句添加两字后，文理不通，读起来也很别扭，但张怀庆还自命不凡，亲笔缮抄后四处赠人，闹了不少笑话。后来，人们借用诗人王昌龄、名士郭正一的文名，编了两句顺口溜来讥笑他，说张怀庆的这种行为，是"活剥""生吞"王、郭诗文的不良行为。

生死存亡

【释义】指生存或者死亡。形容情势危急，到了最后关头。

【出处】春秋·左丘明《左传·定公十五年》。

春秋时候，有一年邾隐公朝见鲁国国君鲁定公。鲁定公举行隆重的仪式欢迎他。孔子的学生子贡名声很大，也被邀请参加盛典。欢迎仪式开始了，邾隐公手拿玉器，高高地举起来，他仰着脸，态度很傲慢。鲁定公接受玉器的时候，低垂着头，双眼呆滞，无精打采。大家看到两位君王的神态都很惊讶。

这时子贡说："诸侯相见要手执玉器，这是从周朝就开始实行的礼节，礼是生死存亡的主体，人的一举一动要符合礼的规定，今天两位诸侯的会见，都违背礼仪，邾隐公的行为是骄傲，他举的玉器太高；鲁定公的行为是衰颓，他接玉器的手放得过低。骄傲引起动乱，衰颓表示疾病，我看这两位国君大概都快要死了。眼下正是元月，在一年之初诸侯互相朝见，而又全不顾规定的礼仪，说明他们心中早已不存在礼了。相见不合于礼，哪里能够长久？鲁定公是主人，恐怕他要先死去的！"

大夫们对于子贡的话觉得很新鲜，但又不大相信，便纷纷走开了。

几个月以后，刚刚到夏天，鲁定公果真死了。因为鲁定公久病在身，身体衰弱，入夏以后病情加剧，就一命呜呼。碰巧被子贡说中了。

生花妙笔

【释义】指写出来的文章犹如鲜花一般美丽。比喻有杰出的写作才能。

【出处】五代·后周·王仁裕《开元天宝遗事·梦笔头生花》。

传说李白少年时代，曾经做过一个奇特的梦。梦见自己使用的笔，笔头上开出了鲜艳的花朵，一张张白纸自动飞到他跟前。李白高兴极了，就抓起这支奇妙的笔飞快地写起来，更为奇异的是落在纸上的却是一朵朵盛开的鲜花。

后来，李白刻苦读书，深入社会生活，游历祖国的名山大川，创作了大量不朽的诗篇。他热情歌颂了雄伟、壮丽的祖国，并在一定程度上揭露了腐朽黑暗的封建社会。他的许多著名的诗篇流传千古，至今仍被中外读者吟咏传诵。

“李白斗酒诗百篇，长安市上酒家眠”诗意图

生灵涂炭

【释义】生灵：指百姓。涂：泥沼。炭：炭火。比喻生活困苦不堪。

【出处】唐·房玄龄等《晋书·苻丕载记》。

前秦苻坚，经过淝水之战后，一蹶不振。385年，后燕、后秦攻打前秦，国都长安被困，苻坚退到五将山。后来苻坚被后秦活捉处死。

前秦的幽州刺史王永听说苻坚已死，便拥立他的儿子苻丕在晋阳当了皇帝。苻丕当上皇帝后，封王永为左丞相。王永写了一篇通告，号召前秦各地军队联合起来，共同讨伐后秦和后燕。通告中说：“苻坚被害，长安沦陷，国家凋败，生灵涂炭，各地官员接到通告以后，要派出兵马到临晋会师，准备作战。”

因为后秦军队强大，王永无法取胜。394年，前秦终于被后秦所灭。

乐极生悲

【释义】欢乐到极点的时候发生了悲伤的事。也有过度欢乐会招来悲伤之意。

【出处】汉·司马迁《史记·滑稽列传》。

淳于髡是战国时齐国的一个入赘女婿。他身材不高，能言善辩，非常风趣，曾多次代表齐国出使各诸侯国。当时，齐国是威王执政。威王爱听隐语，又好彻夜宴饮，逸乐无度，陶醉于饮酒之中，把政事委托给卿大夫。文武官员跟着荒淫放纵，各国乘机都来侵犯，国家危亡就在旦夕之间。

一次，楚国进犯齐国。淳于髡奉命去赵国搬救兵。淳于髡到赵国后，向赵王献上礼物，赵王给他10万精兵和1000辆裹有皮革的战车。楚王听说这个消息，连夜退兵而去。

齐威王非常高兴，在宫内设置酒肴，召淳于髡来赐他酒喝，并问他："先生喝多少酒才醉？"

淳于髡回答说："我喝一斗酒也能醉，喝一石酒也能醉。"

齐威王不解地问："先生喝一斗就醉了，怎么能喝一石呢？能把这个道理说给我听听吗？"

淳于髡说："大王当面赏酒给我喝，执法官站在旁边，御史站在背后，我胆战心惊，低头伏地喝，喝不了一斗就醉了。假如父母有尊贵的客人来访，我卷起袖子、弓着身子奉酒敬客，客人不时地赏我残酒，我屡次举杯敬酒应酬，喝不到两斗就醉了。假如朋友交游，好久没有见面，相见时很高兴地倾吐衷肠，喝五六斗就醉了。至于乡里之间聚会，彼此敬酒，没有时间限制，我最开心，可以喝上八斗酒，也不过两三分醉意，天黑了，主人单留住我，而把别的客人送走，这时我心里最高兴，能喝下一石酒。"

说到这里，淳于髡又讲起了道理："所以说，酒喝得多就容易出乱子。欢乐到了极点，将转而发生悲伤的事。所有的事情都是如此。"

乐不思蜀

【释义】形容快乐得不再思念故国，有忘本之意。

【出处】晋·陈寿《三国志·蜀书·后主传》裴松之注。

魏兵攻破蜀国后，后主刘禅投降，司马昭把他带回魏都洛阳。一天，司马昭邀请刘禅参加宴会，有意安排艺人为刘禅表演过去蜀国的杂耍技艺。旁边观看的人都为他难过，可是刘禅却嬉笑自如，拍手欢呼，看得津津有味。看到这个情景，司马昭问亲信贾充："这个人怎么会无情无义到如此地步？"

贾充笑笑，说："要不是这样，殿下怎么能轻而易举吞并他的国家呢？"

过几天，司马昭问刘禅说："你很想念蜀国吗？"

刘禅脱口而出说："这里快乐，不想蜀国。"

这话立即被当作笑料内外传开了。

随后主同来的原蜀国掌管图书的秘书郎郤正听到后，求见刘禅说："假如有人再问你，你应该流利地回答：'先人的坟墓，远在陇蜀，我的心朝西悲伤，没有一天不思念。'然后就闭着眼睛。"

后来司马昭又问这个问题，刘禅就照郤正教的回答了，说完闭上眼睛。司马昭感到很可笑，就说："你的话怎么和郤正说的一样啊？"

刘禅慌忙睁开眼睛，说："的确是这样。"

此话一出，立刻引起哄堂大笑。

用兵如神

【释义】用兵作战，料事如神。形容善用谋略，常能打胜仗。

【出处】明·罗贯中《三国演义》。

东汉建安十八年（213年），刘备留诸葛亮等镇守荆州，自己领兵进攻益州。第二年，诸葛亮也出兵进攻雒城支援刘备。诸葛亮得知张任是益州名将，极有胆略，不可轻敌，于是定下计策：先捉张任，然后取雒城。叫黄忠、魏延埋伏在雒城东面的金雁桥附近，以便诱敌来此，活捉张任。

调遣已定，诸葛亮亲自去引诱张任。他带着一队不整不齐的士兵跑过金雁桥来，与张任对阵，诸葛亮指着张任说："曹操虽有百万大军，听到我的名字也望风而走。你还不快投降？"

张任看见诸葛亮的队伍不齐，在马上冷笑说："人们都说诸葛亮用兵如神，原来有名无实！"说着把枪一抬，军卒齐杀过来。这时，诸葛亮退过桥去。张任不知是计，从背后追赶而来。过了金雁桥，张任中了埋伏，急回军时，桥已拆断了，最终被张飞活捉。

外强中干

【释义】干：枯竭、空虚。形容表面强大而实质虚弱。

【出处】春秋·左丘明《左传·僖公十五年》。

春秋时期，晋惠公亲自率兵和秦军交战。他命令手下人把他战车上的本国战马卸下，套上郑国进贡来的高头大马。大臣庆郑对晋惠公说："自古以来，各国打仗都是使用本国出产的马匹来驾战车。晋国的马看起来似乎瘦弱一些，可是它适应本国的水土，熟悉道路，又经过训练，驾驭起来得心应手，靠得住。郑国的马虽然外貌很中看，可实际上外强中干，打起仗来万一受了惊，它就会不听指挥，乱踢乱跳，僵立原地，不知所措。如今您要驾驭这样的战马去和秦国打仗，非吃亏不可。一旦在战场上陷入进不能进、退又不能退，根本无法与敌军周旋的境地，那就惨了。"

晋惠公不听庆郑的忠告，仍然使用郑国的马驾车作战。结果，战斗一打响，战鼓齐擂，战场上惊天动地的喊杀声吓坏了郑国的战马。晋惠公的战车陷入了泥坑，无计可施，只能束手就擒，当了秦军的俘虏。

外愚内智

【释义】外貌看似愚昧，而内心却充满智谋。

【出处】晋·陈寿《三国志·魏书·荀攸传》。

曹操掌权后，委任荀攸为军师。此后，荀攸一直跟随曹操，为他出谋划策。

建安三年(198年)，曹操东征吕布，久攻不下，军队疲惫不堪，便想撤退下来不打了。荀攸对曹操说："吕布有勇无谋，连吃败仗，锐气早已磨尽了，趁现在他们没有喘过气来，发动猛攻，完全可能把他们彻底打垮。"曹操听从他的意见，继续进攻，终于活捉并处死了吕布。

曹操解白马之围，击杀袁绍的大将颜良，采用的也是荀攸的计谋。曹操对荀攸的多次出谋划策，给予高度评价，曾上表献帝刘协："军师荀攸，从创业时就辅佐我，没有哪次征战不伴随左右，先后战胜敌人，都是荀攸的计谋。"荀攸被封为陵树亭侯。魏国建立后他又担任尚书令。

荀攸机智聪明，善于谋划，但他不张扬，不自夸，而且能严守机密，从不让外人知道他筹划的军政大事。曹操每每谈到他，都称赞说："荀攸这个人，外表愚笨内心却聪明；外表懦弱，内心却勇猛刚强。他从不夸耀自己的长处，也不炫耀自己的功劳。他的聪明人们比得上，他的大智若愚人们却赶不上。"荀攸死后，曹操为失去这么出色的谋士而痛惜。

必恭必敬

【释义】恭：谦逊有礼。敬：内心尊重。形容态度恭敬有礼。也作“毕恭毕敬”。

【出处】春秋·佚名《诗经·小雅》。

周幽王是西周的最后一个国君。他昏庸暴虐，政治腐败。公元前 779 年，褒国进献了一个美女，叫褒姒。周幽王十分宠爱她。褒姒一向不爱笑，幽王用音乐歌舞、美味佳肴都不能让她笑。有人献计点燃报警的烽火台，招来各路诸侯兵马，使他们上当，让褒姒一笑，幽王欣然同意。这样褒姒果然笑了，但诸侯却受了欺骗。

褒姒生了个儿子叫伯服，幽王废掉申后，立褒姒为王后；废掉申后生的太子宜臼，立伯服为太子。

宜臼遭到废黜，住在外祖父申侯家里。他对自己的命运和国家的前途满怀忧愁，心中十分痛苦，写了一首题目叫作《小弁》的诗，抒发自己的心情。诗的第三节的大意说：

“看见屋边的桑树和梓树，一定要必恭必敬。我尊敬的是自己的父亲，我依恋的是自己的母亲。谁人不是父母的骨肉，谁人不是父母所生？上天生了我，可我的好日子到何处找寻？”

由于幽王无道，诸侯纷纷叛离。公元前 771 年，宜臼的外祖父申侯联合犬戎的军队进攻镐京，幽王下令点燃烽烟，但是诸侯受过骗，都不派救兵。犬戎的军队攻下镐京，杀了幽王，掳走了褒姒。

令人发指

【释义】发指：头发直竖的样子。形容一个人愤怒到了极点。

【出处】汉·司马迁《史记·刺客列传》。

战国末期，曾被秦国扣作人质的燕太子丹逃回故国，决心报仇雪恨。他找到一位名叫荆轲的勇士，让他去秦国刺杀秦王。

荆轲做好了一切准备，赶去秦国。行前，太子丹和宾客们都来相送。他们估计荆轲此去生还的可能性极小，于是，大家都穿上白衣，戴上白帽，神情凝重，脚步迟缓，为荆轲送行，一直送到易水（今河北易县附近）河边。

挥泪诀别之际，荆轲请朋友击筑（古代的一种乐器），自己和着节奏，高歌一曲：“风萧萧兮易水寒，壮士一去兮不复返！”悲壮的歌声使送行的人再难抑制心头的激动，对壮士的崇敬，对秦王的仇恨，夹杂着生离死别的伤感，使他们不由得眼睛都睁得很大，以至眼眶都差点儿裂开，头发根根竖起（即“发指”，“指”在这里是直立的意思），几乎顶起所戴的头冠。

处之泰然

【释义】处：处理，对待。泰然：毫不在意的样子，形容在紧急的情况下，镇定自若，毫不慌张。

【出处】春秋·孔丘弟子《论语·雍也》宋·朱熹注。

孔子曾教过几千名学生，其中最出色的有 72 个，颜回就是其中的一个。

颜回家中很穷，但他并不认为自己穷而低人一等。他安贫乐道，品格高尚，深受孔子的赞许。

有一次，孔子对其他学生说：“颜回的品质是多么高尚呀！他用竹筐子吃饭，用竹瓢喝水，住在那么简陋的小巷子里，别人都忍受不了这种困苦，他却照样活得那么快乐！他的品质是多么高尚呀！”

这段话，记载在《论语·雍也》中。到南宋时，著名学者朱熹在为《论语》做注释时，在这段记载后面注道：“颜回的家境贫困到如此地步，他却能处之泰然，真是不容易呀！”

付之东流

【释义】付：交给。东流：向东流的水。比喻完全丧失或希望落空。

【出处】唐·高适《封丘县》。

唐代诗人高适出身寒门，年轻时郁郁不得志。贫困潦倒的生涯，使他对民间疾苦有深刻了解。天宝八载(749年)，高适将近五十岁时，才因宋州刺史张九皋的推荐，中“有道科”。中第后，却只得了个封丘县尉的小官，大失所望。《封丘县作》一诗就是诗人任封丘县尉时所作。

“生事应须南亩田，世情今付东流水”表达了诗人有志不得施展的无奈，不得不归隐山林，将世事交给那向东而去的江河之水。于是后人就演化出了“付之东流”这句成语。

尔虞我诈

【释义】尔：你。诈：诈骗。形容互相猜疑和欺骗。

【出处】春秋·左丘明《左传·宣公十五年》。

春秋时期，强大的楚国有一次去攻打弱小的宋国，楚庄王亲自率兵，把宋国的都城包围起来。宋国的将士在华元率领下，同仇敌忾，坚守不懈。

几个月以后，被围的宋军士兵，粮食吃光了，人们不得不把死人骨头当柴烧，甚至交换死掉的孩子当饭吃！但是，他们守城的决心却没有动摇。

楚军情况也不妙，由于长期围城，士兵疲劳，粮食紧张，楚庄王准备退兵。他的一个部下建议，叫士兵们盖房子、种地，装作长期住在这里，这样，宋国就会害怕而投降。楚庄王采纳了他的意见。

一天夜里，宋将华元单身出城，摸进楚营，潜入楚军统帅子反的营帐中，把子反从床上拉起来，喝道：“我们的粮草已经用光了，现在老百姓交换着孩子杀死充饥，把尸骨劈开当柴烧。可是我们宁愿死去，也决不屈膝投降。你赶快下令退兵30里，同我们订立和约。”

子反在华元的威逼下，只好答应退兵。子反将此事报告楚庄王，庄王也同意了。

第二天，楚庄王下令退兵30里，宋国就同楚国讲和了。华元又到楚国兵营同楚国签订了盟约。盟约上写着这样的话：“我无尔诈，尔无我虞。”

“尔”就是“你”,“虞”是欺骗,“诈”是欺诈。它的原意是：互相守信，不欺骗对方，我不欺骗你，你也不欺骗我。后来人们把“我无尔诈，尔无我虞”这句话，演化成“尔虞我诈”或“尔诈我虞”一句成语。

半途而废

【释义】废：停止或废除。比喻事情没做完就停止了。

【出处】南朝·宋·范晔《后汉书·列女传》。

一天，河南有个叫乐羊子的读书人在路上拾到一块金子，带回家来，

乐羊子妻断织图

交给妻子。

妻子摇摇头说："我听说有志向的人不喝盗泉的水，不吃嗟来之食，把拾到的东西带回家里是很不好的行为。"

乐羊子听了妻子的话，十分惭愧，急忙把那块金子送回原处。然后自己去很远的地方，拜师求学去了。

一年之后，乐羊子跑回家来。妻子问他："你不是求师读书去了吗？怎么回来了？"

乐羊子笑着说："时间长了，我挺想家，所以回来了。"

妻子听罢，拿出一把剪刀，拉他到织布机旁，轻声地说："你瞧，我日积月累才能织出一寸、一尺、一丈、一匹的绸子。如果我一剪子将它剪断，就会前功尽弃。你读书也是这样，如果半途而废，不就像剪断了丝线一样，白费了心思吗？"

妻子的话深深地触动了乐羊子，他第二天便离家外出，继续求学，一连七年没有回家。

半部论语

【释义】古时候，人们对《论语》非常推崇，认为掌握半部论语就能治理天下。强调学习经典著作的重要性。

【出处】宋·罗大经《鹤林玉露·论语》。

北宋著名的政治家赵普年轻时就从军，可读书不多，出任宰相后，在处理公务时常常因文化低而感到力不从心。宋太祖赵匡胤知道他的根底，劝他好好读书。于是，赵普每次下朝回府，就闭门读书，后来，他的学问大有长进，对宋朝初期天下安定起了积极的作用。

宋太祖死后，他的弟弟赵匡义继位，史称宋太宗。赵普仍然担任宰相。有人对宋太宗说赵普不学无术，所读之书仅仅是儒家的一部经典《论语》而已，当宰相很不恰当。宋太宗不以为然地说："赵普读书不多，这我一向知道。但说他只读一部《论语》，我也是不相信的。"

有一次宋太宗和赵普闲聊，宋太宗随便问道："有人说你只读一部《论语》，这是真的吗？"

赵普老老实实地回答说："臣平生所知道的，确实不超出《论语》这部书。过去臣以半部《论语》辅助太祖平定天下，现在臣用半部《论语》辅助陛下，使天下太平。"

后来赵普因年老体衰，辞去了宰相的职务。不久赵普病逝，家人打开他的书箧，里面果真只有一部《论语》。

市无二价

【释义】做买卖没有两种价格。形

容生意无欺诈行为。

【出处】汉·班固《汉书·王莽传上》。

汉元帝时，颇有政治手腕的王莽得到了“安汉侯”的封号。后来，他毒死了汉平帝，自称假皇帝，立年仅两岁的刘婴为太子。于是，王莽以“安汉侯”摄政，代行皇帝的权力。王莽想做真皇帝，不过，他又不能不顾天下人的态度。为此，他派出了八个风俗使，分头到全国各地考察民情，以便了解自己在民众心目中的形象。

半年以后，风俗使回京复命说：“现在八方民风已经比前些年大大改善，社会秩序非常好，跟文景之治那时候差不多了。百姓们丰衣足食，看不到饥民饿殍。盗贼绝迹，真是道不拾遗，夜不闭户。民风淳厚向善，几乎没有民事纠纷，所以官府也没有案件要办。市场上买卖公平，同一种商品没有两种价钱，也没有以次充好、擅自提价的欺诈现象。”

王莽听到“市无二价”时点点头，市场繁荣、物价稳定，是社会安定的标志，也证明王莽辅政所采取的一系列措施行之有效。所以他觉得很满意，也很安慰，王莽要放心地做真皇帝了。于是，他制造了一个天命的神话，假借一块浚井挖到的白石，上刻“安汉公为皇帝”六字宣示上天的旨意，终于“名正言顺”地坐上了皇帝的宝座。

立锥之地

【释义】只有插下锥子的地方，可见其小。形容没有立足之处。

【出处】汉·班固《汉书·食货志上》。

秦朝末年，汉楚相争。一年，项羽的兵马把刘邦围在荥阳，刘邦惊恐万分，谋士郦食其献计道：“秦国失败，是因为它灭掉六国后，使六国的后人无立锥之地，它失德弃义，才遭到反对。您如能把六国的后人复立君位，发给他们印鉴，那么六国的君臣百姓必定会拥护您，您就可以称霸天下了。”

刘邦立即下命令：“马上去刻印鉴，你带上印鉴去六国为我办理此事！”

这事让张良知道了。张良气冲冲地来见刘邦，一进门就喊：“陛下，是谁替您出的这个坏主意？如果这样做下去，您的一切希望就全完了！”

刘邦惊讶地问：“有这么严重吗？”

张良冷静地给他分析利害得失的关系：“现在天下的游士离开自己的故乡，远离家人、亲戚，遗弃祖先的坟地，跟随您东征西战，日夜都想回到故乡去，盼望重立旧国，您若是果真复立了韩、魏、赵、齐、楚、燕，那天下的游士都要回国去为他的国君效力，您还依靠谁去打天下呀！况且如今项羽强大，六国都会依附于他，您的大业不就全部付诸东流了吗？”

刘邦于是下命令，把刻制的印鉴全部销毁。

礼贤下士

【释义】对有能力的人，以礼相待。

【出处】宋·欧阳修、宋祁等《新唐书·李勉传》。

唐朝的宗室后代李勉，从地方官一直升到宰相。李勉为官，廉洁刚正。他在担任负责考察州县官吏政绩的观察使时，发现一个名叫王晬的武官为人正直，非常能干，便让他代理县令的职务。

不久，王晬遭到权贵的诬陷，唐肃宗颁下诏书，要李勉处死王晬。李勉没有马上逮捕王晬，而是连夜上奏章，请求朝廷赦免他。

肃宗接到奏章后，免去王晬死罪。但是，李勉也因执行圣旨不力而被召回京师处理。

李勉进京后，向肃宗面奏王晬是无罪的，现在要任用的，就是像王晬这样正直能干的人。肃宗了解了全部情况后，对李勉坚持正义、保护贤才的做法予以肯定，授他为掌管宗庙礼仪的太常少卿之职，并任命王晬为县令。王晬到任后，为官清正，办事公道，很受百姓爱戴。朝中人也都称赞李勉能识别和爱惜人才。

后来，李勉担任节度使，听人说李巡、张参这两个人相当有才学，便请他俩来辅助自己办理公务。李勉并不因为这两位名士是自己的下属而摆任何架子，而是始终以礼相待。凡有宴饮，总要请他们出席。

不幸的是，李巡、张参两人不久先后去世。李勉非常怀念他们，每逢宴请宾客时，总要设两个空位，照常摆着酒菜，就像他俩还活着似的。

不仅是对李巡、张参那样的贤才，就是对普通士兵，李勉也是以礼相待，爱护备至，所以在他手下当差的人，都愿意为他尽力。

后世对李勉的品格和为人十分推崇，特别是对他尊重有才德的人、有礼貌地对待地位低下的人，更是长久地称道。

“礼贤下士”就是史学家赞颂李勉品格的用语。

让枣推梨

【释义】原指儿童吃东西时，互相推让的美德。表示兄弟友爱。

【出处】唐·李延寿《南史·王泰传》、南朝·宋·范晔《后汉书·孔融传》。

据《南史·王泰传》记载，王泰幼年时，祖母把几个孙子叫来，给他们发红枣和栗子，其他孩子一拥而上，都想多抢一些，而王泰虽然也很喜欢吃红枣和栗子，却站立一旁，不参与争抢。

又据《后汉书·孔融传》注引孔融家传说，孔融四岁时，每次和他的哥哥们一起吃梨，他总是挑小的吃，大人问他为何不挑大梨吃，他说：“我是小孩，理当吃小的。”

后来，人们把这两个典故合到一块儿，形成了“让枣推梨”的成语。

民为邦本

【释义】邦：国家。人民是立国之根本，必须依靠人民群众才能治理好国家。

【出处】春秋·孔丘《尚书·五子之歌》。

夏朝的国君太康，本是禹的孙子，他在继任国君后荒淫无度，老百姓因此十分怨恨。有一次，太康到洛水的南面去打猎，一连一百天不回京城。有穷国的君主羿趁机篡夺了夏国的政权。

太康有五个弟弟，当羿起兵反叛时，他们用车载着母亲从京城逃了出来。后来，太康的五个弟弟一起作了一首歌，追述大禹的功劳，谴责太康的荒淫，其中一段歌词是：“英明的祖先告诫我们：人民不可鄙视而只能亲近，国家有了人民，好比大树稳固了根。一个人统率着万民，就好比用腐朽的绳索驾驭着奔驰的快马，随时要战战兢兢（皇祖有训，民可近而不可下。民惟邦本，本固邦宁。予临兆民，懔乎若朽索之驭六马，为人上者，奈何不敬）。”

太康死后，弟弟中康被立为国君。后来，羿也荒淫无道，老百姓起来反抗。中康和弟弟们趁机起兵，恢复了夏国。

民不聊生

【释义】 聊：依赖的意思。比喻人民毫无依赖，生活极端痛苦。

【出处】 汉·司马迁《史记·春申君列传》。

战国末期，各大诸侯国互相争夺霸权，战争连绵不断。秦昭王派大将白起，在伊阙（今属河南）大破韩、魏两国军队，斩杀24万人。此后几年，秦军又频频攻打韩、魏两国，成千上万的人丧失了性命。后来白起的大军攻入楚国，楚地的百姓又遭到一次浩劫。楚国便派使臣黄歇到秦国去求和。黄歇到秦国后，给昭王上书说，现在威胁秦国的不是楚国，而是韩国和魏国。这是因为韩、魏两国的百姓不知被您杀了多少，活着的人民不聊生，流离失所，到处都是被迫当仆人和小妾的人，他们同秦国的冤仇不共戴天。

奏文中又说，如今，大王竟然联合这两个对您有仇的诸侯国来攻打我们楚国，等于是让他们强大起来。而且，大王的军队要借道韩、魏，一旦他们的军队倒戈一击，秦军就会遭到灭顶之祸。因此，我们两国应结成联盟，消灭韩、魏，这才是正确的战略。

秦昭王觉得黄歇的话很有道理，决定与楚国结成联盟。黄歇在上书中用“民不聊生”来概括百姓受苦受难没有什么可以依赖为生的情况。

对症下药

【释义】 原意是根据病症来用药，比喻要针对不同的情况，用不同的方法处理。

【出处】 晋·陈寿《三国志·魏书·华佗传》。

一天傍晚，华佗正忙着为病人们诊症开方，这时，大门外进来两个人：一个是府吏倪寻，一个是商人李延共。他们满脸通红，手抱着头，一步一呻吟地跨进门槛，浑身无力，瘫坐在长条椅上。

华佗热情地走过去，问他们有什么病情，两人指着对方，异口同声说：“我们俩都感到头痛身热。”

华佗一言不发，分别给他们切脉后，说：“倪寻先生应当服药通畅肠胃，延共先生应当服药使身体发汗。”

两人感到奇怪，提醒说：“医生，我们两人病情相同，服用的药怎么能不一样？”

华佗笑道：“倪寻身体外部无病，病因是内部伤食；延共内部无病，病因是外部受了风寒。你们两个虽然病情相同，但病因不同，因此药方也应该不同，这叫对症下药。”

两人按照药方取了药，回家后服下，第二天就都痊愈了。

对牛弹琴

【释义】 对听不懂音乐的牛来弹琴。比喻对愚蠢的人讲深奥的道理。现也用来讥笑说话时不看对象。

【出处】 南朝·梁·僧祐《弘明集》。

古代音乐家公明仪，琴弹得非常出色。每当他坐在自家窗口弹奏时，行人常常驻足聆听，听得如醉如痴。

一次，公明仪携琴游玩到郊外，只见满目青山绿水，蓝天上飘着悠悠白云，远处传来牧童悠扬的笛声，身旁的大树上小鸟在尽情地欢唱。公明仪情不自禁地打开琴弹了起来。弹着弹着，他觉得没意思，因为没人欣赏。他四下一看，见不远处有条牛正在吃草，很高兴，心想：“我就弹给牛听吧！”

于是，他就坐在牛的旁边，轻舒十指，缓缓地弹了起来。弹了一会儿，他抬头看看牛，见它只管低头吃草，仿佛没听见似的。公明仪不甘心，弹了一首又一首，直弹得手软筋麻。看着那头只对鲜嫩的草感兴趣的牛，他叹了口气，终于明白了：对蠢牛弹琴，不过是白费劲罢了！

他懊丧地站了起来，打算回去。谁知收拾琴的时候，无意间碰到了一根琴弦，发出了一声响，有点像小牛的叫声。那牛听到响声，停止了吃草，抬起头四面看看，见并没有什么，摇了摇尾巴，兴趣又回到青草上去了。公明仪见了，自嘲道：“不是牛蠢，是我自己蠢，弹琴不看对象。对于牛来说，同类的叫声就是最好的音乐，高雅的乐曲它又怎么能听懂呢？”

司空见惯

【释义】司空是古代官名，原指司空看惯了以为平淡之事，后指经常见到、不足为怪的事物。

【出处】唐·孟棨《本事诗·情感》。

刘禹锡和李绅，都是唐代的著名文学家。李绅做过司空，刘禹锡做过苏州刺史。他们两人交往密切，情谊很深。有一天，李绅邀请刘禹锡喝酒，酒过三巡，刘禹锡诗兴大发，即席赋诗一首。诗中写道：

髲鬌梳头宫样妆，
春风一曲《杜韦娘》。
司空见惯浑闲事，
断尽江南刺史肠。

奴颜婢膝

【释义】奴颜：奴才的谄媚相。婢膝：指婢女常常下跪。形容卑躬屈膝，献媚求宠。

【出处】元·脱脱等《宋史·陈仲微传》。

陈仲微是南宋度宗时的著名谏官。当时，宋度宗偏安一隅，整天饮酒作乐，把朝政全部交给太师贾似道处理。

贾似道见度宗十分昏庸，就专横跋扈，排斥异己。而这时北方的蒙古迅速崛起。元世祖忽必烈建立元朝后，吞金灭辽，又迅速占领了北方大半个中国，使南宋濒临灭亡的境地。

陈仲微看到这种情况，心中非常焦急，他大胆上书，严厉指责贾似道误国，并认为宋度宗对此也有不可推卸的责任。他在谏书中又从宋朝的历史上进行分析，认为北宋徽宗时代和南宋高宗时代和现在情况差不多，这些奸相都是对敌人奴颜婢膝，以致误国误民。

他还在谏书中希望宋度宗和贾似道以历史为镜子，能够彻底悔悟，不要害了国家，最后也害了自己。

但是，宋度宗不听陈仲微的劝谏，继续信用贾似道。直到度宗死后，谢太后当政，才将贾似道放逐。但不久之后，元军攻破临安，南宋王朝便灭亡了。

发愤图强

【释义】发愤：下定决心去努力。图：谋求的意思。形容下定决心，努力图谋富强。

【出处】春秋·孔丘弟子《论语·述而篇》。

《论语·述而篇》记述孔子的一段话中，有“发愤”之说，原文如下：

叶公问孔子于子路，子路不对。子曰：“汝奚不曰：‘其为人也，发愤忘食，乐以忘忧，不知老之将至’云尔？”

叶公，即春秋时楚国大夫沈诸梁，封于叶（今河南叶县南）。孔子周游列国，来到楚国的叶邑时，叶公曾接待了他。因叶公对于孔子的为人不很了解，便向子路悄悄探问。子路一时不知怎么回答，没有作声。事后，孔子知道了，便对子路说：“你怎么不说‘他的为人，努力学习，连吃饭都常常忘了；乐观愉快，什么忧虑都没有；根本不知道老年时代快要到来’如此这般的话呢？”

可见，古人所谓“发愤”多指勤苦学习而言。至于把“发愤”一词同“图强”合为成语来使用，则是近代才出现的。清末的改良主义维新派康有为，上书光绪皇帝，劝他进行资产阶级的政治改革时，就曾用过“发愤图强”这样的说法。

发聋振聩

【释义】聩：耳聋。声音大得使耳聋者都能听见。比喻用惊人的语言唤醒麻木不仁的人。同“振聋发聩”。

【出处】现代·赵尔巽等《清史稿列传七·黄爵滋》。

清代道光初期，英国舰船经常侵犯中国的领海主权，日益暴露出侵略意图。道光十五年（1835年），担任鸿胪寺卿的黄爵滋，目睹这些情况，忧心如焚，就上奏朝廷，提出要警惕外国侵略者险恶用心的主张，他说：“外国不可尽以恩抚，而沿海无备可危。”道光十八年（1838年），他所上的《禁烟议疏》，首次提出要在我国提倡禁止鸦片烟。在奏疏中，他列举大量史料说：自鸦片流入中国，道光三年以前，每年有数百万两白银外流。道光三年之后越来越多，单广东省，自道光三年至十一年，每年外流白银1800万两；道光十一年至十四年，每年外流白银2000余万两；道光十四年至今，已经达到3000万两之多。而福建、浙江、山东、天津各海口，合起来每年也有几千万两。以中国有用之财，去填海外无穷之壑，年复一年，何时是底呢？长此下去，渐成病国之忧。为了严禁鸦片，应当不惜动用死刑，以达到发聋振聩的目的。

道光皇帝对黄爵滋的意见表示赞同。不久，就委任林则徐为钦差大臣，派往广东进行禁烟。

但后来在中外反动派的压力下，清廷没将禁烟坚持到底，反而屈服于洋人。

六　画

百折不挠

【释义】折：挫折。挠：弯曲。不管受多大挫折也不屈服。比喻意志坚强，品质刚毅。

【出处】南朝·宋·范晔《后汉书·桥玄传》。

桥玄是汉灵帝时的太尉。有一天，桥玄10岁的小儿子被三个强盗绑架，他们向桥玄索赎金，不然就要杀掉孩子。桥玄气愤地骂道：“我是朝廷命官，岂能容你们横行霸道！”这时河南尹、洛阳令率兵来抓强盗，已把桥玄府宅围住，但怕逼急了强盗会伤害孩子。桥玄见此情景，在院里大声疾呼：“快来捉拿强盗，我岂能因一个孩子而放掉贼人！”结果强盗被捕获了，但他的小儿子却因此被贼人杀害。桥玄悲痛地向皇帝上书：“以后凡是被贼人绑架走，不许用钱赎回，那样贼人会越来越凶；官府捉到掠人为质的强盗一律处斩！”朝廷按照桥玄的意见公布了法令，以后绑架劫持的事件才逐渐绝迹了。

曹操对桥玄一向很景仰。一天，当时还是小官的曹操去拜访桥玄，桥玄对曹操说：“现在天下动荡不安，你才智超人，将来安定国家的恐怕就是你了。”曹操以桥玄为知己。后来曹操掌握了大权以后，专程到桥玄坟地上吊唁，在祭文中称赞桥玄是品德高尚的人，对待自己像孔子对待颜渊。

东汉的中郎将蔡邕特地写了一篇《太尉桥公碑》，碑文上颂扬桥玄说：“高明卓异，为众杰雄，其性疾华尚朴，有百折而不挠、临大节而不可夺之风。”

百无聊赖

【释义】聊赖：指凭借、依托。形容生活或感情无所依托，孤寂无聊，感觉什么都没有意思。

【出处】晋·陈寿《三国志·魏书·公孙瓒传》。

东汉末年，诸侯公孙瓒原先盘踞在蓟州。

蓟州流传一首童谣：燕南陲，赵北际，有此中可避世。

北方的鲜卑、乌丸，南方的袁术、袁绍，不断侵扰蓟州，公孙瓒为此找来术士，询问童谣的含义。

术士说：“古燕国的南疆，赵国的北边，有时归入燕国版图，有时归入赵国版图，那块土地就是易州，该州城建在山坡上，后枕大山，发生战事，来者只能仰攻，是固守的好去处。”

公孙瓒听了，决定迁都。

公孙瓒在易州城外挖了十道壕堑，每道壕堑后都筑一道城墙，中建一座十余丈高的城堡，藏有米粮300万斛，称为易京，自己就驻守其间。他踌躇满志地说："兵书上说的，攻打拥有百座堞楼的城池是自讨苦吃，现在易京有堞楼千座，哪个能奈何我？"

其实公孙瓒上了袁绍的当，袁绍派人散布童谣，目的就是要公孙瓒困守孤城，消磨斗志，少了一个与他争天下的对手。

袁绍大军围困易京，公孙瓒据险而守，虽然一时不怕敌兵攻城，但是老待在城里，士兵无斗志，米粮日渐减少，日子也不好过。另外，袁绍的军队日日夜夜在城外挖掘地道，通向城内，准备上下夹攻。

公孙瓒憋不住了，先派遣儿子突围外出讨救兵，然后率领士卒，打算出城跟袁绍决战。可是援兵总是不来。公孙瓒写信让人快速送到儿子手里，信上说："袁绍的军队，像神又像鬼，鼓声角声在地道下响起，云梯檑石在我军头上飞舞，困守孤城，无所聊赖。你急率轻骑前来救援，来时在北方山头燃起烽火，为父得讯后，开门击贼，出其不意，打垮袁军。"

可是，这封书信被袁绍截获，袁军如期在北山点起烽火，公孙瓒士兵倾巢而出，中了袁军埋伏，待败退返城时，发现袁军早已挖通地道，占领了易京。公孙瓒只得自杀。

"无所聊赖"后来辗转沿用作"百无聊赖"。

百发百中

【释义】形容神枪手射击技术高超，弹无虚发，也可比喻料事如神和谋事必成。

【出处】汉·刘向《战国策·西周策》。

春秋时楚国名将养由基是射箭能手。有一次，晋厉公攻伐郑国，楚共王出兵援郑，和晋军相遇于鄢陵（今河南鄢陵）。战斗中，晋将魏锜射伤了楚共王的眼睛。楚共王恨之入骨，就给养由基两支箭，要他代为报仇。结果，养由基只用了一支箭，就把魏锜射死。

楚共王时，还有一个善射的人，名叫潘党，能每箭射中箭靶的红心。养由基对他说："这还不算本事，要能在百步之外射中杨柳叶子，才算差不多了。"

潘党不服，当即选定杨柳树上的三片叶子，并标明号数，叫养由基退到百步之外，顺序射去。养由基连射三箭，果然第一箭中一号叶，第二箭中二号叶，第三箭中三号叶，箭镞全都正中叶心，非常准确。

《战国策·西周策》中说："楚有养由基者，善射，去柳叶百步而射之，百发百中。"形容射箭技术的高明，因

养由基像

此叫作“百发百中”，也称“百步穿杨”。

百废俱兴

【释义】指一切被废置的事情全都兴办起来。形容各项事业蒸蒸日上。

【出处】宋·范仲淹《岳阳楼记》。

北宋真宗大中祥符年间，各地考生会集京城应试。河南来的举子滕宗谅和湖北来的举子王拱辰同住在一个小客栈里。

这时又有一个书生冒雨进入客栈。店主告诉他已经客满。滕宗谅说：“天色晚了，雨又很大，附近又没有其他客栈。这位兄台今晚还是跟我们住在一起，等雨止了再说吧。”

王拱辰不快地说：“店东，快替我雇辆车，我到别处投店去。好让别人发善心，济贫危！”

后到的举子就是吴县的范仲淹。范仲淹、滕宗谅和王拱辰都中了进士。后来，能说会道的王拱辰当了御史中丞。滕宗谅在湖州任知府。范仲淹先任开封府尹，后来拜枢密副使、参知政事（相当于副宰相）。范仲淹很看重滕宗谅，擢升他为天章阁侍制。在范仲淹外调为河东陕西宣抚使时，嫉贤妒能的王拱辰诬告滕宗谅越职论事，滕宗谅被贬为岳州知府。

滕宗谅在岳州轻役薄赋，筑路垦荒，做了不少好事，他见城西北的岳阳楼年久失修，便将这座面临洞庭湖的名楼修葺一新，还特地请范仲淹写下了名传千古的《岳阳楼记》。

《岳阳楼记》开头几句是：“庆历四年春，滕子京（滕宗谅字子京）谪守巴陵郡。越明年，政通人和，百废具兴。”

百丈竿头

【释义】原意是佛教学说，指道行造诣达到最高境界。比喻不满足已得的成就，要继续攀登高峰。

【出处】宋·道原《景德传灯录·招贤大师》。

宋朝时，长沙有位高僧名叫景岑，号招贤大师。他经常到各地去传道讲经。

一天，招贤大师应邀到一座佛寺的法堂上讲经。大师讲得深入浅出，娓娓动听，听的人深受感染。招贤大师讲经完毕后，一名僧人站起来，向他提了几个问题。大师慢慢地作答起来。那僧人听到不懂处，又向大师提问，于是两人一问一答，气氛亲切自然。他俩谈论的是有关佛教的最高境界——十方世界的内容。为了说明十方世界究竟是怎么回事，招贤大师当场出示了一份偈帖。所谓偈帖，就是佛教中记载唱词的本子。大师指着上面的一段文字念唱道：

百丈竿头不动人，
虽然得入未为真。
百丈竿头须进步，
十方世界是全身。

“百丈竿头”同“百尺竿头”。这个成语就来源于招贤大师所念唱的偈帖。

百感交集

【释义】感：感想。交：一齐。形容各种感想交织在一起，感慨万分。

【出处】南朝·宋·刘义庆《世说新语·言语》。

晋惠帝年间，诸王间混战，各引地方武装，甚至勾结外族以扩充实力。诸王间大混战，又发展为地方军阀之间、华夷各族之间的大混战。楚王司马玮忌妒太尉卫瓘，令清河王司马假矫诏杀害卫瓘子孙九人，只有其孙卫璪、卫玠生病，在医家治疗，幸免一死。后楚王阴谋败露被杀，卫璪、卫玠就职于朝廷。

惠帝被东海王司马越毒死，继位的是没有实权的怀帝司马炽。占据山西的刘渊和占据河北的石勒都野心勃勃，想取而代之。卫玠预感到天下即将大乱，劝说哥哥卫璪举家南迁。卫璪说："我身为常侍，内侍皇帝，不能因保全自己，一走了事。弟弟官任太子洗马，职任闲散，还是你带着母亲过江去吧。"

卫玠说："在朝应忠于君，在家应孝敬父母，在外应取信朋友，但是朝政国事已经弄到这种地步，不是个人单薄的力量所能挽救，哥哥勉为其难，尽忠大晋，我奉养母亲，让她享尽天年吧。"卫玠用车护送母亲，从晋都洛阳辗转来到江夏，江对岸是他要投奔的豫章郡。卫玠再次北望洛阳，知道故国不久将落入外族之手，遂仰天长叹："面对茫茫江水，不觉百感交集，除非人没有感情，不然的话，谁能够排遣心中的郁积呢？"卫玠到豫章后，不久就劳疾而亡，年仅27岁。

老牛舐犊

【释义】 舐：舔。犊：小牛。老牛舔小牛。比喻父母疼爱儿女。

【出处】 南朝·宋·范晔《后汉书·杨彪传》。

三国时期，曹操的主簿杨修聪明机智，很能猜透曹操的心思。一次，曹操在他爱吃的酥点盒上写了"一合酥"三个字。杨修见了，便打开盒子与众人将酥点分吃了。曹操查问下来，杨修一本正经地说："盒上写着'一人一口酥'，我们不敢违背丞相命令，便分着吃掉了。"曹操无话可说，心中却不痛快。

一次，曹操为了测验儿子曹丕和曹植的才干，命令两人走出邺城，又暗中吩咐守城官吏不放他们通行，看他们有无办法出城。结果曹丕无法，被阻退回。曹植请教杨修，杨修说："你奉命外出，谁敢阻挡就杀了他！"曹植按这个办法行事，果真有效，于是曹操以为曹植能干。不料有人告诉曹操说，这是杨修教给他的。曹操因此越发憎恶杨修，后来就借故把他杀了。

杨修被杀，老父杨彪痛惜万分。有一次曹操见他问道："老先生为何瘦得这样厉害？"

杨彪回答说："愧无日䃅先见之明，犹怀老牛舐犊之爱。"

原来金日䃅是汉武帝近臣，他杀了两个行为不端的儿子，免生后患。杨彪说自己因没有金日䃅那样的先见之明而感到惭愧，同时又怀有老牛舔小牛那样的亲子之爱。他以此表达自己的痛惜心情。

老马识途

【释义】 老马能认识走过的路。比喻年岁大的有经验的人，能在工作中起引导作用。

【出处】 战国·韩非《韩非子·说林》。

春秋时期，齐桓公率领军队去征伐孤竹国。军队却在班师回国的途中迷失了方向，在山沟里转了好几天也找不到出山的道路。为此，从上到下弥漫着一股恐慌的情绪，可是谁也没有办法。这时，管仲忽然说："我有办法了！"

齐桓公急不可待地问："什么？快

说出来！”

管仲缓缓地说：“老马的智慧可以用一下，马是认得路的！”

老马果然将迷路的军队引出山谷，找到了大路，将士们笑逐颜开，乐呵呵地拍着马背说：“还是老马识途啊！”

老当益壮

【释义】当：应该。益：更加。壮：雄壮。原指年纪老了，志气应当更壮。现多形容人老干劲大。

【出处】南朝·宋·范晔《后汉书·马援传》。

王莽篡权称帝后，被农民起义军杀死，陇西的隗嚣乘天下大乱之机起兵。隗嚣很器重马援的才华，封他高官，同他商议军机大事。但马援深知隗嚣是无能之辈，毅然离开，投奔刘秀。刘秀早闻马援大名，求之不得，立刻对他委以重任。

刘秀称帝后，为了消灭隗嚣的割据势力，亲自率领大军征讨陇西，谁知山高路险，人地生疏，无法进军。这时马援依靠自己对陇西地形的熟悉情况，为刘秀制定进军路线，提出作战计划。结果隗嚣的军队很快土崩瓦解，刘秀终于平定了西部地区。

不久，陇西羌人作乱，光武帝刘秀调遣马援平定陇西，封他为陇西太守。马援火急赶到陇西，立刻率领3000名步骑兵向羌人发动攻击，一举击溃羌军。马援腿部中箭，仍坚持战斗。十几天后，马援彻底平定了陇西，光武帝闻讯十分高兴，派人送来牛马赏赐马援，马援立刻把这些东西分给将士们。

几年后，陇西地区的羌人和塞外一些游牧部族纠集上万兵马作乱，马援率领4000名士兵前去征讨，把羌军围困在荒山上，几天后羌军饥渴难忍，全部投降。马援很快平定了陇右。

不久，岭南交趾（今越南北部）地区征侧、征贰姐妹起兵造反，征侧自立为帝，南方几个地区纷纷响应。马援被光武帝封为伏波将军，率领大军乘海船抵达交趾，分兵两路，在浪泊地区大败敌军，俘虏近万人。接着马援乘胜追击，几天后就平定了岭南地区，抓获征侧、征贰姐妹。

马援62岁时，汉军去平定武陵动乱，结果全军覆没。马援向光武帝请求出战，光武帝劝他说：“你征战无数，年纪大了，不要再出征了！”

马援说：“我不算老，披甲上阵易如反掌！”

光武帝深为感动，令他率领4万大军征讨武陵。此时正是暑天，骄阳似火，敌军守住山头，居高临下，汉军的船只被急流所阻，久攻不下。许多官兵中暑，军营疾病流行，马援也病倒了，终于病重而死。

马援生前常对朋友说：“大丈夫要有志气，越穷困，志气越要坚定，年老了，志气更要雄壮！”他征战一生，最后实现了平生的志愿。

老生常谈

【释义】老生：年老的书生。指陈

腐过时的言论或听惯了的老话，没有新鲜见解。

【出处】晋·陈寿《三国志·魏书·管辂传》。

三国时代，魏国有个人名叫管辂，八九岁时便能在泥土上画出日月星辰，并加以解说，长大后对周易了解更透彻。他常替人占卜，每次都很灵验。

有一次，吏部尚书何晏将管辂请了去，另一个尚书邓飏也在座。何晏对管辂说："听说你能未卜先知，请你替我卜一卦，看我有没有做三公（最高的官职，即司徒、司寇、司空）的希望，还有，我最近连续梦见十几只苍蝇扑向我鼻上来，赶也赶不走，不知是什么缘故。"

管辂说："请原谅我直说，从前周公辅佐成王，经常是坐着等待天亮，由于他的尽忠职守，才使成王国运兴隆，各国诸侯都拥护他，这完全是遵循天道的结果，不是卜筮可以说明的。现在你权高势赫，但感怀你德行的人少，惧怕你威势的人却多，这不是好现象。相书说，鼻的位置在天中，苍蝇贴面，主危。我希望你上追文王，下思尼父（孔子），则三公可望，苍蝇可驱了。"

邓飏在旁听了说："此老生常谈，我都听厌了。"

扬汤止沸

【释义】把烧开的水舀出来再倒回去，使它稍冷，暂不沸腾。比喻暂时缓解急难。

【出处】晋·陈寿《三国志·魏书·刘廙传》。

刘廙，字恭嗣，东汉末期南阳郡（今河南南阳）人。他的哥哥刘望之被荆州刺史刘表所杀，他于是投奔曹操。当时，有个名叫魏讽的人阴谋袭击曹操，被人告发后，曹操就把魏讽处死。刘廙的弟弟刘伟是魏讽的同党，因此同被诛戮。按当时法律，刘廙因弟弟牵连也当获罪，并应全家抄斩。可曹操爱惜人才，同时也了解刘廙的为人，所以曹操没有对刘廙判罪。刘廙很感激曹操，恭恭敬敬地写了一封信给曹操，原文有一段：

臣罪应倾宗，祸应覆族，遭乾坤之灵，值时来之运，扬汤止沸，使不焦烂，起烟于寒灰之上，生花于已枯之木；物不答施于天地，子不谢生于父母，可以死效，难用笔陈。

大意是说：我的罪，理应灭绝祖宗和家族，幸而遇到天大的好运，蒙您扬汤止沸，救了我的命，真好比使冷灰重新冒起烟来，使枯树重新开出花来一样，这样的大恩，等于天地缔造万物、父母养育子女，永远也报答不了，今后我只有拼死为您效劳，在这封信里，实在写不尽我的感激心情。

扬扬自得

【释义】十分得意的神态。

【出处】汉·司马迁《史记·管晏列传》。

春秋时代，齐国宰相晏子一天有事乘车外出。在大道旁边的一间茅屋里，替晏子驾车的车夫的妻子从门缝里向外张望，只见自己的丈夫挥动鞭子策马而行，挺胸凸肚，"意气扬扬，甚自得也"。而晏子居中坐定，温良谦恭。顿时，一阵不快漫上心头。好不容易等到天黑丈夫回家，妻子劈头就是一句："我们分手吧！"

丈夫大吃一惊："你为什么要离我

晏子御妻

而去？”

“晏子身高不到六尺，满腹经纶，做了齐国的宰相，名扬于各地诸侯，可以称得上是一方豪杰了。然而今天我看见他坐在豪华的车子上，态度谦恭和顺，一点儿也没有居高自傲的神色。可是你呢，虽然身长八尺，不过是个为人赶车的车夫。我看见你赶车时的样子很有点自以为是，所以我想离开你。”

“请不要再说下去了，”丈夫打断了妻子的话，“我领会你话中的意思了。”从此，赶车人仗势自恃、骄矜傲慢的态度不见了，代之以谦逊和谨慎。

晏子感到很奇怪，问他为什么。赶车人据实讲明了上述情况。最后晏子推荐赶车人做了齐国的大夫。

扬扬得意

【释义】形容非常得意而神气十足。

【出处】宋·李昉等《太平御览》。

隋文帝杨坚册立大儿子杨勇为太子，封二儿子杨广为晋王。不料皇后不喜欢杨勇，经常在文帝面前数落杨勇的不是。这样，文帝与太子便逐渐疏远了。

晋王杨广生来聪明乖巧，仪表堂堂，只是心怀叵测，阴险狡诈，一心想夺取哥哥的太子之位。杨广很会博取父皇、皇后的欢心，礼仪周全，他还用金银珠宝勾结太师杨素，叫杨素在隋文帝面前诽谤太子杨勇。

一日，文帝派杨素去仁寿宫观察太子杨勇的动静。杨素回来后向文帝奏道：“太子眉宇之间有一股怨恨之气，看来他心思有变，陛下要防止他生出反叛之心。”

就这样，皇后在内宫挑唆，杨素在外面诽谤，隋文帝对杨勇的成见一天比一天深，终于在开皇二十年，废太子杨勇为庶人，囚禁于东宫，立晋王杨广为太子。

隋文帝去世，杨广即位，称隋炀帝。

杨素自以为有功于炀帝，出入朝堂扬扬得意，威权愈盛，文武百官多畏而避之。

朽木难雕

【释义】枯朽的木头难以雕凿。比喻不堪教育，无法造就。

【出处】春秋·孔丘弟子《论语·公冶长》。

孔子的学生宰予，说起话来娓娓动听，起先孔子以为这个人一定是很有出息的，可是不久，宰予暴露了懒惰的毛病。

一天，孔子给学生讲课。宰予却在房里睡大觉！学生们听说宰予大白天还睡觉，哄堂大笑。孔子叹了一口气，伤感地说：“腐烂的木头是雕刻不得的，粪土似的墙壁是粉刷不得的。宰予是一个言行不一的学生，从他那里我得到了教训，要改变一下态度，再听别人的话，我要考察他的实际行为，绝不能再以言取人了。”

孔子轻信了宰予的侃侃言谈，结果使自己受了骗，所以不再以言取人了。

权宜之计

【释义】权：姑且。宜：适宜。指为应付某种需要，暂时采取的措施。

【出处】南朝·宋·范晔《后汉书·王允传》。

东汉末年，豫州刺史王允被朝廷派去讨伐黄巾起义的部队，他在一次作战中，从敌俘身上搜出一封朝廷中常侍张让给黄巾军将领的亲笔信，王允将这件事报告了皇帝，皇帝骂了一通张让，最后却不了了之。然而后来张让借故把王允关进牢狱，决定处死他。司徒杨赐派人告诉王允说：“你犯在张让手上，看样子活不成了，别受罪了，还是设法早点结束自己的生命吧！”一些同僚好友，捧着毒药流着眼泪送给王允。王允把药碗猛地摔在地上，愤然地喊道：“我是朝廷的臣子，今日获罪，就应该伏刑以谢天下，岂有自己喝药求死的道理！”大将军何进、太尉袁隗、司徒杨赐一块儿去请求皇帝免他一死。王允获赦后怕再遭厄运，便改换姓名，迁居到远离京城的地方。

汉献帝即位后，朝廷又封他为太仆、尚书令。他利用美人计收买吕布，借吕布之手杀掉了董卓。除掉董卓以后，王允觉得大患已消灭，天下可以太平了，就不去考虑下一步的行动，后来被董卓部将杀害。

《后汉书·王允传》中说：“允性刚棱疾恶，初惧董卓豺狼，故折节图之。卓既歼灭，自谓无复患难，及在际会，每乏温润之色，杖正持重，不循权宜之计，是以群下不甚附之。”

地利人和

【释义】地利：作战的有利地形或防卫工事。人和：指人与人的关系和睦团结。办事需要天时、地利、人和三个条件，尤以人和最为重要。

【出处】战国·孟轲《孟子·公孙丑下》。

有一次，有人问孟子：“先生以为怎样做才算圣主明君呢？”

孟子说：“我认为圣主明君是用仁政来治理天下的，这样顺从、支持他的人就多，反对他的人就少。我的意思就是说天时不如地利，地利不如人和。举个例子说吧，比如有座小城，敌人围攻它而不能攻陷。敌方是一定会利用适合作战的阴晴、寒暑、雨风等有利天时的，但它不能获胜。因为这座小城占有地形上的优势，城高池深，这种地利超过了敌方的天时；同样的一座山城，城墙很牢固，兵力也强，兵器也锐利，粮食充足，可是敌人来了，城内守兵弃城逃跑，这又是什么原因呢？这说明地利不如人和呀！这就证明了我的主张：靠疆界是无法限制百姓的；守卫国家依靠山川险阻也是靠不住的；同样，仰仗武力也是不能长久地威行天下的。如果你不施行仁政，人们就离你远远的，会搞得众叛亲离，那么你不是注定要垮台吗？”

有恃无恐

【释义】恃：倚仗、依靠。恐：害怕。

因有倚仗而无所顾忌。

【出处】春秋·左丘明《左传·僖公二十六年》。

春秋时期，有一年，齐孝公亲自率军攻打鲁国，鲁僖公十分惊慌，就派能言善辩的大夫展喜去与齐国讲和。

展喜拜见齐孝公后，恭恭敬敬地说："我国的国君得知大王您光临，特派下臣前来迎接，并略备薄酒，慰劳贵军将士。"

齐孝公十分傲慢地说："你们鲁国的君臣百姓见我亲自率军出征，都害怕了吧？"

展喜不卑不亢地说："只有小人才害怕，君子是不会害怕的。"

齐孝公惊讶地说："你们鲁国如此贫困，凭什么不害怕呢？"

展喜郑重地说："我听说周天子与诸侯有过盟约，要求大家世世代代不要互相侵犯，齐桓公是遵守这个盟约的，所以他受到天下人的称赞。您即位以后，各国诸侯都称赞您定会继承桓公的功德，坚守盟约。所以，鲁国既不筑城，又不驻兵。这次，您率兵前来，我们鲁国人都不相信您会置先王的名誉于不顾，违反盟约来攻打我们，所以我们从君到臣都有恃无恐。"

齐孝公无奈，说："回去告诉你的大王，明天我就撤兵。"

有备无患

【释义】事先有准备，就可以避免祸患。

【出处】春秋·左丘明《左传·襄公十一年》。

春秋时代，晋国的司马魏绛是一个执法严明的官吏。有一次，晋悼公的弟弟杨干在曲梁扰乱军队，魏绛就把替杨干赶车的仆人斩首示众。

杨干向晋悼公哭诉，说魏绛目中无人，侮辱王室，晋悼公听了大怒说："我的弟弟受了侮辱，我一定要杀死魏绛，快把他捉来。"

这时，魏绛到了宫外，呈给悼公一封奏书，跟着就拔出佩剑，向着悼公的宫门准备自刎。悼公看了魏绛的奏书，知道是杨干无理，魏绛严正，连鞋子也来不及穿，就急忙跑出宫外扶着魏绛道："这是我的过失呀！"从此悼公对魏绛更加信任了。

过了几年，晋国日渐强盛。一次郑国出兵侵犯宋国，宋国向晋国告急。晋悼公召集鲁、卫、齐、曹等11国的军队，由魏绛率领围住郑国都城。郑国害怕了，就同12国签了和约。

楚国见郑国倾向北方，很不高兴，便出兵攻郑国。郑国恐慌了，于是派使臣向晋国求援。晋国出兵，战事平息了。郑国为了感谢晋国，送给晋国大批珠宝、歌女等。悼公便把一半歌女送给魏绛，魏绛不肯接受，同时谏道："居安思危，思则有备，有备则无患。"晋悼公便把歌女送还郑国。

有志竟成

【释义】只要有好的志向，努力去做，就一定能达到目的。

【出处】南朝·宋·范晔《后汉书·耿弇传》。

东汉刘秀起兵反对王莽政权的时候，耿弇投奔了刘秀的部队。在历次战斗中，他非常勇敢，而且很有智谋，因此深得刘秀的信任。

王莽被推翻后，刘秀建立东汉政

汉光武帝刘秀像

权，登上帝位。耿弇镇压各地农民起义军，消灭地方势力，以统一全国，扩大统治，并且自请带领大军首先平定河北全境，巩固根据地，然后进一步发展。当时，河北一带的农民军大都被镇压下去了，赤眉军也被迫西撤，向河南、陕西一带流动。只有占据山东的张步兵力还很强大，耿弇配备兵力，猛烈进攻临淄，不能取胜，耿弇也中箭受伤，刘秀急得亲自带兵赶去支援。耿弇听了这个消息，为了表示对刘秀尽忠，下令继续战斗。部下劝他等援军开到之后再做计议，他不同意，说："皇上驾到，我们只能宰牛备酒欢迎，怎能把困难留给他来解决！"于是拼死倾全力出击，攻下临淄。

刘秀曾在临淄夸奖他说："将军前在南阳，建此大策，常以为落落难合，有志者事竟成也。"

死不瞑目

【释义】瞑目：闭上眼睛。人死了也不闭眼睛。多用来形容死也不甘心。

【出处】晋·陈寿《三国志·吴书·孙坚传》。

189年，董卓率兵入洛阳，废少帝立献帝，并纵火焚烧洛阳周围数百里，激起了人民的愤怒和反抗。孙坚是东汉末年人，为郡县吏，后因军功被提拔为长沙太守。孙坚与袁术联合起来讨伐董卓，并大骂董卓逆天意，行事残暴无道，誓与他不共戴天，表示如不灭董卓三族，把他头砍下来悬示全国，死也不能闭眼睛。

死灰复燃

【释义】死灰：烧剩的灰烬。指烧尽的灰又重新燃烧起来。形容坏人、坏事、坏思想重新抬起头来。

【出处】汉·司马迁《史记·韩长孺列传》。

韩安国是一位足智多谋、豁达宽厚的能臣，很得汉景帝的赏识。

他年轻时，因为一件案子的牵连被关进蒙县的监狱，狱里有一个看守官叫田甲，对待韩安国态度很蛮横。有一回，韩安国气极了，便与田甲吵起来："你不要以为我这一辈子就再也没出头的日子了，我就不能死灰复燃吗？"

田甲嘲弄地说："没听说过死灰还能冒火的。就是真的冒出火苗来，我就撒泡尿浇灭它！"

事情真巧，韩安国没过几天就被释放了。而且又当上了官，官位比从前还高。田甲听到这个消息，吓得赶忙逃跑了。

韩安国吩咐家人说："你去给田甲家里送个信儿，如果田甲不来见我，他全家人的性命就保不住了！"

几天之后，田甲浑身颤抖地来向韩安国请罪。韩安国笑道："田看守，今天死灰真的复燃了，你来撒泡尿浇吧。"

韩安国没有惩罚田甲，找他来不过是开一个玩笑，借此教训他一顿罢了。

死有余辜

【释义】辜：罪。处以死刑，也抵偿不了他的罪过。形容罪大恶极。

【出处】宋·司马光《资治通鉴·秦纪三》。

公元前210年，秦始皇出外巡行，病死在沙丘。宦官赵高乘机串通丞相李斯，立秦始皇的小儿子胡亥为皇帝，并假造圣旨，逼令太子扶苏自杀。赵高当上郎中令后，就想除掉丞相李斯，自己独掌朝政。于是，他设了一个圈套，让李斯自投罗网。

一天，赵高对李斯说："当前国内民心不稳，叛乱四起，可皇上整日花天酒地，不理朝纲，只知加重百姓的徭役和赋税，再这样下去，会有亡国之祸啊！丞相理应劝谏皇上！"

李斯就去进谏胡亥，劝告他减免赋税，收买民心，以缓和当前的紧张局势。

胡亥怒斥李斯道："你身为当朝丞相，却无力平息叛乱、安抚民心，反而来教训、怪罪我，我看你是别有用心吧！"

这时，赵高又偷偷跑到胡亥那儿说："李斯野心勃勃，图谋造反，他的儿子已经和贼兵勾结在一起了！"

胡亥信以为真，当即下令罢免李斯相位，将他打入大牢。

赵高又用重金买通狱中刑讯人员，严刑毒打李斯。李斯只得屈招，承认自己密谋造反。胡亥就下令用车裂酷刑处死了李斯，并诛杀李斯三族。因李斯生前干过许多罪大恶极的事，所以老百姓都说李斯是"死有余辜"。

至死不悟

【释义】比喻有的人至死也不明白因何而死，或借喻有的人死不悔改。

【出处】唐·柳宗元《三戒》。

有人上山打猎，捕到一只麋麑，抱回家来，养在院里。麋麑性情温和，角像鹿，尾像驴，蹄像牛，颈项像骆驼，四像四不像，摇摇摆摆，在院子里走来走去，家狗看见，围着它打圈，眼露凶光，张嘴吐舌，垂涎三尺，就要扑上去饱餐一顿，吓得麋麑东藏西躲。主人看见了，火冒三丈，操起扁担就要砸去，家狗见势不妙，连忙夹着尾巴跑到院子里。从此，家狗知道这只麋麑不是好惹的。

但是，一听见狗吠声，麋麑就惊慌失措，四腿发软，主人看到这种情况，就想医治麋麑的精神创伤。他每天抚摸它的鹿角、驴尾、骆驼项，抱它接近家狗，托起它的蹄子碰碰狗鼻子，慢慢地消除了它的畏惧心理。同时，主人也对家狗进行各种各样恩威并施的教育。只要它吓着了麋麑，就敲它几棍子。家狗很有灵性，开始媚态十足地主动与麋麑嬉戏。

就这样，麋麑一天天长大了，认狗为良师益友，越加亲昵了。

三年后麋麑已长成麋鹿。一天，主人上山打猎，麋鹿也自作主张出门兜风去。它过了木桥，跃上田埂，进了一个村庄。麋鹿看见池边老树下卧着许多只狗，高兴极了，就鸣叫几声，又清脆又响亮，群狗听见了，抖动几下耳朵，睁开半睡的眼睛，见是四不像的怪物，群情警惕，纷纷跃起，摆开架势。麋鹿很奇怪，狗儿们立刻把它团团围在中间，七嘴八口，把麋鹿咬得七零八落，美餐一顿，这可怜的麋鹿只剩骨头狼藉满地，自己怎会落得如此下场，它至死不悟。

动辄得咎

【释义】比喻做事往往会获罪或遭人责难。

【出处】唐 · 韩愈《进学解》。

唐朝杰出的散文家韩愈，24 岁时凭自己的才学，考中了进士踏上了仕途。当时，唐德宗李适派宦官在街上采购宫中所需的各种物品，称为“宫市”。宦官采购物品，往往付价很少，甚至不付钱。韩愈看到这种情况，上疏力陈“宫市”的弊端，触怒了唐德宗，被贬为连州阳山县令。

后来唐德宗死了，唐顺宗继位，韩愈才被调回京城，担任吏部员外郎之职。但好景不长，又被贬为国子监博士。韩愈自视才高，却累遭贬谪，心中十分郁闷，于是便写了一篇《进学解》。文中有一段大意是：国子博士来到太学，勉励全体学员努力上进，不要荒废学业。因为现在的执政者都是选贤任能、公正无私的人。所以只怕自己没有真才实学，不怕没人赏识提拔。

这话还没读完，学员中爆发出一阵哄笑，有人站出来说：“博士先生，我们跟您学习了这么多年，深知先生学问渊博，文才盖世，但先生为什么往往动辄得咎呢？”

韩愈诙谐地笑道：“我虽然动辄得咎，但还能当一个博士来教你们，不是很幸运吗？”

过犹不及

【释义】做事情超过和达不到规定的标准，都是不合格的。

【出处】春秋 · 孔丘弟子《论语》。

孔子的学生子贡问孔子，他的同学子张和子夏谁好些，孔子说子张常常超过周礼的要求，子夏常常达不到周礼的要求。子贡又问，子张能超过周礼的要求是不是好一些，孔子回答说，超过和达不到是一样的。

《论语》中的原文是：

子贡问：“师与商也孰贤？”

子曰：“师也过，商也不及。”

曰：“然则师愈与？”

子曰：“过犹不及。”

芒刺在背

【释义】芒刺：植物茎叶或果壳上的小刺。形容心中惶恐，十分不安，就像背上有刺一样。

【出处】汉 · 班固《汉书 · 霍光传》。

汉武帝病死后，8 岁的汉昭帝即位，由大将军霍光辅政。

霍光像

汉昭帝21岁就病死了，没有儿子。霍光把汉武帝的孙子昌邑王刘贺立为皇帝。由于刘贺放荡不羁，霍光和大臣们商量后，就废了刘贺，另立汉武帝的曾孙刘询为帝，这就是汉宣帝。

汉宣帝刚即位去朝拜高祖庙时，大将军霍光坐在车的一侧，陪同宣帝前往。年轻的宣帝早就听说霍光威严权重，现在又看到他身材高大，面色严峻，因此觉得非常畏惧，惶恐不安，坐在车中就好像有芒刺在背那样难受不自在。

霍光病死后，宣帝亲政，他出游时由车骑将军张安世陪乘，张安世没有霍光那样威严可怕，宣帝感到无拘无束，内心安稳。

师出无名

【释义】原指出兵没有理由。现泛指办事没有正当理由。

【出处】汉·班固《汉书·高帝纪上》。

楚怀王曾经跟起义军的将领们约定：谁先打败秦军、攻入咸阳，谁就当秦王。项羽虽然是后进咸阳的，但他倚仗自己兵马强大，所以自封为西楚霸王，而将先入咸阳的刘邦封为汉王，让他到人烟稀少的巴蜀之地去。同时，给了楚怀王一个徒有虚名的尊号——义帝。但不久，又暗中指使人把义帝杀死。

项羽的这些举动，引起了诸侯们的强烈不满。汉王刘邦领兵到了洛阳，董公对刘邦说："我听说顺德的昌盛，逆德的灭亡。没有正当理由，做大事就不能成功。项羽杀了君王，为天下人所怨。您乘此率军征战，四海之内都会仰慕您的德行。这样，您就同从前的周武王讨伐纣王一样，兴的是仁义之师。"

刘邦马上为义帝发丧，命令三军全都穿上白衣，自己则袒露左臂，放声大哭，接连公祭了三天。接着，刘邦又派使者给其他诸侯送信说："天下共立义帝，我们作为臣子尊他为君。现在项羽杀害了义帝，实在是大逆不道。现在我要兴仁义之师，和你们一起去讨伐杀害义帝的人。"从此，刘邦与项羽开展了争战。

本成语出于《汉书·高帝纪上》："至洛阳，新城三老董公遮说汉王曰：'臣闻顺德者昌，逆德者亡。兵出无名，事故不成。'""兵出无名"后演化为"师出无名"。

同仇敌忾

【释义】忾：仇恨、愤怒。对共同的敌人，抱着同样的仇恨与愤怒。

【出处】春秋·左丘明《左传·文公四年》。

秦穆公能够礼贤下士，广用人才。

有一回，卫国的宁武子跑到秦国想谋份差事。秦穆公设宴招待他。席间，穆公命令乐官为宁武子演奏一支曲名叫《湛露》的欢迎曲，还向他赠送了大红色的雕弓。按照礼节，主人给客人这么隆重的待遇，客人应该作诗赋答谢才对。可是直到宴席结束了，宁武子也未做任何表示。

席散后，秦穆公以为自己还有什么不周到的地方，派人间接去问宁武子。

宁武子告诉来人说："过去，诸侯去觐见天子，为的是接受天子的教导；天子设宴款待诸侯，在席间才演奏《湛露》曲子。意思是说，天子就好比太阳，诸侯就好比露水。诸侯于是按照天子的命令，回去各自率领军队，把天子的敌人当作自己的敌人，把天子的仇恨当作自己的仇恨，同仇敌忾，奋勇杀敌。打了胜仗后，天子向诸侯颁发雕弓和箭支，以示表彰。今天，我不过是个陪臣，没想到秦穆公给我这么高的礼遇，我实在是不敢当啊！否则，岂不是辱没了你们的君主吗？"

秦穆公这种不拘一格、不分尊卑的态度，吸引了更多的人才投奔秦国。

同舟共济

【释义】济：过河。同乘一条船过河。比喻在困难的环境中同心协力，克服困难。

【出处】春秋·孙武《孙子·九地篇》。

春秋末期齐国人孙武协助吴王阖闾训练军队，并指挥吴国的军队打败了强大的楚国，使吴国威震诸侯。他写的《孙子兵法》是著名的军事学著作。

一次有人问他："怎样布阵才能不被敌人击败呢？"

孙武说："你如果打蛇的脑袋，它会用尾巴反击你；你去打蛇的尾巴，它又会用头部来袭击你；你如果打蛇的腰部，它就用头、尾一齐来攻击你。所以善于布阵的将才，也要将军队摆成蛇一样的阵势，头尾能互相救援，使全军形成一个整体，前、中、后彼此照应，才不会被敌人击溃、打散。"

那人又问："那么，军队的将士们能做到像蛇那样，首尾合成一体，遇敌互相救援吗？"

孙武说："这是不必担心的。战场是生死之地，战争迫使军队必然齐心协力。比如两个仇人，平日恨不得彼此吃了对方。但是他们同乘上一条船渡海，遇到了狂风恶浪，眼看就有葬身海底的危险，他们也会忘记旧仇，同心协力与风浪搏斗以避免船翻人亡的。连仇人在危险之时尚能同舟共济，何况没有冤仇、兄弟情深的将士呢？所以军队必然会像蛇一样成为一个整体，首尾相顾，彼此救援的。"

因噎废食

【释义】噎：食物卡住喉咙。废：停止的意思。因为吃饭噎住了，干脆连饭都不吃了。比喻因小失大，怕做错事就索性不干。

【出处】战国·吕不韦《吕氏春秋·荡兵》。

某节日之夜，有个财主大摆酒宴。席间，划拳行令，喧声如潮，食客满座，杯盘狼藉。

突然，闹得最欢的一个老头，大汗淋漓，翻白眼，捂脖子，使劲咽唾沫。这是怎么回事？原来，他刚才急着说话，到嘴的一块牛肉没嚼烂就吞下去，结果喉咙给堵住了。这时，全场的人纷纷围了过去，有的说快灌一杯冷水，有的说要再咽一块肉。

有人用力扳开老头的嘴巴，拿起筷子就要往里夹取；有人则使劲捏着他的脖子往下刮……众人或七嘴八舌，或动手动脚，气得老头大吼一声："滚开！"随着喊声，那块牛肉跟着喷射出来。

众人大笑着，正要回座继续吃喝，财主却高声说道："各位请回吧！那位仁兄的遭遇是我们的前车之鉴。老夫认为：要消灾免祸，酒肉不可吃，三餐不可有。本府从今以后，再也不许人吃饭。"说完，下令把厨房的坛坛罐罐全部打碎，柴米油盐一律放火烧掉。

此故事便演化出了“因噎废食”的成语。

因势利导

【释义】因：顺着。势：趋势。视情势的发展，而加以引导。

【出处】汉·司马迁《史记·孙子列传》。

孙膑是战国时期著名的军事家，开始与庞涓一同学习兵法，但庞涓学得不如孙膑好，因此很忌妒他。后来庞涓做了魏国的将军，用计把孙膑骗到魏国，剔除了孙膑的膝盖骨，让他从此无法施展才能。可是孙膑被齐国使者秘密接到齐国，齐威王任命他为军师。

有一年，魏国与赵国联合进攻韩国，韩国派使者向齐国救援。齐王派田忌为将军，领兵救援韩国。魏军大将正是庞涓，他听说齐国出兵援韩，便迅速地把魏军撤回。

田忌问军师孙膑应该怎样进攻，孙膑说：“魏军一向以悍勇自吹，轻视齐国，以为齐兵怯懦。善于作战的人都是因势利导，消灭敌人，我们可以派齐军进入魏国境内，第一天留下10万军士做饭的灶坑，第二天减少一半，第三天只留下3万军士做饭用的灶坑，让魏军误以为我们的军队一天比一天少，造成他们的轻敌，然后设法攻击他……”

庞涓得知齐军行军造饭的灶坑一天比一天减少时，乐得拍手大笑：“我素知齐军胆小，进入我国境内三天，齐军已经逃跑了一半！”庞涓丢下步兵，只领一支精锐部队日夜兼程追赶齐军。

孙膑判断魏兵将在晚上到达地势险要的马陵这个地方。那里两旁是陡壁，中间一条窄路。孙膑命令齐军埋伏在两侧山沟里，又叫人砍倒一棵大树，剥掉树皮，在树干上写下几个大字：庞涓死于此树下。

孙膑像

庞涓的兵马夜里赶到马陵，他发现路上的大树干上有字，使命令卫卒点火照看。这时埋伏在两旁的齐军弓箭手，见到火光，就一齐拉弓放箭，魏兵顷刻大乱，死伤无数。庞涓自知智穷兵败，拔剑自刎了。

从此，孙膑的大名显赫天下，他的兵法也传布开了。

回光返照

【释义】回光：指日落时由于阳光的反射作用，而使天空出现短时的明亮。比喻人临死前的突然精神振奋。

【出处】清·曹雪芹《红楼梦》。

贾宝玉自从丢了佩在身上的通灵宝玉后，失魂落魄。贾母和王夫人决定让宝玉成亲冲喜，并把他们认为最合适的薛宝钗娶过门来，从而成为“金玉良缘”。

其实，宝玉爱的是黛玉而不是宝钗。为了蒙蔽他，凤姐出了个主意，对宝玉说娶的是林妹妹，并严令全府上下不准走漏风声。

不料，黛玉从一个名叫傻大姐的丫头那里得知宝玉将娶宝姑娘，顿时一阵难受，不久口吐鲜血，就此病倒，并且病情越来越严重。就在这天夜里，离黛玉居住的潇湘馆很远的一处院落中，宝玉正在那里同宝钗拜堂成亲。进入洞房后，宝玉按捺不住兴奋的心情，上前揭了宝钗的盖头，一看是宝钗，以为自己在做梦，第二天，他旧病复发，连饮食也不能进了。

宝玉成亲那天，黛玉已经昏厥过去，只是心头口中一丝微气不断。到了晚间，她又缓了过来，微微睁开眼，似乎是要喝汤水。这时，贾府大奶奶李纨见她略微缓了过来，心里明白是已到了回光返照的时候，料她还能活半天，便先去料理其他事情。

一会儿，黛玉抓住丫头紫鹃的手，使着劲说："我是不中用的人了！你服侍我几年，我原指望咱们两个总在一处，不想我……"她说着，又喘了一会儿，闭了眼歇着。半天又说："妹妹，我这里并没有亲人，我的身子是干净的，你好歹叫他们送我回去！"

说到这里，又闭上眼不言语了。那手却渐渐紧了，喘成一处，只是出气大，入气小了。大家赶紧端水来给她擦洗。刚擦着，猛听黛玉直声叫道："宝玉！宝玉！你好……"

说到"好"字，便浑身冷汗，不作声了。那汗愈出，身子便渐渐地冷了。

曲高和寡

【释义】曲：乐曲。高：高雅。和：和谐地跟着唱。指曲调越高雅，跟着唱的人越少，原比喻知音难觅，现常指写文章不通俗，使人很难看懂。

【出处】南朝·梁·萧统《文选·宋玉对楚问》。

宋玉是战国时代楚国的文学家，也是楚襄王时的大臣。

一次，楚襄王听到人们议论宋玉行为不好，就把他找来说："别人对你很不满，在背后纷纷议论你，你应好好反省。"

宋玉回答："大王，您先不要责备我，请您听我讲一个故事：在咱们楚国国都郢城，来了一个唱歌的人。开始他唱《下里》《巴人》这样通俗流行的曲子，随着他一起唱诵的有几千人；后来，当他唱《阳河》《薤露》这样比较文雅的曲子，跟随他一起唱的只有几百人；而当他唱《阳春》《白雪》这样高雅的曲子时，能够跟随他一起唱的人不过几十人而已！这是什么原因呢？这是因为曲子的格调越高，能跟着唱的人就越少。那些平庸的人怎么能够理解我宋玉的行为呢？"

楚襄王觉得宋玉的话很有道理，就不再追究他了。

这个故事记载于《文选·宋玉对楚问》。文中说："客有歌于郢中者，其始曰《下里》《巴人》，国中属而和者数千人；其为《阳河》《薤露》，国中属而和者数百人；其为《阳春》《白雪》，国中属而和者数十人；引商刻羽，杂以流徵，国中属而和者，不过数人而已。是其曲弥高，其和弥寡。"

曲径通幽

【释义】弯弯曲曲的小路，通向幽深僻静的地方，可做风景的描写，也可比喻只有通过艰苦的跋涉，才能达到胜境。

【出处】唐·常建《题破山寺后禅院》。

唐代诗人常建有诗云："曲径通幽处，禅房花木深。"意思是说：弯弯曲曲的小路，通往幽静的地方，僧人居住的房舍，就在那花木丛的深处。诗句直书景物，但又一语双关，说出了佛家的一个道理，即要达到“清静无为”“息心去欲”的境界，先得经过一段曲折修行的道路。

这个诗句的本意是写禅房僧境，却无意中道出了一个曲折前进的哲理，是辩证法在诗人头脑中不自觉的反映。禅房坐落在深山花木丛中，但通往禅房僧院的道路却是起伏不平、曲曲折折，没有什么笔直平坦的道路可走，必须时而登高，时而就低，时而左转，时而右折，经过崎岖小路的艰苦跋涉，才能到达目的地。“幽处”虽美，但不经崎岖小路的艰苦跋涉是达不到的。

“曲径通幽”语带禅机，道出了佛家修行的一个重要道理：要达到领悟妙道的精神境界，需得先经过一段曲折的修行和磨炼。

当头棒喝

【释义】棒喝：指佛家禅宗、祖师促人领悟佛理时，常一棒击下。比喻为了促人醒悟，给予严正警告或打击。

【出处】宋·道原《景德传灯录》。

唐代和尚慧能，悉心研修佛理，一天忽然悟道，知道一个人只要有诚心，一心向佛，就能得到超生，升入佛境，不必日日夜夜念经打坐，苦用功夫。由此创立佛教禅宗又一门派——南宗顿悟派。所谓“顿悟”，意指一下子悟道，与“渐悟”相对而言。

根据此理论，传佛教道理的禅师在接待初学者或求教者时，就不再用喋喋不休地对来者讲解佛理的做法，而往往用木棒当头一击或大喝一声，以促其领悟。如有一位叫希运的禅师，接待来求教之人，总是先不问情由地给对方一棒，或大喝一声，而后提出问题，要对方不假思索，当即回答，以此来检验此人对佛教是否虔诚，对佛理是否有所认识和认识到什么程度。

光彩夺目

【释义】形容光彩耀人眼目。

【出处】南朝·宋·刘义庆《世说新语·汰侈》。

西晋时的石崇，在荆州刺史任上，纵容官兵劫掠客商，夺取财宝，成了西晋有名的大富豪。而当时的将军王恺，是晋武帝司马炎的舅舅，也是个大富豪。

石崇和王恺都要争做第一富豪。于是，两人都竭力用最华丽贵重的东西来装饰自己的车辆和衣冠。

有一次，晋武帝把一株2尺多高的珊瑚树赐给了王恺。王恺非常得意，一天，故意把这棵珊瑚树拿给石崇看，并不断地夸耀。石崇一笑，拿起一柄铁如意，猛地一击，把那珊瑚树打得粉碎。

王恺认为这是石崇妒忌自己有这稀世之宝才故意毁掉珊瑚的。于是，声色俱厉地嚷道：“你这是干什么？这宝物是皇上所赐，看你如何赔偿？”

石崇不以为然地说：“这样的珊瑚，有什么稀罕。我马上赔你一棵更好的就是了。”说完，他命家人搬出几十棵珊瑚树，有高3尺的，有高4尺的，枝条、树干无与伦比，光彩夺目的就有六七棵，而跟敲碎的差不多的，那就更多了。

王恺看后，惘然若失，什么话也说不出来。

杀一儆百

【释义】惩罚少数坏人，以警戒众多的坏人。

【出处】汉·班固《汉书·尹翁归传》。

汉代尹翁归担任东海太守时，经常考察郡内官民。凡有案件，他亲自断案，做到赏罚分明。

每年秋冬时间他总是召开课吏大会，会上召集群吏，考核政绩，发现贪官污吏即刻逮捕。他还经常巡行下县，考察地方行政，了解民情，如果发现为非作歹的土豪劣绅，就马上捉拿归案。对被捉拿的这些人，他也不是主观臆断，而是通过详细周密的调查，再判定罪行。他对照朝廷颁布的律令进行处罚，最严重的判处死刑。通过这种办法，除掉恶人，警戒其他的官民，起到杀一儆百的作用，一郡上下都心服口服。

东海郡郯县有个叫许仲孙的大土豪，为人奸诈狡猾，不守法度，扰乱治安，一县百姓深受其害。几任县令都因为他生性诡诈和善于勾结豪门势力，未能惩罚制裁他。翁归上任伊始，弄清情况，就逮捕了他，并将其判处死刑。一县的官民因此都恐惧战栗，不出几年，东海郡就太平无事，人人安居乐业了。

杀马毁车

【释义】将马杀了，将车毁了。比喻弃官归隐。

【出处】南朝·宋·范晔《后汉书·周燮传》。

东汉时的冯良，出身低微，30岁的时候，县令调他当县尉的“从佐”，也就是随从。有一次，郡里要派一个督邮官来县里，督邮将代表太守来督察县乡的工作，县令吩咐冯良到驿路口去迎候，必须执礼恭敬，不可怠慢，将他迎到县衙，才算完成差事。冯良带着车马，来到路口。谁知从上午等到日落西山，还不见督邮人影。冯良十分愤慨，便一口气把马车赶到十几里路外的山边无人之处，取出佩刀，杀了那匹马，又把车砍破，脱下“从佐”的公服，撕成了碎片，再狠狠地把帽子踩坏。之后，逃到一个叫犍为的地方，投在名师杜抚门下，学习《诗》《礼》《易》，下定决心研究学问。

当晚，冯妻急了，四处寻找，都不见踪迹。十几天以后，在山边的草丛里，找到了破车、死马和冯良那件破碎的公服，以为冯良必是遇到了野兽或是被强盗所害，性命早已完结了。冯妻哭哭啼啼，替他办了丧事。

过了十几年，冯良回到家乡。这时候，冯良已学了更多的礼法，行为品德更加高洁，真是非礼不动，对妻子也客客气气。乡里人议论说：“冯良这一去十几年，回来像是换了个人了，真可以做大伙的表率了。”后来，冯良多次被公车征召做官，他都以有病推辞，可是他的名望却更高了。

杀身成仁

【释义】成：成全。仁：仁义。原指不惜牺牲生命来成全仁义，现广泛地指牺牲自己的生命来维护正义事业。

【出处】春秋·孔丘弟子《论语·卫灵公》。

有一次，弟子向孔子请教说：“先生，您讲的仁德，确实是一种美德，我很想得到，但活在世界上也是我的欲望，假如仁德与生命两者发生冲突，该怎样处理呢？”

孔子说："凡是真正的志士仁人，都不会因为贪生怕死而损害了仁义的。我们应该做的是勇于牺牲自己的性命，来成全仁义。"

孔子的学生子贡又问道："仁德一定是很难得到的吧？我们应当怎样去培养它呢？"

孔子说："培养仁德可以从头做起呀，比如说，工匠要做好他的活计，必须先有得心应手的工具；对于一个国家来说，应该选择那些大夫中的贤者去敬奉他；对于自己来说，就应该挑选那些士人当中的仁者交朋友，这样才会培养起仁德来。"

行尸走肉

【释义】 行尸：指行动的尸体。走肉：指能够活动而没有灵魂的躯体。形容糊涂过日子，活着就像死了一样。

【出处】 晋·王嘉《拾遗记·后汉》。

东汉有个人叫任末，虽然家境贫穷，但从小勤奋好学，他从未正式拜过师，后来却成为一个大学问家，全靠自学。他勉励自己说："人要成材，就得学习！活到老，学到老，才不会虚度一生。"

有一个时期，他在一座林子边搭了一个茅草棚，住在里面读书。没有笔，他砍下荆条，把荆条削尖当作笔；没有墨，他将树液加上烟灰当作墨。夜晚，没有灯，他就映着月光读书；没有月光，就点着晒干的蒿草照明。读书如有心得，就写在穿着的衣服上。日复一日，年复一年，他孜孜不倦地苦读，终于成了一个十分博学的人，不少人慕名而来，拜在他的门下向他学习。

他在临终时告诫学生们说："一个人如果能够勤奋学习，虽然他死了，但他好像还活着；如果不学习，即使他活着，也不过像行尸走肉一样，没有什么意义。"

行将就木

【释义】 木：棺材。形容快要进棺材了，比喻将近死亡。

【出处】 春秋·左丘明《左传·僖公二十三年》。

春秋时期，晋惠公死后，晋怀公即位，仍然不许公子重耳返回晋国。重耳逃难到了蒲城，晋国就派军队去讨伐蒲城。蒲城的百姓打算坚决抵抗，与晋军决一死战，来保卫公子重耳。重耳为了不使蒲城人民受难，就带领狐偃、赵衰、颠颉、魏武子等谋士逃到狄国。狄国人很尊敬重耳，把美女叔隗、季隗献给重耳。重耳看中了季隗，便娶她为妾，将叔隗赏给了赵衰。几年后，季隗为重耳生了两个儿子，取名伯倏和叔刘。叔隗也给赵衰生了一个儿子，取名为赵盾，后来成为晋国的宰相。

多年之后，在手下谋士们的敦促下，重耳决定离开狄国，以便寻找回晋国执政的机会。临别时，重耳依依不舍地对季隗叮嘱道："我一旦处境好转，一定来接你。请你等我二十五年，如果我不来接你，你再嫁别人。"

季隗听完此话，不觉泪如雨下，回答说："我今年已经二十五岁了，等上二十五年再嫁人，我怕是行将就木了，你还是早点来接我吧！"

任劳任怨

【释义】 做事不辞劳苦，不避怨言。

【出处】 汉·桓宽《盐铁论·刺权》。

晋国的相国赵盾碰见赵穿打猎回

来，就把想出走的事告诉他。赵穿说："你暂时不要离开晋国，我自有办法请你回宫。"于是赵穿去见晋灵公说："主公，你老在桃园里玩，万一出了事，怎么办呢？让我选 200 名勇士，专门保护桃园。你看怎么样？"晋灵公同意了。没一会儿，200 名卫兵拿着武器围住了晋灵公，他开始觉得事情不对。这时赵穿把脸往下一沉，晋灵公的脖子上就挨了一刀。

出了这事，赵盾心里不痛快，担心谋害国君的罪赵家担不了，于是想瞧瞧朝廷的大事册是怎么写这件事的。他拿来一看，上写："秋正月，赵盾在桃园谋害了国君夷皋。"

赵盾哆嗦着对太史道："谁都知道先君不是我杀的，那时候，我还在河东。你怎么叫我担这个罪名啊？"

太史说："你是相国，国家大事由你掌管，你虽跑了，可是还没有离开本国的地界，相国的大权还在你手里。要是你不许赵穿那么办，那你回来以后，为什么不捉拿凶手办罪呢？"

赵盾觉得自己理屈了。他想也许大人物免不了要任劳任怨的，于是他叹了一口气说："我只要于心无愧就是了。"

《盐铁论·刺权》说"蒙其忧，任其劳"，后演化为"任劳任怨"的成语。

伤风败俗

【释义】破坏优良的风尚礼俗，败坏社会风气，常用来谴责道德败坏的行径。

【出处】唐·韩愈《昌黎先生集·论佛骨表》。

唐代著名散文家韩愈，35 岁到京城做官。当时佛教盛行，从官员到百姓，许多人都信佛，连唐宪宗也笃信佛教。有一次，宪宗把传说是佛祖释迦牟尼的一块遗骨隆重地迎进宫内供奉。韩愈反对宪宗这一做法，特地上《论佛骨表》加以反对。

《论佛骨表》的大意是：佛教是从外国传来的。尧、舜、禹等古代圣人不知道佛教，但他们把国家治理得很好；他们在位的时间长，寿命也很长。佛教是从东汉明帝时传入中国的。明帝在位只有 18 年，宋、齐、梁、陈和北魏后的各个朝代，对佛教无比信奉，但那些朝代的寿命都很短。梁武帝祭礼时不用牲畜，也不吃荤，还三次出家当和尚，结果仍然被叛军包围，活活饿死。现在陛下把佛骨迎到宫里来供奉，使王公大臣们奔走施舍，浪费大量的财富，有的百姓愚昧无知，甚至发狂似的烧灼自己的身体，以表示自己对佛的虔诚，这种败坏风俗的事，会被人们当作笑话四处传扬。依我看来，应当把那块佛骨扔进水里或者投入火中才是！

宪宗读了这表勃然大怒，认为韩愈是在影射自己不会活得很长，为此要砍他的脑袋。亏得宰相裴度为韩愈说情，才贬他到外地去做官。

争先恐后

【释义】争着向前，唯恐落后。

【出处】战国·韩非《韩非子·喻老》。

春秋时期，赵襄子请王于期教他驾车，一天，赵襄子问王于期："您教我驾车，全教完了吗？"

王于期回答说："技术全教给您了。"

赵襄子又问："那我跟您比赛，看谁驾得快。"

车道上，两辆马车辘辘驶过。王于

期镇定自若，看着自己的马，胸有成竹地驾驶着；赵襄子神情慌张，眼睛不断看着王于期，一会儿赶到他的前面，一会儿又落到他的后面。比赛结果，赵襄子落在王于期后面一大截。赵襄子不服气，心想一定是他的马好，就换了一匹，继续跟他比赛，可惜还是输了；第三次，赵襄子气极了，可还是赢不了王于期。

赵襄子很丧气，闷闷不乐地对王于期说："您一定没把技术全教给我。"

王于期笑笑，说："技术已教完了，可是你技术运用错了，驾车最重要的是叫马和车相安，人心和马协调，然后才考虑速度。可现在，您争先恐后，思想都集中在我身上，这样还如何和马协调呢？这才是您落后的原因哪！"

休戚相关

【释义】休：喜悦。戚：忧愁。彼此的喜悦与忧愁共同承担。形容彼此命运联系在一起，息息相关。

【出处】春秋·左丘明《国语·周语下》。

春秋时期，晋国的公子周子年轻时候因受族人排挤，只得客居在周地洛阳。周王的大夫单襄公将他请到自己家里，像对贵宾那样招待他。

周子很有礼貌，说话时总忘不了忠孝、仁爱，待人接物很友善、和睦。他虽身在周地，可是听说自己国家晋国有灾祸，他就忧愁；听说晋国有喜事，他就高兴。这些情况单襄公看在眼里，很高兴。单襄公不久病倒了，自知死期不远，就嘱咐儿子单顷公说："我看周子是很有出息的年轻人，他不忘自己国家，为它的命运担忧，有可能回晋国去接替国君位置，我死后你可要好好照顾他呀。"

不久，晋国国内发生变故，晋厉公被杀死，晋国大夫派人来接回周子，让他做了晋国的国君，这便是晋悼公。

这个故事记载于《国语·周语下》。原文是："晋国有忧，未尝不戚；有庆，未尝不怡。""为晋休戚，不背本也。"后人便从这个故事中概括出成语"休戚相关"。

仰人鼻息

【释义】倚仗别人的呼吸，才能活着。比喻自己没有办法，必须倚仗别人才能生存。引申为看人脸色，不能自主。

【出处】南朝·宋·范晔《后汉书·袁绍传》。

汉献帝时，渤海太守袁绍听从了部下谋士逢纪的献策，阴谋吞并冀州刺史韩馥统治的地区。逢纪替袁绍想出了一条巧计：一面写信给北平太守公孙瓒，鼓动他引兵南下，进攻冀州；一面派荀谌、高干等到冀州去见韩馥，对他说："公孙瓒南下，袁绍也有所行动，看来你已经处在十分危险的境地了！为你着想，不如主动把冀州让给袁绍，那样，既可以获得让贤的美名，又可以保住身家性命，实在是两全之策。"

无能的韩馥听了觉得有理，竟表示同意。可是韩馥的部下耿武、闵纯等，看出袁绍也是没有什么能力的人，于是一致反对归附他。耿武等对韩馥说："冀州有百万之众，可支持十年之饷，袁绍孤客穷军，仰我鼻息，譬如婴儿在股掌之上，绝其哺乳，立可饿杀，为什么要把我们的地盘拱手送给他呢？"

"仰我鼻息"后转化为成语"仰人鼻息"。

刎颈之交

【释义】刎：割断之意。指人与人交情深厚。比喻同生死共患难的交情。

【出处】汉·司马迁《史记·淮阴侯列传》。

韩信的谋士蒯通，看到韩信兵强马壮，手中掌握兵权，便劝他背叛刘邦，自立门户，与楚汉三分天下。韩信听了，不安地说：“我韩信从来没想过离开刘邦，他待我感情深厚，给我车坐，给我衣穿，给我饭吃，我岂能见利忘义呢？”

蒯通又诚恳地劝他：“你自己以为报效刘邦，帮助他建立万世之业，你会永享厚禄，其实这是不可能的。就拿常山王张耳和成安君陈馀两人来说吧，他俩为布衣时，结为刎颈之交，是同生死共患难的朋友，然而后来张耳归附汉王，竟杀死成安君。越国的大夫文种，扶助勾践称霸，结果立功成名而身遭诛灭。你与刘邦的交情能超过张耳和成安君的刎颈之交吗？你对刘邦的忠心能赶上文种对勾践的忠心吗？他们都免不了遭到祸患，何况足下呢？请足下快下决心吧！”

韩信没有听从劝告。蒯通怕将来受到牵连，偷偷地逃到外地去了。

刘邦在垓下打败项羽之后，又封韩信为楚王，可是不久便借故收回他的兵权。最后吕后与萧何共同设计将韩信杀死。

多难兴邦

【释义】一个国家多灾多难往往激发这个国家兴旺发达起来。

【出处】春秋·左丘明《左传·昭公四年》。

春秋时期，楚灵王对内屠杀异己，对外想争当霸主。他派大夫伍举前往晋国，要晋平公跟他一起召集诸侯会盟，并且在会盟中要推他当霸主。

晋平公却想自己当霸主。但是，晋国大夫司马侯认为晋国跟楚国争霸还要等待一段时间。他说：“楚王虽然倒行逆施，但还不到亡国的程度，可能上天要等他干尽坏事后才给他降下惩罚，楚国的臣民也会抛弃他。那时候，霸主的地位我们将不争而得。”

晋平公说：“楚国内部不团结，多灾多难，能当霸主吗？”

司马侯说：“一个国家多灾多难，当然不是好事；不过，有时候，多灾多难也能反过来成为他们振兴自己国家的力量。譬如，齐国内乱，国君被杀，公子小白平定内乱，击退了鲁国的入侵，取得政权，这就是齐桓公，他任用贤相管仲进行改革，国力逐渐强盛，成为第一个霸主。晋公子重耳被国君长期驱逐流亡国外，历经困难，终于回国即位，这就是晋文公，他整顿内政，加强兵力，使晋国成为第二个霸主。所以有时候多难兴邦。但如果楚灵王看不到他自己的危机，就算他当了霸主，日子也不会长的。”

晋平公觉得言之有理，就在当年六月会盟，让楚灵王当了霸主。结果正如司马侯预料的那样，楚灵王当上盟主以后，骄傲自大，不图本国的强盛。过了几年，他的三个弟弟联合起来发动兵变，楚灵王被迫自杀。他没能像齐桓公和晋文公那样，在多灾多难中振兴自己的国家，而在灾难中让危机进一步发展，结果葬送了自己。

多多益善

【释义】越多越好，不厌其多。

【出处】 汉·司马迁《史记·淮阴侯列传》。

韩信是汉高帝刘邦的大将，和萧何、张良并称为“汉兴三杰”。刘邦做了皇帝以后，先把韩信的大将名义和兵权解除，改封为“楚王”。接着，又以阴谋反叛罪逮捕了他。韩信被赦免罪，又改封而降为“淮阴侯”。

一次，刘邦问韩信：“依你看来，像我这样的人能带多少人马？”

韩信答道：“陛下能带 10 万人马。”

刘邦再问道：“那么你呢？”

韩信不客气地说：“臣多多而益善耳！”

刘邦笑道：“你既然如此善于带兵，怎么被我逮住了呢？”

韩信沉吟半晌才说：“您虽带兵的能力不如我，可是您有管将的能力啊。”

由于这段故事，后来形容越多越好，就叫做“多多益善”，也叫作“韩信将兵，多多益善”。

各自为政

【释义】 政：政务事情。各人都自己做主，不相互配合。

【出处】 春秋·左丘明《左传·宣公二年》。

春秋时期，一次郑、宋两国交战。两军刚一对阵，宋军主帅华元的战车忽然离开了自己的阵地和队伍，单车匹马直向敌人密集的地方驶去。郑兵见了便一拥而上，活活地把华元从车上抓了下来。

原来在开战前，宋军主帅华元杀羊设酒，犒劳将士，却忘了留一块羊肉分给车夫羊斟。羊斟以为这是华元轻视他，心中十分怀恨，就打算在战场上报复华元。

第二天，两军刚刚摆好阵势，羊斟就对华元说：“昨天分羊肉，是你华元做主；今天赶车，却要由我来做主了！”于是，就造成了前面所说华元被俘、宋军大败的后果。

此事载于《左传·宣公二年》。原文记载羊斟的话是：“畴昔之事，子为政；今日之事，我为政。”后据此言演化为“各自为政”的成语。

韩信像

淮阴人，我国历史上著名的军事家。在整个楚汉战争中韩信发挥了卓越的军事才能，为汉王朝的建立做出了重要贡献，他的用兵之道也为后世兵家所推崇。

华而不实

【释义】 原意是只开花不结果。形容外表好看，内心空虚。

【出处】 春秋·左丘明《左传·文公五年》。

春秋时期，晋国大夫阳处父去访问卫国。在返回晋国的途中，路过鲁国宁城，有个叫宁嬴的人慕名来投靠他。

宁嬴跟着阳处父走了几天，走到温地的时候，他突然离开阳处父回家去了。他的妻子感到很奇怪，问他：“为什么走到半路又返回来了呢？”

宁嬴回答道：“阳处父这个人，性情

太刚强、偏激，而且夸夸其谈，言过其实，不办实事，华而不实，这就容易和别人结怨。我担心跟着这样的人不但得不到好处，反而会受到危害。所以，我趁早离开他吧。”

一年以后，阳处父果然被人杀死了。

这个故事出自《左传·文公五年》，书中有一句原文是：“且华而不实，怨之所聚也。”成语“华而不实”即由此而来。

负荆请罪

【释义】荆：古时鞭打罪人的刑具。指背着荆条向别人请罪。真心感到自己有错，要求对方惩罚治罪。

【出处】汉·司马迁《史记·廉颇蔺相如列传》。

战国时期，赵国的蔺相如因为出使秦国，临危不惧，战胜了骄横的秦王，为赵国立下大功，因而赵王封他为上卿。赵国名将廉颇见蔺相如官位比自己还高，很不服气，到处扬言说：“如果碰到蔺相如，我一定要当面羞辱他一番。”

蔺相如像

蔺相如听说以后，就处处躲开廉颇，避免和他见面。蔺相如手下的人很不痛快，就问他：“您的官位比廉颇大，为什么还要怕他呢？”

蔺相如反问：“你们看，秦王和廉将军谁更了不起、谁更厉害？”

他的部下说：“当然是秦王了。”

蔺相如笑道：“是的，秦王是一个强国的君主，我都不怕他，何况一个廉将军？但是要知道，别的国家之所以不敢侵犯我国，就是因为文臣有我，武将有廉将军。如果我们两人不和，那么敌人就会乘机侵入我国。个人之间的恩怨是小事，不该计较，国家的利益是大事，必须摆在首位！”

蔺相如的这些话传到廉颇耳朵里，他知道自己错了，便光着上身，背着荆条，到蔺相如家请罪。从此，两人团结一致，一心为国，别的国家不敢轻易侵犯。

负隅顽抗

【释义】负：指依靠、凭借之意。隅：指角落或山势弯曲险要之地。比喻残敌凭险顽抗。

【出处】战国·孟轲《孟子·尽心下》。

战国时期的齐国，有一年闹天灾，许多人饿死在路旁。孟子的弟子陈臻心情沉重地对孟子说：“老师，您听说了吗？齐国闹饥荒，您能去说服齐王打开粮仓赈济百姓吗？”

孟子叹了口气：“我何尝不为齐国的百姓担忧呢？可是我不能再去劝说齐王了。你听说过冯妇的故事吗？晋国有一位叫冯妇的猎手，专门打老虎，屡斗屡胜。可是后来冯妇决定不打老虎了，他的名字也几乎被人们忘掉。许多年之后，山里出现一只猛虎，几个年轻猎人联合起来去打虎，他们把老虎追至山角。老虎背靠着山角，瞪圆了眼睛，大吼一声，吓得猎人不敢上前。这时凑巧冯妇路过这儿，跳下车子，挽起衣袖，与老虎搏斗起来。经过一场拼搏，终于打死了猛虎，为民除了害。年轻的猎手们高兴地谢他，可是那些自称有学问的人，却在嘲笑他……我不能学冯妇的样子呀，我如果再去劝说齐王，不是也会像冯妇一样遭到士人的嘲笑吗？"

陈臻听完孟子的话，只能同情地点点头。《孟子·尽心下》在记载这件事时有"虎负隅，莫之敢撄"的话。后人将该文中"虎负隅，莫之敢撄"一句，改成"负隅顽抗"一句成语。

危如累卵

【释义】危险得像累起来的鸡蛋，随时都有倒塌破碎的可能。

【出处】汉·司马迁《史记·范雎蔡泽列传》。

春秋时期，晋国的国君建造一座九层的高台供自己享乐，并声言，"谁若来劝阻我，我就杀他的脑袋！"

一天，有个名叫荀息的官员求见晋公。晋公以为他是来劝说自己的，就把箭搭在弓上，准备射死他。荀息却说："我不是来劝阻您建造高台，而是想请您看看我的本领：我能够把 12 个棋子堆起来，并且在上面再加 9 个鸡蛋。"

晋公听了，很感兴趣，忙说："快做给我瞧瞧！"

荀息就把棋子摆在桌子上，又把九个鸡蛋慢慢搁上去，鸡蛋在棋子上面颤颤悠悠，摇摇欲坠。晋公情不自禁地喊道："危险啊，危险啊！"

荀息这时候才慢条斯理地说："这个不算危险，还有比这个更加危险的呢！"

晋公以为他还要表演什么玩意儿，忙不迭地说："快做起来给我看看！"

荀息却说："您建造九层的高台，大概花三年的时间也造不完，弄得男子不能种地，女子不能织布，国家必然要穷困。如果别国乘机再来攻打我们，那国家不是要灭亡吗？"

晋公听了他的话，觉得有道理，于是下令停建九层高台。

危在旦夕

【释义】旦：早晨。夕：傍晚。旦夕：指时间极短。危险就在眼前了。

【出处】晋·陈寿《三国志·吴书·太史慈传》。

太史慈是东汉末年人，家境贫寒，多亏孔融接济他们，他母亲才把他拉扯成人。

黄巾农民起义爆发后，身为北海相的孔融，在都昌被农民军将领管亥的部队团团围住，形势万分危急。太史慈的母亲对他说："儿啊，如今孔大人遇到危难，你该去帮帮他！"

太史慈越过了封锁线，只身潜入了都昌城。农民军将都昌城围得越来越紧，孔融坐立不安，更加焦急。有人提议，平原相刘备为人重信义，急人所难，不如派人突围去向平原相报信求援，请刘备赶快来解围。孔融面有难色，说："主意倒是不错，可无奈这城被围得水泄不通，前几次突围送信的人，死的死，伤的伤，没有一个人冲出去。"

这时，太史慈站了出来，向孔融请求出城送信。

第二天，都昌城紧闭多日的城门突然打开了，只见太史慈披挂一新，纵马驰出，身后只跟了两名骑兵。城外围军一时惊骇，竟不知如何对付是好。太史慈下马滚入沟堑，搭弓射箭，连中两名敌兵，随后跃身上马，一溜烟进了城，城门又紧紧地关上了。

此后几天，太史慈天天如此骚扰围军一番，围军只当这是守军的杀伤战术，渐渐习以为常，不加警惕。可是第五天早上，城门一开，太史慈飞马加鞭，竟然直冲围军而去，围军急忙躲闪，居然给他让出了一条路。等到围军醒悟过来，太史慈早已越过重围，朝远处急驰而去。

太史慈到了平原郡，见到了平原相刘备，告急道："今北海孔大人被围，孤军无援，危在旦夕，请您马上派兵相救。"说罢，递上孔融的亲笔信。

刘备读罢信，当即派出 3000 名精兵跟随太史慈去援救孔融，解了都昌城之围。

众叛亲离

【释义】形容处境极其孤立。

【出处】春秋·左丘明《左传·隐公四年》。

春秋时，卫桓公有两个兄弟，一个是公子晋，一个是公子州吁。州吁见哥哥桓公是个老实人，便阴谋篡位。

公元前 719 年，卫桓公动身去洛阳参加周天子平王的丧礼，州吁在西门外摆下酒席，给他送行。他端着一杯酒，对桓公说："今天哥哥出门，兄弟敬你一杯。"

州吁趁桓公不备，突然拔出匕首，把卫桓公杀了，自立为国君。他害怕国内人民反对，便借对外打仗的办法转移国内人民的视线，他拉拢陈国、宋国、蔡国，一起去攻打郑国。但由于郑国严密防守，进攻以失败告终。

鲁国的国君隐公听到这些情况后，问大夫众仲说："州吁这样干，能长久得了吗？"

众仲回答说："州吁只知道倚仗武力，到处兴风作乱，老百姓是不会拥护他的。他为人十分残忍，杀戮无辜，谁还敢去亲近他呢？这样，众叛亲离，他的政权怎么会长久呢？"

果然，不到一年，卫国的老臣石碏借助陈国的力量，把州吁杀了。

众志成城

【释义】万众一心，坚如城墙。形容团结一致就能克服困难。

【出处】春秋·左丘明《国语·周语下》。

春秋末年，周景王打算铸一口巨大的钟，以享受从未有过的乐声。单穆公劝阻说："这么大的钟，声音一定非常响，敲起来震耳欲聋，哪里还有音乐的美感呢？再说，造大钟要耗费许多钱财，要征集许多工匠，大大加重了老百姓的负担。得罪了老百姓，国家就有危险了呀！请大王谨慎从事！"

周景王想取得司乐官州鸠的支持，谁知州鸠说："音乐的声音有大小、轻重之分，各有各的界限，超过了界限，金石丝竹的声音就不和谐。以音乐的标准来衡量，您铸造大钟是不合适的；以国家和百姓的利益来衡量，您的做法就更不合适了。"

周景王却一意孤行。第二年大钟造成了，乐人纷纷夸大钟的声音很和谐很好听。周景王叫来司乐官州鸠说："你不是说大钟的声音不会好听吗？可是，现在它的声音却很和谐啊！”

州鸠严肃地答道：“不，陛下，您错了，造大钟，要老百姓都拥护都欢迎，才叫和谐。现在，国家花费了巨资，老百姓也怨声载道，这能算和谐吗？办任何一件事，凡是百姓赞成的，就一定能成功；凡是百姓反对的，就一定要失败。这叫作‘众志成城，众口铄金’！”两年后，周景王死了，老百姓都说这是他违背民意而受到的惩罚。

后生可畏

【释义】后生：晚辈，年轻人。指年轻人有作为，值得钦佩。

【出处】春秋·孔丘弟子《论语·子罕》。

孔子说：“后生可畏，焉知来者之不如今也？四十、五十而无闻焉，期亦不足畏也已。”

这段话的大意是说：年轻人是可佩服的，怎能断定他们将来不如现在老一辈的人呢？一个人活到了四五十岁，如果还没有听说他有什么贡献和成就，这就不值得敬畏了。

后一辈的年轻人，精力充沛，朝气蓬勃，确实可畏。“后生可畏”这句话，是很有道理的。不过，这里所谓的“可畏”，不能简单地理解为“可怕”，而是包含着赞美、叹服的意思。

后顾之忧

【释义】后顾：回过头来看。来自后方或事后的忧患。

【出处】北朝·北齐·魏收《魏书·李冲列传》。

李冲是南北朝时期北魏的宰相，他才智机敏，为官清廉，对朝廷忠心耿耿，博得君臣上下一片赞扬。

孝文帝打算把京都南迁，大臣都反对，可是皇帝不听劝谏。李冲便耐心地规劝皇帝，讲明利害得失，说服了皇帝。孝文帝几次领兵出征，朝内大事全交付李冲。李冲处理得十分周全、缜密。由于劳累过度，李冲才40岁，鬓发已经斑白，身体衰弱，但仍然不辞辛劳，为朝廷深谋大计。孝文帝也将他看成不可缺少的助手。

当时有一个叫李彪的人，初到京都时投奔李冲。李冲对他很赏识，常在皇帝面前推荐他。李彪后来当上了朝廷的中尉兼尚书，成了皇帝的近臣，一改过去面孔，对李冲疏远而且无礼，大臣们很讨厌他。在皇帝南征离开京都时候，几位大臣找李冲联合控告李彪。李冲亲自执笔，写到李彪忘恩负义的地方，李冲气得大呼大叫，一拳击断书案。因此生出急病，药不能治，仅十余天便死去了。

孝文帝听到噩耗，悲伤不已，急忙回驾。他路经李冲坟墓，痛哭失声，对大臣们说：“李冲清俭居躬，身负重任，因为有他替我主持朝政，我出征才没有后顾之忧，如今他死了，我以后将依靠谁呢？”

自惭形秽

【释义】惭：惭愧之意。形秽：指形态丑陋。因容貌丑陋而感到不如别人。比喻自愧不如别人。

【出处】唐·房玄龄等《晋书·卫玠传》。

晋怀帝时，国内有一位知名人士，名叫玠。卫玠27岁那年突然死去，当时人们流传说：“卫玠是被人‘看’死的！”

原来卫玠生下来就相貌不凡，有一种特别的姿态和风韵，说话、走路、接人、待物皆与一般孩子不同，人人见了都喜欢他。

卫玠的祖父和父亲都是朝廷的大官。卫玠稍微懂事以后，有一天赶着用羊拉的车进城去。他经过市场，人们见到他都十分惊讶，互相议论说："瞧，他多像用玉雕成的人啊……"顷刻之间，几乎全城的人都来观看他，以为是奇迹。

卫玠的舅舅王济，是骠骑将军，生得英俊健伟，很有风采。可是他一见到小外甥，就感慨地说："卫玠和我站在一起，就像明珠、宝玉在我身边一样，我觉得自己的形象太难看了。同他一块走，好像是一颗明珠在身旁闪烁，熠熠发光啊！"

卫玠虽然长得异常俊美，又很有学问，但是身体多病，弱不禁风。后来卫玠到了建邺，京师人们早听说他姿容非凡，都想见见他。他走到街上，看他的人像城墙一样，将他围得水泄不通，没过几天，卫玠由于劳烦过度，很快就死了。

《晋书·卫玠传》载有卫玠的事，原文是："珠玉在侧，觉我形秽"。后来由此演变成"自惭形秽"一句成语。

自相矛盾

【释义】自己说的话或行动互相抵触。

【出处】战国·韩非《韩非子·难一》。

古代，矛与盾是常用的两种兵器。矛，就是长枪，是一种进攻武器，用来刺杀敌人；盾即盾牌，用来防护身体，遮挡刀箭。

一天，市场上有个人把一些矛和盾

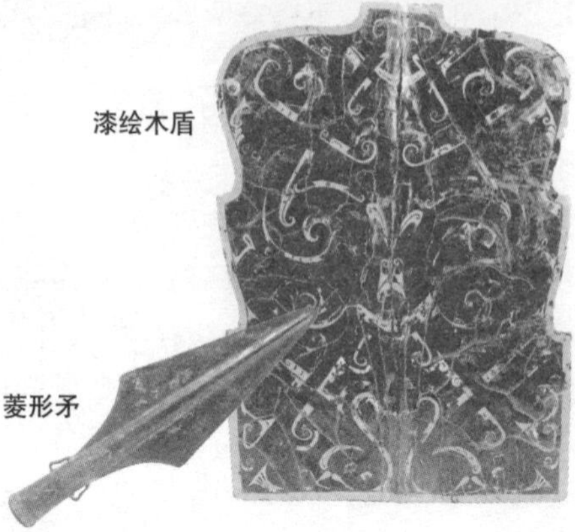

摊放在地上，让人观看、选购。过了一些时候，只有看的人，没有买的人。

卖主怕人们不识货，拿起一面盾牌，高声喊道："众位请注意，看这牌可坚固啦，什么锐利的武器都休想刺破它。快买吧！"围观的人大多半信半疑，有的还去摸摸盾牌，但仍然没有人买。

卖主见大家不想买他的盾牌，又拣起一支矛，在手中比试一下，然后高声喊道："请众位再瞧瞧这矛，多坚硬、多锐利啊，它能刺破任何东西，快买吧！"

有人赞叹，有人怀疑。其中一人问道："你说的话当真吗？"

"当然是真的！"

那人拣起一块盾和一支矛，用矛尖刺着盾问："要是用你夸奖过的矛来刺你夸奖过的盾，那会如何呢？"

卖主顿时窘得无话可说，赶紧收起矛和盾离开了市场。

自暴自弃

【释义】暴：糟蹋。弃：鄙弃。自己糟蹋自己，不求上进，甘居落后。

【出处】战国·孟轲《孟子·离娄上》。

有一次孟子教导他的学生说："自暴

自弃的人是最可悲的！”

学生们问：“什么叫自暴自弃？”

孟子讲道：“说话不遵守礼义，甚至破坏礼义，自己残害自己，这不是自暴吗？与这种人交谈是谈不出什么有价值的东西的！心里想的不是仁义，自己的行为也不是仁义，自己抛弃自己，这就是自弃。与这种人在一块儿是做不出什么有益处的事情的。你们要记住：仁，是最安适的住宅；义，是最正确的道路。如果把这两样世界上最好的东西舍弃，岂不是很可悲吗？”

学生们点点头说：“先生的意思是一切都按照仁义来办，就不是自暴自弃了！”

自不量力

【释义】指不能正确估计自己的能力。

【出处】春秋·左丘明《左传·隐公十一年》。

战国时代，齐国贵族孟尝君被齐王封赐一块领地薛。有一天，楚国派强大军队，突然进犯薛地。

孟尝君发动薛地所有兵力抵抗楚军，另又遣使者向齐宣王请求增派援兵。就在此时，有属下前来报告说：“齐国大夫淳于髡先生，出使楚国返归途中路经本地，现在，他正在城外。”

孟尝君亲自到城外迎接淳于髡，并将他安置在家中设宴款待。他对淳于髡说：“楚军围困薛地的情况，先生应已看到，如果您不能为我解忧去危，恐怕以后再也无机会款待先生了！”

淳于髡答应向朝廷请求增派援军。淳于髡回国后，齐王问道：“楚国情形如何？”

淳于髡回答：“楚人对我齐国的实情并不了解，而孟尝君也似乎自不量力。”

“大夫，这话怎么说？”

淳于髡说：“我的意思是，如今楚军兵临薛地，而薛地又是先王宗庙所在，若被楚军占领，则宗庙必被毁无疑，可是孟尝君却不清楚自己是否具有护卫薛地的能力。”

齐王听后，才顿然有悟地说：“糟糕！我差点忘了那里还有我们的宗庙。”立刻派军队前去支援，楚军只好撤退回国，薛地乃因淳于髡的机智而免于劫难。

名落孙山

【释义】指榜上无名，考试未被录取。

【出处】宋·范公琦《过庭录》。

宋朝时候，有一个人名叫孙山，为人幽默风趣。有一年，他外出参加科举考试，结果考上了举人。但是在榜上，他的名字排列在最后，也就是倒数第一名。

回到家乡，乡亲们都来看他，其中有人向他打听自己的儿子考没考上。他没有直接回答，却诙谐地说：

解名尽处是孙山，

贤郎更在孙山外。

意思是说，在公布录取考生的榜上，最后一名是我孙山，你的儿子还在我孙山的后面呢，即没有考取。

后人根据这个故事，提炼成“名落孙山”这一成语。

名正言顺

【释义】指名义正当，合乎道理，形容做事要有充分的理由。

【出处】春秋·孔丘弟子《论语·子路》。

孔子在51岁时当了鲁国的中都宰，后转为司寇，管司法工作。56岁时代理相国职务。仅仅三个月，鲁国的风俗就大大变了样。孔子的成就使齐景公感到害怕，他特地挑了80个美貌的女子，让她们穿上华丽的衣服，教她们学会舞蹈，加上120匹骏马，一起送给贪图享乐的鲁定公，以腐蚀他的意志。这一计果然奏效，鲁定公沉湎于歌舞淫乐之中，不再过问政事了。于是，孔子和弟子们离开鲁国，来到了卫国。

一天，子路问孔子道："卫国的君主等待你去治理国政，您首先干些什么？"

孔子说："我以为道德要纠正名分，君子对他所不知道的只存疑在心中。名分不正，道理也就讲不通；道理不通，事情也就办不成；事情办不成，国家的礼乐教化也就兴办不起来；礼乐教化兴办不起来，刑罚就不会得当；刑罚不得当，老百姓就会不知如何是好。所以君子用的名分，一定要有道理可以说得出来，讲出来的道理也一定要行得通。"

这段话的原文是："君子于其所不知，盖阙如也。名不正则言不顺，言不顺则事不成，事不成则礼乐不兴，礼乐不兴则刑罚不中，刑罚不中，则民无所措手足。"

先入为主

【释义】以先听到的话为主，并抱有成见，不再听后来的话。

【出处】汉·班固《汉书·息夫躬传》。

汉哀帝时，董贤、孙宠、息夫躬这三个人得到哀帝的宠信。哀帝下诏书封他们为侯。丞相王嘉劝哀帝说："董贤权势太盛，孙宠和息夫躬二人是奸佞之臣，恐日后扰乱朝廷，生出祸患，所以不可任用。"可是皇帝不听王嘉的话。

后来，息夫躬看到董贤权势日益扩大，想取代他。于是哄骗哀帝说："陛下，匈奴的单于今年没来朝见天子，恐怕要引兵侵扰边境，陛下应当赶紧想退兵之计。"原来息夫躬事先已派人通知单于，不让他入塞朝拜天子，所以单于没有入塞。

大臣们不肯信息夫躬的话，王嘉说："天子应该推诚行善，百姓万民才能安居乐业。息夫躬的话分明是一派谎言，想借天子出兵之际图谋不轨。陛下万不可信以为真，恐生后患，绝不能因为息夫躬的话陛下先听到了，就以为他的话为真，做出错误的决定啊！"哀帝还是相信了息夫躬的话，打算派军队出征，但又遭到董贤的反对，没能实现。不久，息夫躬的计谋暴露，结果被关进大牢，死在了狱中。

《汉书·息夫躬传》中王嘉的原话是："唯陛下观览古戒，反复参考，无以先入之语为主。"成语"先入为主"就是由此而来。

先发制人

【释义】先行下手，采取主动措施制服对方。

【出处】汉·班固《汉书·项籍传》。

秦末，陈胜率先起义。会稽郡代理郡守殷通召项梁商量说："先生的才能远近闻名。对于起兵反秦，您有什么看法？"

项梁大声地说："现在大江两岸的人都起来反对暴秦统治了，这表明秦朝气数已尽了。这时候，先动手可以控制别人，后动手会被别人控制。”

殷通说：“听说您家世世代代都是楚国的将军，看来，起事只有靠您了！”

项梁对郡守的话是怀疑的，他走到门外小声地叮嘱侄儿项羽几句，又回来对郡守说：“请你召见项羽。”

殷通刚叫项羽的名字，就见门外进来一位高大粗壮的青年，手里拿着一把寒光逼人的长剑。殷通一边打量着，一边不住地称赞：“一位勇士，真是将门虎子啊！”项羽走到他身边停住了，这时项梁对他使了个眼色，项羽马上一剑杀了殷通。项梁、项羽提着殷通的头，带了官印绶带，来到郡府，又杀了百来个大小官吏，其他的人吓得趴在地上不敢起身。

接着，项梁四处派人召集自己的旧友和相识的豪强、官员，告诉他们已杀掉了郡守，最后说：“我们现在要发动吴中的军队，攻打下属各县，建立自己的武装，对各县实施有效的统治。割据吴中，争取主动。”

先礼后兵

【释义】先以礼相待，如不能解决问题，再用武力解决。

【出处】明·罗贯中《三国演义》。

东汉末年，曹操攻打徐州，刘备率领关羽、张飞和赵云前去支援，他们冲入曹军，杀出一条血路，进入徐州城内。陶谦将刘备请入府衙，取出徐州太守官印让给刘备，说：“目下国事纷乱，朝纲不振，你是汉室宗亲，正该力扶社稷，我已年老昏庸，情愿将徐州相让。”

二人推来推去，没有结果。府吏们相劝说：“今日兵临城下，还是先商议退兵之计为好，让位之事可容日后再议。”

刘备答应说：“我先给曹操写封信，劝他退兵，如果他不答应退兵，咱们再与他交战也不算晚，这叫作先礼后兵。”

曹操看完信，骂刘备说：“刘备是什么人？胆敢来教训我！将送信的人给我斩首，全军上下马上攻城。”

曹操的谋士郭嘉劝谏说：“不能这样呀，刘备远来救援，先礼后兵，这是很合乎礼节的。我们应该用好话去安抚他，松懈他们的斗志，然后再攻城，徐州城就可以顺利地拿下来。”

曹操于是盛情款待信使，又写回信给刘备。这时，忽然有流星探马报告说吕布的军队已经攻破兖州，正进攻濮阳。曹操顿时大惊道：“兖州有失，我们无家可归了，马上撤出徐州！”

郭嘉对曹操说：“我们可以卖个人情给刘备，就说看在他的面上我们退军了！”曹操点头，重新给刘备写了一封信。

先斩后奏

【释义】斩：杀头。原意是指封疆

关汉卿像

大臣先将罪犯杀了再奏明皇帝。后泛指先采取行动，再向上报告。

【出处】元·关汉卿《窦娥冤》。

元代著名戏剧家关汉卿，写过一出名叫《窦娥冤》的戏，说的是寡妇窦娥善良而且正直，但遭受地痞流氓张驴儿的迫害，被诬告杀人。官府断案不明，威刑逼供，结果判窦娥死刑。临刑时窦娥在刑场上指天为誓，哭天喊地地说："死后必定血溅白练，六月下雪，大旱三年，以表白自己的冤枉。"后来，窦娥的父亲窦天章，当上了参知政事，奉旨访察民情，惩处贪官污吏，才替女儿窦娥鸣冤昭雪。

《窦娥冤》第四折中，讲的就是窦娥父亲窦天章，在京城一举中第，回到阔别16年的家乡。他想念女儿窦娥，寻她不着，十分伤心哀愁，眼睛哭花了，头发愁白了，又见楚州地面三年大旱不雨，心中十分烦闷。夜间灯下观看案卷，遇上女儿窦娥托梦与他……

戏中有这样一段话："只因老大廉能清正，节操坚刚，谢圣恩可怜，加老夫两淮提刑肃政廉访使之职，随处审囚刷卷，体察滥官污吏，容老夫先斩后奏。"

亦步亦趋

【释义】紧紧地跟着别人或模仿别人。

【出处】战国·庄周《庄子·田方子篇》。

颜回是孔子最得意的门生。有一次，他对孔子说："夫子步亦步，夫子趋亦趋，夫子驰亦驰；夫子奔逸绝尘，而回瞠若乎后矣！"

这几句话的大意是这样：老师慢走，我也慢走；老师急走，我也急走；老师快跑，我也快跑；但是老师如果一溜烟地飞奔，那我只好眼巴巴地远远落在后面了！

当时孔子听了此话，问道："你这话是什么意思？"

颜回答道："夫子步亦步，是说您谈话我也谈话；夫子趋亦趋，是说您同人争论我也同人争论；夫子驰亦驰，是说您阐述古圣先贤之道我也阐述古圣先贤之道。可是，夫子奔绝尘，您有时根本不用开口，而人们却都信服您，这一点我就无法学习，只好瞠乎其后了！"

问鼎之心

【释义】鼎：古代的器具，象征国家权力。比喻有篡夺政权的野心。

【出处】唐·房玄龄等《晋书·王敦列传》。

晋武帝的驸马王敦是当时权势显赫的人物。年轻时，一次到大臣王恺家赴宴。王恺是个心狠手辣的人，酒宴上女伎吹笛助酒，因一时疏忽吹跑了调儿，王恺当即下令把女伎打死，客人们十分惊骇。可王敦却泰然自若。一会儿又有女子为客人斟酒，一位客人没有喝尽杯中的酒，王恺又下令把那个女子杀了。接着又来一个女子给客人斟酒，客人们担心她的性命，都一饮而尽，只有王敦把住酒杯不让倒酒，那个女子恐惧万分，脸色都吓白了，可王敦根本不看她一眼。酒宴散了以后，客人们偷偷议论说："王敦心够狠的了，将来他不吃人，也要让别人吃了！"

史书称他："初，敦务自矫厉，雅尚清淡，口不言财色。既素有重名，又立大功于江左，专任阃外，手控强兵，群从贵显，威权莫贰，遂欲专制朝廷，有问鼎之心。”后来，王敦当上了征南大将军，掌握军事大权。他的子弟也身居要职。所以他有夺取晋朝天下的野心，但最终没有实现他的野心就病死了。

安如泰山

【释义】像泰山一样安稳不可动摇。形容事物十分稳固。

【出处】汉·班固《汉书·枚乘传》。

枚乘是淮阴人。汉景帝时，他曾担任吴王的郎中。吴王刘濞对汉景帝刘启心怀不满，暗中联络楚王、赵王等阴谋反叛。枚乘不同意刘濞的谋反，便上书劝谏，谏书中有这样的一段。

……能听忠臣之言，百举必脱。必若所欲为，危于累卵，难于上天；变所欲为，易于反掌，安于泰山。今欲极天命之寿，敝无穷之乐，究万乘之势，不出反掌之易，以居泰山之安，而欲乘累卵之危，走上天之难，此愚臣之所以为大王惑也！

这一段的大意是说：要是能听取忠言，一切祸害都可以避免。若一定要照您所想的那样去做，就“危于累卵，难于上天”；不过如能立即改变原来的主意，那就仍将“易于反掌，安于泰山”。现在您要想使您的一生享受最大的幸福，形成很大的势力，但是您不想容易的办法，不用稳当的措施，却要冒险，自找困难，这是我实在替您担心和想不通的！

但是刘濞不听他的劝告。他就离开刘濞，投奔梁孝王刘武去了。

安居乐业

【释义】生活安定，劳动愉快。形容社会治理得好。

【出处】春秋·老聃《老子·第八十章》。

春秋时代的著名思想家老聃，被尊称为老子。他生活在由奴隶制社会向封建制社会过渡的大动荡年代，当时已经出现了万乘之国，有了几十万人口的大城市，科学、文化、艺术发展到了较高的水平，老子对这些都看不惯，认为这会给人们带来灾难。他主张人们应该回到远古的蒙昧时代，并在一篇文章中表达了他的政治主张，大意是：小小的国家，少少的百姓，即使有各种各样的器具也不要用它；不要让人们去冒生命的危险，也不要迁移去远方；虽然有车有船，也无从去乘坐它；虽然有兵甲武器，也无处去陈列它；使人们恢复远古的结绳记事的方法，再用它来记载事物；让人们吃得香甜，穿得漂亮，住得舒适，过得习惯；邻国互相望得见，鸡鸣狗吠的声音互相听得见，而人们直到老死，都不互相往来。

这一段文字最后几句的原文是：“甘其食，美其服，安其居，乐其俗，邻国相望，鸡犬之声相闻，民至老死，不相往来。”后来人们将该文中的“安其居，乐其俗”改为“安居乐业”一句成语流传下来。

安步当车

【释义】从容步行，就当乘车一样。又借指人能安于贫贱，自得其乐。

【出处】汉·刘向《战国策·齐策四》。

战国时期，齐国有一位学者，名叫颜斶。

一天，齐宣王召见他：“喂，你到我面前来！”

颜斶站着不动，回敬了齐宣王一句：“喂，你到我面前来！”

齐宣王大怒失色。

左右大臣批评颜斶：“颜斶呀，你也太狂妄了，大王是一国之君，而你不过是一个臣民，怎么可以呼唤君王到你面前去呢？”

颜斶却不慌不忙地说：“我如果走到大王面前去，那是证明了我害怕他的权势；如果大王到我面前来，那是证明他礼贤下士、尊重有学问的人。”

齐宣王恼怒地问他：“你说，到底是君王尊贵，还是像你这样的人尊贵？”

“自然是像我这样的有学问的人尊贵呀！”他神色自若地讲起来，“你们也许还记得，从前秦国攻打齐国的时候，秦王曾经下过一道命令：凡是敢在柳下季坟墓周围50步以内砍柴的，格杀勿论！同时还有一道命令：谁能砍下齐王的脑袋，就封他做万户侯，赏他2万两金子。这不是说一个活着的君王的头，竟不如一个死了的学士的坟墓吗？”

齐宣王无话对答。大臣们忙来解围：“颜斶呀，你不过是来自村野的一个匹夫，竟这么神气，也太不像样了。”

颜斶像

颜斶正言厉色地驳斥道：“难道从前的大禹不是出自村野吗？但他后来贵为天子。他因为尊重有才能的人，所以得了天下。凡是英明圣主，没有自以为是而不求贤者辅佐朝廷的。”

齐宣王这时才觉得自己理亏，于是假装高兴的样子说：“好啊，你是有学问的人呀，你今后就住在我这里，我让你天天有肉吃，有车坐，老婆、孩子都能穿上漂亮衣服。”

颜斶却一口拒绝了齐宣王的邀请，他严肃地说：“玉，原是山里的东西，一旦用它雕制器物，它原有的美好就破坏了；有学问的人是生在穷乡僻壤的，一旦接受官职就会失去原有的纯真。所以我情愿回乡去，饥饿的时候吃饭，也像吃肉那样香；安安稳稳地走路，也不比坐车子差；不犯罪过就可以说是尊贵；清静自在地过日子，就会感到快乐。”

颜斶的这段话的原文载于《战国策·齐策四》之中：“斶愿得归，晚食以当肉，安步以当车，无罪以当贵，清静贞正以自娱。”

颜斶说完，便告辞回乡了。

安然无恙

【释义】恙：指疾病，也借指灾祸。形容平安无事，没有受到损害。

【出处】汉·刘向《战国策·齐策四》。

战国时候，有一次齐国国王派遣使者去访问赵国。使臣拜见赵威后，拿出齐王的亲笔信恭恭敬敬地递给她。可是赵威后连信也没有展开，就笑呵呵地问使臣说：“你们齐国的年成好吗？老百姓好吗？过得快活吗？国王陛下身体也好吗？”

这段话在《战国策·齐策四》中记

载的原文是："威后问使者曰：'岁亦无恙耶？民亦无恙耶？王亦无恙耶？'"

齐国使臣听了很不高兴，冷冷地质问赵威后说："您还没看齐王的信一眼，就问年成、百姓，最后才问候我们的国王，这岂不是先贱后贵、本末颠倒吗？"

"不是这个意思，"赵威后微笑着解释说，"一个国家如果年成不好，没有足够的粮食吃，能有百姓的好日子过吗？如果没有了老百姓，又哪来的国王呀。所以我才这样问呀。这不是本末颠倒。如果我先问候国王，那才是舍本逐末呢！"

齐国使臣觉得她讲得有道理，就佩服地点了点头。

成语"安然无恙"便是从这个故事中概括出来的。

守口如瓶

【释义】闭嘴不开口，说话谨慎，或形容保守秘密。

【出处】宋·周密《癸辛杂识》别集。

北宋大臣富弼年轻时就很有才学，范仲淹对他非常欣赏。

范仲淹把富弼的文章推荐给当朝的枢密使晏殊，晏殊也爱他的才学，便把女儿嫁给了他，并把他推荐给了宋仁宗。宋仁宗任命他为河阳判官，后来又升为开封府推官。

不久，契丹屯兵边境，要北宋割地求和。朝廷派富弼前去交涉，他据理力争，终于保全了疆土。

嘉祐年间，富弼官居宰相。后来，王安石在朝廷力主变法，富弼常与他发生争执。富弼自知争不过王安石，就常称病求退。神宗同意他辞去宰相之职。

后来，王安石推行新法，富弼因政见不同，更加遭到排挤，于是，他请求告老回乡。富弼居乡期间，还常常上书提出有益的意见和中肯的批评。神宗虽然没有全部采纳，但仍很敬重他。

富弼为人非常正直，但从不随便表示自己的喜怒。他曾对人说，一个人应当"守口如瓶、防意如城"。意思是说：说话要谨慎，办事要严格遏止自己的私欲。

守株待兔

【释义】不经努力，想依赖侥幸取得成功。也用来比喻死守狭隘经验，不知变通。

【出处】战国·韩非《韩非子·五蠹》。

宋国有位年轻农民，在地里劳累了一天，非常辛苦，忽然他看见一只白兔跑来，不小心撞到树桩上。那兔子四脚乱动，鲜血直流，脖子折断了。他拎起兔子，高兴得直跳，哼着小曲回家去了。

美美地吃了一顿后，第二天，他不干活了。一清早就伏在草堆后面，撅着屁股，双眼警惕地直盯着树桩。不久，前面有一只白兔欢快地跑过来了，可是眼看到了树桩跟前却偏偏转个弯，活蹦乱跳地去了，急得他直跺脚。又来了一只！这只灰兔一定有眼无珠，非撞个鼻青脸肿不可，可惜跑得太慢。"快跑！前面有个树桩，撞上去！"他小声提醒着，然而灰兔跑到树桩前却停住，动动耳朵，又往回奔去。时间渐渐地过去，天色不觉昏暗了下来，他只好怨气冲天、咬牙切齿地回家去，准备等天亮了再来继续碰运气。就这样，他一日又一日地守株待兔，使得农田荒了，夏天刚到，他就没米下锅了。

齐心同力

【释义】 指众人齐心，共同努力。

【出处】 南朝·宋·范晔《后汉书·王常传》。

西汉末期，王莽篡位，改国号为新。不久，爆发了绿林、赤眉等农民起义。汉室远支皇族刘縯、刘秀兄弟也乘机参加了绿林军。

刘縯和刘秀为了壮大自己的力量，就邀请起义军下江军首领王常共议大事。

刘縯劝王常率领队伍同他合作共同对付王莽，复兴汉王朝，他对王常说："如果事情成功，我们共享胜利的果实。"

王常答应了，回去把刘縯的话讲给其他首领成丹和张印听了。

成丹和张印说："我们下江军人马众多，为什么要同他们联合？大丈夫做事，应当各自为主，不要受人支配！"

王常说："王莽已经失去民心，老百姓都要求恢复汉朝，现在汉皇族刘氏兄弟起兵，我觉得同他们联合，一定会成就大业。"

众将领纷纷表示愿意听从他的指挥。于是，王常率领下江军与刘縯、刘秀的军队会合。史书说他们"齐心同力，锐气益壮"，没几天，就歼灭了王莽手下的将军甄阜和梁丘赐的军队。

衣不解带

【释义】 带：腰带。形容不脱衣服睡觉。

【出处】 唐·房玄龄等《晋书·殷仲堪传》。

殷仲堪是晋代陈郡人，出身于官宦人家。殷仲堪自幼聪颖好学，对《道德经》一书倒背如流，他家中的人说，殷仲堪只要三天不读《道德经》，便会觉得口舌僵硬，不能自如。此事作为奇闻流传各地。

镇守京口的大将军谢玄十分器重殷仲堪，请他做官，被拒绝了。在给谢玄的信中，殷仲堪情真意切地诉说了战争给百姓带来的骨肉离散之痛，希冀朝廷能以仁义来遍布天下。只有"边界无贪小利，强弱不得相凌"，才能不愁"黄河之不济，函谷之不开"。谢玄阅后十分感动，越发敬重他，并采纳了他的谏言，殷仲堪终于答应担任晋陵太守的职务。

上任以后，殷仲堪严令整饬当地风气，因此，晋陵尊老爱幼蔚然成风，并以"礼义之乡"著称。

过了一段时间，殷仲堪的父亲得了一种怪病：一点点细微的声音都被他听成牛斗般的巨响，身体渐渐衰弱，以致一病不起，四处求医无效。殷仲堪万分焦急，于是决定亲自攻习医学，日以继夜地研究其精妙。为治疗父亲的病，几年来他衣不解带；伺候父亲吃药，他常常一面拿着药一面流眼泪，就这样，他的一只眼睛失明了。殷仲堪的孝名也因此传扬天下。殷仲堪的父亲死后，孝武帝召他为太子中庶子。

交浅言深

【释义】 交：交情。对交情不深的人讲出心里话。

【出处】 汉·刘向《战国策·赵策四》。

有一个人，仰慕服子的名声，就通过另一位朋友引见，拜访服子。

服子穿着宽袍大袖衣服，庄重地接待客人。客人心想：“服子很有名望，学问渊博，应该和他以诚相见。”就很高兴地和服子交谈，坦陈自己对一些事情的看法。不料，没多会的工夫，服子就显得不高兴了。负责介绍的那位朋友请教服子：“是不是我们有什么过失？请先生指教。”

服子高傲地说：“您的客人有三个过错。望着我笑是轻浮的表现；向我请教而不称呼我老师，是不合礼节的；初次交往而说心里话，是不合顺序的。”

客人听了，极不赞成服子的话，就反驳说：“您说得不对。望着人笑是和气的表示；请教而不称呼老师，是因为老师只是通常的称呼，不一定专指教师；至于交浅而言深，那是坦诚的表现！当年帝尧在长满茅草的地方遇见了舜，两人就在桑荫下、田埂上席地而坐，畅谈很长时间，一直到日影移两树，唐尧已经把天下禅让给虞舜了。假如交情浅就不能深谈，那么天下就不会禅让了！”

兴师动众

【释义】兴：发动之意。原指发动大批兵马，后借以形容动用很多人力来办一件事。

【出处】佚名《吴子·励士》。

吴起在魏国担任西河太守的时候，有一次魏武侯魏击向他请教说：“一个国家是否刑法严厉、赏罚分明就可以战无不胜呢？”

吴起回答说：“关于这点，我从用兵作战这方面来谈谈看法。将军在战场上发号施令，军士愿意听从；将军兴师动众采取作战行动，士卒愿意出征；到了战场上与敌人交战，士兵不怕死。这三条是君王所倚仗的，有了这三条国家就不会受人侵犯。”

魏武侯又问：“君王如何才能实现这三条呢？”

吴起说：“说起来也并不难做到，你举拔有功劳的人然后奖赏他，对于无功劳的人你设法激励他、鼓励他，他们就会争着去立功。”

《吴子·励士》书中的原文是：“夫发号布令，而人乐闻，兴师动众，而人乐战，交兵接刃，而人乐死。此三者，人主之所恃也。”

魏武侯按照吴起的意见，在朝廷上摆上三排座席，请有大功的士大夫、将领坐在前排；有中等功劳的人坐在第二排；无功的人坐在后排，菜肴也分成三等。酒宴散席以后，魏武侯又把有功劳人的父母、妻子请到太庙门外，也给予奖赏。这样一来，人们都以立功为荣耀，以无功为耻辱，纷纷寻找立功的机会。

三年以后，秦国的军队侵扰魏国，魏军军吏和士卒不等上级部署，就主动抵抗秦兵，魏武侯见到这种情景，高兴地对吴起说：“之所以有今天这样的好形势，全是你教导的结果呀！”

兴利除弊

【释义】兴办有利的事业，革除弊端。

【出处】宋·王安石《答司马谏议书》。

宋神宗登帝位后，力图改变宋朝贫弱的局面，为此，他将王安石召回朝廷，让他担任参知政事。王安石上台后不久，神宗就批准他建议设立的“三司”条例司。所谓“三司”，就是度支、户部、盐铁三个部门的总称，用它来整军理财。次年，王安石被任命为宰相，全面推行

王安石像

新法。

王安石推行的新法，起了抑制大官僚、大地主的作用，国家财政也有所改善。于是，大地主的政治代表纷起反对，其中反对最激烈的是右谏议大夫司马光。

其实，王安石与司马光交情不浅，但因政见不同，结果变成了政敌。司马光接二连三地给王安石写信，要他废除新法，恢复旧制，并指责王安石变法侵犯了原来官员的职权，生事扰民，与民争利，拒绝别人的批评，从而招来天下人的怨恨。

王安石在收到司马光第二封来信后，再也无法沉默，便回复了一封信。这就是著名的《答司马谏议书》。信中有一段的大意是：我认为，从皇上那里接受了命令，在朝廷上议定并修正法令制度，并把它交给有关负责官员去执行，这不算是侵犯原来官员的职权；实行先王的政治主张，兴利除弊，这不算是生事扰民；为国家整顿财政，使国家富强起来，这不算是与民争利；抨击错误的言论，驳斥巧辩的坏人，这不算是拒绝接受别人的批评。

司马光激烈地攻击新法，于是，神宗就把他调离朝廷，不久，又批准他到西京洛阳继续编修《资治通鉴》。神宗 38 岁就病死。新君赵煦不满 10 岁，由神宗的母亲高太皇太后听政，她反对新法，掌大权后任命司马光为宰相。司马光上台后不到一年，就将所有新法令都废除了。

冰魂雪魄

【释义】借喻高洁的品质。

【出处】五代·南汉·王定保《唐摭言·海叙不遇》。

中唐诗人刘德仁是旧时公主的儿子，他的兄弟从开成到大中三朝 30 多年间都历任大官，只有他默默无闻，想靠科举出仕，可惜苦学了整整 30 年都未能如愿。

屡试屡败，一生壮志难酬，不免使他内心沉闷，他常常借酒浇愁，呵壁问天。一次，他与好友一起喝酒，说到自己考场失意，不禁流下眼泪，叹道：“外祖父家虽然曾是皇帝，但当权执政者里没有亲戚，所以还是没有用。”从这里可以看出他对科举取士黑暗的揶揄。刘德仁死后，诗人们多以诗歌哀悼他，其中以皇帝御用僧人栖白写的最为有名。这首诗是这样的：

忍苦为诗身到此，
冰魂雪魄已难招。
直教桂子落坟上，
生得一枝冤始消。

旧时称科举及第为“折桂”，故有“桂子落坟上”之说。

冰魂雪魄，比喻魂魄像冰雪一样晶莹洁白。

冲锋陷阵

【释义】深入敌人的防线，攻破敌人的阵地。形容作战勇敢。

【出处】唐·李百药《北齐书·崔暹传》。

北魏末年，发生内乱，分裂为西魏

和东魏两个政权。东魏军政大权掌握在丞相高欢和他的儿子高澄、高洋手里。高欢手下有个长史名叫崔暹。由于忠于高欢，后来官职节节高升。他不畏权贵，敢于揭发重臣的罪状。

高欢对崔暹的做法是很满意的，觉得他可以为自己卖力，所以见到他常常握着他的手，友爱地说："从前朝廷不是没有法官，可是大臣权贵徇情枉法，无人弹劾，你尽心为国，不避豪强，使得国家远近都很清净，群公奉法。冲锋陷阵是大有其人，那就是你崔暹，为官清正我今天才开始见到。"高欢赠送一匹良马给他，并亲自为他牵着缰绳。

一天，孝静帝在华林园宴请高欢，酒过三巡，静帝说："我朝上下百官之中，多有贪暴，侵削下人，如果臣之中有秉公执法、直言弹劾、不避亲戚的人，我今天亲自为他敬酒！"

这时高欢走下台阶，当着众位大臣的面，大声说："唯御史中尉崔暹一人可以接受陛下敬酒！"

皇帝十分高兴，称赞说："崔暹为法，严峻公正！"

从此，崔暹威名日盛。

汗牛充栋

【释义】用牛运书，牛累得出了汗；用屋子装书，放满了整个屋子。形容书籍极多。

【出处】唐·柳宗元《题陆质墓表》。

陆质是唐代的一位学者，他对于孔子的《春秋》特别有研究，曾讲学20年，著书10年，编有《春秋集注》《春秋辨疑》《春秋微旨》等书，对于当时和后世的学者有一定的影响。柳宗元为他写的这篇《题陆质墓表》，开头说：孔子作《春秋》，一千多年以来，多少人焦思苦虑地研究了它，为它注解、评议，发表了各种各样的意见，并且互相争论，各以为是，写出的有关书籍，"处则充栋宇，出则汗牛马"。真是多得很！文章接着又介绍陆质对于《春秋》的独到研究。

"处则充栋宇，出则汗牛马"（处，放在家里；出，带着出门）这句话，就是"汗牛充栋"的来历。

汗马功劳

【释义】汗马：在征战中，战马奔腾出了汗。指立下功绩。后指辛辛苦苦做出成绩。

【出处】汉·司马迁《史记·晋世家》。

春秋时晋文公，名重耳，是晋献公的儿子，他曾流亡国外达19年之久，后来回国做了国君，而且称霸一时。当他回国之初，即位为晋文公时，对于随从他流亡的人员，一一论功行赏。有个小臣名叫介之推，没有提出自己有什么功劳，也不求赏赐，躲到深山里隐居起来了。

另一个小臣名叫壶叔，见三次行赏都没有他的份儿，便对晋文公说："君行三赏，赏不及臣，敢请罪！"

晋文公当即把行赏的标准向他说明："夫导我以仁义，防我以德惠，此受上赏；辅我以行，卒以成立，此受次赏；矢石（箭矢炮石）之难，汗马之劳，此复受次赏；若以力事我而无补我缺者，此复受次赏。三赏之后，故且及子。"

妄自菲薄

【释义】妄：胡乱地。菲薄：小看、轻视。形容过于小看自己。

【出处】三国·蜀汉·诸葛亮《前出师表》。

三国时期，刘备死后，诸葛亮决心履行对刘备立下的诺言，辅佐刘禅统一天下，复兴汉室。为此，他竭尽全力筹划北伐曹魏的事宜。

刘禅没有治国的才能，也胸无大志。这使即将率军出征的诸葛亮甚为担忧。出征前夕，他写了著名的奏章《前出师表》。文中有一段的大意是：

先帝辛辛苦苦创下的事业，还没有最终完成，就不幸早逝了。如今，魏、蜀、吴三国鼎立，比较起来蜀国的力量最弱，这真可以说是到了生死存亡的时候。但是，蜀国的文官并没有在朝廷上混日子，蜀国的武将们也都忠于职守为您拼命。大家之所以自觉这么做，是为了报答先帝的恩情，不辜负先帝对大家的嘱托。所以，您应该发扬先帝发愤图强、卧薪尝胆的美德，振奋精神，万万不能够妄自菲薄呀！

庄周梦蝶

【释义】比喻人生如梦，变化莫测。

【出处】战国·庄周《庄子·齐物论》。

战国时，著名哲学家庄周在大白天做了一梦：梦见自己变成了一只色彩斑斓的大蝴蝶，翩翩飞舞在开满鲜花的草地上，一会儿停在黄色的花朵上，一会儿停在白色的花朵上，一会儿又停在紫色的花朵上，多么轻松，多么愉快呀！此时此刻，根本不知道自己就是庄周，完全沉浸在一片欢乐之中。忽然，庄周一觉醒来，睁开眼睛，不禁大吃一惊：咦，我怎么是庄周呢？刚才还是一只蝴蝶！他摇了摇头，认真地思索着这样一个问题：就我个人来讲，不知道是庄周做梦化为蝴蝶，还是蝴蝶做梦化为庄周？不管怎样变化，万物的一生始终处在梦境之中。

梦蝶图　刘贯道　元

此图取材"庄周梦蝶"的典故。

这时，一个叫长梧子的人走来，对庄周说："你思考的这个问题很有意思，就连黄帝那样聪明的人听了，也会疑惑不明的。我听说过这样一件事情：艾地有一个小官吏，他有一个女儿，名叫骊姬，长得十分漂亮。晋献公知道后，派人去把她接到宫里。离开艾地时，骊姬哭得很伤心，眼泪把衣服都湿透了。等她到了晋献公的宫里，看到富丽堂皇的宫殿，吃着山珍海味的佳肴，感到当初离开家乡时的哭泣是错误的。骊姬现在后悔当初的行为，又怎么知道今后不后悔现在的行为呢？"

庄周听了，哈哈大笑起来，拍着长梧子的肩膀说："看来我们都处在似梦非梦之中！"

讳疾忌医

【释义】原意为隐瞒自己的疾病怕被医生诊断出来，后泛指隐讳自己的错误和缺点，怕别人指出来。

【出处】战国·韩非《韩非子·喻老》。

春秋时的一天，蔡桓公在家里翻阅竹简。扁鹊进来见他，站着观察了一会儿，说："主上，您生病了。不过病还很轻，只在皮肤和肌肉之间，但要是不及时医治恐怕会加重。"

蔡桓公很不耐烦地说："我身体好好的，一点儿病也没有。"

过了10天，扁鹊又去见蔡桓公说："您的病已经深入到肌肉里去了，如果还不医治，将会更加严重。"

蔡桓公嘟哝着说："我身体好好的哪来的病？"

又过了10天，扁鹊特意来见蔡桓公，说："您的病已经深入到肠胃里去了，再不医治，病情将十分可怕。"

这次蔡桓公更加气愤，瞪着扁鹊，嚷道："你胡说八道!"

又过了10天，扁鹊看见蔡桓公后，转身就跑，蔡桓公感到奇怪，忙派人去问原因。扁鹊说："现在桓公的病已经深入到骨髓里去了，我已经无能为力了。当初病在皮肤和肌肉之间，用烫熨的办法就可以治好；后来病在肌肉里，用针灸的方法也可以治好，再后来病在肠胃里，服用药汤还可以治好；可是现在病在'司命神'所管的骨髓里，就再也没有办法了。"

过了5天，蔡桓公全身发痛，立刻派人去请扁鹊，而扁鹊已经逃到秦国去了。不久，蔡桓公就死掉了。

如泣如诉

【释义】像哭泣像诉说，悲惨凄凉。

【出处】宋·苏轼《前赤壁赋》。

北宋时，苏东坡因遭人非议，被贬到黄州当团练副使。初到这里时，他非常绝望。但很快，苏东坡从失意的痛苦中解脱出来，调整了情绪，也适应了环境，他觉得这里不错，虽不能有所作为，却可以修身养性。

一天，苏东坡带了三位朋友，放舟来到赤壁之下。江面清风徐来，涛声依旧，空中圆月朗照，洒下一片银光。大家边唱边聊，快乐非凡。苏东坡只觉得心旷神怡，飘飘欲仙，忘情之间，敲着船舷打着拍子，唱起歌来。一位朋友依着歌声吹箫应和，一吹一唱，十分和谐。

苏东坡听着呜呜的箫声，忽然觉得有点怪异，便停了歌，倾耳来听，这声音似怨恨，似爱慕，如泣如诉，余音凄切婉转，好像将断未断的一缕细丝，在夜空中袅袅远播。

苏东坡有点儿扫兴，他问这位吹箫的朋友："好端端的为什么要吹这样哀伤的调子呢？"

那朋友悲凄地回答道："'月明星稀，乌鹊南飞'，这不是曹孟德的诗吗？想当初，曹操亲率大军，破荆州，下江陵，战船千里相连，旌旗遮蔽天空，他面对大江饮酒赋诗，何等的气概！这赤壁正是曹操被周瑜所困的地方。如今他在哪里呢？可叹人生多么短暂！虽想永生不死，哪里能够！所以，我只得寄情于悲声之中啊！"

苏东坡开导朋友："你看这江水，奔流不息，万物和我自己是互相拥有，无穷无尽的！再如江上清风、山间明月，非我所有，却任我观赏，尽情享受。你不觉得拥有整个世界，其乐无比吗？这样，你还有什么看不开的呢？"

一番话，使那位朋友若有所悟，转悲为喜，大家再次畅饮尽欢，夜深方回。

如临大敌

【释义】把情况看得特别严重，好像碰到大批敌人一样。

【出处】后晋·刘昫等《旧唐书·郑畋传》。

唐朝末年，黄巢率众举行起义，南下攻占了广州以后，又北上攻占了首都长安，唐僖宗仓皇出逃。

唐僖宗为了阻止起义军继续进军，任命进士出身的郑畋做凤翔节度使，他流着眼泪对郑畋说："凤翔地处要冲，你一定要给我坚守住！"

郑畋到了凤翔以后，修造战车，扩充军队，加固城墙，并把自己的家产分发给士兵，军队日日夜夜都如临大敌，常备不懈。

不久，黄巢手下的将军尚让率领5万大军进攻凤翔，尚让自以为势大，又以为郑畋是个读书人，不会用兵打仗，因而他行军不列行伍，轻敌冒进，结果中了郑畋的埋伏，大败逃回，损失了兵士2万多人。

如火如荼

【释义】荼：在古代是指茅草的白花。意思是像火一样红，像茅草的白花一样白，形容军容盛大。现在多用来形容气势特别旺盛，声势特别浩大。

【出处】春秋·左丘明《国语·吴语》。

春秋末年，吴国国力渐渐强盛，先后战败了楚、越、齐三国。公元前482年，吴王夫差率大军赶到卫国黄池，与各国君主会盟。晋定公一向是诸侯的盟主，他不甘示弱，就借两国君主出场先后的问题，与吴国争执不休，双方谁都不肯让步，黄池盟会一时成了僵局。

吴国谋士王孙雒献计把吴国的军队统统集合起来，威逼晋定公让出盟主地位，由夫差当诸侯的领袖。当天深夜，夫差突然命令全体将士手执兵器，身披铠甲，出营列阵。吴军共分左、中、右三路，每路100行，每行100人，共1万人组成一个方阵。三路组成三个方阵，共计3万兵马，浩浩荡荡。夫差摆好阵势，亲自高举斧钺，在熊虎帅旗的引导下，中路军马率先向晋营进发。

夜幕下，只见中军将士人人穿着白色战袍、白色铠甲，手执白色旗帜，腰里佩带有白色羽毛的箭矢，远远望去，就像漫山遍野盛开的白花。再看左路军马，将士们全都身穿红色的铠甲和战袍，高举红色的旗帜，佩挂着带有红色羽毛的箭矢，在灯笼火把的照耀下，远远望去，就好像一片正在熊熊燃烧的烈火。右路军马则一律身着黑衣，犹如天边一片乌云，充满着杀气。

三路军马在晋营附近摆开了阵势。这时，吴王夫差跃身下马，亲自给三军擂鼓助威。顿时，鼓号声、呐喊声连成了一片，响彻云霄，好似天崩地裂一般。

晋定公从睡梦中惊醒，他望见吴军如火如荼的阵容，听到吴军惊天动地的叫喊，早已闻风丧胆，连忙派人去见夫差，表示退让之意。吴王夫差终于如愿以偿，当上了盟主。

如意算盘

【释义】只从好的一方面打算。比喻完全凭主观愿望，单从好处所做的打算。

【出处】清·李伯元《官场现形记》第四十四回。

申守尧家里穷得无米下锅，可他是"老爷"，总想摆架子，要面子。一天，申守尧正与朋友谈得高兴，忽然家中的老妈子闯进来，冲着他喊："老爷的事情完了没有？衣裳脱下来交给我，我拿回去，家里今天还没米下锅，太太叫我去当……"申守尧一听大怒，打了老妈子一个巴掌。老妈子哪肯罢休，躺在地下撒起泼来，多亏朋友帮忙才将老妈子撵回家去。

申守尧随后也赶忙回家，进房一看，老妈子还在哭闹。他气急败坏地骂道："你走吧，我不用你了！"

"没那么容易，把工钱还了我，我立刻走！"老妈子火冒三丈，"从去年五月到如今，大大小小也有3块多钱的脚钱，连着13个半月的工钱，你一共得给我12块洋钱！"

申守尧听她要这么多工钱，急得头上火星直迸，怒声叫喊："岂有此理！谁欠你这么多？我有数的，就欠你三个月的，你明明是讹人，因为你会讹人，把脚钱罚掉，只给你三个月工钱，从此咱们一刀两断，永远不准进我的大门！"

老妈子一听气不打一处来，狠狠地瞪他一眼，吵嚷起来："你好便宜呀，你倒会打如意算盘，你如果少给我一个钱，我与你到县衙打官司去！"于是，两人扭打了起来。

如坐针毡

【释义】好像坐在插针的毡子上。意谓坐卧不宁，片刻都难以安定。

【出处】唐·房玄龄《晋书·杜锡传》。

晋朝时，杜预的儿子杜锡，被朝廷召去做文学侍从，经过几次升迁，最后做了太子舍人（掌管宫中一切事务的官），为愍怀太子服务。

而愍怀太子是个不肯上进的人，行为乖张，做事不合情理，杜锡日日在他身边工作，对太子这种作风很不满意，便时常劝告太子，希望他能改进。杜锡的言辞非常忠实恳切，但愍怀太子却觉得他多事，很不高兴，便派人悄悄地在杜锡平日坐的毡中插上许多针，杜锡不知实情，坐下时被刺得流出血来。

过了几天，愍怀太子问杜锡说："前几天你做些什么呢？"

杜锡说："我喝醉了酒，什么事都不知道。"

太子一定要问到底，杜锡被问得狼狈不堪，哭笑不得。后人根据这个故事提炼成"如坐针毡"的成语。

如释重负

【释义】释：放下。重负：重担。如同解除了沉重的负担，感到轻松愉快。

【出处】战国·眗梁赤《穀梁传·昭公二十九年》。

公元前542年，鲁襄公病死，公子裯继位，史称鲁昭公。当时，鲁国的实际权力，掌握在季孙宿、叔孙豹和孟孙三个卿手里，其中又以季孙的权力最大，昭公自己也不争气，只知游乐，不理国政。这样，就使他更在国内失去民心。

大夫子家羁非常担心，几次当面向昭公进谏，希望他巩固王室的力量，免得被外人夺了政权。

日子久了，昭公终于觉察季孙等三卿在不断壮大势力，对自己已经构成严重的威胁，于是，他在大臣中暗暗物色反对三卿的大臣，寻找机会打击三卿。

不久，季孙宿死去，他的孙子意

如继续执政。大夫公若、裯孙、藏孙与季孙意如有矛盾，打算除掉季孙氏，便约昭公的长子公为密谈这件事。公为回宫和两个弟弟商量后，认为父亲昭公肯定怨恨季孙氏专权，因此劝说昭公除掉季孙氏。

这年秋天，三卿之一的叔孙豹因故离开都城，把府里的事情托给家臣郈戾掌管。昭公觉得这是个好机会，没有人会去支援季孙氏，便命郈孙、藏孙率军包围了季孙氏的府第。

季孙意如来不及调集军队反击，又不能得到叔孙豹的救援，只好固守府第。叔孙豹的家臣郈戾得知季孙氏被围的消息，马上调集军队救援季孙氏。昭公的军队没有什么战斗力，马上四散逃走。

三卿中还有一家是孟孙，见叔孙氏家已经出兵救援季孙氏，也马上派兵前往。昭公见三卿的军队已经联合起来，知道大势已去，只好和藏孙一起出奔齐国避难。由于昭公早就失去了民心，所以百姓对他的出奔并不表示同情，反倒觉得减轻了他们身上的重担。

成语"如释重负"就是史学家从人民的角度对这次事件所做的评价。

唐太宗李世民像

好大喜功

【释义】好：爱。喜爱干大事，建大功业。现多指不管条件是否许可，办事铺张浮夸。

【出处】宋·欧阳修、宋祁等《新唐书·太宗本纪》。

李渊起兵反隋后，即挥师从太原向都城咸阳进发，经过霍邑时，遇到了隋朝大将宋老生的顽强抵抗。他的儿子李世民见部队开始后撤，忍不住号啕大哭，李渊很吃惊，就问他为什么哭，李世民说："撤兵，士气自然会散漫，敌人则会从背后趁机追杀，不多久我们就都会被杀死了，所以我伤心啊！"

李渊一听，顿时醒悟，派李世民去追回大部队。李世民一马当先，领着将士们英勇奋战，终于攻下了霍邑，扫清了西进咸阳的障碍。

李世民当了皇帝后，采取了一系列的措施，发展生产，还广开才路，不拘一格选拔人才，国家很快兴旺发达起来。

在李世民统治下，国家兴旺，政治清明，形成了历史上有名的"贞观之治"。《新唐书》的作者把李世民比作是古代周武王那样的圣明君王。但也指出他晚年好大喜功，为了扩大唐朝势力，领兵亲征辽东，为后人留下了话柄。

好善嫉恶

【释义】好：崇尚。嫉：痛恨。崇尚美善，憎恨丑恶。

【出处】后晋·刘昫等《旧唐书·李晟传》。

唐代中期，安史之乱时，连都城长安也陷于叛军手中，唐军大将李晟率军经过几日的浴血奋战，终于收复了长安。进长安城时，他下命令说："我与大家都有家室在长安，离别数年，都想知道家人的情况，但为了安定社会秩序，五日之内不得和家人通消息，也不得扰乱百姓，否则当斩！"

当时西域的吐蕃很想侵犯中原，但

因为李晟的顽强抵抗，总也不能得逞。吐蕃的宰相结赞知道要想进攻中原，必先除掉李晟，他就使了个计谋，亲自率领大兵侵入陇州和凤翔，只是示威似的转了一圈，并到处放风说：“李晟召我们来，怎么不用酒肉犒劳我们呀？”李晟知道后，恨得咬牙切齿，就派兵伏击吐蕃军，吐蕃军大败。结赞忙派人向唐德宗求和。

李晟听说吐蕃使者已赴京求和，急忙赶回京城，向德宗奏道：“戎狄之人不讲信用，不能和他们讲和。”可是德宗因连年征战，已厌恶打仗。他怀疑李晟是为了邀功而与吐蕃打仗、制造事端的，就不听李晟建议，而且把李晟的兵权也给罢免了。

有人对李晟说：“您劳苦功高，却被罢了兵权。自古以来，功高者都没有好下场。您何不早为自己的退路做点准备呢？”

李晟一听，那人分明是叫自己结党谋反，就严加斥责。当时人们称赞李晟“天性好善嫉恶，尤其厌恶结党营私者”。

好逸恶劳

【释义】逸：安乐。恶：讨厌。贪图安逸，厌恶劳动。

【出处】南朝·宋·范晔《后汉书·方术列传·郭玉》。

东汉和帝时的太医郭玉，医术很高明，常常手到病除。和帝为了试试郭玉究竟有多大本事，就找了几个手长得较丰腴细润的侍从和几个宫女一起站在帷帐后面，让他们把手从帐下伸出，给郭玉诊脉。

郭玉诊过脉后，对和帝说：“左边那只手的脉为阳脉，右边那只手为阴脉，好像是一男一女。”和帝听了赞叹不已。

郭玉为人仁义厚道，他为穷苦百姓治病，总是尽心尽力，药到病除；为达官贵人治病，却常常不能见效。和帝认为郭玉是存心不给富人好好治病，就责问他。

郭玉说：“为人扎针治病，要靠感觉，靠意会。人的皮肤肌肉筋络那么细嫩、精密，一定要全神贯注，不能有丝毫分心。那些尊贵的人居高临下地接待我，使我心有疑惧。因此为他们治病有四难：他们总是自作主张，自以为是而不听从我的指挥，这是第一难；态度不谦和，是第二难；筋骨不够强壮，难以用药，是第三难；好逸恶劳，是第四难。扎针的深浅，有一定的要求，全靠用心去把握，去体会。可是我担心害怕，还得谨慎小心，哪里能专心致志、全神贯注地为他们治病呢？这就是为什么我给达官贵人治病常常治不好的原因啊！”

和帝听了郭玉这番话，就不再怪罪他。

异军突起

【释义】比喻一种新的力量突然出现。

【出处】汉·司马迁《史记·项羽本纪》。

秦朝末年，人民无法忍受秦朝的暴政，纷纷举兵反抗。东阳县的百姓也联合起来，揭竿而起。他们推选陈婴做首领。

陈婴原是东阳县的小官吏，平素办事公正，为人忠厚，很有威信。他做了起义军首领后，几十天内就聚集了2万多人，起义军的将士们，用青布头巾包住头，以显示自己是一支突然出现的新军队。大伙又商议让陈婴做起义军的王，可陈婴怎么也不同意。他对大伙说：“听说项梁他们世世代代都是将门，在楚国很有名望，今天举兵反秦这种大事，非他们不行，我们跟他们干吧！”

东阳起义的士卒们都赞成陈婴的意见，便归附了项梁。项梁的军队一下子增加了六七万人马。

约法三章

【释义】原意是约定三条章程，后泛指公开讲定条件，严格遵照执行。

【出处】汉·司马迁《史记·高祖本纪》。

秦末，刘邦率部长驱直入，向西进兵，攻下秦都咸阳，推翻了秦朝的统治。

刘邦当时比较重视民心的向背，军纪也比较好。刘邦的部队，进至灞上的时候，秦王子婴前来投降，脖子上套着带子，双手捧着皇帝的印，跪在道旁。有的将领主张把秦王杀了，刘邦不同意，说：“他既已投降，就不必杀他了。”当即把他看管起来，大军于是开入咸阳。

刘邦当时召集各县代表人物举行会议，刘邦对大家说：“各位父老们，你们已被暴秦折磨够久了，我现在宣布废除秦朝的一切苛法；地方官吏照常工作，我们的部队，已经撤回灞上，请大家不要害怕。”刘邦为安定秩序、收拢人心，还宣布了三条约法，他说：“与父老约法三章耳：杀人者死，伤人及盗抵罪。”（杀了人的要偿命，伤害了人要治罪，抢劫东西的要惩处。）刘邦还派出人员会同秦朝原来的地方官吏，在各县各乡普遍宣传。关中各地群众，因此都安定下来。

防微杜渐

【释义】把事故防止在微小的时候而不让其滋长。

【出处】南朝·宋·范晔《后汉书·丁鸿列传》。

东汉时有个人叫丁鸿，在外面打仗的父亲病故后，按当时的规定，丁鸿承袭了父亲的官职。

汉和帝即位后，窦太后专权，她的哥哥窦宪官居大将军，权力极大，窦家兄弟都被封为文武大官。大臣们谁也不敢向皇帝表奏。

丁鸿是一个直言不讳的人，对朝廷很忠诚，便找了一个机会对皇帝说：“陛下，毁坏山崖、岩石的水，开始都是涓涓细流，参天蔽日的大树，开始也是刚露绿色的小枝。事物常常是由小而大、由隐而显的。可是人往往忽略了微小细碎的事情，而让它们发展成祸患。大将军窦宪倚仗太后的势力，包揽朝政，独断专行，连陛下您也不放在眼中，这不是朝廷的隐患吗？陛下如果亲自来整顿朝政，防微杜渐，就能消除灾难，保障汉室安定，除害保民，国泰民安。”

汉和帝刘肇采纳了丁鸿的建议，10天之后就革掉窦宪的官职，收缴了他的印绶。窦宪和他的兄弟们羞惭地自杀了。

阮囊羞涩

【释义】形容口袋里空空的，一个小钱也没有，或仅有极少的钱。

【出处】明·俞安期《类函》。

东晋人阮孚，是“竹林七贤”之一

阮咸之子。阮孚像他父亲一样放荡高傲，藐视权贵，他不治家产，相当穷困。晋元帝曾先后任命他为安东参军、丞相从事中郎等官职，他根本不理公务，天天喝酒游玩，头发很乱，衣服也不整，说话行动都很散漫、随便。在他名义上担任“黄门侍郎散骑常侍”的时候，曾把金貂（官帽上的珍贵饰物）换酒喝了。

有一次，阮孚游览会稽，他带着一个黑色的手提囊，有人问他囊中装着什么，他随口答道：“这是我的钱袋，可是空着。‘但有一钱守囊，恐其羞涩’。”（只留一个小钱在里面，因为恐怕它全空了会感到难为情。）

尽锐出战

【释义】尽：全部。锐：精锐。形容把所有精锐都使唤出来作战。比喻用尽全部力量。

【出处】唐·房玄龄等《晋书·载记·苻生》。

东晋时期北方的前秦国皇帝苻生，是一个凶狠残暴、嗜杀成性的暴君。他天生一只眼睛，做了皇帝以后，谁若是不小心说出独眼、独臂、残疾这些字眼，就要被他杀死。苻生先后杀死自己的妻子梁氏，又诛杀太傅、车骑、尚书令、左仆射等官员。苻生说：“杀了他们我就能免去灾祸！”

满朝的大臣们看到苻生都心惊肉跳，不知什么时候会被他诛杀。有的大臣说他好话，他说是献媚取宠，结果被杀；有的大臣说他不理朝政，他说是诽谤，结果也被杀掉。死在苻生手下的忠臣、大将、百姓不计其数。

当时有一位将军姚襄，不堪忍受苻生的淫威，聚兵反叛前秦国。苻生派苻黄眉、苻坚和邓羌率军征讨。姚襄深沟高垒固守不战。邓羌给苻黄眉出主意说：“姚襄刚强好怒，我们包围他的营垒，击鼓催战，他定会出来迎敌。”苻黄眉依计而行，姚襄果然气得大叫，尽锐出战。邓羌佯败，把姚襄引到三原地方，这时苻黄眉和苻坚包抄过来，打败了姚襄。

苻黄眉立了战功，可是苻生却不奖赏他，还在大臣面前羞辱他。苻黄眉一气之下，想杀掉苻生，但是事情败露，结果被苻生诛灭。苻生活到 23 岁，做了四年皇帝，终于被苻坚所杀。

尽善尽美

【释义】尽：极。极其完善，极其美好，形容事物达到完美的境地。

【出处】春秋·孔丘弟子《论语·八佾》。

春秋时期，天下大乱，社会动荡，孔子主张实行王道仁政，宣扬克己复礼，非常向往古代尧舜时期的清明政治和天下太平。可是他的祖国鲁国却很不太平，他便带着几个弟子逃到齐国去避难。齐景公听过孔子的政治主张，对他很是尊敬，多次亲自接见他，在款待孔子的酒宴上，齐景公和孔子一同欣赏音乐。当时的宫廷音乐有两种，一种是显示国力强盛的武乐，一种是旋律优美典雅的韶乐。

有一次，孔子欣赏齐国乐师们演奏的韶乐，听得如痴如迷，整个身心都沉浸在乐曲展示的美妙境界里。可是对于武乐，他欣赏时却几乎没有反应，只是出于做客的礼节，默默地坐着听着。为什么同样是音乐，孔子却有两种截然不同的态度呢？于是，有人向孔子请教："你认为韶乐好呢，还是武乐好？"

孔子立刻说出自己的见解："韶乐和武乐都是很好的乐曲。不过韶乐可谓尽善尽美。而武乐只是旋律优美，思想内容并不完美。"原来韶乐产生于尧舜时代，孔子崇尚那个时代，所以喜爱韶乐。武乐是周武王时代的乐曲，孔子不赞成周武王用武力夺取政权，所以对武乐评价不高。

尽忠报国

【释义】忠：忠诚。报：报效。竭尽忠诚，报效国家。

【出处】唐·李延寿《北史·颜之仪列传》。

南北朝时期，北周有一位正直忠诚的大臣名叫颜之仪。当时北周势力强大，多次南下攻城略地，掳回大批俘虏和百姓。周宣帝不按国家法令办事，行政混乱，随意发布命令。颜之仪见此情形，直言劝谏，有时语气很严厉。周宣帝对他非常反感，想杀他。朝中大臣们一起为颜之仪求情，周宣帝才饶了他。

周宣帝当皇帝不到一年就死了，年幼的周静帝接位。这时朝廷大臣刘昉、郑泽想让战功卓著、大权在握的外戚将军杨坚做丞相，辅佐周静帝，却又担心大臣们不服，就伪造了周宣帝遗诏，请颜之仪签署发放。颜之仪知道周宣帝生前没有留下这样的旨意，坚决不肯签署伪造的遗诏。杨坚听说后，十分生气，便叫刘昉把起草好的诏书给颜之仪送去，颜之仪义愤填膺，指着刘昉骂道："如今皇上崩驾，新主年幼，你们备受朝恩，当尽忠报国，为什么偏偏要把皇室大权送给别人！我颜之仪唯有一死而已，不能欺骗、背叛先帝！"

刘昉见颜之仪不肯屈服，就代替他签署了遗诏。杨坚当权后，颜之仪被贬到西疆当郡守去了。

尽心尽力

【释义】投入全部心思，使出全部力量。形容做事极为认真出力。

【出处】唐·房玄龄等《晋书·王坦之传》。

东晋王坦之，与名臣郗超（字嘉宾）都极有名望，当时有首歌谣说：

盛德绝伦郗嘉宾，
江东独步王坦之。

东晋大司马桓温死后，王坦之和谢安二人共同辅助年幼的皇帝。不久，王坦之升为中书令，又授他统率徐州、兖州、青州三州军事、北中郎将、徐兖二州刺史的职务，镇守广陵。将要赴任时，王坦之心系国事，担心幼主，专门上了一道表章，劝导小皇帝，朝中事情，无论大小，要和谢安、桓冲商量，这二位大臣受到先帝的信任和厚遇，"志竭忠贞，尽心尽力，归诚陛下，以报先帝。"这二人对于陛下，犹如周时的姬旦、汉时的霍光、显宗时的王导。皇帝接受了王坦之的表章。

后来，王坦之46岁就病故了。临终写信给谢安、桓冲，谈的全是国家大事，一句也不提私人之事。对于他的早逝，朝廷内外很多人都非常痛惜。

七　画

投石下井

【释义】别人掉进井里了，还往井里扔石头。比喻对不幸的人下毒手。同“落井下石”。

【出处】唐·韩愈《柳子厚墓志铭》。

韩愈与柳宗元是好朋友。柳宗元死后，韩愈十分难过，常常怀念他。在一篇祭文中，韩愈写到这么一件往事：

柳宗元早年参加王叔文集团，力图改革政治。改革失败后，一大批官员遭到贬谪，柳宗元被贬为柳州刺史，他的朋友刘禹锡则被贬到播州。柳宗元闻讯后当即流泪了，他说：“播州天荒地僻，哪里是人去的地方！刘禹锡有老母亲要抚养，让他怎么开口向老母亲说呢？无论如何，万万没有叫老人家陪儿子一道去播州受罪的道理呀！”于是，他上书给朝廷请愿，主动要求将柳州让给刘禹锡，自己愿意去播州赴任。在柳宗元和其他朋友的努力下，刘禹锡才被改派为连州刺史。

韩愈对此感慨不已，认为人的品格高下，要到关键时候才能表现出来。有些人平时对你甜言蜜语，说出的话似乎都是肺腑之言，可是，一旦遇上芝麻大点的利害冲突，立即就翻脸不认人，明明看见朋友掉进井里了，不但不伸出援救之手，反而投石下井，这样的人，在柳宗元的高风亮节面前，应该感到惭愧。

投笔从戎

【释义】戎：军队、军士的代称。指弃文从军。

【出处】南朝·宋·范晔《后汉书·班超传》。

班固是东汉的历史学家，他用了20余年的时间编成《汉书》。可他的弟弟班超，却是一员武将。班超奉皇帝的命令，带兵镇守西域31年，多次平定匈奴贵族的叛乱。

然而，班超并不是开始就习武的。他因家中贫困，便替官家抄写文书，靠挣来的钱供养母亲生活，日子过得很清

班超投笔封侯

苦。有一天，他叹着气说："唉，男子大丈夫应当效法傅介子、张骞，到边远地方去建立功业，取得高官厚禄，怎么可以长久地在笔墨台中讨生活呢？"于是他投笔从戎，终于成为东汉的名将。

投鼠忌器

【释义】要扔东西打老鼠，又担心砸坏它旁边的物器。比喻有所顾忌，不敢放手做事。

【出处】汉·班固《汉书·贾谊传》。

汉代的贾谊主张改革政治，为此受到一些权贵的反对和打击，一再受贬，但他立志改革旧制的主张一直没有动摇。后来，贾谊写了著名的奏章《论政事疏》，呈给汉文帝。在这道奏疏中，他系统地说明了自己的政治见解。他的主张之一就是要求汉文帝坚决实行严格的等级制度。他认为，皇帝是至高无上的，皇帝下边的大小官吏，好比一级一级的台阶，应该界限分明，不可混淆，做到尊卑有序。百姓犯了罪，可用在脸上刺字、割鼻子、砍脚、鞭打等手段去惩治；而王侯大臣犯了法则不能采用这些刑罚，应当用"廉耻节礼"等封建道德进行约束。王侯大臣犯了天大的罪，也只可赐他们一死，因为他们是皇帝身边的达官贵人。在奏章中贾谊还引用一个谚语："欲投鼠而忌器。"对于王侯大臣们的处罚也是这样。他们是皇帝身边的人，对他们使用惩治老百姓的刑罚，就会损害皇帝的尊严。

邯郸学步

【释义】邯郸：战国时期赵国的都城。步：走路。学邯郸人走路。讽刺那些一味模仿别人，不但学不成，反而把自己原来会的东西也忘了的人。

【出处】战国·庄周《庄子·秋水》。

战国时，燕国的寿陵有个少年人，他很不满意自己的走路姿势，听说赵国邯郸的人走路姿势特别好看，便决定去邯郸学走路。

每天一大早，这个寿陵少年就站在邯郸繁华的街头看别人走路。邯郸人走路虽好看，却也各有各的样。寿陵少年一会儿观察这个人的走路姿势，跟在后面走几步；一会儿又琢磨那个人的走路特点，跟在后面走几步；学来学去，总是学不好。他急了，干脆丢掉原来的步法，从头学习走路。从此，他每走一步都很吃力，弄得手足无措。

一连学了几个月，他不但没有学会邯郸人的步法，而且把自己原来的步法也忘掉了，他的钱已经花光，不得不返回寿陵。可是他已经不会走路了，只好爬了回去。

扶摇直上

【释义】扶摇：急剧盘旋而上的大风。原形容旋风盘旋而上的样子。现多用来形容迅速上升。

【出处】战国·庄周《庄子·逍遥游》。

在荒凉的北方，有一片大海，名叫冥海，海里生活着一种大鱼，名叫鲲。它的背有几千里宽。鲲久居冥海，感到厌倦了，很想到遥远的南方去看看。可是冥海不与南海相通，无法游过去。于是，鲲就每天练习跃出水面，同时像鸟扇动翅膀那样拼命摇动背鳍和腹鳍，久而久之，变成了一种名叫鹏的大鸟。这鹏也是巨大无比，它站在那儿，就像是高耸入云的泰山；巨大的双翅张开来就像是垂挂在天边的云彩。大鹏轻轻地扇动双翅，大地便立刻刮起了阵阵狂风。大鹏的翅膀强劲有力，越扇越快，地面上顿时飞沙走石，一股强劲的旋风拔地而起，像羊角一样旋转着扶摇直上。大鹏凭借着这股强劲的旋风，直冲云霄，飞上9万里高空。

冥海边的荒滩上生长着许多刺蓬，刺蓬间生活着一种鸟名叫斥鴳。这天斥鴳正在草蓬间睡觉，忽然被呼啸的狂风惊醒，只见沙石蔽空、树木狂舞，吓得赶紧伏在地上，一动也不敢动。一会儿，风声渐小，它悄悄伸头一看，正好看见背负青天、奋力南飞的大鹏，不由得笑道：“我以为是天发怒了，原来是大鹏鸟起飞呀。它究竟想飞到哪儿去呢？”小小的斥鴳怎么知道大鹏的远大志向呢？

抛砖引玉

【释义】就像抛出一块砖引来了美玉。比喻用不成熟的意见或文章，引出别人高明的、成熟的意见或文章，是一个自谦词。

【出处】宋·道原《景德传灯录》。

唐朝时，有个叫作从稔禅师的名僧，常在寺里给和尚们讲经说法。

名僧讲经，总是会让别人觉得高深莫测。禅师教授学徒的时候，他的一言一行中都有“机要秘诀”，他们把这称为“禅机”。禅师提出一个含义隐晦的问题，如果弟子的回答，禅师感到满意，那就表示这个弟子“得道”；当然，有些僧人对禅师所讲的内容不能领悟，那就要受到责骂了。一天，从稔法师讲完经，说：“我刚才讲解了佛经，也提出了让你们思考的问题，谁能回答和引申解释的，请出来说。”

有一位僧人行完了礼，正要开口说话时，谁知从稔禅师却拦住了他的话头，对僧人们说：“我刚才提出了问题，请大家回答解释，是希望你们对佛经能够理解得更深，这就好比抛砖引玉一样，想不到美玉没有引回，却引回了一块生砖坯！”

那位僧人迷惑地站在众人面前，实在不知道自己错在哪儿，因为他还没有开口说话呢！

杞人忧天

【释义】杞人：指杞国人。忧天：担心天要塌下来。比喻没有根据的忧虑是不必要的。

【出处】战国·列御寇《列子·天瑞》。

杞国有个人，整天担心天会塌下来，地会陷下去。一天，他走在旷野上，心想这时候天要是塌下来，连个躲的地方都没有，肯定会被砸成肉饼的。他躲进房屋里，又想天要是这么一大块地砸下来，房屋不也被砸倒了吗？砸倒的房屋不也要压到头上来吗？

他像一头丧家之犬东奔西逃，突然，他发现路边有个山洞，赶忙爬进洞里躲起来，这下他才放心了，悠悠然地观赏洞外的风光。但他马上又想天塌下

来不把洞口堵死了吗？暗无天日，不憋死也一定饿死。他赶忙蹿出去，连滚带爬地来到大路上。天蓝蓝的，几朵白云悠悠飘过。其实天离地面很远很远，哪里就塌下来呢？这样想着，他才放心走起路来。

走不多远，到了一块洼地，突然，他惊叫起来："这块地不是陷下去了吗？救命！"越叫，越觉得陷得深。他没命地往高处攀，费了九牛二虎之力，总算坐到一条路上，连连说："真险，真险，真是大难不死。"至于后面的洼地，他心有余悸，连看也不敢看了。

前面一条石子路，大风过处，尘土飞扬，他赶忙闭上眼睛，不料，脚踩着的石子滑了一下，他以为地动起来，所站的地方马上就要陷下去了，陷成一个洞，下面水冒上来，上面石子落下去，自己就会在中间被活活埋葬。赶快挪开！可是每移到一个地方，他都觉得只有这地方才会陷，别的地方不陷，又胡乱地奔了一气，看到一棵大树，猛地一跃，抓住树枝，谁知抓着的树枝承受不了他的重量，断了，他重重地摔到地面上，爬起来，一瘸一拐地往家里走去。

远远看见自己那间破屋，他眉头紧皱，如果待在家里，地陷了，怎么办？最佳的办法是房屋要建得像一艘船，地陷了，还能漂在水面，再做几把桨，还能乘风破浪，哈哈，妙主意！可是，他转念又想，要是水面也塌了呢？和房屋一起在无边无际的黑暗中有始无终地坠落，怎么办？想着，他眼睛都不敢睁开，吓得六神无主，回到家里倒头便睡……

花朝月夕

【释义】繁花似锦的早晨和月明如昼的夜晚。指时令和景物都很美好。

【出处】后晋·刘昫等《旧唐书·罗威传》。

晚唐时候，北方的魏、镇、燕三处土地辽阔，兵强马壮。那儿的节度使虽然仍由皇帝颁封，实际上已不受中央政府的控制。魏州节度使罗威，就是在他父亲死后自己继承官位，皇帝也只能承认。

罗威虽然身居高位，但很佩服儒家的学问，喜欢结交文人。他思维敏捷，闲暇时读读书，写写诗，府中藏书竟达上万册。他经常喜欢在气候宜人时，选一个风景优美的地方，携一帮文人墨客、慕僚宾朋，迎风作赋，对月吟诗，成为当时官僚中难得的有高雅情趣的人物。因为酷爱自号"江东生"的诗人罗隐的诗，所以就把自己在花朝月夕所赋的诗集成一集，命名为《偷江东生集》。

劳师袭远

【释义】发动军队远征袭敌，多指冒险的军事活动。

【出处】春秋·左丘明《左传·僖公三十二年》。

春秋时，秦国在郑国的留守官员杞子派人告诉秦穆公："我现在负责郑国京城北门的防务，你要是派兵来偷袭，郑国就是秦国的了。"

秦穆公征求老臣蹇叔的意见，蹇叔说："让军队赶那么多路，疲劳地去袭击远方的国家，犯了兵家大忌，我看是不会成功的。"

秦穆公不听劝告，派大将孟明视、西乞术、白乙丙领兵出发。蹇叔拦在路上哭着对孟明视说："你们再也回不来了！"

穆公听说蹇叔拦路，十分恼火，坚持要出兵。

蹇叔对随军出征的儿子说："秦军偷袭郑国要经过晋国的边界崤山，那里地势非常险恶，你们偷袭郑国不成，回来时一定会在那里遭到晋军埋伏的，我只好到那里去给你收尸了。"

果然不出蹇叔所料，秦军这次偷袭没有成功，回师途中在崤山遭到了晋军的伏击，秦军大败，孟明视等三员大将被活捉。

劳思逸淫

【释义】逸：安逸。说明一个人只有参加劳动，才能保持优良的品质，贪图享乐，就易变坏。

【出处】春秋·左丘明《国语·鲁语》。

春秋时，鲁国有一个叫公父文伯的贵族子弟，继承了祖上大夫的爵位，踌躇满志。一天，当他退朝回家时，见母亲敬姜正弯着腰绩麻，水把手泡得又白又胀。他蹲在母亲身旁，关心地说："母亲，像我们这样的人家，还用得着绩麻吗？难道不怕别人笑话？绩麻的事，就让下人干吧！"

敬姜虽然也是贵族出身，但目睹了许多贵族家庭的衰败，深知凭祖上的袭封来维持荣华富贵，是不会长久的。听到儿子说这样的话，她惊叹道："孩子呀，一个人只有经常参加劳动，才会认真思考问题，才会变得善良；贪图安逸的人只知荒淫奢侈，善良的心就会慢慢变得丑恶起来（劳则思，思则善心生；逸则淫，淫则忘善，忘善则恶心生）。"

后来，鲁国的人知道了这事，都称赞敬姜，说她是一个善于教育儿子的好母亲。

"劳思逸淫"这一成语就是从她的话中提炼出来的。

弄巧成拙

【释义】原为佛家禅宗用语。本想耍弄聪明，结果却干了蠢事。

【出处】宋·佚名《宣和画谱》。

孙知微是北宋时期一个有名的画家。有一次，成都寿宁寺请他为寺院画一幅《九曜图》。他画好草图以后，因为有事外出，就把弟子们找来，说："这幅画的轮廓我已经画好了，剩下着色的工作，你们几人接着做吧，一定要认真做好。"

老师走了以后，弟子们准备上色，可是，忽然发现图中水星菩萨的侍从童子手中拿的水晶瓶是空的。一个学生说："老师平时画瓶，总要在瓶上画一束鲜艳的插花，这一次可能匆忙当中忘了画上，我们给画上吧。"大家都赞同他的意见，于是，他就在水晶瓶上很用心地画上一枝粉红色的莲花。

第二天，孙知微归来。当他看到水星菩萨的侍从捧的瓶子中居然冒出一朵莲花时，气愤得吼叫起来："《道经》中说，这水星菩萨的水晶瓶不是插花用的，而是用来镇妖伏水的宝贝。瓶中根本就没有什么花草，如果添上花，它就不是神物而是一只普通的花瓶了。你们这是弄巧成拙啊！"

弟子们一个个吓得低下头去。

赤膊上阵

【释义】打仗不穿铠甲，脱了衣服上阵。形容不顾一切，猛打猛冲。也比喻坏人脱下伪装，公开地干坏事。

【出处】明·罗贯中《三国演义》。

东汉末年，割据凉州的军阀马腾之子马超，为报父仇，便和西凉太守韩遂起兵攻打曹操，双方在土城对峙。

两军出营布成阵势。马超挺枪纵马与曹操的猛将许褚大战。两人战了100多回合，不分胜负。因为战马疲累不支，各回军中，换了匹马，又出阵前战了100多回合，胜负仍然不分。许褚性急，飞奔回阵，卸下盔甲，赤膊上阵，与马超决战。双方官兵大为震惊。两人又斗了30余回合，许褚举刀奋力向马超砍去，马超闪过，挥枪向许褚心口刺来。许褚力大，“咔嚓”一声，扭断枪杆，两人各拿半截，在马上乱打。后来两军混战，曹军损伤大半，退回寨中坚守不出。马超退回渭口，对韩遂说：“在恶战当中再也没有比许褚不要命的了，真是个‘虎痴’啊！”

走马看花

【释义】原意为得意愉快的心情，后转为不深入地调查参观。

【出处】唐·孟郊《登科后》。

唐朝中期，著名诗人孟郊好几次参加进士考试都落了第。他决心刻苦攻读，用自己的真才实学叩开仕途的大门。唐德宗贞元十三年，孟郊进士及第了，而他也已经46岁了。孟郊高兴极了，穿上崭新的衣服，扎上彩带红花，骑着高头大马，在长安城里尽情地游览，京城美丽的景色使他赞叹，高中进士的喜悦又使他万分得意，于是，写下了著名的《登科后》诗：

昔日龌龊不足夸，
今朝旷荡恩无涯。
春风得意马蹄疾，
一日看尽长安花。

诗的意思是：过去那种穷困窘迫的生活是没有什么值得夸耀的，今天我高中了进士，才真正感到皇恩浩荡；我愉快地骑着马儿奔驰在春风里，一天的时间就把长安城的美景全看完了。这首诗把诗人中了进士后的喜悦心情表现得淋漓尽致，其中“春风得意马蹄疾，一日看尽长安花”成为千古名句。后来，人们从此诗中引申出“走马观花”和“春风得意”两个成语。

志大才短

【释义】表示志向大而才能小。

【出处】南朝·宋·范晔《世说新语·识鉴》。

西晋末年，周恺到司马睿手下任职，他已守寡的母亲非常欣慰，因为她还有两个儿子周嵩和周谟也在建康，如今都聚合到了一块。

这年的冬至节，周母把三个儿子召在一起，共同祭祀祖宗后，斟了三杯酒，分别递给三个儿子，高兴地说：“周家有福，你们兄弟三人都被朝廷看重，为母的也不枉今生了！”

二儿子周嵩把酒一饮而尽，然后跪在地上，流着泪说：“将来也未必像母亲说的那样，伯仁（指他哥哥周恺）的为人，志向大而才气短，名望重而见识浅，恐怕难以保全自己。孩儿我性格耿直、高傲，在这世上也不会长久被容纳，倒是阿奴（指他弟弟周谟）碌碌无为，会长久和母亲在一起的。”

后来，晋愍帝在长安被北方匈奴俘虏，西晋灭亡。司马睿在建康接受群臣拥戴即位，史称晋元帝，东晋王朝由此建立。王导、王敦、周恺等都当了官。

大将军王敦因不满司马睿抑制王氏

势力，起兵反叛朝廷，他的族弟、丞相王导怕涉及自己，赶紧进宫请罪。在宫门口遇见了周恺，请他在元帝面前说几句好话，但周恺没有理睬他。可是周恺见过元帝后，却一再称赞王导忠诚，请求元帝不要降罪于他。元帝接受了他的意见。这些王导全然不知。

王敦的叛军日益逼近建康，周恺奉命率军出击，结果大败而归，元帝出于无奈，只好派人与王敦商议妥协办法。王敦见到周恺，对他领兵与自己对抗非常不满。

过了几天，元帝被迫任王敦为丞相。王敦很嫉恨周恺，于是将周恺处以酷刑。不久，周恺的弟弟周嵩也被王敦处死，只有周谟没事。当年周嵩对母亲说的那段话，竟成了事实。

后来，王导终于看到了周恺写的列举王导忠诚表现的那道奏章，非常后悔地说："我虽然没有杀伯仁，但伯仁是因我而死的！"

声东击西

【释义】在东边造成声势，却在西边行动。本是一种战术用语，现可以广泛使用。

【出处】汉·司马迁《史记·淮阴侯列传》。

有一年夏天，刘邦在彭城被项羽的楚军杀得大败。本来已经归顺刘邦的魏王豹，这时看到楚军的势力强大，便借口回去看望生病的亲人，离开汉军，到达河关后，就与项羽和好，宣布反汉。刘邦便派韩信领兵去攻打魏王豹。

魏王豹得知汉军进攻的消息，就任命柏直为大将，率军扼守在黄河东岸的蒲坂，封锁黄河渡口临晋津，阻止汉军渡河。

韩信带领汉军来到前线，看到蒲坂地势险要，又有重兵坚守，经过反复考虑，想出一个声东击西的战术，他将军营扎在蒲坂对岸，军营四周插上旗帜，白天让士兵操练、呐喊，夜里掌灯举火，做出要从这里强渡黄河的架势。背地里却率汉军主力偷偷向北移动，选择了夏阳作为偷渡黄河的据点。

汉军开到夏阳以后，没有渡船，韩信便命令士兵赶紧做木桶，把几个木桶连在一起，上面拴着木排，倒扣在水面上，就成了渡筏。汉军乘着这些渡筏，偷偷渡到对岸。因为魏军在那里没有派兵防守，所以汉军顺利地渡过黄河，攻陷了魏军后方要地安邑。魏王豹毫无准备，慌忙领兵迎战，结果让汉军打得惨败，自己也被韩信活捉了。

声色俱厉

【释义】言语及脸色都很严厉，形容对不满的事非常愤慨和激动。

【出处】唐·赵璘《因话录·卷一》。

唐德宗时，翰林学士韦绶忠于职守，时常个把月不能回家一次，自然也无法照顾老母。

韦绶因自己不能对老母恪尽孝道，内心感到非常不安，几次向德宗提出辞呈。但是，德宗少不了他，一直没有予以批准。他一直干了 8 年，身体越来越差，德宗才同意他辞去职务，回家休养。

韦绶的儿子韦温，也在朝中做官，父亲因病辞官回家后，他也跟着辞职回家，一心服侍父亲，时间长达 20 年之久。

韦绶临终前，谆谆告诫儿子韦温说：

“内廷系是非之地，你千万不能当翰林学士。一不小心，就会招致杀身之祸。”

韦温含着眼泪表示，一定牢记父亲遗训。当时是文宗皇帝执政，他非常赏识韦温的才干，决定任命韦温为翰林学士。

韦温铭记父亲遗训，几次恳切地向文宗辞让这个官职，文宗很不理解，经过再三询问，韦温才表示，他不能违背对父亲许下的诺言。

后来，文宗声色俱厉地对在旁的大臣说：“我想重用韦温，他每次都坚决回绝，难道没有他就不行了吗？”

在旁的一位大臣见他这样发怒，便劝谏道：“陛下，韦温虽然如此固执，但他是尊奉父亲遗命，也是一片孝心，请陛下成全他。”

文宗不以为然地说：“韦绶不让其子当翰林学士，这种遗命是乱命，怎么能成全呢？”

那位大臣再次解释说：“韦温连父亲的乱命也能尊奉，这说明他的孝心是难能可贵的。”

文宗听他这样解释，才渐渐平下气来，并取消了对韦温的任命。

巫山云雨

【释义】原指古代神话里巫山神女兴云降雨之事。后比喻男女爱情。

【出处】战国·宋玉《高唐赋》。

楚怀王心情抑郁，茶饭无心。一天，正碰上好天气，他叫身边的侍臣备好车驾，要出宫游玩。

四匹白马拉着一辆彩饰的马车跑上了林荫小道。怀王看着车窗外向后飞驰而去的山水田野美景，连日来的不快心情渐渐消失了。马车转过山脚，眼前顿时出现浩渺的云梦泽，怀王高兴极了，弃车乘船，往湖心而去。

云梦泽非常幽静，到了湖心，怀王登上了建在那儿的高唐观。他环顾四周，心旷神怡，不禁把酒临风独酌起来。几杯下去后，他感到一阵倦意，便和衣在床榻上睡了。

他做了个梦，梦见一位美丽的女子从走廊外飘了进来，深情地看着他，流露出无限的倾慕。过了会儿，只听得女子朗朗说：“我是巫山的神女，听说大王游赏高唐观，特意来这里相见，献上我真诚的爱。”两人执手相看，深情缱绻。临末了，神女告辞说：“我住在巫山南面险峻的丘冈上。早晨，我是飘在天边的云彩；晚上，我是洒在行道上的清雨，朝朝暮暮，您都能在阳台山下见到我。大王，愿我们常能相聚。”话音刚落，怀王一晃身就醒了过来，梦中的景象还历历在目。

第二天早晨，怀王一起床就跑到阳台山下。抬眼望去，葱郁的山峰绕着一段彩云，一会儿耸然直上，一会儿飘如巾带，恍惚不定，千变万化。怀王痴痴地看了会儿，命人在这儿建造女神祠，从此称那云叫朝云。

两袖清风

【释义】形容为官清正廉洁。

【出处】明·都穆《都公谭纂》。

于谦是明朝著名的民族英雄和诗人。他做官廉洁，为人耿直。当时，朝廷政治腐败，官吏贪污、贿赂成风。各地官僚进京朝见皇帝，都要从各地百姓那里搜刮大量土特产，献给皇帝和朝中的权贵。但是，于谦在担任巡抚从外地回京时，却什么礼物也不带。别人问他

于谦像

为什么不带礼品，他就写了《入京》诗作答。他在诗中这样写道：

绢帕蘑菇与线香，
本资民用反为殃。
清风两袖朝天去，
免得闾阎话短长。

这首诗的大意是说：绢帕、蘑菇、线香等土特产，本应供人民享用，只因贪官污吏搜刮，它们反而给百姓带来灾难。我什么也不带，只带两袖清风进京朝见天子，这样才能免除老百姓的不满。

励精图治

【释义】振奋精神，设法治理好国家。

【出处】汉·班固《汉书·魏相传》。

西汉时期，大将军霍光大权在握，把年幼的刘询立为皇帝。霍光趁此机会把自己的亲朋好友都调到朝廷，一一委任重要官职，对那些反对他的大臣，一律加以排挤。

霍光的亲朋好友都担任了要职，形成了霍氏家族集团，只有他的小女儿没有进入朝廷。霍光的妻子为了使小女儿进入后宫，竟买通了女医官淳于衍，毒死了许皇后。霍光知道后，隐瞒事实真相，利用职权庇护淳于衍，使汉宣帝蒙在鼓中。霍光死后，汉宣帝采纳了御史大夫魏相的建议，收回了朝政大权。后来，霍光的妻子指使淳于衍毒死许皇后的罪行被查明，汉宣帝大怒，采用魏相的意见，把霍氏家庭成员的官职全部罢免。

霍光的小女儿、后妃霍氏十分恐惧，满腹怨恨，对魏相恨之入骨，多次在皇太后面前哭诉。后来霍氏集团企图假借皇太后的旨意，杀掉魏相，废掉汉宣帝。汉宣帝知道后，勃然大怒，下令将霍氏满门抄斩，彻底清除了隐患。

从此以后，汉宣帝开始亲自处理国家大小事情，大展宏图，励精图治。他严格考核各级官员的政绩，核查实情，任用贤才。丞相魏相辅佐他，领着大小官员认真履行各自的职责，汉宣帝对他非常信任。国家很快繁荣昌盛，出现欣欣向荣的景象。

克己奉公

【释义】克己：约束自己。奉公：以公事为重。严于律己，一心为公。

【出处】春秋·孔丘弟子《论语》、汉·司马迁《史记·廉颇蔺相如列传》。

有一次，颜渊恭恭敬敬地问孔子：一个人怎么样才能算是做到“仁”了。孔子回答了他六个字：“克己复礼为仁”（一个人，只要能随时随地做到克制自己的欲望，恢复已被破坏的礼仪，那可以算是做到仁了）。“克己”一语就来源于孔子这句话。

“奉公”一语，最早出现在《史记》中。春秋时期，赵国的平原君赵胜，有很大一块领地，他家的管家倚仗着主人的势力，不按法令向国家缴纳租税。当时负责征收田赋的田部吏赵奢，铁面无私，执法严明，不畏惧平原君的势力，把管家抓来杀了，并且连续严惩了平原君的九个管家。平原君终于忍无可忍，大怒之下，下令逮捕赵奢，并准备杀掉他。

赵奢大义凛然地说：“想不到你身

为赵国的王公贵族，竟然如此纵容你的管家！你这样做，国家就会衰弱，别的国家就会侵犯我国，灭掉我国，你还保得住什么富贵？以你现在的高贵地位，若能奉公守法，上下就会一律平等，国家才能兴旺。”

平原君听了，觉得赵奢官职虽小，却有远大的政治眼光，立刻向他道歉，释放了他。后来平原君向赵惠文王推荐了赵奢，赵惠王命赵奢总管全国的租税，不久赵国就富强起来了。

束手就擒

【释义】把自己的手捆起来，让人捉拿。比喻不做抵抗，甘愿被捉。

【出处】元·脱脱等《宋史·符彦卿传》。

后晋石重贵即位后，契丹君主耶律德光率军大举南侵，少帝石重贵亲自北征，双方屡屡交战，互有胜败。

945年3月，契丹10余万大军将后晋军队围困在阳城。后晋军的军需供应被切断，内外隔绝，生活困难，城中缺乏水源，开凿的井常常塌陷，士兵争着吮吸湿泥中的水分解渴，晋军一片混乱。

后晋将军符彦卿有勇有谋，善于用兵。他看到后晋军犹如一只困兽，就向统帅张彦泽、皇甫遇建议道：“与其大家在这儿束手就擒，不如拼死战斗，或许能杀出生路来。”

张彦泽等人分析了天时、地利、人和等各方面的因素，一致赞同符彦卿的建议，决定出其不意，绕到契丹军的背后偷袭。

于是，后晋军悄悄转移到契丹军的后方，利用顺风的机会，发起进攻，契丹军措手不及，被杀得狼狈逃窜。后晋军缴获契丹军丢弃的武器、甲胄、旗仗数万件之多，胜利凯旋。

束之高阁

【释义】把东西捆起来放在高高的阁楼上。表示弃之不用。

【出处】唐·房玄龄等《晋书·庾翼传》。

东晋时，有个出身于豪门贵族的名士，名叫殷浩。一次，有人问殷浩：“将要赴任当官的人梦见棺木，将要得到钱财的人梦见粪土，这该怎样解释？”

殷浩不假思索地回答说：“官职和钱财，本来就是腐臭和粪土之类的东西，所以得官得钱的人都会梦见这类东西。”

殷浩的回答成为当时名士显示清高的名言。当时正力图收复北方的大将庾翼，请殷浩出任司马。殷浩自命清高，没有接受。庾翼再次邀请，他仍然拒绝。还有一个叫杜义的名士，与殷浩一样，也很清高，不愿当官为朝廷出力。

可庾翼对杜义、殷浩两人很瞧不起，认为他们才名冠天下，其实是徒有虚名，不能重用。他常对人说：“杜义、殷浩这类人，只宜把他们束之高阁，不去管他们，等天下太平了，再考虑让他们出来做些事。”

351年，殷浩被任命为中军将军，都督五个州的军事。他随即领兵北上，但屡战屡败，结果被废为平民。

连篇累牍

【释义】篇：古时文章写在竹简上，用绳子或皮条把许多片竹简串在一起叫篇。牍：古代写字的木片。形容文章篇幅很多，文字冗长。

【出处】唐·魏征等《隋书·李谔传》。

南北朝时，文人写作文章大多追求辞藻的浮华艳丽，不重视内容。这种风气延续到隋朝，为隋文帝杨坚所痛恨。李谔是隋文帝的治书侍御史，也反对这种文风，特地写了个《上隋文帝书》，他在上书中写道：

州县选取吏职，保举人才，只凭所作文章是否漂亮，不管道德和儒学。文人们为了做官，写文章互相比赛词句的华丽，这已经成了恶劣的风气。文章不讲什么正当道理，只写些虚幻的枝节，只讲究一个韵、一个字的奇特、巧妙，即使是连篇累牍，写的也不外乎是什么月呀露呀，风呀云呀，尽搞些无病呻吟的东西，这有什么意思呢？

但隋文帝和李谔的提倡没有取得多大效果。隋文帝不久被他的儿子隋炀帝杨广杀死。隋炀帝也醉心于文章的华丽，他开设的进士科，都是凭文章的表面秀美与否来挑选官吏。

远交近攻

【释义】指交际远国，而攻伐近邻之策略。

【出处】汉·刘向《战国策·秦策》。

战国时代，秦昭襄王有一次向宰相张禄（原名范雎）讨教治国方略。

张禄说：“论秦国的地位，哪个国家有这么多的天然屏障呢？论秦国的兵力，哪个国家有这么多的兵车，这么强大的士兵呢？论起秦国的老百姓来，任何国家的老百姓也没有这么遵守纪律，爱护国家的！除了秦国，哪个国家能够号令诸侯，统一中国呢？大王虽说是一心想要统一天下，可是几十年来却没有大的成就，这就是因为秦国只知道一会儿跟这个诸侯订立盟约，一会儿跟那个诸侯打仗，根本没有一个一贯的政策。听说最近大王又要发兵去打齐国……”

秦王插嘴说：“这有什么不对的地方？”

张禄说：“齐国离秦国那么远，中间隔着韩国和魏国。要是出去兵马少了，或许会被齐国打败，让各国诸侯取笑；要是出去的兵马多了，国中也许会出乱子。就算一帆风顺地把齐国打败了，也不过叫韩国跟魏国现成捡利，大王又不能把齐国搬到秦国来。当初魏国越过赵国把中山打败了，没想到中山后来反给赵国并吞了去，为什么呢？因为中山离赵国近，离魏国远。我替大王着想，最好是一面跟齐国、楚国交好，一面去打韩国和魏国。离着远的国家既然跟我们有了来往，就不会来管跟他们不相干的事情。把近的国家打下来，就能扩张秦国的地盘，打下一寸土地就是一寸，一尺就是一尺。把韩国跟魏国兼并之后，齐国和楚国还站得住吗？这种像蚕吃桑叶似的由近而远的法子叫‘远交近攻’，是个顶妥当的方法。”

秦王当时就接受了他的计策，照着他的计策去做，把攻打齐国的兵马都叫回来了。从此，秦国就单把韩国和魏国当作进攻的目标了。

运筹帷幄

【释义】筹：谋划。帷幄：古代军中帐幕。在帐幕中谋划军机。常指在后方制订作战方案。

【出处】汉·司马迁《史记·高

祖本纪》。

韩国被秦国灭掉时，韩国人张良为了报仇，变卖家产，到处结交英雄好汉。后来，他果然认识了一位勇士，就随他去刺杀秦始皇。但这次刺杀行动失败了，张良受到通缉。刘邦起兵后，张良就参加了他的部队，他足智多谋，为刘邦出了许多好主意。因此，他和萧何、韩信被称为“汉兴三杰”。

公元前 202 年，刘邦正式当上皇帝，称汉高帝。汉高帝举办了一次盛大的庆功宴会，席间他对大臣们说：“我们今天欢聚一堂，说话不要有顾忌。你们说说，我是怎样得天下的？项羽又是怎样失天下的？”

大臣王陵说：“皇上对将士有封赏，所以大家肯为皇上效力；项羽嫉贤妒能，打了胜仗忘了大家的功劳，所以失去天下。”

汉高帝笑了笑，说：“你们只知其一，不知其二。要知道，是成功还是失败，全在用人的得当与否。运筹帷幄之中，决胜于千里之外，我不如张良；镇守国家，安抚百姓，供应军饷，不绝粮道，我不如萧何；统领百万大军，无战不胜，无城不克，我不如韩信。这三个人，都是当代的人杰，我能用他们之所长，正是我取得天下的根本原因。项羽连一个范增都不能用，还谈什么拥有天下呢？”大家都佩服汉高帝的高见。

呕心沥血

【释义】呕：吐。沥：一滴一滴地往下滴。指费尽心思。多用于文艺创作。

【出处】后晋·刘昫等《旧唐书·李贺传》、唐·韩愈《昌黎先生集·归彭城》。

唐朝中期的青年诗人李贺一直不被朝廷重用，精神上苦闷抑郁，便把全部精力放在诗歌的创作上。李贺作诗，通常不是先定题目，而是注重实地考察，积累资料。他经常带着一名书童，骑着一匹弱马，一面在郊外慢慢地闲走，一面即景吟咏。遇到好的题材，随即写成诗句，放进书囊，回家以后，再将锦绣书囊中的诗句整理成篇。他作诗非常刻苦、认真，每夜都睡得很晚，他曾说：“长歌破衣襟，短歌断白发。”意思是说：他为了写一首长诗，衣襟都磨破了；为了写一首短诗，白发弄断了许多根。李贺身体很弱，母亲很心疼他，所以每天李贺回家，母亲便让婢女查看他的书囊，如果发现里面写的诗句太多，就生气地说：“你这孩子，要把心呕出来才罢休吗？”

李贺由于写诗过于劳累，再加上怀才不遇，心境不好，只活了 26 岁就去世了。他留下的 240 首诗歌，可谓佳作迭出。

韩愈曾写过这样两句诗：“刳肝以为纸，沥血以书辞。”意思是说：把肝剖出来作为纸，让血滴出来作为墨水，来书写文章。后来，人们就根据这两位诗人的故事，概括出“呕心沥血”这个成语。

囫囵吞枣

【释义】囫囵：指完整的东西。吃枣时不加咀嚼，整个吞下去，比喻读书学习不加分析地笼统接受。

【出处】元·白珽《湛渊静语》。

集市上，祠堂边摆着一个水果摊。摊主总是不厌其烦地向顾客们介绍各种水果的特点和功用。

“诸位，请看我这梨，质嫩、色白、

味甜；再请看我这枣子，饱满、色鲜、清香。诸位，本摊所卖的全都货真价实，包你合算。”停了会儿，他又指着水果说：“奉劝诸位，最好还是每种水果都买一些。梨子吃多了，对牙齿有好处，但会损伤心脾；枣子多吃了，对心脾有好处，但会损伤牙齿。诸位，最好各种水果都吃一些，这样才能取长补短。”

不少顾客围着摊子纷纷议论，一个说：“说得有理！吃了梨，伤了心脾，让枣子来补；吃了枣子，损了牙齿，让梨子来补。如果样样都吃，那就伤不着我的身体了。”

也有人说：“我看还是不吃为好，吃梨补了牙齿，又被枣子损伤；枣子补了心脾，又被梨子损伤。这样吃不等于白吃吗？”

又有一个顾客说：“可以这么吃：梨，只管咀嚼，不咽下去，那就伤不着我的心脾，还益了我的牙齿；枣子，只管硬吞下去，而不咀嚼，那就伤不着我的牙齿，还补了我的心脾。”

众人听了这番议论，哄堂大笑，打趣地说：“你真是囫囵吞枣呀！”

围魏救赵

【释义】 围攻魏国以解救赵国。比喻不直接与敌交锋，而是截其后路，从而达到目的。

【出处】 汉·司马迁《史记·孙子列传》。

孙膑是鬼谷先生门下的子弟。后来孙膑被其师弟庞涓陷害，刖足刺面，由魏国逃到了齐国。魏惠王这时以庞涓为大将，图谋吞并赵国，便举兵征赵，围困邯郸。赵王求救于齐国。齐王即拜田忌为大将，孙膑为军师，兴师救赵。

孙膑献策说：“我们驻兵于中道，扬言攻伐襄陵（魏国城邑，在今山西），魏军闻我攻襄陵，必撤邯郸外围之兵而救之，我追击魏兵，必可大胜。”

田忌用其计，果然庞涓闻齐兵进攻襄陵，即撤邯郸之围往救。谁知魏军走到桂陵就和齐军碰上了。前锋交战了几十回合，齐军诈败而走，庞涓急率兵匆匆追赶。约行 30 里，见齐军摆出阵势，庞涓乘马观看，宛然是孙膑的阵法，心想：“田忌如何懂得摆这个阵？难道孙膑已归齐国了吗？”正狐疑间，齐军中显出大将“田”的大旗，田忌全身披挂，手执画戟，站立战车之上。

庞涓知道田忌并不懂阵法，便催马入阵。刚入阵中，只见八方旗色，纷纷转换，认不出哪一个是生门，哪一个是死门，东冲西撞，铠甲如林，杀不出去。正在汗流浃背之时，忽闻金鼓声响，四下呐喊，八方竖起了旌旗，俱是“军师孙”字样。

庞涓大惊道：“这个刖夫果在齐国，我中计矣！”正在危急间，幸而偏将庞英、庞冲赶到，救出庞涓。可是冲入阵中的魏国兵将尽被杀绝。

当夜庞涓就率军队，撤退返回大梁。齐军未踏入赵国寸土，就把赵国救出来了。

助桀为虐

【释义】 桀：古代暴君。助暴君作恶。指帮助恶人干坏事。

【出处】 汉·司马迁《史记·留侯世家》。

秦朝末年，刘邦的军队攻到秦国京都咸阳城下。秦王子婴看到大势已去，就投降了。刘邦率领兵马进入咸阳后，看到秦朝宫殿十分壮丽宏伟，宫中富丽堂皇，无比壮观，宫中又有无数的金银珠宝，无数的妙龄美女，于是，就想留居宫中，尽情享乐一番。刘邦手下大将樊哙反对刘邦的这种打算，劝他到秦宫之外居住，刘邦想不通。于是，刘邦的谋士张良劝道："秦朝十分残暴无道，因此，您才能推翻秦王朝，来到这里，您想替天下老百姓消灭残存的恶人，就应该彻底摈弃秦朝的奢侈与淫乐，以艰苦朴素号召天下，绝不能像秦王那样骄奢淫逸。现在，您刚刚推翻秦王朝，就想像秦王那样享乐，这就等于助桀为虐。应该知道，忠诚之言，听起来虽然很不顺耳，但对于端正人们的行为却是很有好处的；良药喝起来虽然觉得口苦，但对于治病却是很有益的。希望您能够听从樊哙的劝说。"

刘邦听完张良的一番议论，很快醒悟过来。于是，撤出咸阳，驻军在灞上。

时移事改

【释义】随着时间的流逝，世事也发生变化。

【出处】宋·薛居正《旧五代史·武帝纪下》。

唐朝末年诸侯混战之后，出现了五代十国。

李克用是唐末较强的割据者之一，本是沙陀人朱邪赤心的儿子。朱邪赤心帮助唐懿宗平定了叛乱，被赐国姓为李，改名李国昌，并被委为唐朝的大国军节度使。李克用也因镇压黄巢起义有功，被任为河东节度使，后来唐昭宗封他为晋王。李克用为了控制唐朝廷，与另一诸侯朱温展开了一连串的恶战。

朱温本是农民起义军首领黄巢的部将，在起义军遭到镇压、形势不利的时候，投降了唐朝，被赐名朱全忠，当了同华节度使。不久，朱全忠挟持了唐昭宗，受封为梁王，完全控制了唐朝政权。到了907年，朱全忠终于当上了后梁皇帝。

当时，割据四川的诸侯王建（五代时前蜀国的建立者）派人送了一封信给李克用，劝他继续当他的晋王，等待时机打败朱全忠，再寻访原来唐朝的宗室继承帝位。李克用写了一封回信给王建，表示不接受他的建议，信上说："君臣无常位，陵谷有变迁，或箠塞长河，泥封幽谷，时移事改，理有万殊。"

言下之意，谁该当皇帝，谁该是臣子还说不定，时间过去了，世事会改变，其中的道理是千变万化的。这充分地暴露了李克用不甘心俯首称臣、只想当皇帝的野心。可是，不到一年李克用就死了，没能实现他的野心。

别开生面

【释义】生面：新的面目。使原来已经暗淡模糊的画面重放光彩。比喻另创新局面、风格或形式。

【出处】唐·杜甫《丹青引》。

曹霸是唐代著名的画家，特别擅长画人物和马匹。他的名声很大，就连居住在深宫里的玄宗皇帝也知道他的名字，经常把他召进宫，让他当面挥笔作画。

长安城里的太极宫中，有一座著名的凌烟阁。凌烟阁四壁画着24幅唐朝开国功臣的肖像。这些肖像是唐初大画家阎立本的作品，一幅幅惟妙惟肖、栩栩如生。70多年过去了，凌烟阁中的功臣像大部分已经剥落，色泽暗淡模糊，失去了原有的光彩。有一天玄宗想起了曹霸，就派人召他进宫，让他把全部功臣的肖像重新画过。

曹霸来到凌烟阁上，全神贯注地开始创作。几天后，24幅功臣肖像就全部画好了，其中画得最生动逼真的是褒国公段志宏、鄂国公尉迟敬德。这两位功臣都是著名的武将，曹霸把他们画得神采飞扬、英姿飒爽，似乎头发须眉都在耸动，好像正要冲上阵去与敌人厮杀。唐玄宗非常满意，给了曹霸很多赏赐，并且封他当左武卫将军。

后来，曹霸因为一件小事没有办好，被削职为民，离开了长安。“安史之乱”爆发后，为了躲避战乱，曹霸流落到成都，靠给过路的行人画像勉强维持生活。

这时，大诗人杜甫也避乱来到成都，住在城郊浣花溪畔的草堂里。有一天，杜甫在朋友家中看到曹霸的《九马图》，就进城去四处寻访他，终于在街头见到了曹霸。杜甫十分同情他的不幸遭遇，就写了一首《丹青引》送给他。杜甫在诗中高度评价了曹霸的艺术成就，称颂他：

凌烟功臣少颜色，
将军下笔开生面。

后来，“笔开生面”演化为成语“别开生面”。

伯乐相马

【释义】伯乐：神话中掌管天马的神人。比喻能识别人才，使用人才。

【出处】汉·刘向《战国策·楚策四》。

古时候，有一个名叫孙阳的人，他对马很有研究，好坏优劣，一眼就能看出来。因此，人们都管他叫“伯乐”。

有一次，伯乐去虞坂，看见一匹拉着盐车的马。因为车重坡陡，那匹马累得浑身是汗，卧在路上直喘粗气。

伯乐走近盐车，那马见了伯乐，高声嘶叫起来。伯乐一眼看出这是一匹难得的千里马。

伯乐看到这样一匹宝马良驹，精疲力竭地拉着盐车，而不能在战场上驰骋，十分心疼，眼泪止不住地流出来。他赶忙脱下自己的衣服，披在马身上。这匹马好像懂得伯乐对它的爱护，感激地用鼻孔朝地面喷了几下，然后，昂起头颅长啸起来，好像是遇到了知音。

作威作福

【释义】表示妄自尊大，滥用权势，横行霸道。

【出处】南朝·宋·范晔《后汉书·李固传》。

东汉时的李固曾任荆州刺史、太山太守、大司农、太尉等官职。

汉顺帝即位之后，宦官专权，李固对宦官的胡作非为特别不满，多次上书顺帝，揭发他们贪污腐败、专权害民等罪行。李固说得有理有据，因此，100多名宦官被免职。宦官们对李固恨之入骨，他们勾结皇后的哥哥、大将军梁冀，联名上书诬告李固，企图把他置于死地。他们在上书中有“善者称己，过则归君，斥逐近臣，不得侍送，作威作福，莫固之甚”等语。他们攻击李固假公济私，排挤皇帝亲信大臣，使他们不能在皇帝身边侍奉，并说他独揽威权，横行霸道等。他们要求汉顺帝逮捕李固，严加惩处。但是，由于梁太后的信任、保护，李固才幸免于难。

作茧自缚

【释义】蚕吐丝做茧子，把自己包在里面。比喻做事原希望对自己有利，结果反倒损害了自己。

【出处】唐·白居易《江州赴忠州至江陵已来舟中示舍弟五十韵》。

从前有一副拆字对联，上联是“鸿为江边鸟”，下联是“蚕为天下虫”。“天”字与“虫”字凑在一起，不正是“蚕”吗？而且“虫”在“天”的下面。

蚕是一条小小的青虫，胖胖的身体，嫩绿的腰肢，整天埋头吃着桑叶，发出沙沙的响声。然而过了一个月，蚕都销声匿迹了。它们化成了一个个蛹，并且吐出丝，一层一层地把自己包绕起来，筑成了一个圆形房屋——茧，蛹则藏匿其中。于是古人说它们“作茧自缚”，并且用这句成语比喻那些做事情原想对自己有益，结果却事与愿违，反使自己受困、受累、受害的人。

何足挂齿

【释义】表示一点点小事，用不着放在心上。

【出处】汉·司马迁《史记·刘敬孙叔通传》。

秦朝末年，陈胜、吴广揭竿而起，四方响应，很快攻下了蕲、陈等州县。秦二世闻报，召集叔孙通等30余名博士入宫，问道：“陈胜作乱，你们有何良策？”

博士们说：“做臣民的不能聚众，聚众就是造反。造反者应该处死，望陛下赶快发兵征讨他们。”

秦二世听了勃然变色。叔孙通善于察言观色，上前说道：“陛下，臣认为他们说得不对，今天下一家，先帝已下令销毁了所有兵器，并下令不准再用。况且有贤明的君主制定了完备的法令，人人遵法守职，天下一片太平景象，哪里有人敢造反呢？臣认为陈胜之流，只是一群行窃的盗贼罢了，何足挂齿？只要下令州、郡的官员缉捕他们，没有必要发兵去征伐！”

秦二世听了，高兴地说：“说得好！”他让监察御史审查各人的话，凡是说聚众造反的，都交给官吏治罪；只有叔孙通受到嘉奖，赏赐了20匹帛和一件官袍，并升官一级。

叔孙通出宫后，被指责为阿谀奉承。

于是，叔孙通连夜逃去，回到家乡薛地，投奔了项梁的起义军。后来，叔孙通又投顺汉王刘邦。刘邦建立汉朝后，叔孙通为刘邦制定了朝廷的各种礼仪，被刘邦封为太常之职。

身轻言微

【释义】形容地位低下的人，说话不被重视。

【出处】南朝·宋·范晔《后汉书·孟尝列传》。

东汉时候，浙江会稽上虞县有一个寡妇，对年老的婆母非常孝顺。村里人都夸她是一个好媳妇。后来，她的婆母因为年老去世。

这位寡妇有一个小姑，心肠歹毒，为人刁钻，对自己母亲不但不敬、不孝，反而说她受嫂嫂虐待。老人死后，她竟然到县衙告状，说嫂嫂毒死了老婆婆。县令是一个昏官，不加调查就判了寡妇死罪。当时在县衙内担任户曹小官的孟尝，知道这是一起冤案，急忙报告太守，可太守根本不当回事儿，孟尝又气又恨，辞职不干了。寡妇终于冤枉而死。

两年后，换了新太守，孟尝向他告发寡妇蒙冤受难之事。新太守惩办了诬陷贤妇的那个女人，百姓无不拍手称快。不久，孟尝到合浦当太守。孟尝有个同乡名叫杨乔，在朝廷做尚书。他很了解孟尝，曾七次向皇帝推荐孟尝，但汉桓帝都没有理睬。杨乔第八次给桓帝上书，说："臣下前后七次向陛下举荐合浦太守孟尝，但因为我身轻言微，始终得不到采纳。孟尝确实是一个品行高尚的人，为百姓做了许多善事。他是难得的清廉之士呀，如果选到陛下左右，一定能帮助陛下成就大业！"

可汉桓帝仍然不采纳杨乔的建议。孟尝决心不再当官，在一天夜里坐上渔民打鱼的小船，一个人悄然离去了。

身先士卒

【释义】 作战时，将帅冲在士兵前面，奋勇杀敌。

【出处】 晋·陈寿《三国志·吴书·孙辅传》。

东汉末年，孙策削平江东的割据势力，占领了吴、会稽等五郡。孙策善于用人，也能虚心听取不同意见，所以他的将士愿效命，谋士肯尽力。孙策在创立东吴政权的过程中，特别倚重士族中的杰出人物，如周瑜、鲁肃等人。孙策据有江东五郡之后，下一个目标就是庐江郡。

那时，庐江太守刘勋屯兵皖城，他收留了前来投靠的袁术的部下数千人马，可是又没有粮食来养活他们，只好率兵偷袭海昏县，企图夺取粮食。这个消息被孙策知道了，孙策就派孙贲、孙辅兄弟率8000人马在刘勋归途必经之地彭泽等候，自己与周瑜带2万步兵袭击刘勋的老窝皖城，俘虏了3万余人，包括刘勋、袁术的家眷。

刘勋偷袭海昏县，毫无所获，在返回皖城的路上，与孙辅一场恶战。孙辅年轻气盛，等刘勋的军队一到，就带领一支人马冲出拦住刘勋的残兵败将，他身先士卒，奋不顾身，短兵相接，士兵们受到激励，个个争先。这一场伏击战，直杀得刘勋丢盔弃甲，几乎全军覆没。最后，他仅只身带领十几名亲随，从楚江逃到寻阳。听说皖城已被孙策攻下，家眷也被掳去，回去不得，只好投奔曹操。于是，孙策又得了庐江郡，江东就有了六郡。

每况愈下

【释义】 况：因对比而更加明显。下：下部、低微。原为"每下愈况"。比喻越从低微的事物上去推想，就越能看出"道"的真实情况。后表示情况越来越糟。

【出处】 战国·庄周《庄子·知北游》。

庄子痛恨战争，痛恨统治者的贪得无厌，主张统治者要无为、无欲。有一个人名叫东郭子，去拜访庄子，恭敬地问："先生，您所说的道，究竟在什么地方？"

庄子回答说："我讲的道，到处都有，无所不在。"

"既然到处都有，请您具体地说明哪些地方有？"

"在蚂蚁洞里。"

东郭子把道看得非常高尚、神秘而又圣洁，想不到庄子这样回答他，一时觉得莫名其妙。庄子见他不理解，又说:“我所讲的道，还存在于稗草、砖瓦、碎石之中。”

东郭子瞪大眼睛，惊诧得说不出话来。庄子继续说道:“不仅这样，我的道在屎尿之中也能找到！”

东郭子非常不高兴，听庄子把道说得如此卑下，就不想再听了。庄子向他解释说:“您所问的，都没有涉及道学的本质。你看，市场上的人检查猪的肥瘦，愈是踩猪腿的下部，愈能看出猪的肥瘦。如果连猪腿也长满了肉，那么其他部位的肉就更多了。我今天告诉您的这些地方，都非常卑下，您看这些地方都存在着道，那么其他任何地方，不都存在着道吗？所以，道到处都有，无所不在！”

东郭子这才恍然大悟，原来万事万物千变万化都离不开“道”。

“每下愈况”后演化成“每况愈下”的成语。

含沙射影

【释义】原意指动物“蜮”的特性。比喻影射或比喻暗中攻击人、陷害人。

【出处】春秋·佚名《诗经·小雅·何人斯》。

传说在古时候，有一种动物，样子长得像鳖，只有三条腿，人们称它为“蜮”。蜮平时藏在水中，见有人来，就含上一口沙子朝人身上喷去，人因此便会生疮、得病。即使是喷到人的影子上，人也会害病。唐朝的大诗人白居易，听了这个传说还写了一首诗，诗中说：

含沙射人影，
虽病人不知。

这种动物的神奇本领当然是没有的。但“含沙射影”却成了一句常被引用的成语。

利令智昏

【释义】为了利益而失去理智，做出了不好的选择。

【出处】汉·司马迁《史记·平原君虞卿列传》。

战国时期，秦昭王派大将白起率军攻打韩国。秦军准备进攻上党(今山西东南部)。上党守将冯亭看到上党很难保住，决定把上党献给赵国，以便得到赵国的保护。

赵国的平阳君赵豹认为，无缘无故接受人家的好处，是祸患的根源，因此他劝赵孝成王不要接受上党。平原君赵胜却被眼前的利益蒙住了眼睛，主张接受上党。赵孝成王派平原君到上党接收了土地，封冯亭为华阳君。

于是，秦王派大将白起率军大举进攻赵国。战争一直打了三年，最后赵国40万大军在长平全军覆没，被秦军消灭。这就是历史上有名的秦赵长平之战。后来，秦国的军队几乎攻破赵国的都城邯郸。

名将白起

秦昭王十四年，白起官拜左更，率兵在伊阙击败韩、魏等联军，升任国尉。秦昭襄王十五年，官拜大良造，攻克楚都郢，被封武安君。

司马迁在评论这一历史事件时指出："鄙语曰：'利令智昏。'平原君贪冯亭邪说："使赵陷长平兵40余万众，邯郸几亡。"这段话的大意是：俗话说："利这个东西，能够使聪明人冲昏头脑，丧失理智。"平原君贪图冯亭的利诱，以致使赵国在长平损失了40万兵马，甚至连国都邯郸都几乎丢掉。

坐怀不乱

【释义】女子坐在怀里也不淫乱。形容不好女色，不做非礼越轨之事。

【出处】明·陶宗仪《辍耕录》。

柳下惠（即展禽）是一个貌美的人。有一天晚上，有一个暗恋他很久的女子，终于找到机会接近他，她细细地向他倾诉思慕之情，后来竟不由柳下惠分说，硬要拥抱他。柳下惠没办法，请她走，她不走；要动气，又觉得自己无礼，便闭起眼睛来端坐着，那女子便依偎着坐在他怀中，一直到天明才走。这一夜，柳下惠始终没有对那女子有越轨的举动。

此故事载于《辍耕录》，原文如下："柳下惠夜宿郭门，有女来同宿，恐其冻死，坐之于怀至晓不为乱。"

余音绕梁

【释义】乐曲结束后留在耳边的声音，仍绕着屋梁回荡。形容动人的音乐或话语给人留下深刻的印象，令人回味无穷。

【出处】战国·列御寇《列子·汤问》。

战国时，韩国有一个名叫韩娥的歌女，不仅长得美丽，而且歌声悠扬悦耳。

有一次，韩娥来到齐国的国都临淄城，在西城门卖唱维持生活。她优美的歌声使围观的人们听得出了神，虽然韩娥唱完了歌已经离开，可是她那悦耳的歌声很久也没消失，仿佛仍在屋梁周围荡漾回响，大家以为她并没有走呢！

这个故事载于《列子·汤问》，原文是："昔韩娥东之齐，匮食，过雍门，鬻歌假食，既去而余音绕梁欐，三日不绝。"

兵贵神速

【释义】神速：极其快速之意。形容打仗要神奇快速，使敌人难以预料。

【出处】晋·陈寿《三国志·魏书·郭嘉传》。

东汉末年，天下大乱，群雄四起。出身名门的袁绍成为北方势力最强的军阀。200年，袁绍和曹操在官渡（今河南中牟东北）大战。袁绍战败，不久病死，他的儿子袁熙、袁尚投奔北方的蹋顿单于。蹋顿支持袁氏兄弟。他经常派兵入侵，曹操深感忧虑。

207年，曹操决定亲自领兵征讨北方三郡，消除北方边患。曹军人马、辎重太多，走了一个多月才到达河间的易城（今河北雄县西北），谋士郭嘉对曹操说："用兵贵在神速，使敌人难以预料。我们应当把大量辎重留下，派出轻兵昼夜兼程，深入敌境，出其不意发动进攻，这样才能取得胜利。"

曹操采纳了郭嘉的建议，亲率数千精兵轻装北进。他们翻山越岭，直奔蹋顿所在地柳城（今辽宁朝阳西南）。在距离柳城还有100多里的白狼山，曹军与蹋顿的几万名骑兵相遇了。双方兵力相差悬殊，但曹操并不慌乱。他登上高处，见敌军队形不整，就立即下令先锋张辽率领部队猛冲过去。曹军将士以一当十，奋勇杀敌，勇往直前。蹋顿军队大败，蹋顿和许多将领死于乱军之中。

兵不血刃

【释义】兵：兵器。刃：刀锋。兵器上没沾血。形容进展顺利，不战而胜。

【出处】战国·荀况《荀子·议兵》、三国·蜀汉·诸葛亮《诸葛亮集·为后帝伐魏诏》。

《荀子·议兵》篇中称颂上古时代的几次正义战争：尧伐驩兜，舜伐有苗，禹伐共工，汤伐夏，文王伐崇，武王伐纣。荀子说："他们皆仁义之兵行于天下也，故近者亲其善，远方慕其德，兵不血刃，远迩来服。"

三国时，蜀国丞相诸葛亮为后主刘禅起草的关于讨伐魏国的一篇诏书中，也说到这句话，并且也以汤伐夏、武王伐纣为例，说："王者之兵，有征无战，尊而且义，莫敢抗也。故鸣条之役，军不血刃（商汤在鸣条地方最后战胜夏桀），牧野之师，商人倒戈（周武王在牧野一战取得了彻底打败商纣的决定性胜利）。"文中所谓"军不血刃"，跟"兵不血刃"的意思完全相同。

兵不厌诈

【释义】厌：排斥。诈：权术，智谋。打仗应善用计谋，可用欺诈的办法迷惑敌人。

【出处】南北朝·宋·范晔《后汉书·虞诩传》。

东汉安帝时，羌军大举围攻汉朝的武都郡，情势危急，安帝任命虞诩为武都太守，率军抵抗。虞部到达陈仓、崤谷一带时，被羌军所阻。虞诩考虑到敌众我寡，于是命令部队停止前进，并扬言说已奏请朝廷增兵，等援军到后再挺进。羌人不知是计，放纵军队四处抢掠。这时虞率部突然冲破羌军防线，日夜兼程，每天行军 100 多里，并命令士兵第一天每人挖两个做饭的灶，以后逐日增加一倍。羌兵见汉军逐日增灶，以为汉军的兵力天天增加，因此不再追赶。汉军全都进入武都郡。

将士们问道："从前孙膑行军作战，每天减灶，而您却要增灶。兵法说每日行军 30 里，前后照应，就可以保证安全。我们一天要走 100 多里，这是为什么呢？"

虞诩说："羌兵人马众多，我军人少，如果行动迟缓就很容易被羌军赶上。只有迅速行动，才能不被敌人发现我们的行踪。孙膑减灶是为了佯装弱小；我们增灶是为了佯装强大，按照不同的情势，应采取不同的策略。"

当时守卫武都的汉军不足 3000 人，而羌兵上万。两军对阵时，虞诩下令只用弱弓射，羌兵见汉军射箭无力，就大胆猛冲。虞诩等羌军迫近，命令改用强弓射击。羌兵伤亡惨重，急忙撤退。虞诩又令精兵埋伏其退路上，羌军大败。

近水楼台

【释义】因接近某人或某物而容易得到方便。

【出处】宋·俞文豹《清夜录》。

宋仁宗时的范仲淹由于勤奋自学，读了不少书。后来，他做到吏部员外郎、龙图阁大学士等大官，并曾镇守边疆，屡次制止了外族的侵略。不过，他为人却很谦和，能接近下属，这在那样的时代是很难得的。

范仲淹任杭州知府时，城中文武官员大多得到过他的推荐提拔，受到过他的关心帮助，一般对他都很崇敬。唯有一个叫苏麟的，因为在外县担任巡检，不在杭州城里，所以没有得到什么照顾。有一次，苏麟因事到杭州来见范仲淹，顺便献诗一首，其中有两句道：

近水楼台先得月，

向阳花木易为春。

范仲淹看了，心中会意，便征询了他的意见和希望，满足了他的要求。

返老还童

【释义】原为道家语，指却老术。后用以形容老年人恢复青春。

【出处】晋·葛洪《神仙传》。

相传汉朝时候的淮南王刘安专好求仙学道。他昼思夜想，到处寻问，不知哪里有长生不老之术。由于他求仙心诚，一天，来了八个老翁请求拜见他。来者声称有使人延缓衰老、防止早衰或能促使生命逆转使人返老还童的去老术，愿当面奉献给他。刘安一看他们均已老态龙钟，哪里还会有什么去老术啊！这分明是骗局。一气之下就叫人把他们赶走了。八老翁听说淮南王嫌他们太老了而不相信去老术是真的，就真的“返老而为少”，变成儿童了。

历史上确实有淮南王其人，但上面的故事则是神话传说。

饮鸩止渴

【释义】鸩：传说中的毒鸟，用它的羽毛浸的酒，喝了能毒死人。喝毒酒解渴。比喻不顾严重后果采取有害的办法救急。

【出处】南朝·宋·范晔《后汉书·霍谞传》。

东汉时候，大将军梁商在朝廷的权力很大。一次，有人向他告密，说地方官宋光擅自修改朝廷的章法。梁商不问青红皂白，将宋光关进了洛阳的监狱，把他打得死去活来。

宋光的外甥叫霍谞，听到舅舅被冤屈的消息，十分焦急。决心上书梁商，为舅舅申冤。当时他才15岁，但在大人物面前毫不畏惧。他在申诉书中说：“我是宋光的外甥，我来替舅舅申冤辩解。宋光一向循规蹈矩，按章办事，即使对朝廷章法有什么不同看法，也会按正常途径向朝廷汇报，怎么可能冒着生命危险私自删改呢？这就好比一个人肚子饿了吃附子（一种有毒的植物）充饥、口渴了用鸩的羽毛泡制的毒酒来解渴一样，不等东西进入肠胃，人就已经断气了。这样的蠢事，宋光怎么会做呢？请求大将军查清原委，千万不要冤枉好人。”

梁商看了霍谞的申请，十分感动，便释放了宋光。

此成语出自《后汉书·霍谞传》，原文是：“譬犹疗饥于附子，止渴于鸩毒，未入肠胃，已绝咽喉，岂可为哉？”

肝脑涂地

【释义】肝胆脑浆涂溅满地。形容竭尽忠诚，不惜任何牺牲。

【出处】汉·班固《汉书·苏武传》。

汉武帝时接连讨伐匈奴，同时双方频繁地派遣使者互探虚实。汉朝和匈奴都扣留了对方的使臣作为人质。汉武帝派苏武以“中郎将”职衔出使匈奴，去接回人质。

苏武到了匈奴，匈奴却借故扣留他。匈奴单于曾多次威胁诱降。苏武坚贞不屈，就被秘密流放到北海（今贝加尔湖）边去牧羊。匈奴人给了他一群公羊说："等到公羊生小羊的时候，你就可以回汉朝去了。"意思是说永远也不放他回去了。

为了迫使苏武投降，匈奴经常派一些苏武的故知旧交前去劝降。有一次，降将李陵前去劝降，苏武对他说："我们父子两代虽没有功劳和成就，可是我们全家都受过皇上的恩典和栽培，职位做到将军，爵位领受通侯。我们兄弟三人都在皇上身边效力。"苏武接着又说："我总想肝脑涂地、粉身碎骨来报答。只要有机会，就应豁出命去效忠尽力，即使受到刀砍锅煮，也心甘情愿。"

李陵听了苏武的这番大义凛然的话，十分感慨地说："苏武真不愧是大忠臣呀！"

苏武在极端艰苦的环境下，始终不屈服，在外坚持了19年，才被遣送回国。

言无不尽

【释义】把心里的话全部说出来。

【出处】唐·李百药《北齐书·高德政传》。

后齐时，朝廷中有一位举足轻重的人物，叫高德政。丞相高洋很看重他，让他担任相府参军之职。两人相处十分融洽，高德政言无不尽。高洋则言听计从。

后来，高祖在晋阳去世。大将军、渤海王世宗继承父业，赴晋阳处理丧事，高洋守在邺（京都），命令高德政参与执掌管理国家军政大事，两人关系越来越密切。

世宗在晋阳被盗贼所杀，内外震惊。高德政以"国不可一日无君"为理由力劝高洋称帝。群臣意见不一，但高德政的话说到了高洋的心坎里，终于在550年登上了皇帝宝座，历史上称为文宣皇帝。受禅之日，拜高德政为侍中，后又提升为尚书右仆射兼侍中（位同丞相）。

六七年以后，文宣皇帝居功自傲，沉湎酒色。高德政多次直面上奏，招来文宣帝的讨厌，最终为文宣帝所杀。

言归于好

【释义】归：回到之意。好：和好之意。指重新和好。

【出处】晋·陈寿《三国志·吴书·孙权传》。

曹操死后，其子曹丕称帝，即魏文帝。第二年，刘备在四川称帝。

东吴孙权也想成就帝业，就投靠曹丕。曹丕封孙权为吴王，还想立孙权的儿子孙登为王太子。孙权以孙登年幼为理由辞谢。

这一年，魏文帝向吴王孙权索要雀头香、大贝、明珠、象牙、犀角等古玩珍奇，遭到东吴群臣的一致反对。孙权却说："魏文帝立我儿子孙登为王太子只是一个幌子。他这样做的目的，是要把孙登接到许昌，然后囚禁起来，以便挟持我听命于他。魏文帝要的雀头香、大贝之类，对于他来说是宝贝；对于我来说，比起我儿子的性命来，只不过是瓦片、石头而已。把这些东西给他，以轻代重，何乐而不为呢？"

于是，孙权派西曹掾沈珩携带珍珠宝贝前往许昌见魏文帝。

魏文帝十分高兴，问沈珩："吴王是

否不满寡人，说寡人贪得无厌？”

“没有，”沈珩回答，“陛下信守诺言，与东吴言归于好，所以吴王绝不会存有不满之心。倘若陛下背弃前盟，与东吴为敌，那么东吴说不定或许会存有异心。”

魏文帝点了点头，又问：“你是否听说寡人要册立吴王的儿子孙登为王太子这件事情？王太子应该来朝谢封，不知他生活起居安宁吗？”

沈珩答道：“臣在东吴，早上不入朝议事，有宴会也不参加，臣从来没有听说过这件事情。”

魏文帝见沈珩机智过人，能言善辩，便与他谈论了整整一天，还办了册立孙登为王太子的手续，应允孙登不必前来许昌朝拜。

沈珩对待魏文帝不卑不亢，不辱使命，回东吴后被封为安乡侯，官居少府之职。

言不由衷

【释义】由：从。衷：内心。说出的话不是出自真心实意。形容虚伪敷衍，心口不一。

【出处】春秋·左丘明《左传·隐公三年》。

春秋初年，郑庄公虽然只是周朝的卿士，但执掌着朝中的大权，根本不把周平王放在眼里。周平王想让忌父代替郑庄公管理朝政。郑庄公知道后，对周平王很不满，放出话说：“谁要是真的让忌父代替我，我就要叫他的位子坐不稳！”

周平王听了十分害怕，于是，赶紧向郑庄公解释说：“我并没有让忌父取代你的想法。”为了使郑庄公放心，相信他言不由衷的话，他还主动提出与郑庄公交换人质，让周太子狐到郑国去做人质，郑公子忽到周做人质。

周平王死后，平王的孙子姬林继承了王位，称为周恒王。周桓王也想让虢公忌父代替郑庄公。郑庄公知道后勃然大怒，就在这年春天，派大夫祭足带领兵马，到周朝的温邑把麦子全部抢割完了，运回郑国。可是郑庄公还觉得不解气，又在秋天派祭足带兵到周朝的成周，把那里的谷子也一扫而光。从此，周朝与郑国之间的关系日渐恶化。

史书《左传》中记下了这件事，并议论道：“言不由衷，即使交换人质也是没有用处的。如果能够设身处地为对方着想，相互谅解而后行事，并用礼仪加以约束，即使没有人质，又有谁能够离间他们呢？”

言人人殊

【释义】殊：不同。对同一事或物，各有各的说法。

【出处】汉·司马迁《史记·曹相国世家》。

汉初大臣曹参，秦末跟随刘邦起义，屡立战功，汉朝建立，被封为平阳侯，曾任齐相九年。他曾协助汉高帝，平定陈豨、英布等异姓诸侯王的叛乱。

刘邦死后，儿子刘盈即位，称惠帝。汉惠帝任命曹参为齐的丞相。这时，天下刚刚平定，曹参召集一些老年人和读书人，询问安定社会和治理国家的办法。被召集来的人数以百计，言人人殊，曹参也拿不定主意，以后听说胶西（今山东胶州、高密一带）有一位盖公，很有学识，就派人带上贵重的礼物把他请来。

盖公认为治理国家的最好办法是清静无为，不要多生事端，节外生枝，这样，老百姓自然就安定了。曹参采纳了他的意见，把齐治理得很好，老百姓称赞他是一位贤相。

以后因为丞相萧何病死，曹参担任汉朝丞相。他进一步推行清静无为的政治，对巩固西汉政权起了较大的作用。

言听计从

【释义】计：计谋。说出的话和设想的计谋都被采用。形容对某人非常信任。

【出处】汉·司马迁《史记·淮阴侯列传》。

楚汉相争时，齐王韩信一举击败项羽的20万大军，项羽派一个名叫武涉的谋士，潜入韩信军帐，游说韩信：“想当初，天下百姓遭受秦王朝的残暴统治，在忍无可忍的情况下，大家一起合力攻秦，并相互约定，秦王朝一旦被推翻，各路英雄立即停止战争，休养生息。如今，秦工朝已经灭亡，不料汉王背信弃义，又不断兴兵向东扩张，掠夺他人的土地，并聚集诸侯的兵力东进攻打楚国，大有并吞天下的野心。”

武涉声色俱厉，韩信不动声色。武涉又提高喉咙道：“齐王您虽然与汉王十分要好，为他用兵打仗，但是您最终将被他所害。当今项王、汉王的荣辱成败，全取决于您齐王。如果你向右靠拢，那么是汉王胜；如果您向左靠拢，那么就是项王胜。如果今日项王灭亡，紧接着就轮到您了。您与项王有老交情，为什么不与楚联合，反对刘邦，与项王一起平分天下而称王呢？这委实是聪明人该做的事呀！”

韩信躬身感谢武涉的好意，然后说：“汉王授我上将军的职位，调拨几十万人的军队让我指挥，言听计从。汉王十分亲近我、信任我，我要是背叛汉王是不道义的，即使死也不改变！”一番言辞恳切的话语，使武涉再也开不了口，只得悻悻而归。

言之成理

【释义】讲的话很有道理。

【出处】战国·荀况《荀子·非十二子》。

邓析是郑国人，做过郑国大夫。他主张改革刑法，实行法制，他创立过一部新的刑书《竹刑》——刻写在竹简上面的刑书。他创办私学，传播《竹刑》的思想内容，否定传统的奴隶主阶级的是非标准，对抗礼治。

邓析能言善辩，口才极好。他聚众讲学，倡导法治，还帮助老百姓打官司，同传统的奴隶主阶级的规章制度、伦理道德大唱反调。邓析所提出的见解和主张都有根有据，并且言之成理。

邓析的言行，对当时影响很大，引起郑国执政的奴隶主贵族的仇恨，终于被杀害。但他所编的《竹刑》却被郑国采用了。

穷则思变

【释义】穷：穷尽，困难之意。指在困难面前勇于改革。事物发展到了尽头，就会发生变化。

【出处】战国·佚名《周易·系辞下传》。

远古时代，伏羲氏做了国君。一天晚上，伏羲氏抬头观察天空时，猛然发现，天空中星罗棋布的大小星星，其纵横交错的位置与地上的山川河流有相通之处。第二天，伏羲氏又仔细地观察了鸟兽的花纹和岩石的裂缝，在此基础上，发明了“八卦”。

当时，人们在水中捕鱼十分困难，只能用树杈去戳，一天捕不了几条。伏羲氏运用疏密相间的黏附原理，发明了渔网，从此人们捕鱼就容易多了。

伏羲氏死后，神农氏当了国王。他根据八卦关于遇到困境就加以改革，改革之后就行得通的原理，用木头加工成木犁，再将树干用火烤后弄弯，制成犁柄。有了犁，人们就可以成片成片地开垦土地，土地多了，生产的粮食也多了。但人们所种的东西并不是相同的，于是，神农氏规定：凡是需要交换东西的人，在某一固定的时间，将所交换的货物集中在市场上，彼此交换。从此，人们的生活大大地方便起来。

牢不可破

【释义】非常坚固，不可摧毁无法破除。

【出处】唐·韩愈《平淮西碑》。

东晋时期，北方前秦苻坚亲自率领水陆大军80万入侵。当时东晋大将朱序镇守襄阳，苻坚的大军密密麻麻地把襄阳团团围住。

这时朱序的母亲韩氏住在城里，她登上城楼去探望，看见襄阳西北角首当其冲，料定敌人必定从西北角进攻，马上带领100多个婢女，并动员城中妇女重新筑一道新城。这道新城一共有20多丈长，筑得牢不可破。

后来，敌人果然集中兵力去攻打西北角，旧城很容易便被攻破了。当敌人乘胜进攻新城时，因新城筑得很坚固，敌人无法把它攻破。当时的人便把新城叫作“夫人城”。

韩愈《平淮西碑》中有“牢不可破”的说法。

良莠不齐

【释义】良：好。莠：坏。好人坏人混在一起，好坏难分。

【出处】春秋·佚名《诗经·小雅·大田》、明·田艺衡《留青札记》。

莠，本是一种野草的名称，俗称“狗尾草”，叶子与禾苗相似，常混杂在禾苗中生长，未吐穗时，很难识别它。还有一种和莠同类的野草，叫作“稂”，俗称狼尾草，也是混杂在禾苗中的“乱苗”之草。《诗经·小雅·大田》有一句道：“不稂不莠。”原意是：田里没有稂，没有莠，一色的禾苗长得多好，肯定丰收！可是后来，意思却变了，人们都用“不稂不莠”（贬词，一般多指落后青年。意思是：不像稂，不像莠，可也不是好苗，能不能长出粮食，是令人怀疑的）来比喻没出息、不成才的人。

明朝人田艺衡的《留青札记》卷三十五有这样的记载：“元时称人以郎、官、秀为等第，‘秀’是最高，‘郎’较下。至今人之鄙人曰‘不郎不秀’，是言不高不下也。”原文说，不郎不秀是鄙人之词（贬词），意即指不高不下，或所谓高不成、低不就的那种人。

“不郎不秀”和“不稂不莠”，作为成语，两句的意思后来完全相同，都是比喻不成才或没出息。

应对如流

【释义】比喻善于辞令，对答像流

水一般顺畅。

【出处】唐·李延寿《南史·徐勉传》。

南朝时有个叫徐勉的人，十分好学，18 岁就被召去做国子生（国子监的学员）。

有个担任祭酒的王俭，每次见徐勉走过，常凝视他说："这个人不是普通人可比的，他有宰相的气度。"

后来徐勉果然当了中书侍郎。梁武帝即位后，徐勉被提升为尚书左丞，掌管梁王朝的行政大权。他对政治很有建树。徐勉在位的时候从不擅用职权，升迁官员都按功绩进行。他本身既熟习文字工作，又擅长于辞令，虽然桌上堆满了公文，办公地方也常有着求见的客人，但徐勉却不慌不忙，一方面谈笑风生地应酬着客人，一方面手拿着笔不停地工作着。

此成语出自《南史·徐勉传》，原义是："既闲尺牍，兼善辞令，虽文案堆积，坐客充满，应对如流，手不停笔。"

穷兵黩武

【释义】穷：用尽，竭力。黩：任意，轻率。大肆发展武装，到处使用武力。形容好战。

【出处】晋·陈寿《三国志·吴书·陆抗传》。

孙皓是三国时期吴国的最后一个皇帝，他专横残暴，奢侈荒淫，弄得吴国财源枯竭，民不聊生，怨声载道。

陆抗是陆逊的儿子，孙策的外孙，孙皓当上皇帝以后，陆抗任镇军大将军、大司马、荊州牧等职。陆抗看到司马炎灭掉魏、蜀以后，建立了西晋王朝，东吴政权摇摇欲坠，十分忧虑。272 年，他上书孙皓，分析了当时的形势和应采取的对策。他指出："国家连年打仗，军队疲惫不堪，百姓十分穷困，国库空虚，财源枯竭。如果再不重视发展生产，发挥文武官员的才智，国势将更加衰弱。如果再听任将军们滥用兵力，随意打仗，耗资数以万计，那么就会使兵士更加疲惫，更加没有战斗力。恐怕当敌人的力量还没有消耗的时候，我们的力量却已经衰竭了。"

这段文字的最后几句在《三国志·吴书·陆抗传》中的原文是这样的："而听诸将徇名，穷兵黩武，动费万计，士卒雕瘁，寇不为衰，而我已大病矣。"

孙皓没有听取陆抗的正确意见。280 年，晋武帝六路出兵，大举进攻吴国。吴军不堪一击，不战自溃。孙皓投降称臣，吴国从此灭亡。

沐猴而冠

【释义】沐猴：猕猴。猕猴戴上帽子装人。形容表面上打扮得很像样，而实际并不是这样。

【出处】汉·司马迁《史记·项羽本纪》。

一只沐猴连蹦带跳来到了大路上，正碰着一个老农挑着担子慢慢走来，猴子赶紧跳进路旁草丛中躲藏起来。等老农走过，它又跳上马路，装出挑担的样子，跟在后面摇来晃去。

到了集市上，老农停下担子，要了一碗面吃起来。猴子钻到桌子底下，见椅子上放着一顶帽子，就抓起逃到大街上东张西望。这时一位书生头戴帽子，摇着折扇，腋下夹着书，大模大样地踱来。猴子见了，也把帽子戴上，迈着方步扭扭捏捏，来回走动。看见它的人，无不乐得哈哈大笑。

突然，一个小贩挑着桃子，吆喝着，沿街而来。猴子见了，偷偷跃近担子，抓起就吃，吃完，随地乱吐核子，到后来咬一口扔一个。周围的人笑得更欢，猴子看看，也觉得有趣，干脆咬都不咬，抓起一个就朝行人脸上砸去，众人一下子变了脸了，操起棍子，围了过来。猴子慌忙攀上路边的樟树，有意伸下戴着帽子的猴头，“唧唧”地叫了几声，逃之夭夭。

沧海桑田

【释义】沧海：大海。桑田：栽种桑树的田。大海变成了桑田，桑田又变成了大海。也简作“沧桑”。形容世间变化极大。

【出处】晋·葛洪《神仙传·麻姑》。

传说从前有位号称麻姑的仙女，一次遇见了另一位仙人王方平。她对王仙人说：“我已经三次看见过东海变为桑田，这次到蓬莱去，我看见那里的海水又比从前减少了一半，难道又要变成陆地吗？”

《神仙传·麻姑》中的原文是：“麻姑自说云，接侍以来，已见东海三为桑田。向到蓬莱水浅，浅于往者会时略半也。岂将复还为陵陆乎？”

沧海一粟

【释义】大海中的一粒小米。比喻非常渺小。

【出处】宋·苏轼《前赤壁赋》。

苏轼因反对王安石新法，被贬到黄州。到黄州以后，他曾经两次驾着小船游览黄州的赤壁，并且前后两次都写了有名的“赤壁赋”。

在《前赤壁赋》中，苏轼先写了月夜泛舟的情景，接着记述了和同伴的辩论。有的同伴说：“曹操曾经是不可一世的英雄，还是一样的死去……一个人生活在世界上，就好像蜉蝣那样短暂即逝，就像茫茫大海中的一粒谷子那样渺小而微不足道。”

苏轼并不同意同伴的这种消极悲观的态度，他指出江水总是不断地流去，月亮有缺又有圆，它们始终没有消失。万物和人类是永存的，不必悲观。古代哲人正因为知道自己生命有尽头，所以才在活着的时候奋发努力。

沧海遗珠

【释义】比喻被埋没的人才。

【出处】宋·欧阳修、宋祁等《新唐书·狄仁杰传》。

唐代名臣狄仁杰，是并州太原人。小时候就与众不同。一次，一个门客被人杀害了，官吏到他家查问，大家争先恐后地为自己辩白，唯独狄仁杰仍坐在原先的座位上大声读书。官吏很不高兴，走过去责备他，狄仁杰回答说：“我正和书中圣贤对话，哪有时间和俗吏交谈？”

狄仁杰初当官时，担任汴州参军，被人诬陷，黜陟使阎立本审讯他，发现狄仁杰才华不同凡响，便脱口称赞：“仲尼称观过知仁（观察一个人犯什么样的过失，就可以知道这是个什么样的人），你可以说是沧海遗珠了。”于是推荐他当了并州法曹参军。

沆瀣一气

【释义】沆瀣：指夜间的水汽和露

水。形容臭味相投的人勾结在一起。

【出处】宋·王谠《唐语林·补遗》。

唐僖宗时，在京城长安举行了一次考试，各地考生来到长安应考。在众多的考生中，有个名叫崔瀣的人很有才学，考下来自己感觉也不错，就等着发榜了。

主持这次考试的官员名叫崔沆。他批阅到崔瀣的卷子，越看越觉得好，就把他录取了。发榜那天，崔瀣见自己榜上有名，非常高兴。

按照当时的习俗，考试及第的人，都算是主考官的门生；而主考官就是考试及第的人的座主，大家都尊称他为恩师。发榜后，门生要去拜访恩师。崔瀣自然也不例外。崔沆作为座主，见到崔瀣这位与自己同姓的门生，显得格外高兴。

也真是巧合，“沆”“瀣”二字合起来是一个词，表示夜间的水汽、雾露。于是，爱凑趣的把这两字合在一起编成两句话：“座主门生，沆瀣一气。”意思是，他们师生两人像夜间的水汽、雾露连在一起了。

这就是成语“沆瀣一气”的来历，后来变成了一个贬义词。

沉鱼落雁

【释义】形容美貌的女子，使鱼下沉，雁落下来，不敢与之比美。

宫中画像图

这是一幅古人所绘的画师给宫女画像的图画。当日毛延寿丹青暗点的那一笔，王昭君的命运已被悄然改变。

【出处】战国·庄周《庄子·齐物论》。

春秋时代，越国被吴国所灭后，越王勾践一心想洗雪耻辱，一方面卧薪尝胆激励自己；一方面物色美女，想用美人计腐蚀吴王的志气。诸暨苎萝村的美女西施，每日在溪边浣纱，溪中的鱼，见到西施的美丽，也觉得羞惭，不敢浮上水面，都沉到水底去。后来范蠡找到她，把她献给吴王，果然迷惑得吴王不理国政，而勾践养精蓄锐，终于一举攻陷吴国。

汉元帝时，挑选天下的美女入宫。当时美女王昭君被选为第一。但佞臣毛延寿因没有得到贿赂，故意把昭君画得很丑，使她得不到皇帝的宠爱。夜深郁闷，昭君弹琵琶遣兴，被元帝听见循声而去，见面之后惊为天人，问其缘故，元帝大怒，并下旨将毛延寿斩首。延寿闻讯，逃至匈奴，并将昭君图像献于呼韩邪单于，单于见图乃教番使来索昭君。元帝大怒不允，但昭君深明大义，以国事民命为重，慨然前往，元帝无奈，只好答应。临行元帝亲送至灞陵桥上，此时正好有一群雁子在空中飞过，见到昭君美如天仙，赶紧躲到森林去了。

《庄子·齐物论》中说：“毛嫱、丽姬，人之所美也；鱼见之深入，鸟见之高飞，麋鹿见之决骤。”后人根据庄子的话及以上的传说，提炼成“沉鱼落雁”的成语。

沉默寡言

【释义】很少言谈。

【出处】后晋·刘昫等《旧唐书·

梁崇义传》。

中唐时，长安有个叫梁崇义的人，两臂力气极大，能把金属的刀剑弯曲到卷起来。他后来投奔平定“安史之乱”的名将来瑱，并跟随他到了襄阳。

梁崇义在来瑱军中沉默寡言，大家认为他稳重可靠，所以他一步步升迁到了偏将的地位。唐代宗宝应元年，来瑱进京朝见皇帝，在京师因受宦官诬陷而被杀。这时来瑱派驻在各地的将领们听到来瑱被害的消息，纷纷逃回襄阳。群龙无首，大家商议推举首领。军中与梁崇义地位相同的还有李昭、薛南阳二人，三人互相推让，不能决定。众将领说：“梁将军为人持重，襄阳军队非他主持不可。”于是就推举梁崇义为帅。不久，又得到朝廷的承认，朝廷封他为节度使。

忧心如焚

【释义】形容十分焦急，就像心里有火在烧一样。

【出处】春秋·佚名《诗经·小雅·节南山》。

周幽王是有名的昏君。他重用太师尹氏，致使政治日趋混乱，国势日趋衰败，人心离散。当时，有一个名叫家父的大臣，对国家的政治情况非常忧虑。他写了一首诗，题为《节南山》。在这首诗中，他揭露了太师尹氏的罪恶，表达了老百姓的忧愤。这首诗一共有十章，在第一章中写道：

节彼南山，维石岩岩。
赫赫师尹，民具尔瞻。
忧心如惔，不敢戏谈。
国既卒斩，何用不监！

这首诗的大意是说：高峻的南山啊，上面有垒垒的岩石。威名显赫的尹太师啊，人民的眼睛都在盯着你。人民忧愁得心中好像火烧一般，可是谁也不敢笑谈。周朝眼看就要灭亡，天公为何不睁眼看看？

周幽王不听大夫们的忠告，最终被杀死在骊山脚下，导致西周灭亡。诗中的“忧心如惔”后演化成“忧心如焚”的成语。

忧心忡忡

【释义】忡忡：愁苦不安的样子。形容忧愁的心情不能安静。

【出处】春秋·佚名《诗经·召南·草虫》。

中国周代有一首民间诗歌，描写了一个女子对丈夫的思念和见到丈夫时的喜悦心情。这个女子到南山去采摘野菜，见不到丈夫时心里十分苦恼，诗中有这样两句：“未见君子，忧心忡忡。”大意是说：没有见到我所怀念的丈夫，使我忧愁得心神不宁。

成语“忧心忡忡”即由此而来。

补阙拾遗

【释义】阙：缺。拾遗：补录遗漏。指补足遗漏、缺少的内容。

【出处】唐·房玄龄等《晋书·张轨传》。

西晋后期，张轨占据凉州，很有声望，张轨死后，世子张寔继承了他的位置，统率西凉兵马。

张寔希望把西凉治理得更好，当时连年大旱，张寔认为是自己没有把事情做好，于是下令：“我希望常有人来劝诫以弥补我的不足。凡是当面批评我的过失，我将用帛来酬谢他；用书信指出我过失的，我用锦绣报答他；在市集上指责我过失的，我将送给他羊和米。”

命令下达后，马上有一个叫隗瑾的下属进谏说：“圣明的君主都在朝廷设置谏官来纠正不符大理的事，并且依靠辅佐的大臣拾遗补阙。现在事情不分大小，全由主上一人决定，臣僚们出于畏惧，而不敢不服从，事情好坏全归在一个人身上，下属无法分担责任。这样，即使赏赐1000两黄金，也不会有人进谏。”

张寔认为隗瑾说得有理，给了他重赏。

由于张寔虚心接受意见，凉州很快得到了大治。

初出茅庐

【释义】茅庐：草房。原指新露头角。后多比喻初次历事，缺乏经验。

【出处】明·罗贯中《三国演义》。

207年，曹操派大将夏侯惇率领10万大军，杀奔新野，这时刘备仅有数千人马，形势十分危急。

刘备召集关羽、张飞等部将共商对策，张飞发牢骚说：“哥哥为什么不让军师去退敌呢？”原来，刘备为了争夺天下，曾三顾茅庐拜访隐居在南阳的诸葛亮，请他做了自己的军师。刘备怕关羽、张飞不服诸葛亮调度，就把宝剑和帅印都交给了他。

诸葛亮便召集众将前来听令。他命令关羽、张飞各带1000人马，埋伏到博望城左右的山谷里，望见南面火起，立即出兵截杀，烧毁曹军粮草。命令关平、刘封领500人，准备好放火器具，在博望坡后等候，曹军一到，立即放火。命令赵云前去诱敌，只许败不许胜。请刘备亲自带领一支人马，驻扎在博望山下，望见曹军就丢弃营盘退走，等到火起后，再回军冲杀。众将不知其中奥妙，勉强接令行动。

夏侯惇带领大兵扑向博望，正遇赵云引兵前来，夏侯惇亲自出阵，赵云假装败走，夏侯惇领兵追赶。追到博望坡前，突然一声炮响，刘备领兵杀来。夏侯惇与刘备交战，刘备虚晃一枪，便与赵云一起退去。夏侯惇继续催军追赶。

夜半时分，曹军追到一条狭窄的小路上，只见路边树林茂密、芦苇丛生。曹将于禁提醒夏侯惇防备火攻，夏侯惇猛然惊醒，传令赶快撤退。话音刚落，背后喊声震天，风助火威，火仗风势，烧得曹军焦头烂额，哭爹叫娘，曹兵自相践踏，死伤不计其数。赵云乘机回兵冲杀，夏侯惇冒着烟火狼狈逃窜。关羽、张飞率领伏兵拦住去路，两面夹攻，直杀得曹军尸横遍野，血流成河。

明朝小说家罗贯中写这个故事，赞扬诸葛亮初出茅庐就立下第一功！

改弦易辙

【释义】指乐器换了弦，车子改了道。比喻改变主张行为、计划、方向。

【出处】汉·司马迁《史记·酷吏列传》。

张汤是汉武帝时的御史，以办案严酷著名。他在承办陈皇后用巫术诅咒别的后妃早死的案件中，横追直逼，最后株连处死了300多人。

在审理淮南王谋反案件时，张汤又诛杀了很多人。其中有两名大臣，汉武帝很想释放他们，可是张汤坚持说：“他们私交诸侯，图谋造反，要是不杀，以后再要有人犯上作乱，就不好处理了。”

汉武帝只得同意将他们正法。

因为张汤执法从重从严，得罪的人很多。后来有人在武帝前诬告，武帝派人去责问他，张汤就自杀了，后被汉武帝平反。

杜周原是张汤的下属，后来也升任御史。他负责查捕和惩办逃亡边卒，杀了很多人。

杜周办案学张汤的从重从严、毫不留情，但他没有张汤那种敢在皇帝面前坚持执法的勇气和品质。他办案总是看皇帝的脸色办事。皇帝不喜欢的人，他千方百计给他们制造罪名，一定要把他们置于死地；皇帝要宽恕的人，他就拖延案件的办理，直到找到“冤枉”的证据而予以释放。

杜周后来做了廷尉，一年要办 1000 多件案子。大案往往牵连到几百人，小案也要牵连到几十人。对于不服罪的人他就用严刑拷打定案。前后竟有十多万人被关进了监狱，所犯的尽是“大逆不道”的罪名。

张汤的儿子张安世，杜周的儿子杜延年都在汉昭帝时做官。但这两人性格都很宽厚，待人谦恭平和，和他们的酷吏父亲完全不同。当时两人名声都很好。

宋代学者王楙在一部书里评论说：张安世和杜延年，为人务求宽厚，和张汤、杜周截然不同，就好像乐器换了弦，车子改了道那样，这才弥补了他们父辈的罪过——其实，对于张汤和杜周两个历史人物并不能一概而论。从上面所叙述的事情中，也可以看出，他们虽都被称为酷吏，但是行为和品质并不相同，还是应该给他们以不同的评价。

改过自新

【释义】 改正过错，重新做人。

【出处】 汉·司马迁《史记·扁鹊仓公列传》。

汉朝初期，有个著名的医学家名叫淳于意，曾任齐太仓令，因此被人们称为仓公。他曾跟随公孙光、公孙阳庆学医。淳于意医术越来越高明，终于成为一代名医。公元前 167 年，淳于意被人告发，并被判刑押解长安。淳于意有五个女儿，在他被押解的时候，都跟随在后面号啕痛哭。淳于意痛心地骂道：“我只有女儿，没有儿子，所以现在有了急事，却没有人能够替我解救。”

淳于意最小的女儿缇萦听到父亲的话非常伤心，于是跟随父亲到了长安。她给汉文帝写了一封奏书，她说：“我的父亲做官的时候，人们都称赞他为人廉洁，没想到现在却要受到刑罚的惩治，我现在悲痛地感到，一个人死了再也不能复活，一个人遭受刑罚被砍掉手脚，就再也不能被接上了。即使他想改过自新，却也无济于事了……”她还说：“我甘愿给官府当奴婢，以此赎掉我父亲的罪过，好让他有改过自新的机会。”

汉文帝读了这封奏书，深受感动，于是赦免了淳于意。

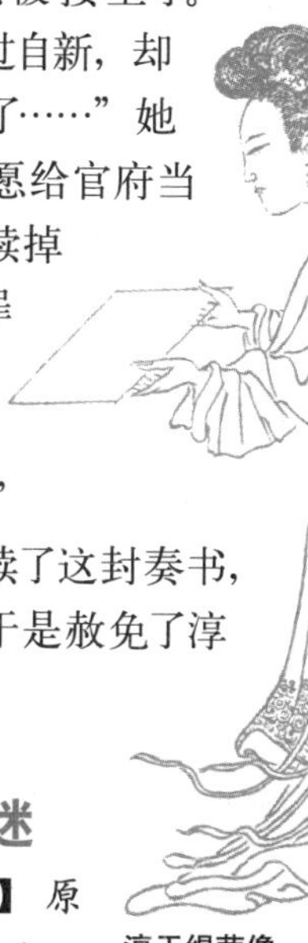
淳于缇萦像

纸醉金迷

【释义】 原意是指被光芒四

射的金纸所迷住。形容奢侈豪华，腐化享乐的生活。

【出处】宋·陶谷《清异录》。

唐昭宗时，有个专治毒疮的医生名叫孟斧。他医术高明，用的药又是偏方、秘方，与其他医生治疗的毒疮用药全然不同，疗效很好，因此，宫中如有人生了毒疮，唐昭宗就召他进宫医治。

过了几年，中原发生战乱，孟斧便举家迁往四川居住。由于他在长安时经常进宫，对宫中的装饰环境非常熟悉，而他又非常有钱，因此在购置新屋后，将其中的一个小房间按照宫中的样子布置起来。

这房间小巧玲珑，窗户明亮，室内的柜橱、桌子、椅子、茶几等家具，全部贴上一层薄薄的金箔。灿烂的阳光透进窗口，照射在这些用金箔包着的器具上，只见满屋金光闪耀，光彩夺目，令人眼花缭乱。

每次有亲戚或朋友来，孟斧都要请他们参观这个房间，使他们大开眼界，赞叹不已。

这些亲友离开孟斧家后，回去都会对别人说："在孟斧的那个贴金箔的小房间里待一会儿，真能使人纸醉金迷！"

纷至沓来

【释义】纷：众多。沓：繁多，重复。指事物连续不断，没有秩序地到来。

【出处】元·脱脱等《宋史·王刚中传》。

王刚中是南宋时的官员。当时，金兵经常南侵，骚扰边境。南宋朝廷中分成和、战两派，王刚中是主战派成员之一。

有一阵，王刚中以龙图阁待制的身份镇守四川一带。由于战事频繁，各种需要急速处理的文件纷至沓来，但他从容不迫，将文件分轻重缓急，一件件妥善加以处理。

有一次，金兵入侵大散关，来势十分凶猛，大家都慌了手脚，他却单人独骑，一夜跑了200里路，闯到部将吴璘营地，恰逢吴璘在帐中睡觉。他把吴璘叫起来，责备他说："敌兵压境，你竟还高枕而卧，快起来！"

接着，他又立即派人通知另一部将张正彦，命他和吴璘配合作战，夹击金兵，终于把敌兵打得大败。

而当部属商议如何向朝廷报功时，他说："这次打胜仗都是将士们的功劳，我没有做什么。"

部将们都感动地说："亲自督战，打了胜仗，却毫不居功，真是令人敬佩。"

迎刃而解

【释义】刃：刀口。比喻主要的问题解决了，其他有关的问题就容易得到解决。

【出处】唐·房玄龄等《晋书·杜预传》。

晋武帝时，有一个叫杜预的人，学问渊博，见识很广，当时的人称他"杜武库"。

后来，杜预调任镇南大将军，都督荆州军事，建议攻伐吴国。待到出兵以后，只有10天的工夫，就接连占领了长江上游许多城市。这时，有人说吴国是顽强的大敌，不可能迅速把他完全打败，而且时值夏季河水泛滥，又唯恐流行疫病，故应等到明年春天再集中力量攻打。

但杜预却坚定地说："从前乐毅由于

在洛西打了一仗，就并吞了齐国。现在我们士气旺盛，用这样旺盛的兵力去打吴国，犹如破竹，等到劈破几节之后，下面便都‘迎刃而解’，不会有碍手之处。”然后，他命队伍继续进军，迅速灭了吴国。

在《晋书·杜预传》中，杜预的原话是：“今兵威已振，譬如破竹，数节之后，皆迎刃而解，无复著手处也。”

忍辱负重

【释义】 不计较个人的荣辱，勇于挑起重担。

【出处】 晋·陈寿《三国志·吴书·陆逊传》。

221年，蜀主刘备为了从孙权手里夺回荆州，为结拜兄弟关羽报仇，亲率部队攻打东吴。蜀军深入吴境达五六百里，一直打到夷陵（今湖北宜昌东），连营数百里，声势浩大。

孙权任命年轻有为的陆逊为大都督，带领5万人马前往迎战。陆逊在吴将中资历较浅，归他指挥的诸将，有的是跟随孙氏征战多年的老将，有的是皇亲贵戚，他们对年轻的书生陆逊当都督很不服气，甚至不肯服从陆逊的命令，陆逊十分着急。

一次，陆逊召集众将，手握宝剑高叫道：“刘备天下知名，连曹操都有些怕他。现在他率大军攻进吴地，是我们的强敌，决不可以轻视他。希望众将军以大局为重，同心协力，共同消灭来犯之敌。我虽是书生，但主上任命我为大都督，你们只好服从。主上之所以委屈诸位将军，使你们屈尊于我，就是因为我还有一点微薄的能力，能够忍辱负重。今后，希望你们各负其责，不容推辞，军令如山，违者必按军法从事。”经陆逊这么一说，诸将心中虽有不服，但行动上再也不敢违抗。

陆逊指挥军队坚守七八月之久，一直不与刘备决战。后来，蜀军疲惫，骄傲轻敌，陆逊乘机利用顺风进行火攻，大破蜀军，取得夷陵之战的重大胜利。刘备败退白帝城，不久病死。东吴诸将都十分佩服陆逊的才能。

鸡鸣狗盗

【释义】 形容偷偷摸摸不正当的行为。比喻一个人微末、卑贱的伎俩。

【出处】 汉·司马迁《史记·孟尝君列传》。

战国时期，齐国的孟尝君门客有几千人，门客都把他当作知己。

有一年孟尝君到了秦国，秦国的秦昭王早就仰慕他的大名，就请他做秦国的宰相。这时秦国的大臣们对秦昭王说：“大王，孟尝君这个人很能干，他是齐国人，如果他当了秦国的宰相，一定是先替齐国办事，而后才会想到秦国，那样一来，我们不是很危险吗？”

秦昭王于是改变了主意，不仅不用他还要把他杀掉，除掉这个隐患，就下令先将孟尝君囚禁起来。

孟尝君看形势不妙，便想办法逃出秦国。他派一名心腹去找秦昭王最宠爱的妃子，请她帮忙。妃子答应帮助孟尝君离开秦国，但是提出了一个条件：必须得到那件白狐狸皮的袍子。

孟尝君犯了难，白狐狸皮袍子只有一件，而且已经送给秦昭王了，怎么能再送给他的妃子呢？他想来想去也想不出一个办法来。偏巧随他访问的门客中，有一个会装狗偷盗的。他便在当天夜里

孟尝君率领众人逃出秦国

装成狗，爬进秦国宫殿，把送给秦昭王的那件白狐狸皮袍子偷了出来，又转送给秦昭王最宠爱的妃子了。妃子得到皮袍子，就在秦昭王面前说了不少好话，请求释放孟尝君，秦昭王答应了。

孟尝君害怕秦昭王变卦，就率领随从连夜赶路，但跑到秦国的出境关口，却被挡住了。因为秦国关法规定，天亮鸡叫时，才准开关放人。孟尝君焦急万分，束手无策。偏巧他的随从中有一个会学鸡叫的人，就偷偷地学起公鸡啼鸣来。他这一叫，周围人家的公鸡也都跟着叫起来。守关的人以为天亮了，就开关把他们放走了。孟尝君才逃过了这场大难。

鸡鹜争食

【释义】鹜：鸭子。鸡与鸭子彼此争食。比喻争权夺利的小人。

【出处】汉·司马迁《史记·屈原贾生列传》。

博览群书、学识渊博的屈原，曾经很受楚怀王的信任，担任地位很高的左徒。

朝中有个上官大夫，与屈原地位相同，可他没有屈原的才干，十分忌妒屈原。楚怀王命屈原制定国家法令，屈原尚未起定草稿，上官大夫就想擅自变动其中的内容，屈原不答应，上官就在楚王面前造谣说："大王您派屈原制定政令，朝中没有不知道的。每一项政令出来，屈原总是夸耀他的功劳，说：'除了我，谁还能做这件事？'"楚怀王听了很生气，逐渐疏远了屈原。

楚国的朝政一天不如一天，屈原痛心楚王听信小人谗言，不辨是非，就创作了《离骚》表达自己的忧闷愁思。屈原还在他写的《卜居》中说："宁与黄鹄比翼乎？将与鸡鹜争食乎？"表达了自己的志向和不与争权夺利的上官之流同流合污的态度。

八　画

画饼充饥

【释义】 画个饼子来充饥。形容虚而无实，用空想来安慰自己。

【出处】 晋·陈寿《三国志·魏书·卢毓传》。

曹睿是三国时代魏国的第二代君王。他有个最亲信的大臣，名叫卢毓。有一次曹睿想找一个适当的人当“中书郎”，便请卢毓推荐，并且告诉他，千万别推荐徒有虚名的人，选拔人才不要单凭他的名声，名声好比画在地上的饼，没法吃！

此事载入《三国志·魏书·卢毓传》，原话是：“选举莫取有名，名如画地作饼，不可啖也！”后人根据此话提炼成“画饼充饥”的成语。

画蛇添足

【释义】 画蛇时给蛇添上脚。比喻多此一举，不但无益，反而有害。

【出处】 汉·刘向《战国策·齐策二》。

战国时期，楚怀王派昭阳为将，领兵征讨魏国。一举攻占了魏国8座城池，楚军大胜。但昭阳还想领兵乘胜去攻打齐国。齐王得到消息后，很着急。正巧秦国的使者陈轸出访到齐国，齐王就请他去见昭阳，说服他不要与齐国动武。陈轸见了昭阳后，并不立即说明来意，而是讲了个故事：

楚国有一户人家祭祀祖先，祭祀过后，主人就把祭祀用过的酒赏给办事的人喝，这壶酒如果大家都喝是不够的，但如果给一个人喝，就能喝个痛快。于是有人提议：每个人都在地上画一条蛇，谁第一个画完，这壶酒就归谁。大家同意了，就开始画起来。有一个人画得很快，不一会儿就画好了，他拿过酒壶正准备喝，看看别人都还在慢慢地画，很想显显自己的本事，就左手拿着酒壶，右手继续画蛇，边画边说：“我再给蛇画几只脚也还来得及呢！”谁知，他蛇脚还没画好，另一个人已画好了蛇。那人一把抢过酒壶说：“蛇本没有脚，你怎么能为它添上脚呢？这酒归我了。”说着，就把酒喝了。画蛇添足的人，终究没喝到酒。

陈轸讲完故事后又说：“现在，你

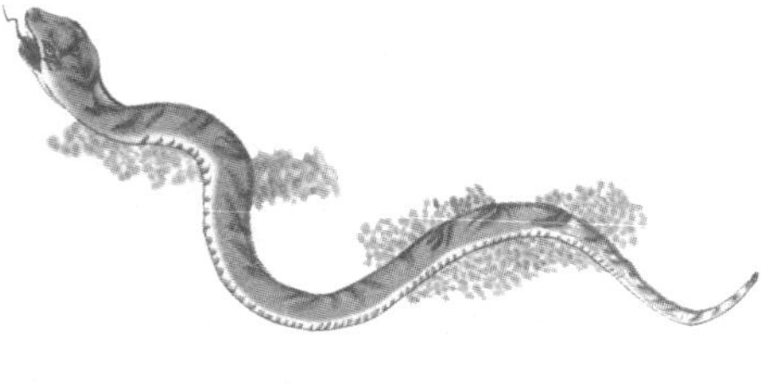

为楚国打败了魏军，得了8座城池还不息兵，而要讨伐齐国。即使你把齐国打败了，官也不会升得更高了。如果万一打不赢齐国，反而要前功尽弃，那就无异于‘画蛇添足’了。不如趁现在大功已告成，赶快退兵吧。”

昭阳听了陈轸的话，觉得很有道理，就领兵回国了。

画龙点睛

【释义】把龙整个画好后，再点上眼睛。比喻说话、做文章，在关键地方用一两句话点明要旨，使内容更加生动有力。泛指办事要突出重点。

【出处】唐·张彦远《历代画记》。

南朝梁代，有一位名画家叫张僧繇，擅长画山水佛像，刻画勾勒，十分传神。有一次，他给金陵安乐寺作壁画，画了四条龙，活灵活现，但都

画龙点睛图

不画眼睛。观画的人不知这是什么用意，便去询问究竟。他认真地说：“如果添上眼睛，它们都会飞走，这样，我岂不是白画了？”

许多人都以为张僧繇是空口说大话，听了他的解释，露出一脸的不相信。没法，他只得重研彩墨，挥笔点睛。刚点完第二条，忽然天上电光闪闪，雷声大作，观画的人吓得四散躲避，待围拢来再看时，只见墙上只留下两条未及点睛的龙，另外两条，已在雷电交加中腾空而去了。

此成语出自《历代画记》，原文是：“金陵安乐寺四白龙，不点眼睛。每云：‘点睛即飞去。’”这自然是个传说，是用一种夸张的手法，来赞扬张僧繇绘画才能的杰出。不过由这段传说，却产生了“画龙点睛”这一成语。

画地为牢

【释义】牢：监牢。在地上画个圆圈，当作牢狱。比喻只许在规定的范围内活动。

【出处】汉·司马迁《报任少卿书》。

太史令司马迁为了替李陵辩解，触犯了汉武帝。当时，汉武帝非常生气，大声喝道：“大胆司马迁，竟敢为叛贼说情，而且还当众嘲笑贰师将军，该当何罪？”

贰师将军名叫李广利，他是汉武帝宠妃李夫人的兄弟，这次和李陵同时出征匈奴，无功而还。汉武帝认为司马迁赞扬李陵的功绩，意在嘲笑李广利，就把司马迁交给廷尉审判，结果司马迁被判腐刑。

司马迁被判腐刑后，曾在给老友任少卿的信中抒发了自己的悲愤心情，他

写道："老虎在深山里，百兽见了它都很害怕；等到它被关在笼子里，它只得摇尾乞怜、向人求食，因为他的威严受到了制服。读书人对于别人在地上画个圈作为监牢，他是不愿意走进去的，但一旦他戴着桎梏，拘禁在狱中，也只得忍受耻辱了。我之所以忍辱苟活，就是不愿将自己的才华埋没掉，要留下一部史书给后世啊!"

直言不讳

【释义】一种自谦之词，表示直率地提出不成熟的意见。

【出处】唐·房玄龄等《晋书·刘波传》。

379 年，前秦皇帝苻坚派苻丕率领 7 万军队进攻东晋的襄阳，另又派三支军队共 10 万人，在襄阳城外配合作战。襄阳守将朱序凭险固守。

急报传到朝廷，晋孝武帝立即派冠军将军刘波率 8000 人马驰救襄阳。刘波率军赶到离襄阳 50 里处，军探报告前秦集结在襄阳的兵力有 17 万人，他权衡双方力量对比，认为无法救援，于是不再前进。朝廷认为刘波救援不力，免去了他的冠军将军之职。

383 年，东晋军在淝水之战中大败前秦军，取得了决定性的胜利。为此，孝武帝命令熟悉北方情况的刘波坐镇北方，统督淮北各军。这时刘波正患着重病，接到皇帝诏书后，觉得以自己目前的身体状况去北方改变动乱的局面，实在是无能为力。他考虑到自己不久于人世，决定上一道奏疏。他在奏疏中写道："我想起本朝开国的历史，联想起如今的国事，所以不顾自己放肆和愚妄无知，直爽地、毫不忌讳地把话说出来（臣鉴先徵，窃惟今事，是以放肆狂瞽，直言无讳）。"

接着，刘波建议孝武帝应怎样治理好国家，怎样使用人才等。不幸的是，奏疏写好不久他就去世了。

事半功倍

【释义】花一半力气，收到成倍的效果。指费力少而收获大。

【出处】《孟子·公孙丑上》。

有一次，孟子和他的学生公孙丑讨论如何使中国统一的问题。他主张以施行仁政的办法来达到目的。

孟子说："周文王仅以方圆 100 里的小国为基础，施行仁政，结果战胜了残暴无道的商纣王，夺取了整个天下。现在，老百姓经受暴虐政治的折磨，历史上从来没有比现在更严重的。他们对生活的要求并不高，饥饿的人只要有口饭吃就行了，口渴的人只要有口水喝也就好了。孔子说过，德政推行起来，比传递文书命令还要快。"

孟子顿了顿，说："现在，拥有万辆兵车的齐国，如果能施行仁政，那么老百姓的高兴，就会像被倒着吊起来的人得到解救一样。如能这样，要想统一中国，就不是什么十分困难的事情了。与古人相比，只要付出一半的代价，就可以收到双倍的效果。"

此成语出自《孟子·公孙丑上》，原文是："万乘之国，行仁政，民之悦之，犹解倒悬也，故事半古之人，功必倍之，惟此时为然。"

青出于蓝

【释义】青：靛青。蓝：蓼蓝。靛青是从蓼蓝中提炼出来的，但颜色比蓼蓝还要深。比喻学生超过老师，后辈胜于前辈。

【出处】战国·荀况《荀子·劝学篇》、唐·李延寿《北史·李谧传》。

后魏人李谧，博通诸经，周览百氏。他的老师孔璠，学问本来也不错，可是几年以后，李谧就胜过了老师。那时，孔璠反过来向李谧请教了。同学们作了一首歌谣道："青成蓝，蓝谢青；师何常，在明经。"青，比喻学生；蓝，比喻老师。歌谣的大意是说：学生成了老师，老师请教学生，究竟谁是老师何尝有一定？问题在于谁更精通学问。为什么"青"比作学生、"蓝"比作老师呢？原来蓝是一种草，它的叶子可做青色染料。《荀子·劝学篇》说："学不可以已。青，取之于蓝，而青于蓝；冰，水为之，而寒于水。"意即学习永远没有止境，后代一定能超过前辈。青色本是从蓝草中取得的，可是从蓝取得的青色，比蓝更青；冰，本是由水凝结成的，可是由水凝成的冰，比水更凉。"

由于以上的一段话，比喻学生超过老师，青年超过老一辈，就叫"青出于蓝而胜于蓝"或"青出于蓝"。

青梅竹马

【释义】青梅：青的梅子。竹马，指小孩将竹竿骑在裆下做马。形容男女小时候天真无邪，在一起玩耍。

【出处】唐·李白《长干行》。

唐朝时的大诗人李白，所作的诗俊逸高妙，并且很富情感。有人曾说他的诗，像天上的神仙谪居人世间一般。他的作品中，有一首诗描述男女孩子彼此玩得很投契的情状，其中有两句是：

郎骑竹马来，
绕床弄青梅。

"青梅竹马"这句成语，就是从这首诗中得来的。它的意思是说：小孩子们聚在一起，感情很好，很少发生过打架、争吵等事情。

玩火自焚

【释义】作恶多端的人必然自食其果，就像玩弄火，结果把自己烧死了。

【出处】春秋·左丘明《左传·隐公四年》。

春秋初，卫国残暴的公子州吁刺杀自己的哥哥卫桓公后，自己当了国君。为了转移百姓的反抗，他就以武力去攻打别国。鲁隐公得知州吁弑兄篡位的事后，向大夫众仲道："依你看，州吁的国君位置能长久保住吗？"

众仲摇摇头说："州吁依靠武力兴兵作乱，给百姓带来灾难，百姓绝不会支持他。他如此残忍凶暴，没有亲近的人愿意跟随他。众人反对，亲信背离，要想取得成功是不可能的。"

接着，众仲又说："兵，就像火一样。一味地用兵而不知加以收敛和节制，结果必然自己烧死自己。依我看，等待他的将是失败。"

果然，不到一年，卫国人在陈国帮助下，推翻了州吁的残酷统治，将他杀了。

斩草除根

【释义】除掉祸根，以免后患。就像斩草要连根除掉一样。

【出处】春秋·左丘明《左传·隐公六年》。

春秋时期，有一次卫国与陈国联

合去讨伐郑国。郑国希望讲和。陈桓公不答应，他的弟弟陈五父劝他说："与邻国和睦相处，是最宝贵的东西，还是与郑国讲和吧！"

陈桓公很生气，说："卫国是强大的国家，我害怕他们难为我。可郑国是一个小国，我去攻打它，难道还怕他不成？"于是继续攻打郑国。

两年以后，郑国强大起来，派兵侵袭陈国，把陈国打得大败。邻国眼看着陈国打了败仗，然而却坐视不救。人们议论说：这是陈国自找苦吃，长期做恶事不知悔改。古书有言，做恶事容易，这犹如燎原烈火一样，无法扑灭，最后必然将大祸引到自己头上。

周朝的大夫周任讲过这样的道理："作为国家的国君，对待恶事应像农夫对待杂草，将它们铲除，连根挖掉，不让它们再生长出来，这样做的结果，善事才能伸张起来（为国家者，见恶如农夫之去草焉，芟夷蕴崇之，绝其本根，勿使能殖，则善者信矣）。"

"斩草除根"这句成语就是从这里演变来的。

取长补短

【释义】取别人的长处，补自己的不足。

【出处】战国·孟轲《孟子·滕文公上》。

战国时期，滕文公做太子的时候，有一次出使楚国。他路经宋国，会见了孟子。孟子同他讲了人性本是善良的道理。

太子从楚国回来的时候，又在宋国拜访了孟子。孟子说："您怀疑我的话吗？天下的真理只有这么一个，成瞯是个勇士，他曾对齐景公说：'他是个男子汉，我也是个男子汉，我为什么要怕他呢？'孔子最得意的弟子颜渊曾经说过：'舜是什么样的人，我也是什么样的人，有作为的人都可以像他那样。'公明仪曾说：'文王是我的老师，周公也是应该信赖的。'现在有滕国，假若把土地截长补短，每边之长也将近50里，只要实行仁政，仍然可以把它治理成为一个很好的国家（今滕，绝长补短，将五十里也，犹可以为善国）。"

成语"取长补短"即由"绝长补短"演化而来。

丧心病狂

【释义】丧失理智，行为悖谬，像得了疯病一样。

【出处】元·脱脱等《宋史·范如圭传》。

秦桧是南宋投降派的代表人物。绍兴年间两任宰相，前后执政19年，为高宗所宠信。

有一次，金国的使者来到南宋京城，会谈议和的条件。使者倚仗金国在军事上的优势，出言荒谬，态度傲慢，向南宋政权提出许多无理的要求，遭到朝野主战派官员的强烈反对。校书郎兼史馆校勘范如圭更是悲愤欲绝。他和秘书省的十几个同僚一起，痛骂金国使者，怒斥投降派卑鄙无耻。他们写了一份慷慨激昂的奏章，准备上书宋高宗，反对屈辱求和。但是，奏章写好之后需要签名的时候，人们害怕秦桧等人的淫威，担心遭到投降派的打击报复，于是纷纷打起退堂鼓来。

范如圭见这些人胆小怕事，又气又恨，于是他独自一人写了一封信给秦桧，痛斥他丧权辱国、卖国求荣的罪行。信中指责秦桧说："你秦桧如果不是丧失理智，言行荒谬，像发了狂一样，怎么能够干出这种卑鄙可耻的事情呢？你必定遗臭万年，被子孙后世所唾骂（公不丧心病狂，奈何为此？必遗臭万世矣）！"

卧薪尝胆

【释义】卧薪：睡在柴草上。尝胆：品味苦胆。形容刻苦自勉，奋发图强。

【出处】汉·司马迁《史记·越王勾践世家》。

公元前494年，吴王夫差为报越国杀父之仇，亲率大军进攻越国。越国勾践率军迎战，在夫椒（今江苏苏州）对阵。结果吴军得胜，顺势攻破越国国都会稽，俘虏了越王勾践。

吴王夫差为了实现霸业，显示自己的宽宏大量，决定不杀勾践，只派他在吴国的宫里养马。勾践带着夫人和相国范蠡，天天小心谨慎地为吴王当马夫。有一次，吴王夫差生了一场大病，勾践殷勤服侍。夫差见他如此"忠诚"，就放勾践回国。

回国后，勾践一心要报仇雪耻。他重新定都会稽，委派文种管理内政，任命范蠡训练军队，加强战备。为了磨炼自己的意志，以便日后复仇，勾践过着十分艰苦的生活，每晚他都睡在柴草上，还在屋梁上吊着一只苦胆，吃饭之前，都要先去尝一尝胆的苦味。

卧薪尝胆图

勾践还同夫人一起亲自参加生产劳动，夫人勤奋纺织，勾践从事耕作，与全国人民同甘共苦。而此时吴王夫差却自以为成了霸主，骄傲起来，一味贪图享乐。

公元前482年，夫差带着精兵去黄池会盟，一心想早日成为霸主。这时，越国已十分强盛了。勾践见时机已成熟，便乘机出兵打败了吴国，成为春秋末期的霸主。

幸灾乐祸

【释义】比喻看到别人的灾祸反而感到高兴的那种阴暗心理。

【出处】春秋·左丘明《左传·僖公十四年》。

春秋时期，晋国一度内乱，太子逃到秦国避难，得到了秦国的照顾和帮助。他发誓说，有朝一日他登上王位，一定割地重酬秦国之大恩。后来，在秦国的帮助下回到了晋国，如愿登上王位即晋惠公。但是他自食其言，从此不再提割地酬谢秦国救助他的事了。

晋惠公即位第四年，国内发生饥荒。秦国不计前嫌，给晋国运去了大量粟米。不料第二年的冬天，秦国也发生了大灾荒，而这一年，晋国的收成不错。于是，秦国派人到晋国请求购买粮食，却遭到拒绝。

晋国的大夫庆郑竭力劝说晋惠公说："辜负别人的恩惠就会失去亲人；幸灾乐祸是不仁的表现；贪心不足，舍不得用财物去救济别人是一种不祥之兆；使邻国产生怨恨就是不义的行为。这四种是立国的基本道德，如果都丧失的话，用什么来维护自己国家的生存呢？”

而晋国的另一位大夫虢射却持反对意见，他说：“我们既已背弃了割让土地的诺言，给不给粮食还有什么关系呢？”

庆郑反驳说：“背弃了信义，得罪了邻国，一旦我们发生什么灾祸，还有哪个国家来帮助我们呢？”

虢射却说：“我们既然无法消除秦国对我们的怨恨，而卖粮食给他们，反而使我们的敌人增强实力，不如不给。”

庆郑再一次劝告说：“背弃恩惠、幸灾乐祸的行为，就连一般百姓都是唾弃的。亲近的人会因此而结仇，何况本是冤家敌人呢？”

可是，晋惠公始终不肯采纳庆郑的意见，晋国的行为终于激怒了秦国。第二年，秦穆公就出兵攻打晋国，并活捉了晋惠公。

杯水车薪

【释义】用一杯水去救一车柴烧起的火。比喻力量太小或东西太少，无济于事。

【出处】战国·孟轲《孟子·告子上》。

有一家药店挂牌开张，一串串鞭炮闪着火光，噼里啪啦地响，突然，一串鞭炮落在干草堆上，顷刻间，浓烟腾起，亮起火光，风助火势，烈焰冲天。药店里账房先生听见“救火”的喊声，也探出头来，看见火堆就在眼前，他二话没说，端起一杯水，拨开众人，冲出门外，对准火焰正旺的地方浇下去，大声说：“没事了，大家自己忙去吧。”可是，只听见“哧”的一声，水没了，而火照样旺盛，而且越烧越猛。

账房先生呆住了。看了一会儿，愤愤不平地斥责道：“这火竟然用水都灭不了，真是岂有此理？”转念又想，莫非天道已变，水已不能胜火了？如果真这样，那就不是人力所能做到的。他后退了几步，对大火观望起来。不久，火焰渐渐熄灭，草堆塌成红红的一堆灰烬。

杯弓蛇影

【释义】弓的影子投入到杯中，人以为杯中有蛇。形容因疑虑而引起不必要的紧张和恐慌。

【出处】唐·房玄龄等《晋书·乐广传》。

晋朝时候，有一个叫乐广的人。一次，请一位朋友到家里喝酒。那位朋友很高兴，可是当他端起酒杯一饮而尽的时候，突然看见酒杯里有一条游动着的小蛇，他感到十分厌恶，可是一下子已经把酒喝进肚子里去了。喝完酒他很难受，总觉得肚子里有一条小蛇，因此回到家中就病倒了。

乐广听到朋友生病的消息和病因，心想：“酒杯里怎么会有蛇呢？”于是，他就到那天喝酒的地方仔细察看。

原来，在客厅的墙上，挂着一把漆了油彩的弓，弓的影子恰巧落在那位朋友放过酒杯的地方。于是，他就派人请那位朋友再来喝酒，并说保证能治好他的病。那位朋友来了，乐广请他仍旧坐在他上次坐的地方。那位朋友非常不安，端起酒杯往里一看，只见那条小蛇仍然在酒杯里活动！他心情特别紧张，浑身直冒冷汗。

这时，乐广指着墙上的弓，笑着说：

“你看，这哪里是什么蛇？只不过是墙上那把弓的影子罢了。”说完，他把墙上的弓摘下来，酒杯里的“蛇”果然不见了。那位朋友弄清了真相，消除了疑虑和恐惧，他的病马上就好了。

抱残守缺

【释义】抱住陈旧腐朽的东西，不肯放弃。

【出处】汉·班固《汉书·刘歆传》。

刘歆是著名学者刘向的儿子，他继承父业，博览群书，撰成《七略》，包括辑略（总论）、六艺略、诸子略、诗赋略、兵书略、术数略和方技略。它的主要内容，保存在《汉书·艺文志》中，对中国目录学的建立有一定贡献。刘歆在校勘典籍过程中，阅读大量秘藏的古籍，从中发现一本古书《春秋左氏传》，他特别感兴趣，经过深入研究，他认为，《春秋左氏传》是一本珍贵的文献资料，于是建议为《春秋左氏传》等古籍设立学官。

汉哀帝刘欣知道这件事以后，就让刘歆与五经博士讨论研究《春秋左氏传》等一批古书的思想内容和意义。但博士们既不同意为《春秋左氏传》设立学官，又不肯讨论研究这件事。刘歆对此非常气愤，他给管博士的太常写了一封公文，提出了尖锐的批评。他指出，这些博士孤陋寡闻，不学无术，他们害怕别人识破自己的私意，没有服从真理的公心，所以宁愿因循守旧，抱残守缺，而不肯研讨新的学问（犹欲抱残守缺，挟恐见破之私意，而无从善服义之公心）。由于刘歆的言辞激烈辛辣，击中了博士们的要害和痛处，因此遭到博士们的怨恨和诽谤，得罪了执政大臣。后来刘歆请求远离朝廷，到地方做了小官。

披坚执锐

【释义】投身战斗之意。

【出处】汉·司马迁《史记·项羽本纪》。

秦朝末年，陈胜、吴广率领的农民起义军被秦大将章邯攻灭后，项梁和项羽便拥立楚怀王的孙子熊心为王，仍称楚怀王，继续与秦军作战。不久，项梁死于军中。章邯打败楚军后，又去攻打赵国。楚怀王任命宋义为上将军、项羽为副将，派他们率军去救援赵国。

宋义把军队带到安阳后，接连 46 天不进军。项羽对他说：“如今秦军已将赵王围在巨鹿城里，我军应迅速渡河，赶到那里来个里应外合，必定能大破秦军。”

宋义摇摇头，说：“牛虻固然能惹牛，但不能咬死虱子。如今秦军攻赵，就是取胜了也已经筋疲力尽。我军可等它疲惫不堪时进兵，如若秦军不能取胜，让它胶着在那里，我军可乘机西进把秦国攻下来。所以，不如让秦、赵两军打下去。说到穿着坚固的铠甲、拿着锋利的兵器冲杀敌军，我宋义不如你，而坐在这里运用计谋，你可不如我。”

接着，宋义派他的儿子到齐国去任相国，并且亲自送了很远的路，并借此机会大摆宴席。当时天气寒冷，士兵们都忍冻挨饿。项羽乘机对大家说：“我们要同心协力攻打秦军，久留在这里不行，今年灾荒严重，百姓饥寒交迫，军中没有存粮，而上将军却靠着赵国粮食和众宾客大吃大喝，还说要等秦军打得疲惫不堪时再进兵，秦军如此强大，很容易把新建立的赵国打败。把赵国打败后秦军就更强大，哪里还有什么疲惫不堪的机会可乘呢？我们楚军不久前打了败仗，大王把所有的军队都交给了上将军，国家的命运在此一举。如今他毫不体恤士兵，而只为自己打算，这不是一心为国的忠臣！”

第二天早晨，项羽在军帐中杀了宋义，并向军中号令说：“宋义与齐国勾结起来谋反，我奉楚王密令杀了宋义！”

众将领当即拥立项羽代理上将军的职务。

披荆斩棘

【释义】披：拨开。棘：多刺的植物。比喻在前进中清除障碍，克服重重困难。

【出处】南朝·宋·范晔《后汉书·冯异传》。

冯异有勇有谋，投靠刘秀后随军征战，立下许多功劳。可是每当论功行赏时，冯异总是不声不响地独自坐到树下，从不去和别人争功。时间一长，大家便送了他“大树将军”的雅号。

23 年，冯异随刘秀带领数百骑兵远征河北，一路十分艰苦。有一天，人困马乏走不动了，刘秀便让大家在路旁一个叫芜蒌亭的亭子歇脚。一进亭子，刘秀饿得坐在地上就昏昏睡去。冯异又累又饿，但他支撑着到附近的百姓家讨了一些豆粥，恭恭敬敬地端到刘秀面前，刘秀端起粥几口便喝了下去，顿时消除了饥寒。

刘秀一行人来到南宫的时候，又遇上了狂风大雨，在风雨中瑟瑟发抖。好不容易找了所空房子，大家忙进屋避雨。冯异这时先设法弄来一些干柴，拢火给刘秀取暖、烤衣服。随后，又把墙角堆着的一些麦子煮成麦粒饭，先送到刘秀面前。待刘秀吃饱后，冯异才和大家胡随便吃了几口，继续赶路。

25 年，刘秀在洛阳建立东汉王朝，即位称光武帝。他不忘“先主后己”的冯异，封冯异为阳夏侯，并委以征西大将军重任，令他率军平定关中。后来，冯异长期镇守长安，权高位重，百姓都称他为咸阳王。这时，有人向刘秀上奏说，冯异的权势太大了，应该提防他谋反。冯异知道自己被人参了一本，非常恐慌，忙给刘秀上书，表白自己说：“过去在处境十分困难的时候，我做事都不敢有半点儿差错，如今天下太平又被赐予爵位，我为什么要与陛下二心呢？”

刘秀当即给他回信说：“我和将军从公的方面来说，是君与臣的关系；从私人感情来说，就好像父子一样。我对将军从无疑心，你不必惧怕。”

后来，冯异从长安专程来洛阳，朝拜光武帝刘秀。刘秀十分隆重地接待了他，并拉着冯异的手向文武百官介绍说：“是我起兵时主簿也，为吾披荆棘，定关中。”意即，这位威风凛凛的冯将军是我当年起兵时的主簿官，为我打天下劈开丛丛荆棘，平定关中地区，是开创当朝的有功之臣啊！当下，刘秀重赏了冯异，并留他在洛阳住了十多天。

拨云见日

【释义】拨开云彩，见到太阳。形容受到启发，思想豁然开朗。

【出处】唐·房玄龄等《晋书·乐广传》。

晋代的乐广为太尉贾充所赏识，被荐举为河南尹。乐广不愿意出任外官，请好朋友、大文学家潘岳替自己写一份辞呈。潘岳说：“你先将辞官的意思告诉我，方好动笔。”乐广简短地用一两百个语词表达意思，潘岳据之写成洋洋洒洒的一篇名扬当时的《呈太尉辞河南尹表》。大家都说：“乐广不依靠潘岳的手笔，潘岳不依靠乐广的设意，那么就不会有这篇惊世之作。”

名士王衍，自视甚高，只佩服乐广，他说：“我跟别人交谈，总觉得对方话多，最近接触乐广，交谈之后，才知道原来自己的话也多。真正言简意赅的，天下只有乐广一人。”

太子洗马卫玠做了个怪梦，日思夜想，得了心疾，茶饭无心，形憔神悴。乐广去探病，问清底细，告诉卫玠说：“眼未见怪，怪从心生，心中无怪，病何由生？”卫玠顿时醒悟，病就好了。卫玠说：“乐广胸中澄沏如水，疾病是上不了他身的。”

卫玠的父亲对乐广的评价更高，他说：“乐广是人中的水镜，见到他，感到一片清明光洁，如同拨云见天。”

后人将“拨云见天”改为“拨云见日”。

势如破竹

【释义】破竹：劈竹子时，开头的一节劈开后，下面几节，顺着刀势分开。形容兵力强大，像刀劈竹子一样无法抗拒。

【出处】唐·房玄龄等《晋书·杜预传》。

杜预是西晋的著名将领、学者。三国末期，蜀国被魏国吞灭，魏国被司马炎夺去帝位，改称晋朝，他自立为晋武帝，准备出兵灭吴。280年，杜预奉命率领几路大军进攻吴国。杜预只用十来天的时间，就攻占了长江上游许多城镇，沅、湘两江以南一带的州郡，也都纷纷投降。

杜预想趁此有利时机，一举灭掉吴国。可是有人却认为，吴国是个历史很久实力雄厚的大国，很难把它一下子灭掉，况且时值夏季，雨水很多，河流泛滥，交通不便，气候炎热，疫病容易流行，不如暂时停止进兵，待到冬季再进攻。杜预不同意这种意见，他坚定地说：“从前，燕国的乐毅凭借济西一战，就攻占了强大的齐国。现在我方士气旺盛，趁此大好时机攻打吴国，势如破竹。”

杜预坚定地按照自己的正确意见挥军作战。不久，晋军就攻占了建业，吴主孙皓投降。西晋终于统一了全国。

招摇过市

【释义】招摇：故意扩大声势引人注意。市：街上。在街上虚张声势，引起别人注意。

【出处】汉·司马迁《史记·孔子世家》。

孔子有一次到了卫国，卫灵公有一个美貌的夫人，名叫南子，她听说孔子到了卫国，很想见见他，就派人去请。孔子婉言谢绝了她的邀请。可是南子不肯，又派人去请，孔子没法，只好去拜见南子。孔子进了她的门，向她施了礼。南子隔着帷帐，向孔子答了礼，在施礼时，她满身佩戴的珠宝发出一阵叮当声。

孔子在卫国住了一些日子。有一次，卫灵公同夫人南子乘着一辆车，还有宦官陪侍。孔子坐在后面的一辆车上。他们招摇过市，引起许多人的注意。孔子看到卫灵公这个样子，很有感触地说：“人们是这样喜欢女色，而不喜好德行啊，我还没见过重视德行像重视女色这样的人呢！”

孔子对卫灵公的行为很厌恶，便很快离开了卫国。

按图索骥

【释义】比喻办事拘泥于教条，像按照图样去买马一样。

【出处】明·杨慎《艺林伐山》。

古代相马家伯乐看儿子一年一年长大了，便开始教他学习《相马经》，儿子十分勤奋，早晨起来就抱着经书大声读起来。

一天，他对父亲说：“我已经全部掌握相马技术了。要找千里马，只要看额头是不是端正，眼睛是不是闪闪发光，四个蹄子是不是又大又正，你要是不信，我就给你找一匹回来。”

他刚走到家门口的一方池塘边，突然，看见草丛中跳出一头癞蛤蟆。他喜出望外，蹲在旁边仔细端详起来，把心中所记的千里马的特征反复默读了几遍，边看边照，对，额头丰满，还隆起来呢！眼睛也闪光，精神得很哩！腿要四条，一、二、三、四，好，也符合；再看蹄子，可惜，太小了。他摇摇头，但转念一想，父亲不是经常说过瑕不掩瑜吗？其他三点都符合，就这点欠缺，这不能说它不是千里马吧？

他兴高采烈地把它捉回家里，大声喊道：“爸爸，我找到了一匹千里马！只是四个蹄子不像书上说的又大又正。”

父亲见是癞蛤蟆，非常生气，举起巴掌就要打，但想到这个大头的儿子向来愚蠢，便转怒为笑，和气地说：“孩子，这匹千里马喜欢跳跃，不喜欢奔驰，不能够拉车。”

儿子听了连连点头，摇着大脑袋，得意地说：“就是，我也看出来了，都是因为蹄子不大不正。”

抵掌而谈

【释义】抵掌：击掌。指两人击着掌谈心。形容无拘无束地洽谈，气氛融洽。

【出处】汉·刘向《战国策·秦策一》。

战国时，苏秦开始也主张“连横”，曾到秦国劝说秦惠文王，始终没能说动秦惠文王，连横的主张没有被采纳。

苏秦只好离开秦国回到家乡洛阳。他翻遍了家中的所有藏书，找到了一本有关兵法的书，埋头熟读，经过整整一年时间，他把这部兵法背得滚瓜烂熟，并能应用自如。

于是，苏秦便模拟《燕乌集阙》那一章所讲的策略，到赵国去，在赵王的夏宫里谒见赵王，畅谈自己的“合纵”主张，希望联合崤山以东的六个国家，一致对付秦国。两人谈得非常投机，高兴的时候，相对着把手掌拍得山响。

赵王大为兴奋，封苏秦为武安君，授以相印，让苏秦跟随左右，商量六国合纵、瓦解秦国连横等重大对策。

苏秦“合纵”策略受到六国的一致拥护，他佩上了六国相印。

择善而从

【释义】选择好的意见或方法加以实行。比喻选择好的来办，指人也指事。

【出处】春秋·孔丘弟子《论语·述而》。

春秋时，晋国执政的大臣韩献子死后，由大臣魏南子执政。他把祁氏的领地分割为七个县，把羊舌氏的领地分割为三个县，并委派和提拔一些比较贤能的人去担任这些县的地方长官。在这些人中，有一个名叫魏戊的，与魏献子是同一个宗族的人。

有一次，魏献子遇到大夫成鲊，问他说：“我让魏戊去管理梗阳，别人会不会说我有私心，偏袒他，说我搞宗派呢？”

成鲊回答说：“这怎么能说是拉宗派呢？魏戊对君王十分忠诚，对同僚十分谦逊，品行端正，办事干练，让他去做一个县的大夫又有什么不可以呢？提拔和任用官吏，应该不管关系亲疏，一视同仁：也就是看他能不能用道义来约束自己；能不能诲人不倦；能不能大公无私，光明磊落；能不能赏罚分明；能不能择善而从。只要他确实符合这些条件，也就不必担心别人的议论了。”

魏献子于是很放心地让魏戊赴任去了。

苟延残喘

【释义】苟延：勉强延续。残喘：临死前的喘息。比喻暂时勉强生存。

【出处】明·马中锡《东田文集》。

赵简子是春秋时晋国的大臣。有一次，他带着人到中山一带去打猎，射伤了一只狼，狼逃走了，赵简子赶紧驱马追赶。

这时候，正好有一个叫东郭的先生，赶着一条跛脚毛驴，毛驴驮着一口袋书，匆匆往中山去，忽然，一条大狼冲到了他面前，可怜巴巴地乞求道：“先生，今天，我遇到了危险，您为什么不让我躲进口袋里，暂且延长一下我垂危的生命呢？如果我能躲过这场灾难，我一定重重报答您。”

东郭先生说：“我救了你，就会得罪赵简子，触犯了这个有权有势的人，我会遇到什么灾祸还不能预料，怎么会期望你的报答呢？不过我主张兼爱，即使遇到灾祸也一定要救你的。”说完，东郭先生就取出图书，腾空口袋，把狼慢慢地往里装。他既怕弄伤了狼的头，又怕压着狼的尾巴，装了半天也没装进去，狼见追赶的人已逼近了，恳求说：“事情紧急，你就把我捆起来吧。”说着，蜷曲起四条腿，把头凑到尾巴上，像刺猬一样缩起来，任凭东郭先生摆布，东郭先生赶紧把狼捆好，放进了口袋。

一会儿，赵简子到了，不见狼的踪迹，就问东郭先生看见狼没有。东郭先生忙说没看见。

赵简子见东郭先生说得很真诚，就掉转车子走了。

等赵简子一行走远了，东郭先生就把狼放了出来，狼活动活动被捆得麻木的四肢，就露出了凶狠的嘴，要吃了东郭先生。幸亏来了个老人，用计谋打死了狼，救了东郭先生。

奇货可居

【释义】奇：稀奇。居：囤积。稀有的货物，可囤积起来，等待时机高价出售。

【出处】汉·司马迁《史记·吕不韦列传》。

战国时代，秦国阳翟（今河南禹州区）有个商人，叫吕不韦，常常往来各国经商。当他到了赵国都城邯郸时，听说秦昭王的孙子子楚，被派到赵国做人质，生活过得十分穷困。吕不韦不禁自言自语说："子楚像一宗稀奇货物，可囤居以伺高价卖出。"于是就去见子楚，表示要帮助他。后来两人合力去谄媚秦国的太子安国君及其宠妾华阳夫人，因华阳夫人无子，便说服华阳夫人立子楚为嫡嗣，请吕不韦来辅助安国君，子楚的声名也因而光耀显赫。等到子楚被立为秦襄王时，便以吕不韦为丞相，并封他为文信侯，食邑河南洛阳二万户。

鸣鼓而攻

【释义】大张旗鼓声讨有错的人。

【出处】春秋·孔丘弟子《论语·先进篇》。

春秋时，鲁国大贵族之一的季氏，世代为卿，到季康子这一代，权高势大，已经和国君差不多了。

季康子倾向革新，首先着手改革田制，承认田地私有和个体农民的合法，试行按亩收税。季康子的家臣中，有个人叫冉求（字子有，也叫冉有），是孔子的学生，季康子叫冉求去见孔子，听听他对于改革田制的态度。

冉求一见孔子，就提出准备试行的新法条文，恭敬地向他请教。不料孔子气愤地说："我不懂！"冉求再三恳请道："您是我国德高望重的老前辈，我们正等待着您的指示，您怎么不说话呢？"孔子过了好一会儿，才说了几句，大意是："'君子'的一切行为，总要顾到一个'礼'字，我们历来的礼法，就是王法，怎么能改？季康子那样做是为了更多的搜刮，贪得无厌，不仁！如果他真想守法，不是早就有法了吗？为何还来问我？如果他根本不要什么法，想为所欲为，那就更不必来问我了！"

孔子的这番话，冉求却不爱听，他不但不劝阻季康子，而且更加积极地帮助季康子试行新的田赋制度，因此孔子大为生气，对其他的学生说："冉求不是我的门徒，你们一齐攻击他吧！"原话是："求，非吾徒也，小子鸣鼓而攻之可也！"

咄咄逼人

【释义】咄咄：叹词，使人惊诧和感叹的声音。形容盛气凌人，令人十分难堪。

【出处】南朝·宋·刘义庆《世说新语·排调》。

在一棵老树下，坐着桓玄、殷仲堪、顾恺之等人，他们正海阔天空地交谈着。桓玄说："我们现在做个游戏吧，每人咏一句诗表现'了结'如何？"

顾恺之脱口而出："火烧平原无遗燎。"（大火烧平原，灰烬都没了。）

桓玄摇头晃脑，接着说："白布缠棺竖旒旐。"（白布缠棺材，飘起招魂幡。）

殷仲堪说："投鱼深渊放飞鸟。"（投鱼归深渊，放鸟飞长空）。他吟完又说：

“现在换个主题吧，表现‘危险’。”

话音刚落，桓玄双手比画着说：“矛头淅米剑头炊”。（脚踩矛尖淘米，蹲在剑头上烧饭。）

殷仲堪有意装出苍老的样子，慢吞吞地咏道：“百岁老翁攀枯枝。”（百岁老翁颤巍巍，手攀枯枝嘎嘎地响。）

顾恺之说：“井上辘轳卧婴儿。”（井上辘轳转，卧着婴儿。）

这时，殷仲堪部下的一个参军坐在旁边，吟道：“盲人骑瞎马，夜半临深池。”（瞎子骑上瞎马，深夜驰近深渊。）

听了这句，殷仲堪大叫：“咄咄逼人，叫人好难受啊！”

众目投向殷仲堪身旁：原来参军瞎了一只眼睛。

明哲保身

【释义】原意为明事理的人，善于回避给自己带来危险的事，以保全自己。后用以形容回避斗争，以图保持个人利益。

【出处】春秋·佚名《诗经·大雅·烝民》。

仲山甫是周朝的大臣，他辅佐周宣王，立下很大功劳，当时，西方和南方的一些部族不断入侵西周，周宣王依靠仲山甫和尹吉甫等大臣率兵作战征伐，保卫了边疆的安全，并且扩大了疆土。

有一次，周宣王派仲山甫到齐地去筑城，加强边防，尹吉甫写了一首题为《烝民》的诗歌送给仲山甫，赞美、歌颂仲山甫的品德和才能。诗中说：

既明且哲，以保其身，
夙夜匪解，以事一人。

大意是：贤明的仲山甫，深明事理，很有智慧，善于保全自己，日夜操劳，从不懈怠，兢兢业业效忠于宣王一人。

“明哲保身”作为成语，现在的意思已发生了变化。

明察秋毫

【释义】秋毫：指秋天鸟兽身上新长的细毛。形容观察精确，任何隐情细节，都能看得清楚。

【出处】战国·孟轲《孟子·公孙丑》。

战国时的齐宣王想称霸，因此向孟子请教。齐宣王问道：“像我这样的人能不能统一天下呢？”

孟子说：“能！我听说，有一次新钟铸成，准备杀牛祭钟，您看见好好一头牛无罪而被杀，感到不忍，是不是有这回事？”

齐宣王说：“是有这么回事。”

孟子说：“凭您这种好心，就可以行王道，施仁政，统一天下。问题不在于您能不能，而在于您干不干罢了！比方有人说：‘吾力足以举百钧，而不足以举一羽（我的力气能举重3000斤，但举不起一根羽毛）；明足以察秋毫之末，而不见舆薪（眼光能看清秋天鸟兽的毫毛那样细微的东西，而看不见满车的木柴）’。您相信他这种话吗？”

齐宣王说：“当然不相信！”

孟子说：“是呀！可如今您的好心能用来对待动物，却不能用来爱护百姓，这也同样难以叫人相信。看来，一根羽毛之所以举不起，是不肯举的缘故；一车木柴之所以看不见，是没有看的缘故；百姓之所以得不到安居乐业，是您根本不去关心的缘故；显然这都是干不干的问题，而不是能不能的问题。您能不能行王道、统一天下，问题也是如此：是不为也，非不能也！”

歧路亡羊

【释义】在岔路上寻找走失的羊，是找不到的。比喻事件错综复杂，由于没有方向，因而达不到目的。

【出处】战国·列御寇《列子·说符》。

战国时期，有位著名的思想家，名叫杨朱。有一天，杨朱的邻居跑丢了一只羊，于是全家出动寻找，又来请杨朱的童仆帮助去追寻。杨朱问道：“为什么需要这么多人去找？”

邻居说：“村外的岔路太多了，所以人去少了不行。”于是杨朱就让童仆和邻居一起去找羊。

过了半天，找羊的人陆续都回来了。杨朱问邻居：“羊找到了吧？”

邻居垂头丧气地说：“没有找到。”

杨朱又问：“怎么会找不着呢？”

邻居答道：“岔路太多了，岔路之中又有岔路，谁知道羊跑到哪条路上去了？所以找不着了。”

杨朱沉思好久，整天没有笑容，学生见他这样，不解地问：“只是丢了一只羊，况且羊又不是老师的，您为什么这样闷闷不乐呢？”

杨朱回答说：“我并不是为了一只羊，而是由这件事联想到我们学习和研究学问的事。如果我们在学习方面，东抓一把，西抓一把，不能专心一志，也会像在岔路上找羊一样，结果一无所获。”

虎踞龙盘

【释义】南京西面的石头城像猛虎似地蹲着，东面的钟山像龙盘曲似的伏着。形容地势险要。

【出处】宋·郭颐《六朝事迹编类》。

南京，古称金陵，又称建业和建康，是六朝的国都。所谓“六朝”，就是三国时的吴、东晋和南朝的宋、齐、梁、陈前后六个朝代。

钟阜，即钟山，又名紫金山，在今南京市东郊。石城，又名石头，或石头城，金陵和石城，事实上已合为一个南京城了。因此，南京除有金陵、建业等古称以外，还有一个别名，叫石头城。

金陵东边是冈峦绵延的钟山，像一条巨龙似的盘伏着；西边是巍然屹立的石城，像一只猛虎似的踞坐着。这就是所谓“龙蟠虎踞”或“虎踞龙蟠”。虽然只有简单的四字，却把南京的雄伟地势形象地表现了出来。

为什么要用龙和虎来做比喻呢？除了形象的原因而外，还有所谓“左青龙、右白虎”这个形容好地势的传统说法，所以把东边的钟山比作龙，把西边的石城比作虎。

图谋不轨

【释义】不轨：越出常轨。形容暗中策划不法活动。

【出处】晋·陈寿《三国志·吴书·虞翻传》。

吴主孙权死后，年仅 10 岁的幼子孙亮继位，大将军诸葛恪、会稽太守滕胤共同辅政，偏将军孙綝密谋害死滕胤、朱异等朝廷重臣，升任为侍中武卫将军（掌管内外一切军务），势力逐渐增强，利用权势，胡作非为，引起朝廷上下一致怨恨。

孙亮长大后，亲自过问政事。因为孙綝专横放纵，孙亮决定除掉他，就与公主鲁班、太常全尚、将军刘承商议，要诛杀孙綝，不料走漏了消息。孙綝得知后，连夜带兵包围了皇宫擒拿全尚，又派孙恩在苍龙门外杀死刘承，并把孙亮废为会稽王，迎立琅邪王孙休为皇帝。孙楷携带文书前去迎接孙休。

孙休还没有到建业，孙綝就想进入宫室，图谋不轨，召集群臣议论，大臣们不敢说什么，只是唯唯诺诺，只有虞翻的儿子虞汜对他说："现在迎接琅邪王的队伍还没有到，你就想进入宫内，这样的话，恐怕会谣言四起，老百姓就会迷惑不解，这不是忠孝之道啊。"孙綝听了很不高兴，但终究不敢造次，带领兵士千人亲自去迎接孙休。

孙休登帝位后，孙綝升为丞相，孙据、孙恩等也都封侯，一门五侯，大权在握，然而孙休坐稳江山后，便设法来对付孙綝一家。

图穷匕见

【释义】事情发展到最后，露出了真相或本意。

【出处】汉·刘向《战国策·燕策三》。

公元前227年，荆轲带着地图作为礼物去见秦王嬴政，秦王嬴政接见了他。荆轲当着他的面，打开地图，于是裹在地图中的短剑就露出来了。荆轲一手抓住秦王的衣袖，一手举短剑便刺。但是他没有刺中，秦王慌忙拔剑，一时又拔不出来，吓得他绕着柱子逃跑。荆轲紧紧追赶，朝廷上的大臣们慌了手脚，他们手中都没有兵器。卫兵又全在殿下，没有命令不得上来。这时秦王的侍医夏无且，急挥药袋抽打荆轲，这才使秦王得以拔出剑来刺断荆轲的左腿，荆轲向他抛出短剑，没有击中，结果被秦始皇擒住，杀死。

《战国策·燕策三》中记载说："轲即取图奉之，发图，图穷而匕首见。""图穷匕见"这一成语就是从这里来的。

金石为开

【释义】金石：金属和石头。为：被。最坚硬的东西都被打开了，形容真诚足以打动人心。也比喻意志坚定，能克服一切困难。

【出处】汉·刘向《新序·杂事四》。

周朝时，有个楚国人名叫熊渠子，自小喜爱射箭。刚开始练射箭的时候，他的力气很小，稍微强硬些的弓就拉不动。熊渠子坚持每天练习臂力，渐渐地练出了力气，再拉弓射箭时，箭飞出去不再是轻飘飘的，但是，还是不能准确地射中目标。于是，他又坚持不懈地练眼力。经过刻苦的训练，他的箭法已经十分熟练，每射十箭总有七八箭射中目标，可是他觉得自己的功夫还不高明，又无法提高，十分烦恼。

有人对他说："你现在是靠技巧射箭，还不算高明，应该靠心去射每一支箭，那才是真功夫。"

熊渠子听了，反复揣摩这句话，更加刻苦地练习。

一天夜里，熊渠子独自一人在山路上行走，猛然看见前面不远处伏着一只老虎，熊渠子大吃一惊，随即镇静下来，心想这正好是我试箭法的好机会。于是他迅速取弓搭箭，对准老虎，拉满弓一箭射去。"嗖"一声之后，全无一点动静。熊渠子心想：我这一箭射去不但一定射中它，而且必然把它射死。谁知老虎竟然一动也不动。

他不免怀疑起来，放大胆子大步走过去一看，不由哑然失笑，原来是一块大石头卧在路上。再仔细看去，那支箭竟然射进坚硬的石头里去了，连箭翎都深深插在石头里。

这件事很快传扬开去，人人都夸他箭术高明，以前勉励过他的那个人说，这不仅因为熊渠子力气大、箭法好，更因为他集中精力，以必胜的信心去迎战对方，所以，金石也被打开了。

金城汤池

【释义】用金属浇成的城墙，像沸水一样的护城河。形容城池坚固。

【出处】汉·班固《汉书·蒯通传》。

蒯通是秦末范阳（今河北易县附近）人。他是个很有口才的辩士。那时，起义反秦的农民领袖陈胜，有个部将，名叫武臣，攻克了原来赵国大部分地区，已经逼近范阳。蒯通就去见范阳令徐公，对他说："我是本县的老百姓蒯通，因为怜悯你死在眼前了，所以特来吊你的丧；不过，你遇到了我，就可以免死了，所以我又应该贺你的喜。"

徐公想：这人说话蹊跷，一定有道理。便向他作揖请教："你为什么说我就要死了呢？"

蒯通说："你当县官有十多年了，杀了多少父亲的儿子，害了多少儿子的父亲……其实，人们要还报你一刀并不难，他们只是害怕秦朝的刑法罢了。现在，天下大乱，什么刑法都已经失去作用了，你马上就要挨刀了。"

"那么，你为什么又说我可以免死了呢？"

蒯通接着说："武臣听说我有点小名气，派人来找我，说要听听我的意见。现在我正想去见他，并且准备对他说：'范阳这座城池本来可以坚守，但是那位县令怕死，早已准备向你投降了。他首先投降，你将怎样处置他呢？要是杀了他，那时，其他各城镇的官吏，将要互相传告说：范阳令投降仍然不免一死，还不如坚守！于是，各处都成了金城汤池，很难攻下了。我为你打算，最好趁早用优厚的待遇把范阳令迎接过来，然后叫他带着文告，到燕、赵各地去走一遭，这样，各城镇必然纷纷投降，顺利而且迅速。'我的这一番话，估计武臣一定会同意，所以我说你可以免死了。"

徐公听了，非常高兴，当即备了车马，让蒯通立刻去见武臣。武臣果然采纳了蒯通的建议。这样，不但徐公免了死，燕、赵各地还有 30 多个城镇主动宣告响应起义。

舍身取义

【释义】身：生命。取：求取。舍弃生命以求得正义。

【出处】战国·孟轲《孟子·告子上》。

春秋时代，晋国的义士豫让，曾受到智伯的重用。智伯后来被三晋打败身亡，因赵襄子是杀智伯的主谋，所以豫让要杀赵襄子替智伯报仇。他扮成一个残疾人，走到襄子的厕所去，假装成粉饰墙壁的人，想伺机刺死襄子。襄子去小便，知道有人要刺杀他，便叫人捉住粉饰墙壁的人，一问才知道他是替智伯报仇，但感念他是义士，所以把他释放了。

后来豫让又用漆涂在身上，剃去胡须和眉毛，毁了容貌，扮作一个乞丐，连他的妻子也认不出来，但说话的声音还没有改变，于是他又吞炭改了声音。一天，他预先躲在赵襄子必经的桥下，赵襄子将要走到桥上时，忽然他的坐骑惊叫起来，赵襄子知道一定又是豫让来行刺了，叫人搜查，果然不错。赵襄子叹道："豫让，你替知己报仇，人家都已知道你的义举了，这次我不再释放你，成全你吧，请你自己了断吧！"豫让也被襄子的话所感动，请求襄子把袍子脱下来，他在襄子的袍子上刺了三刀，然后自杀。

孟子说过："生，是我所喜欢的，义，也是我所喜欢的，二者没有办法同时得到时，我宁愿不要生命而去争取义（生亦我所欲也，义亦我所欲也，二者不可得兼，舍生而取义者也）。"

贪生怕死

【释义】贪：贪恋。贪恋生存，惧怕死亡。多指面临危及生命的关头，只求能够活命而不顾道义。

【出处】汉·班固《汉书·文三王传》。

汉哀帝在位时有一个皇亲名叫刘立，性格残暴，经常殴打别人，轻则致残，重则致死。当朝丞相和御史多次向皇帝奏请，要求对刘立严加管束，以息民愤。经汉哀帝批准，朝廷对刘立采取了特殊的限制措施：收缴了他的坐骑和兵器；没有重大的公务活动时，不许他随意出宫。可是没过多久，刘立就恶习复发，私自出宫，接连打伤数人。汉哀帝接报后，下令将刘立的爵位降为千户，后又降为五百户，作为对他的惩戒。

刘立依然劣性不改，几年后，因为一件公事与睢阳县丞结下私怨，竟然唆使家奴去刺杀了县丞，然后又亲手杀了家奴灭口。事情败露后，被处以死刑，汉哀帝觉得于心不忍，犹豫再三，最后只将他的封地削去了五个县，便了结了此案。

由于得到皇帝的一再袒护，刘立更加有恃无恐，仅仅一年后，他又无端杀害了中郎曹将。由于他屡赦屡犯，民愤太大，汉哀帝只得下令逮捕他。大臣们以为哀帝这次一定要痛下决心杀掉刘立了，便对他严加审讯，刘立害怕了，在狱中佯装有病，企图拖过冬季，等到来年大赦。他对审讯他的官员说："我罪当该死，但又贪生怕死，希望等待来年春天给我减罪，从轻发落。"后来，汉哀帝果然又赦免了他，连爵位都未削去。

贪得无厌

【释义】厌：满足。形容贪求多得，永无满足。

【出处】汉·司马迁《史记·赵世家》。

春秋时期，晋国的贵族智伯是个野心勃勃的人，不断想扩展自己的土地。他联合赵、韩、魏三氏的贵族，去攻打范氏、中行氏，把范氏、中行氏灭掉，侵占了范氏、中行氏的领土。几年后，又派人去向韩氏要求割地，韩氏惧怕他，便给了他一块有一万户人家的地方。智伯又派人向魏氏要求割地，魏氏本想不给，但怕他起兵攻打，只好也和韩氏一样给了他一块土地。智伯的贪欲更大，又派人到赵氏领地去，要求割让蔡皋狼（今山西离石）的地方。赵襄子不给他，智伯便暗中结合韩、魏两氏去征伐赵氏。赵襄子采纳了张孟谈的计策，迁到晋阳（今山西太原）去住，准备充足的粮食和兵器去抵抗智伯。智伯把晋阳围攻了三年，始终没有办法攻打下来。这时，赵襄子的粮食快要完了，着急起来，于是又叫张孟谈去游说韩、魏两氏，叫他们联合赵氏，反戈攻打智伯，韩、魏答应了。赵氏乘夜出兵，韩、魏两氏也响应，结果把智伯击败，杀死智伯，最后智伯弄得身死地分，那时天下的人莫不讥笑他这是“贪得无厌”的报应。

受宠若惊

【释义】宠：宠爱。惊：震动。突然被宠，喜极而惊。

【出处】宋·苏轼《谢中书舍人启》。

《唐书·卢承庆传》载有这么一则故事：

卢承庆，字子余，唐初幽州涿县（今河北涿州）人，在唐太宗时期，曾任考功员外郎的官职。所谓“考功”，是专管官吏考绩评功的，属于吏部。据说，卢承庆对于他的考功工作非常公正、负责。

当时有一个负责运粮的官员，由于粮船沉没的事故，曾经受过处罚。卢承庆给他考绩的时候，把他评了个“中下”，并且通知他本人，那人没有意见，也没有任何疑惧的表情，于是就这么定了。卢承庆继而一想：“粮船沉没，不是他个人的责任，也不是他个人的力量所能挽救的，评为‘中下’恐怕不合适。”考虑之后，决定改评为“中中”，并且再通知他本人。那人也没有意见，既不说一句虚伪客套的话，又没有什么激动的神色。卢承庆见他这样，赞叹道：“好，宠辱不惊，难得难得！”随即又把他改列为“中上”。

被宠不骄，被辱也不急，叫作“宠辱不惊”；反之，就叫作“宠辱若惊”。形容骤然被宠，喜极而惊，因此就叫作“被宠若惊”。苏轼《谢中书舍人启》有“省躬无有，被宠若惊”一语。后来一般都说作“受宠若惊”，形容得到表扬、称赞、赏识而感到又高兴又不安。

所向无敌

【释义】军威极壮，锐不可当。形容无往而不胜。

【出处】晋·陈寿《三国志·吴书·周瑜传》。

东汉末年，曹操将汉献帝挟持到许都，让汉献帝封他做了丞相。

从此，曹操挟天子以令诸侯，实力不断壮大，先后削平了吕布、袁术等割据势力。

这时，东吴的孙权继承了父亲孙坚、兄长孙策的事业，据有江东之地，实力也不弱。曹操知道自己缺少水军，而孙权又据有长江之险，暂时无力征伐，就一方面给孙权封官；一方面又威胁孙权把儿子送到许都当人质，以示臣服。

孙权一时不知该怎么决定。孙权的母亲吴国太知道后，说：“你兄长曾有遗言：内事不决问张昭，外事不决问周瑜，你何不将周瑜召来询问？”

孙权于是召周瑜进京。周瑜坚决反对向曹操送人质，并力劝孙权不要屈服于曹操，说：“现在大王继承了父兄开创的伟业，应该实现他们的遗愿。我们据有江东六郡之地，资源丰富，土地肥沃，物产富饶，兵精力足，人心安定，只要我们充分利用这些条件，励精图治，奋发图强，那么我们就所向无敌，如果把人质送给曹操，那就等于向曹操称臣，今后就只能听从他的摆布和要挟了。”

孙权听了周瑜的分析后，拒绝了曹操的无理要求。

狐疑不决

【释义】狐狸多疑，称狐疑。形容疑虑过多，做事不易成功。

【出处】汉·班固《汉书·文帝纪》。

盟津、河津，都是黄河边的渡口。盟津，即孟津，在河南孟县之南，也名河阳渡；河津，在山西河津县之西，龙门之南。这两处，河面都比长江狭，比淮河、济水阔。冬天河水结成冰，有几丈厚，车马可以在冰上渡过。不过，冰刚结的时候，人们不敢渡，便让狐狸先走一走看，狐狸性多疑，又善于听，它在冰上走，总是边走边听，听听冰下没有水声，才肯走过去，只要狐狸敢从冰上走到对岸去，车马也就可以放心从冰上渡过去了。——据说这是古人试测河冰坚厚程度的一种巧妙办法。

狐狸多疑，是比较广泛的说法，所以，形容疑虑过多、缺乏决断，就叫“狐疑不决”。

狐假虎威

【释义】狐狸借着老虎的威势来吓唬百兽，形容仗着别人的权势作威作福。

【出处】汉·刘向《战国策·楚策一》。

战国时期，楚国有一位很能干的大臣，名叫昭奚恤。楚宣王有一次召集大臣们开会议事，他问大臣们说：“我听说北边的邻国都很惧怕昭奚恤，果真有这样的事情吗？”

这时，有位叫江一的大臣，平时就怨恨昭奚恤，乘机向楚宣王说：“大王，哪有这种事情呢？邻国并不惧怕昭奚恤，而是惧怕您呀！”接着他讲了一则故事：

有只老虎在森林中遇到一只狐狸，狐狸见逃跑已经来不及了，便故作镇静地对老虎说：“我是天帝派到森林里来做兽王的，你敢吃我?!”老虎看到狐狸又瘦又小，有些不相信。狐狸害怕老虎不相信自己的话，就急忙说：“你如果不相信，那么，你就跟我到林子里去走一趟，看看那些野兽见了我害怕不害怕！”老虎同意了。狐狸大模大样地走在前面，老虎紧跟在后。森林中的野兽看见老虎来了，都吓得拼命逃跑。老虎不知道野兽们害怕的是自己，还以为它们真是害怕狐狸呢！

江一讲完故事后又说：“大王，您现在占有5000多里的地盘，又有百万雄兵，这些交给昭奚恤管辖，所以北边邻国都怕他，其实是害怕您的兵马，就像林中百兽害怕老虎一样呀！”

“原来是这样！”楚宣王同意了江一的看法。

知彼知己

【释义】形容了解对方又了解自己。

【出处】战国·孙武《孙子·谋攻篇》。

孙武是春秋时期著名的军事家，被吴王阖闾任为大将。以后，孙武率领吴军攻破楚国，征服了北方的大国齐国和晋国，从而使吴国成为当时最强盛的国家，称霸诸侯。

孙武的军事著作《兵法》被后世称为《孙子》或《孙子兵法》，全书共十三篇。历代将领都把它看作军事著作的典范，其中有些论述至今仍有现实意义。

他在《谋攻篇》中说："知彼知己，百战不殆。不知彼而知己，一胜一负。不知彼不知己，每战必败。"

这段话的大意是：了解对方同时又了解自己，战斗百次都不会失败；如果不了解敌人，而只了解自己，那么胜负的可能各占一半；如果既不了解对方，又不了解自己，那么打起仗来每一仗都得失败。

欣欣向荣

【释义】欣欣：草木繁盛的样子。荣：繁荣兴旺。比喻蓬勃发展的景象。

【出处】晋·陶渊明《归去来辞》。

陶渊明曾任江州祭酒、镇军参军、彭泽县令等职。405年，他因为不愿与混浊的社会同流合污，蔑视和厌恶官场生活，便辞去彭泽令，归隐农村。初归家乡时，陶渊明写了一篇《归去来辞》，倾述了他初到家时的愉快心情和隐居的乐趣。他热爱劳动人民，热爱美丽的田园风光，从心灵深处抒发了他对故乡的热爱。在这篇诗词中，有两句写道：

木欣欣以向荣，
泉涓涓而始流。

意思是说：春天到来了，草木生气蓬勃地繁育滋长，泉水不断地潺潺流淌。

后来，人们根据"木欣欣以向荣"的诗句概括出"欣欣向荣"一句成语。

贫贱之交

【释义】指贫困微贱时结交的朋友。

【出处】南朝·宋·范晔《后汉书·宋弘传》。

宋弘是东汉人，被封为宣平侯。但家无资产，以廉洁著称，深得刘秀的赏识。

一次，光武帝刘秀召见他，闲聊时刘秀不时回头看屏风，原来那屏风上面画着许多千娇百媚的美女。宋弘就严肃地说："我还没有见过你喜欢崇高的德行像喜欢女色的样子。"

刘秀马上叫人拿走屏风，笑着说："我听到正确的意见就改正，可以吗？"

刘秀的姐姐湖阳公主的丈夫死了，刘秀很想让她在朝官中物色个人再嫁，就与她一起谈论谁合适。湖阳公主说："宋弘这个人很好，我看没有人能够比得上他。"

过了几天，刘秀把宋弘找来，试探地问："谚语说，地位高了就会朋友多，金钱多了就会对妻子喜新厌旧，这是人之常情吧？"

宋弘回答说："我听说贫困时所交结的知心朋友不可以忘记，共过患难的妻子不可以抛弃。"（原文是"臣闻贫贱之交不可忘，糟糠之妻不下堂"。）

宋弘走了以后，刘秀对湖阳公主说："宋弘非常爱他的妻子，你另外找个人吧。""贫贱之知"后作"贫贱之交"。

侃侃而谈

【释义】说话不慌不忙，从容不迫。

【出处】春秋·孔丘弟子《论语·乡党》。

在周朝的等级制度中，大夫分为两等，最高一级称为卿，即上大夫，其余称为下大夫。

孔丘在当时的地位仅相当于下大夫。

孔子大力宣传“仁”的学说，并提出“仁”的执行要以“礼”为规范，极力维护贵族等级秩序，所以他是一举一动、一言一行都力求合乎周礼的人。在家乡、朝廷上和上大夫、下大夫说话，他都有不同的举止和言语。

平时，在家乡与乡亲们谈话，他显得温和恭顺，好像不善辞令的样子；但在祭礼和朝见的场合，他却十分善言，只是比较谨慎罢了。在朝廷上，当国君不在场时，与下大夫说话，他言谈毫无顾忌，侃侃而谈，显得从容不迫，但和上大夫说话，他和颜悦色，十分谦恭；如果国君临朝，在国君面前，他一切都按朝仪去做，小心谨慎，唯恐有不妥之处。

彼众我寡

【释义】指敌我双方力量不均等。

【出处】战国·韩非《韩非子·难一》。

春秋时，楚国纠合一批小诸侯国进攻宋国。宋国向晋文公告急求救。

晋文公向舅父狐偃请教说：“为救宋国，我将对楚国开战，但彼众我寡，怎么办？”

狐偃说：“礼节之间以忠信为根本，战阵之间以诈伪为上策，对付楚国，必须行诈术。”

晋文公又单独召见雍季，问道：“打败强楚，有人劝我行诈术，你看行不行？”

雍季说：“烧毁整个林子来捕猎，收获虽多，但以后就没有野兽可捕了；教士兵用诈术取胜，即使得胜，但以后国内就没有老实人了。”

晋文公经过一番思考后，还是任命狐偃为上军统帅，出师援宋。

狐偃定计说：“我军不必跟楚军争锋，先行攻击楚方曹和卫，曹、卫力弱不能自保，楚王一定率师北上援救，这样，宋国之围必解无疑。”

楚王果然中计，楚将子玉率领联军要跟晋人决战，晋军故意退却90里，然后在城濮和楚军会战。晋军选择楚军薄弱环节，首先击溃由陈、蔡军队组成的楚军右翼。同时晋军主力伪装退却，诱使楚军左翼追击，然后宋军、晋军前后夹击，取得城濮之战的彻底胜利。

晋文公论功行赏，先给雍季敬酒，然后才轮到狐偃。

众将对此感到不解。文公说：“诸位有所不知，舅父的布置是一时权宜之计，雍季的主张却有万世之利。权宜之计很重要，万世之利更宝贵。”

物以类聚

【释义】类：同类。同类的东西经常聚集在一起。现多比喻坏人臭味相投。

【出处】汉·刘向《战国策·齐策三》。

战国时期，齐宣王想招纳贤才，叫大臣们推荐自己所知道的名士。著名学者淳于髡在一天之内就推荐了7人。齐宣王认为大夫淳于髡不负责任，说：“我听说贤士是很难得到的，如果在千里以内能发现一个，就可以算得上遍地皆是了。如果在100年里产生一个，就可以算得上是源源不绝了。如今你一天之内就发现了7个，是不是多了些？”

淳于髡答道：“您说得不太对。世上有生命的东西总是按照类别或聚或分的。鸟喜欢和鸟宿于一起，兽喜欢和兽结伴。人们若想到沼泽中去寻找柴胡、桔梗这类药材，只怕这辈子、下辈子也找不出一根。但如果到睪黍山、梁父山的背面去找，那就多得要用车子才能载得回来了。什么道理呢？就是物以类聚呀！您如果承认我是贤士，那么和我关系密切的人如果不是贤士，我会和他们交往吗？您到我这儿来找贤士，别说是7个，就是再多些，我也能推荐得出！”

一席话，说得齐宣王哑口无言了。

《战国策·齐策三》中，淳于髡对齐宣王说的原文有这么几句：“夫鸟同翼者而聚居，兽同足者而俱行……夫物各有畴，今髡贤者之畴也。”畴：类的意思。后人根据此事，概括出“物以类聚”的成语。

物极必反

【释义】指人、事正反相变的现象。事物到了极端会向反面的方向发展。

【出处】佚名《鹖冠子·环流》。

《鹖冠子·环流》一文中有“物极则反，命曰环流”之句，下面的故事也有类似的话。

唐朝时候，武则天为太宗的才人，太宗死后，高宗就位，选则天为皇后。高宗死后，中宗年幼，她自己临朝听政。后来太子中宗已经懂事，可以处理国家大事了，但武后总不肯放权。

当时大臣苏安恒上了一篇奏疏，谏劝武后，其中有一段说：“太子现在年纪已大，也懂事了，才德也不错，您还贪恋皇帝的宝座，而忘记了母子的情分，上天的意思和百姓们的心里都是倾向李氏的。您现在虽然还平安地坐在皇位上，总要知道物极必反、器满则盈呀！我不惜冒生命的危险向您劝谏，也不过是为着唐朝的天下着想。”

武则天当然不会听他的劝谏。后来果然“物极必反”，她在老年时还帝位于李氏。

炙鸡絮酒

【释义】用棉絮将烤熟的鸡包好去吊祭朋友。指吊唁亡友。

【出处】南朝·宋·范晔《后汉书·徐稚传》。

东汉的时候，有一位学者，名叫徐稚。他为人正直，道德高尚，并且他的学问也很出众。但他为人淡泊高远，不喜做官，几次婉言谢绝别人的引荐。然而，徐稚十分看重朋友情谊。

一天，他的一位朋友不幸病故了，徐稚非常悲痛，想起往日的情深意长，他决定去死者墓前吊丧。他在集市上买了一只鸡，回到家里先把鸡烤熟了，再将棉絮浸在酒中，半小时左右把棉絮取出，然后用它将烤熟了的鸡包裹好，随后就来到他朋友的墓地。看着荒凉的墓地，想到朋友将孤零零躺在地下，徐稚一阵心酸。他默默地把浸过酒的棉絮泡在水中，使水有酒味，然后将鸡放在他朋友的坟前来祭吊。

此后，他常常这样祭奠他死去的朋友，以表哀思。

垂帘听政

【释义】指太后或皇后临朝管理国家大事。用垂下的帘子隔开朝堂，听取官员的意见。

【出处】后晋·刘昫等《旧唐书·高宗纪下》。

唐高宗李治体弱多病，经常不能

武则天像

上朝理事，时间一长，奏章堆积如山，国事一团乱麻。

皇后武则天机敏过人，办事果决，她觉得国事不能没人处理，于是亲自批阅奏章，朝廷内外，事无巨细，都由她做出决断。

当时有一个曾担任过弘文馆学士、西台侍郎等职的上官仪，一向受到武则天的憎恶，麟德年间又被人告发与早已被废黜的太子忠通谋。武则天发现告发上官仪的奏章后，毫不手软，立即降诏将上官仪打入天牢，籍没了他的全部家产，并最终将他折磨致死。

上官仪之死，为武则天临朝听政扫清了最后一个障碍。此后，唐高宗每次上朝，武则天总是在御座后垂挂的帘子内端坐着，朝中大小事务她都参与处理。

朝廷内外都把武则天和唐高宗并称为“二圣”。

鱼目混珠

【释义】拿鱼眼睛当珍珠，以假货冒充真品。

【出处】汉·魏伯阳《参同契·卷上》。

传说从前有个名叫满愿的人，买了一颗珍珠。这颗珍珠又大又圆，光彩耀眼，惹人喜爱。满愿把它精心地收藏起来。满愿的邻居寿量，一次拾到一个鱼眼珠，自以为是颗珍珠，于是也精心收藏起来。

后来，有人生了病，需要用珍珠配药才能医治，于是用很高的价钱到处收买珍珠。满愿知道后，就把自己珍藏的珍珠拿了出来。寿量也把自己珍藏的鱼眼拿了出来。满愿的珍珠，闪闪发光，耀眼夺目；寿量的鱼眼珠，虽然也很大很圆，却暗淡无光。两个放在一起，立刻就能辨出真假。寿量的做法，可谓是“鱼目混珠”。

《参同契》记载这个故事后说：“鱼目岂为珠，蓬蒿不成槚。”（蓬蒿：野草；槚：茶树的古称。蓬蒿不成槚的意思是说，野草不能冒充茶树）。

夜以继日

【释义】不论白天黑夜，连续干一件事。

【出处】战国·孟轲《孟子·离娄下》。

周公旦是西周初杰出的政治家。他在哥哥姬发领导的攻伐殷商的事业中起了很大的作用。担起辅佐朝政的重任后，他忠于职守，为巩固周王朝的统治呕心沥血。

周武王死后，由周公旦辅助成王执政。有些贵族猜忌他，在成王面前造谣，说他有篡位的野心，有的兄弟还和纣王的儿子武庚勾结起来，发动武装叛乱。此外，东方的夷族也乘机作乱。但周公坚韧不拔，遵照武王的遗志办事，他消除了成王的误解，击败了武庚的叛乱和夷族的反抗，制定了礼法和刑律，继续分封诸侯，并建筑洛邑（今河南洛阳），设立了东都成周。

由于为国操劳过度，周公在东都建立后不久就去世了。临死前，他还谆谆告诫大臣们，一定要帮助天子管好中原的事；自己死后要葬在成周，以表示虽死不忘王命。

孟子赞扬他说：“周公想兼学夏、商、周三代开国君主的贤德，来把周朝治理好，如果有不适合于当时情况的，他就抬起头来想，夜以继日地想，等想出了好的办法，便坐着等待天明，马上去实行。”

夜郎自大

【释义】夜郎，古代一个小国名，它的君主自以为它是个大国。比喻闭关自守，孤陋寡闻，妄自尊大。

【出处】汉·班固《汉书·西南夷列传》。

为了寻找一条通往古印度的道路，王然于、柏始昌、吕越人等十几批人马从蜀郡出发，抄小路前往西南夷，经过4年多的时间，他们到达了昆明。滇王热情款待了这批汉朝的使者。

一天，滇王安排了丰盛的酒宴，叫来大臣仆从候立两旁，自己威风凛凛地坐在当中，大声向使者们介绍滇国的气候地形、物产人口、风土人情，越说越得意，最后手指四方，振振有词道：“我大滇国头顶青天，土地辽阔，人口众多，物产丰饶；四周群山环绕，境外只零星散布着几个小小的蛮邦。你们汉国的使者，可在这里多住几天，四处走走，也开开眼界、长长见识。”说完，拖长声调，又问道：“你们说，汉国与我国相比，哪个大呢？”使者们个个不屑回答，只微微笑着。

后来，使者们途经小小的夜郎国，也顺便拜见夜郎侯。走进宫殿，只见夜郎侯也高高在上，端坐在一张装饰着各种珠宝美石的椅子上，睁眼斜视使者们，轻举右手示意他们坐下，就怪声怪调地问：“你们从边远的地方来，可知道夜郎国是世界的中心吗？看到这里辽阔的土地、繁华的景象，有什么感受呢？你们说说看汉国与我邦相比，哪个大呢？”夜郎侯扬扬得意地提出一连串的问题，却惹得使者们暗笑不已。

变名易姓

【释义】由于某种原因而改换姓名。

【出处】汉·司马迁《史记·货殖列传》。

春秋时，吴越交战，夫椒一战，越军大败，越王勾践收集残兵，退守会稽山。

范蠡献计，派大夫文种为使者，

范蠡像

范蠡，字少伯，春秋末楚国宛（今河南南阳）人。他助越王勾践灭吴之后，浮海到齐，称鸱夷子皮。到陶（今山东定陶）改称陶朱公，成为巨富。

带了大批财宝美女，贿赂吴国太宰伯嚭，让夫差同意越国称臣，吴国退兵。

越王要雪会稽之耻，范蠡将自己的老师计然推荐给勾践。计然说："强兵先得富国，富国先要明白财货之利。天旱买车的人多，涝灾时买船的人多。旱灾之后，第二年往往涝灾相继，所以生产、买卖不能一成不变。农民种粮，商人流通粮食，要是米粮价格太贱，农民就受害了；要是米粮价格太贵，商人就无利可图。农民受害，粮食减产；商人受害，财富就减少。所以说，米粮货物，不太贵，也不太贱，时有升降，生意做活，国家就会富强。物资丰富，货币流通，知道哪些货物充足，哪些货物匮乏，就明白价格该如何确定。贵到上限极点时，价格自然下降；贱到下限极点时，价格自然上涨。货物价扬，要舍得抛售；货物价贱，要大胆购进。货币财物只有像流水一样不壅滞，才能生出十倍百倍的利来。"

勾践让范蠡、文种按计然的办法行事，10 年之后，越国富甲江南，打败吴军，北上跟齐晋较量，成为春秋五霸之一。

范蠡对文种说："大王为人不宽厚，只能助他成功，不能跟他共享富贵，我们功成身退也罢。"文种未能下决心离开朝廷，后来被勾践逼得自杀了。

范蠡长叹道："计然老师富国之策有七项，越国应用其中五项，就称霸于世。现在我打算用它来经商富家。"

范蠡乘船驶向太湖，变名易姓。后来在齐国做生意，称为鸱夷子皮，回到南方，称为陶朱公。19 年之中，三次获利千金，他全都分给贫穷的亲友。年老力衰以后，子孙继续经商，家业巨万，富甲王侯。

视死如归

【释义】把死看作回家一样，比喻为了正义事业不惜献出生命。

【出处】战国·吕不韦《吕氏春秋·勿躬》。

春秋初期，一天，齐桓公召见了鲍叔牙推荐的管仲，询问他治理朝政、建立霸业的方针大略。

管仲答复齐桓公说："开垦大量的土地，扩大城镇的规模，发展生产，利用土地尽可能多地创造财富，我不如宁越，请派他去做管理经济的官；能审时度势，说话有分寸，举止得体，礼仪娴熟，我不如隰朋，请派他去管理外交；能不辞辛劳，不惜个人生命，不计较个人富贵名利，直言进谏，我不如东郭牙，请派他做主管监察的大臣；整肃军队，打仗英勇，战鼓一鸣，全军将士毫不畏惧，英勇作战，视死如归，我不如王子城父，请派他去做军队的统帅；断案英明，不杀无辜的人，我不如弦章，请派他去管理司法。大王如果想富国强兵，有这五个人足够了；但大王若想称霸天下的话，那么，还有我管仲在这里。"

齐桓公连连称赞管仲，当即任命他为宰相，并依照管仲的意见，分派了这五个人的官职，让他们接受管仲的统一领导。这五个人果然在自己的职位上干得很好。

在管仲的辅佐下，10 年以后，齐国强大起来，终于成了各诸侯国中的霸主。

空穴来风

【释义】穴：洞。有洞穴就会招来

风。形容消息和传说没有根据。

【出处】战国·宋玉《风赋》。

楚国人宋玉，是屈原的学生，他是当时著名的文学家。

有一次，他陪着楚顷襄王到兰台去游玩，到了台上，正好有一阵风徐徐地吹来，顷襄王披着衣襟，迎着凉风觉得很舒服，口里不觉说道："这阵风真凉快！这是我和老百姓们共有的呀！"

宋玉因为顷襄王淫乐无道，又听信了他弟弟令尹子兰和上官大夫靳尚的话，把宋玉的老师屈原放逐到汉北去，所以有意乘机加以讽刺，说："这风是您大王独有的，老百姓哪里可和您共有呢？"

顷襄王觉得风的吹拂应是不分贵贱贫富的，现在听宋玉说是他独有的，觉得很纳闷，就叫宋玉把道理说清楚。

宋玉说："我老师屈原曾说过，枳树弯曲了，就有鸟在上面做巢；空的洞穴中，会生出风来（枳句来巢，空穴来风）。"宋玉用讥刺的口吻，把风划分开来，他说："在高台上、皇宫里那些清静的地方，风当然是清凉的，所以是属于贵族的；老百姓所居住的是低洼的陋巷，即使有风吹来，都是夹杂着许多泥沙和秽臭，所以是属于老百姓的。"

空前绝后

【释义】形容超绝古今，独一无二。

【出处】佚名《宣和画谱》。

晋朝顾恺之的绘画才能闻名于世，他画人物，神态逼真，形象生动，与众不同的是，他画人物，从来不先点眼珠。有人问其原因，他说人物传神之处，正在这个地方。

顾恺之像

南北朝时的梁国，又出了一个叫张僧繇的大画家。他善画山水、人物、佛像，在当时名气很响。梁武帝建了很多寺庙佛塔，都命他作画。据说，有一次他在一个寺庙的墙上画了四条龙，却没有给龙点眼珠。他说："恐怕点了眼珠，这些龙会破壁飞去。"众人不信，坚持要他试一试，他便点了两条，龙果然破壁飞去。这一传说虽然夸张，却说明了他作画技艺是很高超的。

唐朝的画家吴道子，集绘画、书法之大成于一身。他的山水、佛像画闻名当时，且写得一手好字，有"书圣"之称。传说，他曾为唐玄宗画巨幅嘉陵江图，几百里山水竟在一天内画好了。他在景玄寺中画了地狱变相图，不画鬼怪而阴森逼人，相传看过这幅画后改过自新、弃恶从善的大有人在。

所以，后来有人评价这三个画家时，认为顾恺之的画成就超越前人，张僧繇的成就后人莫及，而吴道子则兼两人的长处。

从这些评论中引申出“空前绝后”的成语。

实事求是

【释义】如实反映情况，或按实际情况办事。

【出处】汉·班固《河间献王传》。

刘德是西汉时期汉景帝刘启的儿子，为栗姬所生，被封为河间（今河北河间一带）王。据传，刘德酷爱藏书，他从民间收集了很多先秦时期的著作。刘德对收集到的古书，能够认真研究和整理，很多学者都愿意和他一起研究学问，甚至皇帝和官府中的学者，对他的学识和治学态度都很佩服。

东汉史学家、文学家班固，在撰写《汉书》时，专门为刘德写了传记《河间献王传》，对刘德的研究精神做了高度的评价，文中说：“修学好古，实事求是。从民得善书，必为好写与之，留其真。”成语实事求是即由此而来。

废寝忘食

【释义】形容工作和学习专心努力，连饭都不吃，觉也不睡。

【出处】春秋·孔丘弟子《论语·述而》。

孔子年老时，开始周游列国。在他64岁那年，来到了楚国的叶邑（今河南叶县附近）。

叶县大夫沈诸梁热情接待了孔子。沈诸梁人称叶公，他只听说过孔子很有学识，教出了许多优秀的学生，对孔子本人并不十分了解，于是向孔子的学生子路打听孔子的为人。

子路虽然跟随孔子多年，但一时却不知怎么回答，就没有作声。

以后，孔子知道了这事，就对子路说：“你为什么不这样回答他：‘孔子的为人呀，努力学习，以至于废寝忘食；津津乐道于授业传道，而从不担忧受贫受苦；自强不息，甚至忘记了自己的年纪。’”

此话，显示出孔子由于有远大的理想而又不懈地努力实践，所以生活得非常充实。

学富五车

【释义】五车：指五车书。形容读书多，学识渊博。

【出处】战国·庄周《庄子·天下》。

惠施是庄子的好朋友，被称作惠子。他是宋国人，曾做过梁惠王的宰相。惠施认为，万物流变无常，因此，一个东西不可能有相当固定的时候。他说：“日方中方睨，物方生方死。”就是说，太阳刚正中就偏斜，万物刚出生就已死去。这是从时间长流的观点来看，惠施认为，无物不变，无时不动。他认为，任何东西的性质都是相对的，因此，事物之间也就没有绝对的区别。他说：“天和地卑，山和泽平。”就是说，天和地一样低，山和湖一样平。他用诡论的方式说明，天地万物是一体的。他提出了“大一”“小一”“大同异”“小同异”等观点，认为万物相同，也完全相异。

庄子评价他说：“惠施多方，其书五车。”肯定惠施的学术丰富、广博，涉及多方面，赞扬他的书很多，五车也装不下。但同时又指出惠施的思想“舛驳，其言也不中”，就是说他讲的道理很驳杂，言辞表达也不尽恰当。

放荡不羁

【释义】指一个人行动随便，不受拘束。

【出处】唐·房玄龄等《晋书·王长文传》。

晋代时，有一个叫王长文的人，年轻时就以才学而出名。但他性格孤僻，放荡不羁，从不把州府的征召放在眼里。

有一次，州里召他为别驾（刺史的佐吏）。他便穿了件极普通的衣服偷偷地出走了。后来，王长文闭门不出，也不与别人交往，一心写作。他模仿《周易》，写了四卷书，起名叫《通玄经》。当时的人都把这部书比作汉代扬雄著的《太玄经》。

晋武帝太康中叶，四川遭到了天灾，发生了大灾荒，官府开仓借粮。王长文因平时家境较贫困，所以借得很多，但无力偿还。郡里就把他送往州里，想惩罚他。

刺史徐干知道王长文的为人，就没有叫他还账。然而王长文连一声谢都没说，就扬长而去了。

放虎归山

【释义】放走敌人，后患无穷，就像把老虎放回山林一样危险。

【出处】明·冯梦龙、清·蔡元放《东周列国志》。

秦穆公三十三年，秦国三名大将孟明视、西乞术和白乙丙率领军队讨伐郑国，回师时，在崤山（今河南陕县东）被晋军军师先轸率军打败而俘虏。

晋襄公打算将孟明视等三人献于太庙，然后施刑，以表战功。

晋襄公的母亲文嬴听说娘家秦国的大将被俘，便对襄公说："秦晋两国世为婚姻，相交很厚，何不放他们回国，让秦国去处置他们？"襄公不听，文嬴继续劝说道："当年楚国的成得臣打了败仗，回去后被楚王杀了。秦国难道没有军法吗？再说我们的先君惠公也曾被秦国逮住过，秦国国君以礼相待，并把他放回来了。别人对我们这么有礼，我们为什么一定要杀掉这三个人呢？这岂不是显得我们太无情了吗？"

襄公听了母亲的话，终于把孟明视等三人放了。那时，先轸正在家里吃饭，听到这个消息，怒不可遏，他立即去见晋襄公。他怒冲冲地问襄公道："秦国的囚犯在哪里？"

襄公回答说："母亲请求放他们回国，让秦国去处置他们。我已遵照母命把他们放了。"

先轸听了，十分气愤，大声说道："我们辛辛苦苦才把他们捉住，你竟听妇人的只言片语而把他们放了，这叫放虎归山。将来，你后悔就迟了。"

听了先轸一番话，晋襄公马上派人去捉孟明视等三人，可人已走远，追不上了。

孟明视等三人被释放回国后，秦穆公并没有责备他们，仍旧叫他们掌握兵权。过了三年，孟明视等打败了晋国。秦国成了西方的霸主。

宠辱不惊

【释义】受宠和受辱都不动心，指人有很深的涵养，将得失置之度外。

【出处】宋·欧阳修、宋祁等《新唐书·卢承庆传》。

唐朝时，有一个人叫卢承庆，为人谦和，善于识人。

唐太宗十分赏识他，封他做兵部侍

郎，同时主管五品官员的选拔、考核。

卢承庆却上书推辞，说："选拔官员应该是尚书大臣管辖的范围，让我来管是超越本分了。"皇帝更觉得他忠诚可靠，自然没有同意。

有一次，卢承庆正在主持考核、选拔百官的时候，有一个接受考核的官员一不小心，从乘坐的漕舟内掉到了水里。经过好多人的努力，才把他拉上岸来，却早弄得头发散乱，衣衫尽湿，颇为狼狈。

卢承庆觉得此人冒冒失失，决定把他的考核等级定为中下。向他宣布考核结果的时候，这个人一点也不恼火，十分平静地说："如果不是我能力所能达到的，即使考一个中中，我也不会高兴。"

卢承庆觉得这个人能够那么平静，无论是得宠还是受辱都能镇定自如，实在是个心胸豁达能干大事的人，至于乘船落水，也许只是一时疏忽，不可苛求。于是称赞他说："你这个人宠辱不惊，堪称大器，考核得中上。"

沾沾自喜

【释义】 形容自以为很优越，扬扬得意。

【出处】 汉·司马迁《史记·魏其武安侯列传》。

一次，汉景帝之母窦太后的小儿子刘武来长安朝见，汉景帝刘启和窦太后请刘武及窦太后的堂侄窦婴一起喝酒。刘启当时尚未立太子，酒喝到高兴处，就对刘武说："将来我死了，一定把帝位传给你。"窦太后偏爱刘武，听了这话非常高兴。窦婴却说："汉朝的天下，是高祖皇帝打下来的，子承父业才合规矩，怎么可以擅自传给弟弟呢？"窦太后听后很不高兴，从此再不让窦婴进宫。窦婴便乘机托病辞职了。

154年，吴王刘濞勾结另外六个诸侯国发动叛乱，企图夺取刘启的帝位。刘启急忙召回窦婴，拜为大将军，要他平乱。暴乱平息后，窦婴的威望大大提高，朝廷每次议事，大臣们总是很尊重窦婴的意见，连窦太后也改变了对他的态度，只有汉景帝刘启始终不大信任他。

不久，窦婴担任了栗太子的老师。当汉景帝要废掉栗太子时，窦婴又多次劝阻，结果更引起了汉景帝对他的不满。当丞相刘舍因庸碌无能被免职时，窦太后几次提议让窦婴接任，但汉景帝都不同意。他说："窦婴这人，好沾沾自喜，办起事情来常常轻浮草率，不适合当丞相。"

汉武帝即位后，窦婴才当上了丞相。但是不久便被免职，后来又因罪被判处了死刑。

卷土重来

【释义】 卷土：卷起尘土，形容人马奔跑。比喻失败后力图恢复。

【出处】 唐·杜牧《题乌江亭》。

唐朝的著名诗人杜牧曾经写过一首题为《题乌江亭》的诗，诗中写道：

胜败兵家事不期，
包羞忍耻是男儿。
江东子弟多才俊，
卷土重来未可知。

诗中说的是楚霸王项羽的故事。秦朝灭亡以后，楚汉相争，项羽被刘邦打败，退到乌江。乌江的亭长早已为他准备好了渡船，劝他赶紧过江。可是项羽不肯上船，他将自己骑的千里马送给亭长，转身去与汉军决战，独自杀死汉军几百人，自己身上也负伤十几处，最后自刎而死。

杜牧游历到这里，看到乌江边上的亭子，想到项羽的死，还很为他惋惜：如果你当时跑到江东，也许会卷土重来呢！

北宋的王安石也写过一首《乌江亭》诗，说：

百战疲劳壮士哀，
中原一败势难回。
江东子弟今虽在，
肯为君王卷土来？

与杜牧相反，他认为项羽一败涂地，肯定不能卷土重来了。

乌江亭在今安徽和县东北苏皖界上的乌江镇。亭，是秦汉时期乡以下的行政单位。

怙恶不悛

【释义】怙：依靠，坚持。悛：悔过。坚持作恶，不思悔改。

【出处】春秋·左丘明《左传·隐公六年》。

春秋时代，卫国联合宋、陈等国进攻郑国。为了离间卫国的盟国陈国，郑国国君郑庄公派使者到陈国去要求和好，并结成联盟。

不料，陈桓公瞧不起郑庄公，不愿与郑国结盟。他的弟弟五父劝谏说：“对邻国亲近、仁爱和友善，是立国的根本。您应该考虑到这些，答应郑国的要求。”

但是，桓公听不进五父的话，反驳说：“宋国和卫国都是大国，它们才难以对付。郑国有什么作为，能把我们陈国怎么样！”

庄公得知桓公拒绝与自己结盟，勃然大怒，亲自率大军攻伐陈国。桓公仓促率军应战，结果大败。

后来，史学家对上面这段历史发表评论说：“友善不可丢失，罪恶不能滋长，这是针对陈桓公说的。一直做罪恶的事而不改过，最后一定会自食其果（善不可失，恶不可长，其陈桓公之谓乎。长恶不悛，从自及也）。”

“怙恶不悛”的成语，就是从上述评论中演化而来的。

姑息养奸

【释义】姑息：宽容。养奸：包庇坏人。指无原则地宽容，致使坏人更为放肆。

【出处】唐·柳宗元《三戒》。

从前，永州这个地方有一个好讲忌讳的人。因为他的生肖属鼠，就把老鼠看得像神仙一样。

他家里从来不养猫和狗，也不准别人捕捉老鼠。于是，附近的老鼠成群结队地来到他的家中。他家中的各种器具全被老鼠咬坏，家中的一日三餐，也是吃老鼠嘴边剩下的东西。白天，一群群老鼠在屋中东蹿西跑，见了人也丝毫不害怕；到了晚上，老鼠们更是互相斗殴，吱吱怪叫，弄得盆器倾侧，使人无法入睡。然而，这位属鼠的主人对老鼠情有独钟，丝毫不放在心上。后来，他搬走了，另外搬来一户人家。老鼠们以为新主人和旧主人一样，照旧活动。新主人看到这种情况，惊奇地说：“想不到前屋主姑息养奸，把这些丑类纵容到如此猖獗的地步。”

于是，他借来了几只猫，又让家

人堵洞灌水。几天之中，打死的老鼠堆得像小山丘一样。

姗姗来迟

【释义】姗姗：走路缓慢从容的样子。比喻来得很晚。

【出处】汉·班固《汉书·孝武李夫人传》。

汉武帝刘彻有个妃子，叫李夫人。不仅容貌美丽，而且擅长歌舞，所以武帝非常宠爱她。不幸的是她红颜薄命，年纪很轻就命归黄泉。武帝十分悲痛，时常思念她。

当时，有个名叫少翁的方士来到京城长安。此人自称有招魂的本领，能将死者的魂魄招来与亲人相见。武帝大喜，立即要他招李夫人的魂。

少翁取来李夫人生前穿过的衣服，并叫人腾出一间干净的房间。然后选定了一个晚上，点燃灯烛，挂起帷帐，请武帝在另一帷帐里坐等。他进入帷帐后，喷水念咒作起法来。闹了好长时间，武帝才隐隐约约地看到一个身材苗条的女子缓缓地走来，她好像是李夫人，在帷帐里端坐了一会儿，又慢慢地踱来踱去。

武帝越看越觉得她像李夫人，不觉看出了神。再转眼一看，里面已经没有人了。他心中又激起一阵悲痛，当即作了一首小词："是邪，非邪？立而望之，偏何姗姗其来迟？"

其大意是：究竟是你不是你？我只能站立着在远处看你。你为什么这么迟才缓缓而来？

始终不渝

【释义】渝：改变。指一个人的感情、态度、信仰始终没有改变。

【出处】唐·房玄龄等《晋书·谢安传》。

东晋政治家谢安，在孝武帝时任宰相。当时前秦强盛，攻占梁、益、樊、邓等地（今陕南、四川、鄂西北）。383年，前秦军南下，江东一带极为惊恐。谢安派谢石、谢玄等抵抗，获得淝水之战的巨大胜利，并乘机北伐，收复了北方大片土地。

谢安像

淝水之战取得胜利之后，东晋统治阶级内部之间互相倾轧。晋孝武帝重用弟弟司马道子，司马道子网罗一批坏人充当爪牙，竭力排斥抗秦有功的宰相谢安，谢安不得不出镇广陵，不久回京病死。

谢安在淝水之战前，曾一度退职隐居在会稽的东山（今浙江上虞西南）。以后，谢安虽受朝廷重用，但他隐居东山的愿望一直没有改变，经常在言谈话语当中表现出来。

《晋书·谢安传》有一处写道："安虽居朝寄，然东山之志，始末不渝，每形于言色。"成语"始终不渝"即由"始末不渝"演化而来。

始作俑者

【释义】当初发明用俑殉葬的人。指一件坏事的起始人。

【出处】战国·孟轲《孟子·梁

惠王篇》。

孔子说："始作俑者，其无后乎！"俑是古时陪同死人下葬的木偶或土偶，面貌体态很像人形。孔子反对用太像人形的俑来殉葬。因为那样会令人心中引起不忍，所以他非常痛恨发明俑的人，他骂道："首先开始用俑的人，他是断子绝孙、没有后代的吧！"孔子的这句话，孟子有一次同梁惠王谈话时曾引用过。

孟子问梁惠王："用木棍打死人和用刀子杀死人，有什么不同吗？"

梁惠王说："没有什么不同。"

"用刀子杀死人和用政治害死人，有什么不同吗？"

"也没有什么不同。"

然后，孟子说："现在您的厨房里有的是肥肉，您的马厩里有的是壮马，可是老百姓面有饥色，郊外躺着饿死的人，这等于是国家的掌权者在'率兽食人'！野兽吃野兽，人们见了尚且要感到厌恶，身为老百姓的父母官而率兽食人，那怎么能做老百姓的父母官呢？孔子说过：'始作俑者，其无后乎！'用人形的木偶、土偶来殉葬尚且不可，又怎么可以让老百姓活活饿死呢？"

"始作俑者，其无后乎！"孔子的这句话，后来含义扩大而成为一句成语。孟子说的"率兽食人"也是一句成语。

终南捷径

【释义】指找门路，走捷径。

【出处】后晋·刘等《旧唐书·卢藏用传》。

唐朝时候，有一个读书人叫卢藏用，中了进士之后，因为急于做官，便想出了一个以退为进的办法，跑到长安附近的终南山隐居起来。那时的人有一种奇怪的观念，认为隐者一定是高士，也必定是不慕名利而有学问的人。卢藏用到终南山隐居，果然因此被长安城里的公卿们注意，不久便礼聘他下山做了大官。

在这以后，另外有一个隐者名叫司马承祯，也在终南山隐居，当朝的公卿，也请他去做官，但司马承祯却是个真正淡泊的人，他不肯接受官爵，在长安住了几天，便要回山了。

卢藏用送他出城，指着终南山对他说："此中自有佳趣。"

司马承祯冷笑道："在我看来，终南山只不过是做官的捷径而已。"

卢藏用知道这话是讥讽他，又气又怒，但却对他无可奈何。

孤注一掷

【释义】孤注：把所有的钱并作一注。掷：赌钱时掷骰子。赌钱人输急了，把全部赌本都押上去，以决最后输赢。比喻在危急时用尽所有力量做最后一次冒险。

【出处】明·宋濂等《元史·伯颜传》。

宋末元初之际，元军中有一员大将名叫伯颜。他决策果断，善于用兵，率领元朝的大军攻克了宋朝许多城池，一直打到汉口附近。

当时，宋将夏贵率万余艘战舰据守在长江南岸的各个要隘处，又拥有长江天堑之利，元军无法渡江。伯颜先派部队围住驻守在汉阳的宋军，声称要攻下汉阳，由汉口渡江。夏贵果然中计，派兵增援汉阳。见宋军上当，伯颜立刻派兵占领沙芜口，同时派人挖开汉口大坝，元军的船队浩浩荡荡从沦河经沙芜口进入长江，直逼军事要塞阳罗堡。伯颜派人到阳罗堡去招降宋军，宋军将士们说：“我们受大宋厚恩，应当拼死保卫大宋江山，怎么能当叛徒投降呢？我们已准备好了，要和你们决一死战。大宋的天下，究竟属谁，就看今日了。就像赌博把全部赌注都押上，输赢就看这最后一回了。”

伯颜见宋军守将坚决不肯投降，就下令向阳罗堡进攻。连攻三日，一点进展也没有。伯颜就与部下密谋说：“宋人以为我们一定要攻克阳罗堡才能渡江，可此堡很坚固，强攻是徒劳的，你带3000名铁骑乘船往上游渡江，从南岸抄宋军的后路。”

第二天，伯颜领兵继续进攻阳罗堡，而部将阿术则趁机率军溯流而上40里，乘着夜色登上了南岸。宋军没料到元军会突然从背后冒出来，虽然将士们英勇战斗，顽强抵抗，但终于经不住元军大兵前后夹击，猛烈进攻，被打得大败，将士们死伤无数。元军终于越过了长江天堑，为横扫江南扫清了道路。

居安思危

【释义】居：处于。思：想。处在安定的时候，要想到可能出现的危险。指要提高警惕，以防祸患。

【出处】春秋·左丘明《左传·襄公十一年》。

春秋时期，郑国挑起事端，激起晋、宋、齐、卫等12个诸侯国的不满。当时晋国势力大，其他国君就同晋国商议，要联合各国兵马，共同围攻郑国。晋悼公同魏绛商议，魏绛认为可以就此教训一下郑国，于是12个诸侯国以晋国为首，联合出兵围攻郑国。郑国十分惊慌，就派使者向晋悼公求和。晋悼公听取了魏绛的建议，认为郑国已经向晋国低头，不必再逼迫过甚，于是撤回了军队，其他11国也停止了进攻。

郑国解了围，非常感谢晋国，为了表示谢意和友好，便准备了大批礼物给晋国送去。这些礼物中有作战用的兵车，有精致的乐器，还有3名郑国有名的乐师和16名能歌善舞的美女。

晋悼公接受了郑国贵重的礼物，非常高兴，对魏绛说：“你为我出谋划策，使事情办得一切如意，好像音乐一样和谐协调，我非常满意。这8名美女赏赐给你，让我们一同享受吧！”

魏绛向晋悼公行礼，说道：“我们晋国的事情一切如意，首先归功于您的领导有方，其次是大臣们同心协力，我有什么功劳可言？我只希望您在享受安乐的时候，也能想一想国家其他要办的事情，《书经》上有句话，叫‘居安思危’。我把它献给您作为鉴戒。”晋悼公听了，沉思半晌。

九　画

相敬如宾

【释义】宾：客人。夫妻相互尊敬，彼此把对方当作客人一样。

【出处】春秋·左丘明《左传·僖公三十三年》。

春秋时期，晋文公派大夫臼季出使别国。臼季路过冀这个地方时，在大路边看见前朝国君晋惠公的旧臣郤芮的儿子郤缺在地里锄禾，臼季便下车同郤缺应酬谈话。正谈着，一个女子给郤缺送饭来了，她先恭恭敬敬地向郤缺拜了一拜，然后蹲下身从篮子里取出饭菜，摆好碗筷，又恭恭敬敬地朝郤缺拜了一拜，请他用餐。郤缺彬彬有礼地回拜了那女子，向臼季介绍说，这是他的妻子。郤缺夫妻之间相敬如宾的美德，给臼季留下了深刻的印象。

回国后，臼季对晋文公说："郤缺和妻子之间能够相敬如宾，这说明他们是很有教养、很有德行的人。一个有德行的人，必定能治理好百姓，请陛下放心大胆地使用他。"

晋文公对臼季的举荐却不大乐意，对臼季说："他父亲有罪，我怎么能够用他？"原来，郤缺的父亲在晋文公和晋惠公兄弟俩争夺君位的斗争中，站在晋惠公一边。

臼季却不这样看，他开导晋文公说："郤缺父亲的罪责，不能让郤缺来承担，如果您不计前嫌，让郤缺也得到机会施展自己的才干，那天下的贤士能人，必定更愿意为晋国效劳了。"

晋文公豁然开朗，欣然接受臼季的建议，拜郤缺为大夫。

相濡以沫

【释义】濡：沾湿。沫：唾沫。（鱼）用唾液互相浸润身体。比喻在患难中相互救助。

【出处】战国·庄周《庄子·外物》。

庄子家境贫穷，经常吃了上顿没下顿。有一天妻子叫他出去借一些粮食，家里快揭不开锅了。庄子穿着一件补丁摞补丁的粗布衣服出了门，去找监河侯商量。监河侯听罢庄子来意后，说："没问题，等秋天我把封邑之地的税金收上来后，再借 300 金给你，足够了吧？"

庄子气呼呼地回答道："我来的路上，看见道路上陷下去的车辙印里，有几条鲫鱼在呼救，请我弄一瓢水救它们的性命，我满口答应了，说等我从吴越游历回来时，引西江之水救它们。可是那几条鲫鱼却愤怒地告诉我，与其等我这么来搭救，还不如让我到干鱼货摊上去找它们的尸体呢！”说罢，庄子米也不借了，气愤地回到家里。

庄子的妻子责怪他为什么不多跑几个地方试试，庄子说：“我自有我的道理。”

他妻子说：“天大的道理也得吃饭呀，不吃饭，人不要饿死吗？”

庄子说：“你错了，死和生是自然规律，就像白天与黑夜会轮流交替一样。河水干涸了，鱼儿们被困在陆地上，如果都能向对方身体上吹些潮湿的空气，用彼此的唾液浸润对方的身体，那当然很好。如果不能，那就不如当初就在水波浩渺的江湖里彼此忘记，各不关心……”

庄子的妻子知道他又钻进哲学思想里了，便退回隔壁屋里抹眼泪去了。

柳暗花明

【释义】绿柳成荫、繁花似锦的美丽景象。也指事情似乎已无发展，但突然又有了转机。

【出处】宋·陆游《游山西村》。

南宋的大诗人陆游于1166年在隆兴（今江西南昌）任通判时，被主和派官员加上“力说张浚（主战派官员）用兵”的罪名，免去了官职。

陆游像

陆游被免职后，回故乡山阴（今浙江绍兴），在那里闲居了三年。此时，陆游内心充满了痛苦，只得整天在家以读书打发时间，到附近各处走走看看。

在一个春光明媚的日子里，陆游独自一人到20里外的西山去游览。山，过了一重又一重；水，绕过一道又一道。走到一个去处，似乎到了尽头，再也没路可走了。但拐了一个弯，却发现前面不远的山谷里有一块空地，在那成荫的绿柳和明丽的红花之间，有一个小村庄。

陆游兴致勃勃地走向前面的山谷，来到那个小村庄，村民热情地接待了他。

回到家里后，陆游对这次西山之行印象很深刻，便作了一首七言律诗《游山西村》。其中两句是：“山重水复疑无路，柳暗花明又一村。”于是有了“柳暗花明”这个成语。

标新立异

【释义】标：显示。立异：持不同的看法和态度。提出新奇的主张，与一般人不同；也比喻标榜自己，另搞一套。

【出处】南朝·宋·刘义庆《世说新语·文学》。

支道林，名遁，是东晋时的佛教学者，他常与谢安、王羲之等名士交往，喜欢畅谈玄理，对《庄子》也很有研究。

晋代的向秀曾为《庄子》做注，没有完成就死了，郭象继续他的工作，完成了注释，后来人们都引用郭象和向秀所做的注。《逍遥游》是《庄子》中的第一篇，也是一个难点。当时许多著名的学者深入钻研体味这篇文章的道理，都没有能够超出郭象、向秀的见解。

有一次，支道林在洛阳白马寺同

太常护国将军冯怀一起聊天，谈到《逍遥游》，支道林说出了一种新的道理，大大高于郭象、向秀的解释，其标新立异的见解，超出当时许多著名学者的认识水平，所做的分析见解，都是那些著名学者苦苦搜求思索没有能够解决的。后来人们就吸收了支道林的意见来解释《逍遥游》。

挥汗成雨

【释义】形容人多拥挤，挥出的汗像下雨一般。

【出处】战国·佚名《晏子春秋·内篇杂下》。

春秋时，有一次，齐王派相国晏婴出使到楚国去，楚王看不起齐国，对晏婴很不礼貌，想利用他个子矮侮辱他一番，特地下令在大门旁开个小门，引导他从小门进来。

晏婴知道这是楚王故意侮辱自己，便大声嚷道："出使到狗国去的才从狗门进去，我今天到堂堂的楚国来，怎能从狗门进去呢？"接待的人没有办法，只好改变道路，从大门引进晏婴觐见楚王。

楚王见了晏婴，不客气地说："你们齐国没有人吗？怎么让你当使臣？"

晏婴回答说："齐国的都城临淄有300条里巷，人们扬起袖子就成了阴天，人们挥把汗就成了大雨，怎么说是没有人呢？"

楚王又问道："既然如此，那么为何要派你来呢？"

晏婴回答说："我们齐国派遣使臣，各有相应的对象。那些贤能的使臣派他们出使到贤能的国王那里去；不肖的使臣派到不肖的国君那里去，我是齐国最不肖的使臣，所以最合适出使到楚国来。"

楚王本想侮辱晏婴一番的，结果反被晏婴挖苦了一番，只得好好地招待他。

指鹿为马

【释义】将鹿指称为马，形容颠倒黑白，混淆是非。

【出处】汉·司马迁《史记·秦始皇本纪》。

秦始皇去世后，根据遗言，应由他的长子扶苏继位。但是，中车府令（掌管皇帝车马的宦官）赵高和秦始皇的小儿子胡亥，胁迫丞相李斯伪造秦始皇的诏书，命扶苏自杀。于是胡亥继位，为秦二世。

秦二世当皇帝后，赵高升任郎中令，成为皇帝左右亲近的高级官员，他还想往上爬，登上丞相宝座，于是用计将李斯害死，如愿以偿地当上了丞相。

后来赵高想自己当皇帝，为了试探一下大臣们是否会服从自己，他特地耍了一个花招。

一天，赵高让手下牵着一只梅花鹿来到大殿，他指着这只鹿，一本正经地对秦二世说："陛下，这是微臣最近觅得的一匹好马，特地送来献给陛下。"

秦二世一看，不由哈哈大笑说："丞相说错了，这明明是鹿，怎么说它是马呢？"

赵高还是一本正经地说："陛下，这是马呀。您要是不信，可以问问大臣们，这究竟是马还是鹿？"

一些跟随赵高的大臣为了向他讨好，不顾事实地附和着说："啊，这是马呀，是马呀！"

一些平时看不惯赵高的大臣们则说："这是鹿！这是鹿！"

一场闹剧就这样结束。赵高通过指鹿为马这件事，试探到了大臣们对自己的态度。不久，他暗中将那些说实话的大臣都送进了监狱。这样，大臣们更害怕他，他也更加为所欲为了。

按兵不动

【释义】本意为暂不行动，也指不按照指示行动。

【出处】战国·吕不韦《吕氏春秋·恃君览第八·召类》。

春秋末期，晋国东南的卫国是个弱小的诸侯国，名义上是晋国的盟国，实际上完全听命于晋国，后来任国君的卫灵公不愿长久处于屈辱的地位，便与齐景公缔结盟约，从而与晋国断绝了关系。

晋国执政的赵鞅（又称赵简子）立即调集军队，打算袭击卫国。在出发前，他先派大夫史默到卫国去暗中了解情况。过了半年，史默回来了。赵鞅问他为什么在卫国待了这么长时间，史默回答说是为了详细了解情况。他说："现在，卫国已任命受到过陷害的贤臣蘧伯为相国，这就使他在国内赢得了民心。"接着，史默又讲述了卫灵公为了激励国人反抗晋国的情绪而采用的方法：

卫灵公派大夫王孙贾向国人宣告说，晋国已命令卫国，凡是有姐妹、女儿的人家，都要抽出一人送到晋国去当人质。消息传开后，卫国到处是一片痛哭声和一片愤恨声。

为了使国人相信这是事实，卫灵公又让王孙贾抽选出一批宗室大夫的女儿，准备送往晋国。结果，出发那天，成千上万的百姓不让她们去晋国当人质，并愤慨地表示要和来犯的晋军打到底，宁死不屈。

史默还提供了一个动向：孔子已去卫国，他的弟子子贡给灵公出谋划策。最后史默说："卫国现在的贤臣很多，民气旺盛。国君非常重视贤臣的意见，并采纳他们的计谋。想用武力使卫国屈服，恐怕要付出很大的代价！"

赵鞅听了史默介绍的情况，认为进攻卫国的时机不成熟，于是下令按兵不动，等待时机再说。

拾人牙慧

【释义】牙慧：指说话中流露出的漂亮言辞。形容捡了别人的只言片语而自诩。

【出处】南朝·宋·刘义庆《世说新语·文学》。

东晋的殷浩学问很大，又能说会道。他有一个外甥叫韩康伯，十分聪明，口齿伶俐，很像殷浩，因此很得他的欢心。

也许是得到夸奖太多，也可能自以为聪明，对事物不肯深入钻研，韩康伯渐渐养成了一种好夸夸其谈的习惯，虽然什么也不会做，但装着样样都懂。对此，殷浩很不满。有一次，他看到韩康伯在和别人闲谈时那种手舞足蹈的样子以及言语之间流露出的那种自鸣得意的神情，着实感到不快。事后，他对朋友说："康伯自以为得我真传，其实，连我牙后那么一点智慧都未拾得。"

草木皆兵

【释义】精神恐慌，疑神疑鬼，把

风吹草动当作敌兵杀来。

【出处】唐·房玄龄等《晋书·苻坚载记》。

东晋时代，前秦皇帝苻坚发动了80万大军迫临淝水，准备侵犯东晋。

晋朝的大将谢石、谢玄等领兵8万前去抵抗。苻坚听说晋朝的军队很少，就采取了猛烈的攻势，想一下子把晋军歼灭。但却被谢玄的部下刘牢之独出奇兵，杀死了他的大将梁成和1万多名士兵。这时，苻坚站在寿阴（今安徽寿县）城上，见晋军的队伍十分严整，将士非常精锐，忽然变得胆怯起来。再远远看见八公山上长着的许多草和树木，以为都是晋兵，竟用手指着那些树木对站在他身后的弟弟苻融说："这是强有力的敌人啊！怎能说晋兵少呢？"后来谢玄又在淝水（今安徽寿县境内）把苻坚打得大败。淹死在淝水里的前秦军，把淝水都阻塞了。苻融阵亡，苻坚也中箭受伤，带了残部仓皇往淮北逃跑。一路上听见风声鹤鸣，都以为是晋兵追来了。

这个成语也可作"风声鹤唳，草木皆兵"。

草菅人命

【释义】菅：一种野草。把人的生命看作野草一般轻贱。形容轻视人命，任意杀害。

【出处】汉·班固《汉书·贾谊传》。

汉朝初年，贾谊写了一道名为《治安策》的奏疏，论述了秦王朝由于实行严刑酷法而导致灭亡的历史教训。

奏疏的大意是：秦始皇让宦官赵高给他的小儿子胡亥当老师。赵高教授的尽是严刑酷法，不是砍头割鼻子，就是抄斩三族，结果胡亥杀人成性。秦始皇病故，赵高和丞相李斯帮助胡亥夺取了皇位，胡亥听信赵高的狠毒计谋，残酷镇压先帝的大臣和公子们。他将12名公子戮死于咸阳市，把10名公主分尸于西安东南。著名将领蒙恬、蒙毅兄弟二人也被逼杀。胡亥还命令后宫无子的宫妃全部随秦始皇殉葬。他还把为秦始皇修建陵墓的民夫全部活埋在墓中。右丞相去疾、左丞相李斯、将军冯劫上书劝谏胡亥减轻赋役，暂停建造宫殿，结果胡亥大为恼怒，去疾、冯劫被逼自杀，李斯被腰斩。胡亥草菅人命，枉杀无辜，暴虐无道，激起人民的强烈不满。秦王朝很快覆灭。

贾谊在《治安策》中引古讽今，婉转地批评了汉文帝。当时汉朝功臣周勃被人诬告，说他要造反。汉文帝偏听偏信，将周勃逮捕入狱。后经审讯，证明周勃无罪，汉文帝将他释放，恢复了官爵。汉文帝看了贾谊的《治安策》，采纳了他的意见，从此对大臣的处理比较慎重，不再滥施刑罚。

城下之盟

【释义】盟：古代诸侯在神前立誓缔约。这里指订立和约。敌军兵临城下而被迫与之订立的盟约。

【出处】春秋·左丘明《左传·桓公十二年》。

春秋时期，有一次楚武王率军攻打绞国，楚军节节胜利，一直打到绞国都城的南门。绞国军队凭借高大坚固的城墙，顽强抵抗，死守城池。

楚将向楚武王献计说："绞国弱小，处理事情缺少计谋，我们可以利用他们的弱点，以诱敌之计取胜。”

第二天，楚国派出几十个化装成樵夫的士兵，分散到绞国都城四周的山上伐木砍柴。绞国将领发现楚人在山上打柴，山下没有楚军保护，就派兵出城围追抓捕，结果抓了30个楚人。这个意外的胜利，使绞军官兵非常得意。

隔了一天，又有一批楚兵改扮的樵夫上山砍柴。绞兵发现后，不等将领发令，就乱哄哄地涌出城来，都想捉楚人回去邀功请赏。正在这时，预先埋伏在城北的楚军一齐出击，截住绞军退路。绞军溃不成军，很快就被打垮了。

绞军遭到致命打击，眼看都城难以保住，没有办法，只得被迫同意在绞国城下与楚国签订了屈辱的城下之盟。

南柯一梦

【释义】指美梦一场，比喻人间的繁华好像一场梦，或形容一场空欢喜。

【出处】唐·李公佐《南柯太守传》。

从前有一个人，名字叫淳于梦，家住在广陵。他家房子的南面有棵大槐树。树下正是遮荫乘凉的好地方。他过生日那天，喝醉了酒，躺在槐树下做了一个梦，梦到自己到了大槐安国，并和公主成了亲，当了20年的南柯太守，非常荣耀显赫。可是后来因为作战失利，公主死了，他被遣送回家。

一觉醒来，他看见家人正在打扫庭院，太阳还没落山，酒壶也还在身边。他四面一瞧，发现槐树下有一个蚂蚁洞，他在梦中做官的大槐安国，原来就是这个蚂蚁洞。槐树的最南一枝儿，就是他当太守所在的南柯郡。后来人们便从中概括出“南柯一梦”这句成语。

威武不屈

【释义】不屈服于武力。

【出处】战国·孟轲《孟子·滕文公》。

战国时期，各国之间相互打仗，都想称霸天下。有人提出弱国应联合起来，共同抵抗最强大的秦国，被称为合纵。而另有人提出弱国应随从秦国去进攻其他弱国，称为连横。强国和弱国相互派出了许多的说客，宣扬自己的主张。公孙衍和张仪就是当时专门游说各国服从秦国的说客。由于秦国强大，所以弱小国家见了他们都很害怕。

一天，有个叫景春的人问孟子：“公孙衍和张仪应该算得上是真正的大丈夫吧？他们一说话，不少弱国都点头称是；他们一发怒，诸侯各国都很害怕；他们一安静，天下则太平无战事。”

孟子想了想，回答说：“这怎么可算得上大丈夫呢？男子汉大丈夫，应该懂得礼仪法度，以仁义为做人的根本，这是最大的原则。当得志的时候，能不脱离百姓，和百姓一起循着大道前进，使百姓愿意跟从他；不得志的时候，也能独自坚持自己的原则，不随波逐流，阿谀奉承。绝不能因富贵使自己迷惑而乱了心，也不能因为贫贱而改变了志向，更不能因为受到威吓、暴力而屈辱了气节，做到了这三点，才是真正的大丈夫。”

轻财重义

【释义】轻钱财而看重情义。

【出处】晋·陈寿《三国志·吴书·凌统传》。

凌统是三国时吴国人。因父亲战死沙场，他15岁就被任命为别部司马，统率父亲的军队。

一次，凌统与都督陈勤等人在一起喝酒，陈勤暴戾任性，不把在座的人放在眼里，强行向人灌酒。凌统看不惯，当面说了他几句，陈勤就大骂他和他的父亲凌操。凌统见他污辱自己的父亲，非常气愤，就离席而去，陈勤却又假装喝醉了酒追出来侮辱他。凌统实在受不了，就拔刀砍他，陈勤受了重伤，没几天就死了。

当时，孙权的军队正围困敌军，凌统对人说："陈勤被我砍死了，我不战死就无法推卸罪责。"于是率领士兵首先冲入敌阵，奋勇杀敌，大破敌军。打完这一仗，他就叫手下人把自己绑起来，跪到孙权面前要求治罪。孙权本来就很赏识他的果敢刚毅，见了他说："你这次立了大功，就算是将功赎罪吧。"

《三国志》赞凌统："虽在军旅，亲贤接士，轻财重义，有国士之风。"

赴汤蹈火

【释义】敢于面对沸水和大火。指不畏艰险，奋勇向前。

【出处】晋·陈寿《三国志·魏书·刘表传》。

东汉末年，诸侯混战。担任荆州刺史的皇族刘表，对当时的混战采取观望的态度。

199年，袁绍与曹操在官渡（今河南中牟东北）争战。袁绍派人要刘表加以支援。刘表口头答应，实际上按兵不动；对曹操，他也采取同样的态度。

从事中郎韩嵩认为刘表采取这种态度不妥，对他说："曹、袁两公相持不下，将军的行动举足轻重，应慎重选择一方。若是继续犹豫暧昧，后果必然得罪两方。"

接着，韩嵩认为曹操为天下贤士所拥戴，胜利必定在他一方，建议刘表归附曹操，才是万全之策，其他将领也赞同韩嵩的建议。

刘表还是犹豫不决，他考虑再三对韩嵩说："目前，曹公已经迎天子到了许都，请先生到那里为我去观察一下真情如何？"

韩嵩严肃地说："我是您的部属，自然应该听从将军的命令，就是要我赴汤蹈火也会奋不顾身，死也不推辞。不过要请将军郑重考虑，如果此番能做出上顺天子、下归曹公的决策，那么我去京都是正确的；如果将军主意还未定下来，就派我进京，若天子封了我的官，我就成了天子之臣，不能再为将军效力了。望将军到时不要使我为难。"

刘表对此没有明确表态，就让韩嵩去京都了。果然不出韩嵩所料，他到京朝见受曹操控制的汉献帝后，马上被任命为零陵太守。韩嵩赴任前，去向刘表辞别。

刘表知道韩嵩已接受汉献帝的任命后，勃然大怒，认为是对自己的背叛，当场要将他处斩。文武官员都非常震惊，纷纷为韩嵩求情。但是，韩嵩却神色自若地对刘表说，他进许都前有言在先，因此刘表现在这样处置他，是负了他，而不是他负了刘表。接着，他当众把先前对刘表说的话重说了一遍。刘表只好不杀韩嵩，而将他囚禁起来。

点石成金

【释义】用手指点石头，石头变成了金子。比喻把差的东西变成好的东西。

【出处】佚名《列仙传》。

传说晋朝初年，南昌的许逊被朝廷任命为旌阳县县令。他上任不久看到官场上争权夺利，钩心斗角，十分讨厌，便辞官到各地游历。

据说他当县令时，看到许多老百姓的租税交不上，一年一年越欠越多，他非常同情。于是就用了一个法术，把石头点化成金子，免去了老百姓拖欠的租税。

此成语出自《列仙记》，原文是："许逊，南昌人。晋初为旌阳令，点石成金，以足逋赋。"

背道而驰

【释义】朝反方向走。比喻目标、方向等完全相反。

【出处】汉·刘向《战国策·魏策》。

战国时，魏国有一个臣子，名叫季梁，奉命出使到外国，在中途就听到魏安釐王要出兵进攻赵国的消息，立刻折回来，匆忙进宫拜见魏王。

魏王问："你是奉命出使的，中途折返，难道有什么重要事情？"

季梁说："臣在途中遇到了一位驾车的御者，挥着鞭子，叱着马，向北驰去。"

魏王笑道："这么一件小事，值得你中途折回来报告我？"

"啊，大王，问题在于他是到楚国去呀！"

魏王说："到楚国自然是向南走，他为什么向北驰去呢？"

季梁说："我当时就问乘车的主人：'你到楚国，为什么要向北方而去？'他对我说：'因为我驾车的这匹马是一匹名驹，脚程飞快，转眼就可行十几里。'我对他说：'你的马脚程虽快，可是越快越糟，因走的方向不对，到楚国是要向南去的，你怎么可以往北走呢？'他说：'我带有足够的旅费，我是不用担心的。'我说：'尽管你带的旅费充足，可是你方向走得不对，永远也到不了楚国的。'他说：'不要紧，我的车夫有多年驾车经验，什么马都能驾，何况这是一匹良驹，有日行千里的本领，我何必担心呢？'"

魏王不禁大笑起来："这人简直是个疯子。他虽然有这么多优越的条件，但他是背道而驰，楚国在南，他要向北，他的马快、御者技艺精，就更使他离楚国遥远了。"

季梁免冠顿首说："大王说的话一点不错，这人是背道而驰，愈向北则离楚地愈远。但大王平时都以成王成霸自许和称雄天下自命，可是今天大王倚仗国势强、国土广、兵卒精，即进攻邯郸取赵地以自益。依臣愚见，大王愈对邻国用兵愈多，则离成王成霸的基业愈远，亦正如臣在途中所见的那位去楚国而向北行的驾车者，是背道而驰啊！"

背水一战

【释义】背向河流，表示已绝退路，比喻做事有进无退，成败在此一举。

【出处】汉·司马迁《史记·淮阴侯列传》。

楚汉相争时，韩信率军数万攻打赵国。他探得对方在井陉布置了20万重兵，便连夜精选2000名轻骑，每人持一面小红旗，火速赶到赵军营地。

次日天明，韩信亲率1万人背对大河列阵。赵军见此大笑不止，认为背水列阵是犯了兵家之大忌，不啻是自断退路，一旦败退就无处可走。于是，人人摩拳擦掌，想讨个便宜仗打。谁知韩信用的是诱兵之计，且战且退，一直退到大河边上。先前派去的2000名轻骑，则趁赵兵出营追赶之机依计占领了赵营，竖起了汉军小红旗。赵兵还在追击。汉军因退到河边，无路可走，便奋勇反击。赵军抵挡不住，准备掉头逃跑时，才发觉自己的营地早已落入汉军之手。

原来，韩信早想好了背水布阵使士兵置于死地而后生的战略方案，派2000名轻骑偷袭敌军，只是为了使这一方案实施得更完满而已。赵兵不知有时犯兵家之忌反而可以险中求胜的道理，产生轻敌思想，终于一败涂地。

畏首畏尾

【释义】形容胆怯多疑，对什么事都害怕。

【出处】春秋·左丘明《左传·文公十七年》。

春秋时代，晋楚相争，都想要登上霸主之位。有一次，晋灵公在扈地纠合诸侯，商议平定宋国的内乱之事，却不见郑穆公参加，遂以为郑国对晋国不敬，准备发兵去讨伐。

这时候，郑公子归生写了一封信给晋国的正卿赵盾，告诉他说："郑国国君即位三年来，先后朝见晋君三次，我国虽小，对你们却也尽了最大的诚意；而你们还认为我国的表现不够好，如此一来，郑国也只有灭亡一条路，再也无法对晋国朝贡了。古人有句话说：'畏首畏尾，身上还有多少部分不怕呢？'我们郑国的处境正是如此啊！既怕楚国攻打，又怕晋国袭击，就像那鹿一般，被赶到绝路时就铤而走险，是顾不得什么的。晋国的要求，永无终止之时，郑国已无力应付了。郑君也知道郑国将要灭亡了，在不得已的情况下，只得集中全国的兵力，在边界等候晋国的军队来临了！"

赵盾看了这封信，便派大夫巩朔到郑国去安抚。

虽死犹生

【释义】人死了还像活着一样。形容死得有价值，有意义。

【出处】北朝·北齐·魏收《魏书·咸阳王禧传》。

北魏孝文帝元宏有个弟弟，名叫元禧，曾被封为咸阳王，任过冀州刺史，很有政绩。

元宏是北魏历代君主中最富有改革精神的人物。他摒除鲜卑族的旧有陋习，提倡学习汉族文化，还鼓励鲜卑族人与汉人通婚。元禧坚决支持元宏的改革，将各项革新措施不折不扣地推行下去。

元宏和他的几个弟弟感情深厚。弟弟元禧身居要职后，元宏总是教导他要谦虚谨慎。元宏死后，元禧接受遗诏辅佐少主元恪。他不再像当初跟随元宏那样兢兢业业了，慢慢地居功自傲，身边拥有美女数十个，仍不满足，还派人到处搜罗女人。元恪对他的所作所为非常反感。

501年，元恪宣布亲自执掌朝政。元禧深感不安，便勾结一些人准备谋反。一日，元恪出城办事，元禧乘机集合人马，但准备不充分，没来得及起事就泄密了。元恪接到密报，派人去捉拿元禧。

元禧仓皇出逃，只有一位随从尹

龙虎跟随身边。为了缓和紧张的情绪，尹龙虎出了一则谜语让元禧猜：“要睡则一齐睡，要起则一齐起，贪婪的样子就像豺狼，但自己从来不把东西据为己有。”

元禧想了一阵，因心乱如麻，猜不出是什么，尹龙虎告诉他是筷子。元禧看着忠心耿耿的部下，感慨地对他说：“你可要做好与我一起去死的打算啊。”

尹龙虎神色严峻地回答：“承蒙咸阳王您一向待我很好，能与您同命运、共患难，我虽死犹生。”

后来他们被捉住了，元禧被赐死于家中。

响遏行云

【释义】 歌声嘹亮，响彻云霄，把天上移动的云也止住了。

【出处】 战国·列御寇《列子·汤问》。

古时候，有个名叫薛谭的青年拜歌唱家秦青为师。薛谭下功夫学习，进步很快，没多久就成为秦青学生中的佼佼者。

薛谭学了一段时间，自以为把老师唱歌的技艺都学到手了，便对秦青说：“老师，我已经学得差不多了，想回家去。”

秦青知道薛谭有很好的天赋，但也知道他有自满情绪，便决定不从正面加以劝阻，而是说：“你要离开，我不拦阻你。让我在大道上为你饯行吧！”

到了离别那天，秦青带了一些学生把薛谭送到大路上。秦青特地备了酒菜，为薛谭送行。喝完酒后，秦青对薛谭说：“我谱了一曲新歌，本想以后教你的。现在你要走了，我就在这儿唱一遍，作为临别的纪念吧！”

接着，秦青一面打着节拍，一面唱了起来。歌声悲壮雄浑，充满了真挚的感情，仿佛路旁的树木也受到了感染，一动不动地停立倾听；仿佛天上的云彩也被吸引得止住了脚步，不再飘动。

薛谭听了老师的歌，这才知道自己和老师相比，还差得很远。于是，薛谭跟着秦青返回秦家，继续跟秦青学唱歌，从此再也没说过要回去的话。

昭然若揭

【释义】 昭然：很明显的样子。形容事情的真相和本质已暴露无遗。

【出处】 战国·庄周《庄子·达生》。

春秋时，有个学者名叫扁庆子，他有很多学生，其中有一个名叫孙休。

孙休是个不求上进的人，总是怨天尤人。一天，他来到老师扁庆子家中，发牢骚说：“我以耕种为业时，田里得不到好收成；到朝廷去做官，又遇不到贤明的君主；我被放逐到乡间，又遭到乡官的欺凌。真不知道我犯了什么过错，得罪了老天，才遭到这样的厄运？”

扁庆子对他说：“你不知道圣人是如何确定自己行为的吧？他们十分清高，所以能把胸中的烦恼忘得一干二净，对他们所不关心的事情视而不见，听而不闻，心胸坦荡，纤尘不染，就像生活在俗世之外一样。可是你呢？整天想的，只是俗人俗事，你表达自己的俗望，炫耀自己的才能，是那么昭然若揭，就像天上的太阳、月亮，行走得是那样清楚明白，怎能做到像圣人那样的作为呢？你的身体不错，四肢发达，五官俱全，又娶了妻子，生儿育女，享受了天伦之乐，这不是已经很好了吗？你还有什么不满足的呢？可你还有那么多闲工夫去怨天尤人，我劝你快回家去，别再白费精神了。”

孙休听了，羞愧地回家去了。

临渴掘井

【释义】 形容事到临头，才采取应付措施，但为时已晚。

【出处】 佚名《黄帝内经·素问》。

春秋时代，鲁国发生内乱，鲁昭公在国内待不下去，便出走到齐国去。

齐景公问：“你年纪很轻，就把国家丢掉，这是什么原因？”

昭公回答说：“我年纪很轻，很多人爱护我，但我没有亲近他们，很多人规劝我，我又不会接受，于是弄得里面无人帮助，外面也无人拥护，倒是奉承和对我说假话的人很多。这就好比秋天的蓬草，根茎已经枯萎，枝叶尚且美丽，可是待到秋风一起，自然就连根都被拔起来了。”

景公觉得他这话很有道理，就转告晏子，并且认为若让昭公回去，定会成为一位贤良的国君。

晏子说：“不会如此，因为凡掉在水里的人，原先是不防备失足的；迷途的人，原先便是不注意路径的。一定要等到掉在水里以后，才会想起应该防备失足；迷失方向之后，才会知道应该注意路径；又犹如面临灾难的人，才急得铸造兵器，等到口渴了，才急着要挖井取水，虽然这时候用了最快的速度，但是已经来不及了。”

中医学专著《素问·四气调神大论》对“临渴掘井”的原文是：“夫病已成而后药之，乱已成而后治之，譬犹渴而穿井，斗而铸锥，不亦晚乎！”

临难不惧

【释义】 面临危险而不害怕。

【出处】 战国·庄周《庄子·秋水篇》。

春秋时，孔子周游列国路过匡地（今河南长垣附近），当时隶属于卫国，鲁国的阳虎曾经侵犯过这个地方，孔子的学生颜尅也曾随着阳虎来过这里。这次，颜尅又随着孔子从这里经过。颜尅为孔子驾着车，旧地重游，得意地向老师和同学介绍以前阳虎的部队是如何袭击，如何获胜的，他同阳虎是从哪一处城墙的缺口爬进去的，等等。当时，匡人正恨着阳虎，孔子的相貌恰巧又长得和阳虎相像，于是，匡人立即集合武装，把孔子重重包围，不让其脱身。

孔子的另一个学生子路，半路上被冲散了，隔了好一会儿才赶回来，急急忙忙冲入包围圈，担心老夫子受不了惊吓。不料见到孔子时，他竟谈笑风生，正在讲着什么，而且还弹着琴，神情并不沮丧。子路问道：“老师，您怎么还有这样高的兴致呢？”

孔子答道：“在水中来去，不怕蛟龙的，是渔夫之勇；在野外来去，不怕虎豹的，是猎人之勇；面对着雪亮刀枪，不顾死活地向前冲的，是战士之勇；能掌握自己命运，认识当前局势，临大难而不惧者，才是圣人之勇啊！”

“临大难而不惧”这句话，后来简化作成语“临难不惧”或“临危不惧”。

削足适履

【释义】 适：适应、适合。履：鞋子。把脚削去一部分以适合鞋子的大小。比喻不合理的迁就。

【出处】 汉·刘安《淮南子·说林训》。

春秋时代，楚灵王之弟弃疾受臣子朝吴的怂恿，趁灵王出兵征伐徐国的机会，杀死了灵王的两个儿子。灵王听到了这个变故，上吊而死。弃疾起初还不知道灵王已死，又因为还有两个哥哥，所以不敢马上继承王位，于是拥立他哥哥的儿子子午做国君，称为平王。另外，晋国国君献公因为宠爱骊戎所献的美女骊姬，把她立作夫人；还打算立她所生的儿子奚齐做太子。但骊姬感到太子申生很得民心，又有他弟兄重耳和夷吾的扶助，不敢一下子这样做，便用计挑拨献公和他这三个儿子的关系。后来献公果真听信谗言，赐申生自杀，并派兵捉拿重耳和夷吾。

以上两则故事，都是因听信怂恿和挑拨，以致兄弟逼死哥哥、父亲杀死儿子。淮南子《说林训》有这样一段话："骨肉之间本来是互相亲爱的；但如果有阴险奸恶的坏人从中挑拨，即使父亲也会杀死儿子。由于听信谗言而杀死自己的骨肉，正好像是'削足而适履，杀头而便冠'。"

这两句话的意思是说："鞋子小了，就把脚削小一点，帽子小了，就把头削小一点。为了适应鞋子和帽子的尺寸，而不惜削肉以凑合，这种做法不是太荒唐了吗？"

食日万钱

【释义】指每天饮食要消耗上万的钱，形容饮食极端奢侈。

【出处】唐·房玄龄等《晋书·何曾传》。

西晋初年，有一个大官，名叫何曾，他号称孝子仁人，实际上却是一个伪君子。

有人称赞何曾对父母能尽孝，待人能尽礼，是礼法之士的典型。何曾在这些方面确实做得一丝不苟，即使自己家里，也搞得一派严肃气氛，与妻子见面，他必定要先扯平衣服，戴正帽子，待她如同宾客。何曾位列三公，上朝见皇帝只需作揖就可以了，可是何曾独独以大礼参拜，显示他在礼法上做得毫不欠缺。

不过，遵守礼法只是何曾的一面，他的另一面是生活上奢侈浪费，追求享受。何曾的衣食住行，无一不是超过标准的极高享受，他和家人的衣服，都是当时最高档的衣料做成，力求绮丽、新颖；住的房子装饰豪华，摆设精美，一派富丽堂皇；外出坐的牛车，穿在牛鼻上的绳子竟用铜钩代替，连牛角和牛蹄都擦得锃亮；吃就更讲究了，厨师每天为他变换花样，做出种种不同的鲜美滋味。何曾饮食每天要耗费上万铜钱，即使这样，他还会不满意，有时竟对着满桌子的菜肴叹气，说："真叫我无处下筷子！"

何曾这样的奢侈无度，引起了正直的大臣们的愤慨，有人多次向皇帝揭发，但因为何曾是朝廷重臣，皇帝并不追究。

怨声载道

【释义】埋怨的声音布满街市，形容对统治者强烈不满。

【出处】南朝·宋·范晔《后汉书·李固传》。

东汉后期，在统治阶级内部，外戚和宦官之间的斗争十分激烈，政治上越来越腐败黑暗。有一年，汉顺帝下诏，让各地有才能的人都到都城洛阳参加考试，皇帝亲自主持。李固参加了这次考试，发表了他对当时政治的分析和改革的意见。汉顺帝很欣赏他的才能，让他做了议郎。但是，汉顺帝的奶娘和宦官们却害怕李固为人正直，怕对他们不利，就极力对他加以排斥和迫害。李固被派到边远的四川做县官，对此，李固非常不满。当他走到陕西汉中的时候，一气之下便回到老家南郑，闭门谢客，不去赴任。当时，梁皇后的父亲、大将军梁商请李固出来担任从事中郎，李固想依靠梁家的势力与宦官对抗，于是给梁商写了一封信。

信中写有这样一些内容："从前汉安帝在内部信任奶娘王圣的女儿伯荣和中常侍樊丰等人，在外部又重用周广、谢恽等人。这帮人接受贿赂，贪污腐化，侵吞公款，巧取豪夺。人们对他们议论纷纷，怨声载道。希望朝廷吸取历史上的经验教训，杜绝奢侈浪费，注意节省国家开支。"

但梁商看了以后，无动于衷，不以为然。

怨天尤人

【释义】怨恨天命，责怪别人。

【出处】春秋·孔丘弟子《论语·宪问》。

孔子终生为实现自己的主张而忙碌奔波，但很少有人采纳他的意见。有一天，孔子对弟子们说："没有人能够知道我呀！"

学生子贡说道："为什么没有人知道您呢？"

孔子说："我不怨恨天，也不怨恨人，努力学习一些平常的知识，却透彻了解很多的道理。真正了解我的，只有老天爷罢了（不怨天，不尤人，下学而上达。知我者其天乎）！"孔子的这些话，反映了他那种无法实现自己远大抱负而无可奈何的心理。

笃学好古

【释义】笃学：专心好学。好古：爱好古书。后形容喜欢读书，专心一意钻研学问。

【出处】晋·陈寿《三国志·吴书·孙瑜传》。

东汉末年，诸侯混战，从朝廷到地方，重武轻文，千方百计招纳的也是军事方面的人才，但有一个人却与众不同，他是丹阳太守孙瑜。

孙瑜是东吴国君孙权的同族，出于当时局势的需要，他也领兵打仗，而且麾下有上万人马，但戎马征战之外，他特别喜欢研读古书，即使在军旅之中，也要挤出时间来读书。他不仅自己读，还勉励部下的子弟们读书。

当时，有个济阴人叫马普，"笃学好古"，知识渊博，孙瑜对他厚礼相待，让他教府中将吏的子弟读书，有时学生多达数百人。孙瑜进而借这个机会在丹阳、庐江两郡设立了学宫，利用空余时间给大家讲授学问。

重蹈覆辙

【释义】不吸取经验教训，再犯以前的错误，再次走上翻车的老路。

【出处】南朝·宋·范晔《后汉书·窦武传》。

东汉桓帝初年，外戚专权，大将军梁冀执掌了朝政，他飞扬跋扈，根本不

李膺像

把桓帝放在眼中。汉桓帝为此也深感忧虑，便与宦官单超等合谋杀了梁冀，把朝政大权夺了过来。但是，单超等宦官见汉桓帝才能平庸，便勾结起来，在朝廷中广树党羽，把持朝政，形成了宦官专权的局面。宦官们的所作所为引起了一些正直文人的极端不满。当时，司隶校尉李膺在知识界很有声誉，他和太学生的领袖郭常一起发难，经常发出反对宦官专权的言论，对单超等宦官给予毫不留情的抨击。166年，单超等向桓帝大进谗言，诬陷李膺等结党诽谤朝廷，将李膺、郭常等逮捕入狱。

面对宦官如此嚣张的气焰，桓帝皇后的父亲窦武站出来仗义执言，给桓帝上一道奏章，痛斥宦官祸国殃民，为李膺等忠贞之士鸣冤。窦武在奏章中写道："如果不吸取过去宦官专权祸国的教训，重蹈覆辙，那么大汉的江山，就会像秦二世那样，葬送在赵高那样的宦官手里，而且这样的局面不是早晨，就是晚上即会出现。"

桓帝看了奏章，知道窦武一向为人正直，便听从了窦武的意见，赦了李膺他们的罪，对单超等宦官逐渐疏远起来。

狭路相逢

【释义】 道路狭窄，相遇时不易避开。多指仇人相遇，互不相容。

【出处】 宋·苏轼《艾子杂说》。

古时候，营丘地方有个读书人，喜欢跟别人乱争瞎辩。

有一次，他来到艾子家中，说："艾子，你是个大学问家，你能说说大车的下面和骆驼的脖颈上，总是挂个铃子，这是为什么吗？"

艾子回答说："车子和骆驼的体积都很大，两者如果在夜间狭路相逢，恐怕无法避让，所以挂上铃子，使对方在未相遇时先听到铃声，就可以设法回避。"

那营丘人反问说："宝塔上也挂着铃，难道也是因为夜间走路要设法回避吗？"

艾子回答说："这当然不是，而是另有原因。许多鸟雀都喜欢在高处筑巢，粪便撒得到处都是。塔上挂铃，目的是为了惊散鸟雀，不让鸟雀在塔上筑巢，它怎么能跟车子和骆驼之事类比呢？"

营丘人又争辩说："那么鹞鹰的尾巴上也挂着一个小铃，哪有鸟雀会去鹞鹰的尾巴上筑巢呢？"

艾子听了哈哈大笑，说："你这个人的思路太怪，太不合常理了！鹞鹰尾巴上装有小铃，是因为它出去捉鸟雀时，缚在脚上的绳子容易被树枝缠住。尾巴上装了小铃，它的主人便能循声找到它，怎么能说为防止鸟雀筑巢呢？"

营丘人恍然大有所悟，说："我懂了！我见到过大出丧，队伍前面的人手中摇着铃，嘴里唱着歌，过去我不知道这是为什么，现在才知道是为了怕被树枝绊住脚，但不知缚在那摇铃的人脚上的绳子是皮绳还是麻绳？"

这时，艾子实在忍不住了，恼怒地讥刺他说："你胡扯些什么！那摇铃的人是给死者开路的，因为死者生前喜欢和人瞎争，所以摇摇铃，让那喜欢瞎争的死人开心一点罢了。"

信口雌黄

【释义】雌黄：鸡冠石，黄赤色的矿物，可研成粉末。古时写字用黄纸，写错了，就用它涂灭错误之处。形容随口说话，不负责任。

【出处】南朝·梁·刘峻《广绝交论》。

晋朝时的王衍，在晋武帝司马炎在位时做太子舍人，后来调做尚书郎等职。他年轻时，就喜欢清谈，做官以后，还是崇拜老子和庄子，整天讲“无为而治”的道理。因为他的学识丰富，谈论又很精辟透彻，因此在当时享有盛名，许多读书人都很佩服他。

当王衍讲解老庄玄理的时候，手里总是拿着一把玉柄麈尾（拂尘），表现出十分从容安详的态度，有时他把义理讲错了，就随口改正，于是人们就说他是“口中雌黄”。

南朝梁代刘峻《广绝交论》说：“雌黄出其唇吻。”李善注引《晋阳秋》说：“王衍字夷甫，能言，于意有不安者，辄更易之，时号口中雌黄。”

后来，“口中雌黄”演化成“信口雌黄”的成语。

信誓旦旦

【释义】信誓：真诚的誓言。旦旦：诚实的样子。誓言诚恳可信的意思。

【出处】春秋·佚名《诗经·卫风·氓》。

春秋时，有个男子，爱上一位天真美丽的姑娘。他借换丝的名义向姑娘求婚，并发誓真心爱她，永不反悔。

纯朴善良的姑娘信以为真，答应秋后与他结婚。婚后，妻子对丈夫真心诚意，但是丈夫却变了心，百般虐待她。后来，那男子竟狠心地将她遗弃，她在痛苦中回忆起以往的种种情景，内心无比愤恨，怨恨地控诉说：“当初你说白头到老，现在一回忆起这话就使我怨恨。滔滔的淇水再宽也有个岸，湿湿的洼再阔也有个边。当初我和你一起嬉戏，说说笑笑多么欢快。当年你信誓旦旦，没想到如今你反复无常把心变。我恨你变心不念旧，只好一刀两断把事情了结！”

有人根据这位女子的不幸遭遇，写成了一首诗。这首诗后来被收进了《诗经》，即《卫风·氓》，其中有段写道：

及尔偕老，老使我怨。
淇则有岸，隰则有泮。
总角之宴，言笑晏晏。
信誓旦旦，不思其反。
反是不思，亦已焉哉！

鬼斧神工

【释义】好像是鬼神而不是人工所为。形容技艺高超，巧夺天工。

【出处】战国·庄周《庄子·达生》。

鲁国有个技艺非常高超的木匠，名叫庆，人称梓庆。他能制作各种精巧的木器，人们看了都很钦佩。有一次，他用木头削雕成一个鐻（一种类似钟的乐器）。它外形美观，花纹精细，见到它的人一致夸它好；但又都非常惊奇，不相信这是人工做出来的，而像是出于鬼神之手。

鲁国的国君见这个用木头制作的鐻后，也连声喊绝，特地问梓庆说：“你是用法术制作它的吧？”

梓庆笑笑说：“我是一个凡人，哪里有什么法术？”

国君又问道：“那你是怎样制作它的呢？”

梓庆说：“我在设计这只鐻的时候，

聚精会神，没有杂念。这时，连自己四肢的形态都忘了。然后，再到山林去仔细观察，找到完全合用的木材。加工制作时，心里只想着镰，把所有的心血都凝聚在它上面，避免主观成见。经过这样的专心致志和精雕细刻，就能制作出好的镰了。”

国君这才明白此镰像经过鬼神之手制作得那样绝妙的缘故。

这个故事中有关“鬼神”的文字，后来被文人发展成为“鬼斧神工”或“神工鬼斧”“神工鬼力”等成语。

待价而沽

【释义】等待有赏识人才的人出来，才为他出力效劳，也比喻某件物品要有个好价钱才肯出售。

【出处】春秋·孔丘弟子《论语·子罕》。

孔子在一生当中，曾多次游说许多国家，但没有得到重用，所以有时大发牢骚。但他并不灰心，总希望有机会施展他的才能，实现他的理想。

一天，他的弟子子贡，以一块美玉为例，问孔子说是把它藏在柜子里，还是找一个识货的商人把它卖掉呢？孔子毫不迟疑地回答说：“卖掉它！卖掉它！我正在等待识货的人出现呢（沽之哉！沽之哉！我待贾者也）！”

成语“待价而沽”即由此概括而来。

胆大如斗

【释义】胆囊很大，犹如斗一般。形容胆大。

【出处】晋·陈寿《三国志·蜀书·蒋琬费祎姜维传》。

三国时期，蜀国的姜维很有才干，也很忠诚，得到诸葛亮的器重，委任他为征西将军，并且竭力培植他，后来诸葛亮死了，蜀国的兵马就由他统率。

姜维的胆量极大，他继承诸葛亮的遗志，九伐中原，可是都没有取胜。后来魏国派遣钟会、邓艾两路征伐蜀国。蜀国寡不敌众，遭到惨败。姜维带着少数兵马在剑阁坚守，但是后主刘禅已经投降，他也只好被迫投降钟会。

不久，魏国的钟会背地里谋划叛变魏王，姜维认为时机已到，便假意与钟会勾结，想乘机恢复蜀国。可是事情败露，他被魏兵杀害。传说魏兵剖开他的肚子，发现姜维的胆囊大得像斗一般，感到十分惊骇。这事传开以后，形成了“胆大如斗”的成语，也可简称为“斗胆”。

秋毫无犯

【释义】秋毫：鸟兽每到秋天要换毛，新长出的毫毛又细又尖。比喻微小的东西。形容纪律严明，一点也不侵犯群众的利益。

【出处】汉·司马迁《史记·项羽本纪》。

《史记·项羽本纪》载：刘邦对项伯（项羽的叔父）说：“吾入关，秋毫不敢有所近，籍吏民，封府库，而待将军。”刘邦、项羽是秦末各地起义部队中两个最有名的将领。刘邦的部队首先攻入武关（今陕西商县东），占领秦都咸阳，据说纪律严明。大意是：我虽然首先攻入武关，可我秋毫微物都不敢私自拿取；我把官吏百姓的户口名册登记清楚，把文书府馆和财物仓库都封存起来，专候将军（项羽）来接收。”

这个说法，后来演变简化，就形

成了“秋毫无犯”这个成语。

秋风过耳

【释义】比喻对某种事物漠不关心，像秋风过耳一样。

【出处】汉·赵晔《吴越春秋》。

春秋时，吴王寿梦有四个儿子：长子诸樊，次子余祭，三子余昧，四子季札。其中季札的品德最为贤良，而且很有才能，因此吴王寿梦最宠爱季札。公元前561年，寿梦得了重病，临终前要改变传位给长子的制度，把王位传给季札，但季札坚决推辞。于是寿梦对长子诸樊说：“我想把君位传给季札，但他不愿破坏旧制，你即位后，希望不要忘了我的遗愿。”

寿梦死后，诸樊继承了王位，他和余祭、余昧立下誓约：今后王位由兄弟依次相传，最后务必让季札继位。果然，诸樊死后，传位给余祭；余祭死后，又传位给余昧。季札忠心耿耿地辅佐兄长处理朝政，贤名远播。

余昧临死时，按誓约要传位给季札。但季札还是坚决不从，他说：“父王离世前，我曾明确表过态度，不继承王位。做人只要行为正派，品格高尚，至于荣华富贵，不过就像秋风过耳，没什么值得留恋的。”为了彻底表明自己的心迹，他索性前往自己的封地隐居起来，直到余昧的儿子僚继位后，他才回到朝中，协助吴王僚治理朝政。

12年后，诸樊的长子公子光刺杀了吴王僚，假意请季札继位。季札不但严词加以拒绝，而且对他严加痛斥。公子光即位后，季札逃回封地延陵，在那儿隐居到老，再也没回过吴都。

独占鳌头

【释义】鳌头：宫殿门前石阶上巨鳌的浮雕。科举时代，考中第一名的状元要站在鳌头前面。形容在各种竞争中获得第一。

【出处】清·问竹主人、入迷道人《三侠五义》。

宋仁宗时，经包拯提议加试恩科。这加试恩科的文书发到湖广，惊动了湖广武昌府江夏县南安善村的范仲禹。范仲禹虽是个有学问之人，却家道艰难，勉强糊口度日。

一天，范仲禹在文人雅会上听到了加试恩科的消息，回家后便闷闷不乐。他对妻子说：“今日与同窗会聚，他们一个个装束行李，准备起程，参加恩科考试，他们说，如果我也到京赴考，必定是鳌头独占，考中状元的了！而我们家如此贫穷，哪有钱支付我进京赶考呢？因此扫兴而归。”

后来，范仲禹在老朋友刘洪义的资助下来到京都，十分顺利。包拯当主考官，公正无私。范仲禹连考了三场，很是满意。范仲禹趁考毕候榜之际，一家三口同去岳母家万全山。不料因一时找不到岳母家的住宅，范妻白玉莲被威烈侯葛登云抢去，儿子被老虎叼走，范仲禹虽高中状元，却被葛登云家乱棍打疯。经历了一番磨难，后经开封府包公审理，案子方才水落石出。范仲禹照旧金榜题名，夫妻团聚，而葛登云则被包拯用虎头铡处决。

哀鸿遍野

【释义】鸿雁找不到安栖之地，没有目的地飞着，悲哀地叫着。形容流离失所的难民呼救的悲惨景象。

【出处】春秋·佚名《诗经·小雅》。

《诗经·小雅》有一篇题为《鸿雁》的诗，其中有两句道：

鸿雁于飞，
哀鸣嗷嗷。

诗的意思是说：鸿雁找不到安栖的地方，没有目的地飞着，悲哀地叫着。形容流离失所的难民呻吟呼救的凄惨景象。

由于这两句诗，后来人们就把不得安居的难民，叫作“哀鸿”；形容受难的人民极多，几乎到处有，就说是“哀鸿遍野”或“遍地哀鸿”。

原诗“哀鸣嗷嗷”的“嗷嗷”两字，后来还常常用来形容啼饥叫饿的嘈杂之声，例如，“嗷嗷待哺”就是哭哭嚷嚷地急切盼望给点吃食的意思。

前倨后恭

【释义】倨：傲慢。恭：恭敬。起先傲慢，后来恭敬，指前后态度截然不同。也用以形容那些势利小人。

【出处】汉·刘向《战国策·秦策一》。

战国后期，洛阳城有位名叫苏秦的说客。开始没人听他游说，他只得返回到洛阳家中。苏秦的家人见他一副窘态，都不理睬他。妻子不给他做饭吃，父母不与他说话，他的嫂子还当面讥笑他。苏秦受到这般冷遇，感慨万千。从此，苏秦足不出户，日夜攻读经史，发誓要干出一番事业来。

不久，苏秦再次远离家园，游说到赵国，奉劝赵肃侯采取合纵政策，联合韩、魏等五国，共同对付秦国。赵肃侯十分赞赏他的建议，就封他为武安君，给他车马、玉璧、绸缎，让他去游说各国诸侯，共同抗秦。苏秦凭着三寸不烂之舌，得到五国君主的赏识，一时间六国拜他为相，名声显赫。

有一次，苏秦从楚国返赵，途经家乡洛阳城，仪仗浩浩荡荡，威严壮阔，犹如天子巡行一般，引得家乡人赞叹不已。

苏秦的父母听说儿子衣锦还乡，忙洒扫居室，备好酒宴，赶到离城30里外的地方恭候苏秦；苏秦的妻子低着头，不敢正眼看丈夫；苏秦的嫂子则一路匍匐而行，跪在苏秦的车马下，连拜四拜，向他请罪。

苏秦看着这一场面，回想到上次回家里受到的冷落，不禁感慨地问道：“嫂子，你为何前倨后恭呀？”

嫂子厚着脸皮答道：“因为叔叔您地位变得尊贵了，而且又十分富有。”

苏秦听了这番话，长叹着道：“唉！我穷困的时候，父母不把我当作儿子；如今我富贵了，亲戚家人便惧怕我了。想不到人生在世，功名利禄竟是如此的重要！”

前车之鉴

【释义】以前的失败，可以作为以后的教训。

【出处】战国·荀况《荀子·成相》。

贾谊，是西汉时人。有一次，他上治安策给汉文帝，讲述治理国家的道理。他说：“秦朝的时候官宦赵高教导秦始皇的次子胡亥，只教他怎样去处决囚犯，而不教他如何治理好国家，结果胡亥所学习的，不是斩杀犯人，就是灭绝犯人的全族，其他的事就不会做了。秦始皇驾崩于沙丘后，胡亥做了皇帝，第二天就射杀人了。有人用忠言去劝他，他认为是毁谤；有人向他贡献治国的计策，他却认为是妖言。他杀起人来，简直像割草一样。难道胡亥的本性生来就是那样凶残吗？不是的，那是因为教导他的人，教得不合理罢了！俗语说：‘不熟悉做官的，只要看他所办的公事成绩如何就可以断定！’又说：‘前车覆，后车诫……’”

文帝采纳了贾谊的意见，把心思用在治理国家上，所以在他以后的许多年里汉朝都很强盛，在历史上称为“文景之治”。

前功尽弃

【释义】以前的努力全部白费。

【出处】汉·刘向《战国策·西周策》。

秦昭王为了统一天下，重用大将白起，命他带兵出征，先后打败了韩国和魏国。

公元前281年，秦昭王又派白起去攻打魏国的都城大梁。有个名叫苏厉的游说之士得知这个消息后，对周赧王说：“如果大梁被秦攻占，周朝就将危险了。”

周赧王是东周的国王，名义上是天子，可是各诸侯国根本不把他放在眼里。赧王听苏厉这样说，惊恐万分，忙问他该怎么办。

苏厉献计道：“为今之计，应派人去劝阻秦将白起发兵。”

赧王赶紧向他请教，应该怎样劝说白起不发兵。苏厉胸有成竹地说：“可以派人这样对白起说：您大破韩、魏之师，杀了魏国的大将，又在北方夺取了赵国不少土地，立下的战功可以说够大够多的了。现在您又去攻打魏国首都，这样很有危险。如果一旦攻打失利，那么就会前功尽弃，所以劝您还是称病不出兵的好。”

白起最后的命运很可悲，他因与秦王和相国的意见不合，反对攻打赵国都城邯郸，结果被逼自杀。

闻过则喜

【释义】指听到别人指出自己的过错而高兴。形容乐于接受批评，希望别人指出自己的过错。

【出处】战国·孟轲《孟子·公孙丑》。

孟子对他的弟子们谈到勇于接受批评的问题时，举出了历史上的三个人来：舜、禹和子路。

舜，也是传说中的古代圣王，人称“大舜”。孟子说，舜比禹更要伟大，他能善与人同，舍己从人，与人为善。所谓“善与人同”，就是把成绩优点看作不是个人独有，而是和群众共有的。所谓“舍己从人”，就是舍弃自己的缺点，遵从别人的优点。他当过农民，在河滨烧过窑，又在雷泽捕过鱼。他从做农民、做陶工、做渔夫，直到做天子，所有的长处，没有哪样不是向别人学习来的。吸取别人的长处以提高自己，从而更多地为大家做好事，这就叫作“与人为善”。禹，是古代传说中的夏朝开国君主，曾经治好了洪水的大患。他非常虚心，听到别人对他的善言劝告时，往往感激得下拜。子路，孔子弟子之一，为人诚实，刚直好勇。他很愿意别人指出他的缺点，指出的时候，他不但不生气，而且还很高兴，所以说他“闻过则喜”。

“舍己从人”，后来变作放弃自己的主张，听从别人意见的意思；也叫“舍己为人”，是牺牲自己的利益，为别人服务的意思。“与人为善”，后来含义也有些变了，成了与人和睦相处的意思。“闻过则喜”，后来人们也说作“闻过色喜”。

闻一知十

【释义】闻：听到。听到一点，就能推知十点。形容很聪明，能够举一反三。

【出处】春秋·孔丘弟子《论语》。

子贡是孔夫子的得意门生之一，卫国人。他头脑灵活，讲究务实，他不像当时大多数读书人那样自视清高，他很早就经商做生意，成了鲁国有名的富商。子贡又利用自己的财富做资本，积极从事政治活动，在鲁国和卫国都当过大官。

虽然子贡很有才能，孔子却总认为他不如颜回，颜回聪明好学，很有道德修养，从来不对别人乱发脾气，也从来不重犯同样的错误。孔子最欣赏颜回的，是他能安于贫困，生活俭朴，身居狭窄的胡同，每天只要有一碗饭吃，一瓢水喝，他就非常知足了，可惜的是，颜回死得较早，没有做出什么惊天动地的事业，也没有留下多少不朽的著作。可孔子就是喜欢他，说：“颜回真是个贤人啊！”

有一次，孔子问子贡：“你和颜回两个人，哪一个强些？”

子贡知道老师的心思，便答道：“我怎么敢和颜回比呢！颜回能够闻一知十，而我顶多只能闻一知二罢了。”

孔子听了子贡的话，赞许地点点头，说：“你说得对，你是不如他呀。”

关于子贡与颜回究竟应如何评价，见仁见智，各有不同。

祖逖闻鸡起舞

闻鸡起舞

【释义】听到鸡叫就起来锻炼。形容奋发向上、坚持不懈的精神。

【出处】唐·房玄龄等《晋书·祖逖传》。

东晋的名将祖逖，年轻时与好友刘琨一起到司州（今河南洛阳东北）任主簿。两人志同道合，意气相投，晚上合盖一床被子睡觉。

一天半夜，祖逖被远处传来的鸡啼声惊醒，便把刘琨踢醒，说：“你听到鸡啼声了吗？”

刘琨侧耳一听，说：“是啊，是鸡在啼叫，不过，半夜的鸡啼声是恶声啊！”

祖逖说：“不是恶声，而是催促我们早点起床锻炼的声音！”两人立即起床，到院子里舞剑，一直练到天亮。

西晋末年，北方广大地区被各少数民族军队占领，祖逖也和族人渡过黄河避难，南迁到淮河流域，后在将军司马睿手下当差。311年，匈奴贵族攻陷西晋京都洛阳，晋怀帝也被俘虏了，消息传到南方，祖逖义愤填膺，要求司马睿说："让我率军北伐，恢复中原。"司马睿任命祖逖为豫州刺史，并给他1000人的粮食和3000匹布，但没有给他铠甲和兵器。祖逖不怕困难，不畏艰险，率领私人军队1万多人马，渡过长江，向北方进军。

美轮美奂

【释义】形容建筑物高大、宽敞，也形容布景、装饰等漂亮。

【出处】汉·戴圣《礼记·檀弓篇》。

晋文子赵武家里新建了一所房屋，落成的时候，晋国的大夫们纷纷前往致贺。其中有一位称为张老的，他的贺词是："美哉轮焉！美哉奂焉！歌于斯，哭于斯，聚国族于斯！"这几句话大意是：好呀，高大啊！好呀，漂亮啊！以后逢到祭祀，就到这里奏乐；逢到丧事，就在这里哭泣；遇到宴集国宾、聚会宗族等活动，也好在这里举行了！

这几句话其实含有讽刺奢靡的味道，作为新屋落成的贺词，是很特别的，旁人都不免惊讶。可晋文子却并不生气，还接着祝祷道："武也得歌于斯，哭于斯，聚国族于斯，是全腰领以从先大夫于九原也！"大意是：我赵武能始终"歌于斯，哭于斯，聚国族于斯"，也就能保全我的腰和头颈，无灾无难地直到跟祖先同居九原了！古时重罪腰斩，轻罪颈刑，晋文子所谓"全腰领"，就是一生平安、没有灾祸的意思。九原，是当时晋国卿大夫墓地，在今山西绛县北，也写作"九京"。后世的人们就把"九原"当作死人所住的地下，和"九泉"的意思一样。

张老的贺词，经晋文子如此一说，就完全成为赞颂的意义了。人们认为张老赞颂得很妙，而晋文子的祝祷也够意思，因此称为"善颂善祷"。张老贺词中的"美哉轮焉！美哉奂焉！"两句，后来形成了成语"美轮美奂"。

养虎遗患

【释义】比喻纵容恶人，给自己留下祸根，就像养了老虎，反被老虎伤害一样。

【出处】汉·司马迁《史记·项羽本纪》。

秦朝末年，汉楚相争，两军相持了很长时间。

汉王刘邦派人游说楚霸王项羽道："项王您与汉王都受命于楚怀王，并曾结为兄弟。现在汉王地广兵多而且粮草充足，项王您士兵疲劳而且粮草也快用完了。在这种情形下，汉王很仁慈，派我来与项王商议停战事宜。"

项王本待发怒，但转念一想，汉使讲的确是实情，但又不甘心承认，就说道："本王是具有文韬武略的大丈夫，刘邦不过是雕虫小技的奸诈之徒，想当初，我几次饶他性命。现在既然刘邦支持不住，要与本王媾和，那就再饶他一次，讲和吧！"

于是，中原一分为二，官渡水以西归汉，官渡水以东属楚。

汉王刘邦想西归休养生息。谋臣张良、陈平劝道："现在天下一分为三，汉王已占三分之二；况且汉王顺天行事，各方诸侯都归顺我们，这是老天爷赐给我们击败项羽的大好时机呀！与其带领军队回蜀，不如抓住这个难得的机会，一举歼灭项羽。倘若汉王放项羽一马，等到项羽养兵囤粮，羽毛丰满之时，肯定再要来骚扰，岂不成了养虎遗患了吗？”

汉王刘邦采纳了张良、陈平的建议，命令韩信、彭越合力击楚，迫使楚霸王项羽在乌江自刎。

差强人意

【释义】差：尚、略。强：振奋。原指还算能振奋人心。后多指尚能使人满意。

【出处】南朝·宋·范晔《后汉书·吴汉传》。

新莽末年，吴汉逃亡到渔阳，以贩马为业，结交天下豪侠义士，后来投奔刘秀，为偏将军，征发渔阳等郡骑兵，帮助刘秀消灭王朗的割据势力，镇压铜马、重连等部农民起义军，为东汉王朝的创建立下战功。刘秀当上皇帝后，吴汉被任命为大司马，封广平侯，转战各地，镇压农民起义，并率部攻灭割据益州的公孙述。

吴汉为人忠厚朴实，沉默寡言，不喜欢表现自己。起初，刘秀对他并不十分重视，后来听到别人称赞吴汉智勇双全，才有意识地与吴汉接触，逐渐地了解了他。

有一次，刘秀打了败仗，心里很不是滋味，许多将领也都惶恐不安，不知如何是好，吴汉却在兵营里和士兵们一起磨刀擦枪，鼓舞士兵们的勇气。刘秀听说后，满脸的愁云一扫而光，觉得吴汉颇具大将风度，于是赞叹地说：“吴将军的所作所为还算能振奋人心啊！”

举足轻重

【释义】脚下一动，就会影响两边的平衡和均势。形容实力强大，地位重要，能够左右形势。

【出处】南朝·宋·范晔《后汉书·窦融传》。

王莽当政时，窦融任波水将军。后来降归起义军首领刘玄，当巨鹿太守。刘玄失败后，他联合酒泉、敦煌（今甘肃）等五个郡割据河西，担任河西五郡大将军。

汉光武帝刘秀取得政权以后，窦融有意归附，于是派长史刘钧向光武帝上书并献上马匹。刘秀见窦融有归顺之意，非常高兴，封他为凉州牧，赏赐黄金 200 斤，还颁发一道诏书让刘钧捎回。

在这道诏书中，刘秀赞扬窦融治理河西五郡的政绩以及对窦融的思慕之情，并且分析了当时的政治、军事形势。刘秀特地指出，在他与窦融相隔之间，尚有益州的公孙述和天水的隗嚣，他们都想争夺天下，在蜀汉相攻的形势下，就会影响西边的轻重。

窦融接到刘秀的信之后，决定一心一意归顺光武帝。当时隗嚣反叛朝廷，窦融积极出兵，与汉军东西呼应，把隗嚣打败。光武帝得到窦融的支持，实力大增，灭掉盘踞在益州称帝的公孙述后，很快就将陇蜀平定了。

举一反三

【释义】从一件事类推而知道其他很多事情。

【出处】春秋·孔丘弟子《论语·述而》。

有一天孔子对弟子们说：“举一隅，

不以三隅反，则不复也。”意思是说：先生举出一个事例，学生就应该独立思考，融会贯通，而联想类推到其余的三个，并用其他三个来反证先生指出的这一个；如果这样去用心学习和思考，使推理灵活化，那么，老师就用不着再教他们了。

举案齐眉

【释义】把端饭的盘子举得高高的与眉毛齐平。形容夫妻互敬互爱。

【出处】南朝·宋·范晔《后汉书·梁鸿传》。

东汉时，有个名叫梁鸿的穷书生，依靠勤奋进入当时的最高学府——太学。

梁鸿完成学业后，回到了家乡。他一点也没有太学生的架子，还是像农民一样下地干农活。

县里有个孟大爷非常有钱，他什么都满意，就是女儿不肯出嫁。有一次，孟大爷生气地问道：“你难道一辈子不嫁人？”

女儿回答说：“除非像梁鸿那样的人，我才会嫁给他！”

孟大爷听了，赶紧托人去向梁鸿传达女儿的心意。梁鸿觉得孟小姐很合适，就央人去求婚，孟家自然马上答应。

不久，梁鸿便和孟小姐成了亲，可是一连七天，梁鸿却不与新娘子说一句话。孟小姐十分奇怪，猜不透他为什么这样，便跪着问他这是为什么。

梁鸿不能不开口了，开诚布公地说：“我想娶的是生活俭朴的妻子，这样才能跟我一块儿种庄稼，过隐居生活。现在你穿的是绫罗绸缎，戴的是金银珠宝，这哪里是我所希望的呢？”

孟小姐说：“我身上穿的是婚礼服。但我知道你的心思，所以，早就准备了粗布衣服麻布鞋，何必为此操心呢？”说完，她退到内室，摘去首饰，换上粗布衣服，挎一只筐子出来。

梁鸿见了，高兴地说：“这才是我的好妻子！”

说罢，他高兴地给妻子起了个名字：孟光。

后来，他们搬到了吴中，故意投奔到富翁皋伯通那里，向他借了一间房子住了下来。梁鸿天天出去给人家舂米或者种地，孟光在家里纺纱织布。

每天当梁鸿回家的时候，孟光就托着放有饭菜的盘子，恭恭敬敬地送到梁鸿的面前。为了表示对丈夫的尊敬，她不仰视他，并且每次总是把盘子托得跟眉头平齐。梁鸿也总是很有礼貌地双手接过盘子。

一次，皋伯通看到了他俩互敬互爱的情景，知道梁鸿不是平常的庄稼人，就把他一家接到自己家院里，并且供给他们吃的和穿的，让梁鸿安心读书做文章。不久，梁鸿病死了，孟光才带着儿子回到老家去。

浑金璞玉

【释义】比喻人的品质素朴美好，也指天然浑朴的精美器物。

【出处】南朝·宋·刘义庆《世说新语·赏誉》。

山涛是魏晋时著名的“竹林七贤”之一。他品性纯朴，见识超群，虽然和当时执政的司马氏有亲戚关系，但从不阿谀逢迎，所以直到40岁，才在郡里当了一个主簿。司马氏篡魏建立了晋朝后，山涛担任了吏部尚书之职。“竹林七贤”之一的嵇康为此与他绝交，写了一篇《与山巨源绝交书》，后来嵇康被司马昭所杀。过了两年，山涛向晋武帝司马炎推荐了嵇康的儿子嵇绍，说他德才兼备，可以任用。于是嵇绍被任命为秘书丞。

不久，有个名叫贾充的权臣，向晋武帝推荐自己的心腹陆亮，说他秉性忠直，公正无私，可以让他到吏部任职，晋武帝答应了。但山涛知道陆亮是个小人，极力反对。晋武帝不听，山涛便辞职回乡。后来陆亮因贪赃枉法被查办革职，于是晋武帝再把山涛请回来，对他更加信任了。

山涛在吏部任职共20多年，为朝廷推荐了很多官员，由于他善于鉴别人才，因此他在奏章里对这些人的评价和他们后来的表现很相符，当时人们把他的奏章称为“山公启事”。

“竹林七贤”之一的王戎曾称赞他：“山涛就像未经琢磨的玉和未经冶炼的金子一样，人们都欣赏玉和金光彩的外表，但对浑金璞玉，却并不知内在高贵的质地。”这一评价是很切实际的。

济世安民

【释义】济：拯济。拯救时世，使人民生活安定。

【出处】后晋·刘昫等《旧唐书·太宗本纪》。

唐太宗李世民是唐高祖李渊的第二个儿子，4岁时，李渊带他到岐州办事。岐州有个书生拜谒李渊，自我推荐说擅长相术。他观察李渊后说：“您是大贵人啊，而且有贵子！”这时，李世民走到李渊身边，书生一见李世民，立即说：“龙凤的姿态，天子的仪表，年近20岁时，必定能济世安民。”

李渊害怕他的话泄露出去会招致杀身之祸，正打算杀掉这个书生，书生忽然不知去向，于是就采用济世安民的意思，为太宗起名叫“世民”。

果然，李世民辅助李渊建立唐朝。后来他继承帝位，经过“贞观之治”，把中国建成为当时世界上最强盛的国家。

洗耳恭听

【释义】恭敬地听别人说话，准备领教。

【出处】晋·皇甫谧《高士传·许由》。

传说，上古时代的尧，想把帝位让给许由，许由是个以不问政治为“清高”的人，不但拒绝了尧的请求，而且连夜逃进箕山，隐居不出。当时尧还以为许由谦虚，便更加敬重，又派人去请他，说：如果你坚决不接受帝位，则希望能出来当个“九州长”。不料许由听了这个消息，更加厌恶，立刻跑到山下的颍水边去，掬水洗耳。

许由的朋友巢父也隐居在这里，这时正巧牵着一条小牛来给它饮水，便问许由干什么。许由就把消息告诉他，并说：“我听入了这样不干不净的话，怎能不赶快洗洗我清白的耳朵呢！”

巢父听了，冷笑道：“谁叫你在外面招摇，造成名声，现在惹出麻烦来了，完全是你自讨的，还洗什么耳朵！别玷污了我小牛的嘴！”说着，牵起小牛，径自走向水流的上游去饮水了。《高士传·许由》的原文是：“尧欲召我为九州长，恶闻其声，是故洗耳。”

不过后来人们所说的“洗耳”，却和许由的洗耳，含义完全不同，变成准备领教的意思，一般都叫作“洗耳恭听”——把耳朵先洗干净，以便恭恭敬敬地听取有益的良言或欣赏优美的乐曲。

神机妙算

【释义】神：神奇。机：机智。算：谋划。比喻计谋高明。

【出处】明·罗贯中《三国演义》。

208年，曹操率领20万大军南下，准备一举消灭孙权和刘备的势力，统一全国。刘备派诸葛亮去东吴联合孙权，共同对付曹操。

东吴大都督周瑜妒忌诸葛亮的才能，总想借机把他除掉。有一次，诸葛亮接受了三天内造出10万支箭的任务，并且立下军令状，到时交不出10万支箭，就要被斩首。

但是，诸葛亮胸有成竹，自有妙计，他私下向东吴大将鲁肃要了20只快船，每只船上配置30名士兵；船上都用青布做帐幕，还扎放了1000多个草人。

诸葛亮趁江面上罩着大雾，下令将草船驶近曹军水寨。他和鲁肃一面在船中饮酒，一面命令士兵在船上擂鼓呐喊，装作攻打曹军的样子。

曹操听到江面上鼓声，呐喊声大作，以为敌军趁大雾前来袭取水寨，慌忙命令曹军不要出击，奋力用箭射向对方。霎时间，曹军水陆两军1万多弓箭手一齐朝江中射箭。

等到太阳初升雾散之后，诸葛亮下令各船迅速驶回。这时，20只船的草人上已经挂满了箭，远远超过10万支，他又让各船士兵齐声高喊“谢丞相赠箭！”曹操懊悔不已。事后周瑜大吃一惊，感慨万分地叹道：“诸葛亮神机妙算，我不如他。”

迷途知返

【释义】借指犯了错误的人要及早改正，以免越陷越深。

【出处】晋·陈寿《三国志·魏书·袁术传》。

东汉末年，朝政衰败，董卓乘机率军占据京师，专揽朝政。袁术为了躲避祸乱，从京师逃奔南阳郡。这时正值长沙太守孙坚杀死南阳郡太守张咨，袁术便乘机占据南阳。袁术占据南阳郡后，骄奢淫乱，胡作非为，百姓十分不满。不久，袁绍和曹操共同攻打袁术，袁术败走，率军割据扬州，想乘天下大乱之际，浑水摸鱼，当上皇帝。他写信给少年时的好友陈珪，希望陈珪能够支持他，帮助他完成称帝大业。

陈珪反对袁术称帝，他在信中劝诫袁术说：“我以为你会同别人齐心协力，救助汉室；不料你却要走上邪路，自称皇帝。如果你迷途知返，尚能避免一场祸患。”

袁术没有听从陈珪的劝告，终于在寿春（今安徽寿县）当皇帝。后来，他被吕布、曹操先后打败。

恃才傲物

【释义】自以为才高看不起别人。

【出处】唐·姚思廉《梁书·萧子显传》。

萧子显是南朝齐武帝的侄子，他的父亲萧嶷是齐武帝的胞弟。齐朝只经历了短暂的23年，就被梁朝取代。萧子显兄弟16人，都在梁朝做官。梁武帝萧衍一向赏识萧子显的才华，又喜爱他超凡脱俗的谈吐举止，常召他来宫里一起谈史论文。梁武帝提倡经术，当时萧子显担任国子博士，就把梁武帝所写的

《经义》作为太学的教材，亲自指点一名助教，教十名学生专门学习，为国家培养急需的人才。

萧子显还接受梁武帝的委托考订众家后汉史书，写成《后汉书》100卷，又撰写了《齐史》60卷。他的非凡才华博得梁武帝的称赞。梁武帝每设御宴，总要召萧子显来陪坐。开宴后，梁武帝常常亲自来到萧子显身边，与他亲切交谈，显出对他的特别器重。于是，萧子显自恃才气非凡，未免目中无人。他担任吏部尚书的时候，执掌任免、选拔官员的大权，有各种档次的应选士人与他见面，可是萧子显对所有热情的举动招呼，一概不予答理，一句话也不同他们说，只是把手上的折扇一挥，就算是见过这人了，表情始终冷峻异常。

萧子显年仅49岁就病死了。在准备安葬的时候，家人请求谥号，梁武帝亲自写了“恃才傲物，宜谥曰骄”的诏书，就是说，谥号“骄”对萧子显一生做了精辟而恰当的评价。

亭亭玉立

【释义】亭亭：直立高耸的样子。形容体态修长的少女或挺拔秀丽的树木。

【出处】唐·李百药《北齐书·徐子才传》。

北齐的武成帝高湛，是高欢的第九个儿子，孝昭帝高演的同母弟弟。此人性情残忍，荒淫无度。

高演在世时杀了许多人，他在弥留之际，回顾一生，似有悔悟之意，留下遗诏传位给高湛，并嘱咐高湛要善待自己的儿子高百年，希望他不要学自己。

高湛即位后封高百年为乐陵王，但不久，就忘了哥哥临终前的嘱托，诬陷高百年企图篡权当皇帝，命人将他杀死，扔到水池里。

对哥哥文宣帝高洋的妻子李氏，高湛同样不放过，他逼迫李氏与自己淫乱，不久李氏生下一个女婴，李氏羞愧难忍，便没让女婴活下来。高湛知道后当着李氏的面将她的儿子用刀环活活砸死。李氏见亲生儿子惨遭杀害，大声痛哭。高湛又将李氏打得遍体鳞伤，然后将她送到寺院里当尼姑。

高湛这样惨无人道，加上沉溺于酒色享乐，年纪轻轻的就染上了疾病，身体日渐消瘦，极度虚弱。一次疾病发作，他昏昏沉沉地睡了过去，仿佛看见空中有一个五色物体，稍近一些看，又变成一个美丽的妇人，离地数丈高，亭亭而立。一顿饭的工夫，又变成了观世音。

高湛急忙招来徐之才为他看病。徐之才善于拍马逗乐，很得高湛宠幸。徐之才为高湛号过脉，听他叙述症状，便说：“这是色欲过多，大虚所致。”当即开了汤药方，服下一剂后，眼前那亭亭玉立的美人已稍稍远去，又服一剂后，美人还原成了五色物体；服下数剂汤药后，病果然好了。但后来，高湛旧病复发而亡。

退避三舍

【释义】古时行军，30里为一舍，退让90里，表示主动退让回避，以免冲突。

【出处】春秋·左丘明《左传·禧公二十三年》。

公元前655年，晋国宫廷政变，太子申生被杀，他的弟弟重耳被迫逃离晋国，经过18年的流亡，重耳来到楚国。

楚成王预见到，重耳有可能回国获得王位。他从楚晋两国的长远关系考虑，对重耳热情接待。在一次宴会上，楚成王问重耳道："公子如果能返回晋国主持国政，将用什么来报答我？"

重耳略假思索回答说："贵国的美女和金银财宝应有尽有，我们晋国所有的，已经是君王的剩余之物了，我还能有什么东西来报答君王呢？"

楚成王笑说："话虽如此，但你究竟用什么来报答我呢？"

重耳考虑了一下，说："如果托君王的福，我得以返回晋国获得王位，那一定不忘君王对我的恩德，若是将来晋楚两国发生冲突，在中原相遇，我就退避三舍。"

楚国的大夫子玉听到重耳这样回答，觉得他是个很有抱负的人，建议楚成王趁早把他杀掉，免除后患。楚成王没有同意，派人护送重耳到了秦国。

第二年，前后流亡19年的重耳，终于在秦国帮助下，回到晋国做了国君，史称晋文公。他一心一意治理国家，晋国逐渐强大起来。

后来晋楚两国果然在中原打仗。楚国领兵的大将是子玉，他非常骄傲，率领楚军气势汹汹地向晋军扑来。晋楚两军相遇后，晋文公下令晋军后退90里，以实现自己的诺言。

晋军中有些将领反对这样做。晋大夫子犯却非常拥护，他说："出兵作战，理直就能气壮，理亏士气就会低落。从前我们得到过楚国帮助，答应过他们打仗时我们先退避三舍，不实现诺言，就是我们理亏。如果我们退让了他们还不罢休，那就是他们理亏。他们理亏，我们理直，打起仗来，对我们有利。"

于是晋军后撤90里，在城濮驻扎下来。楚帅子玉错误地认为，晋军撤退是害怕楚军。因此对方后退90里，他就前进了90里。

不久，晋楚两军在城濮会战，晋军最终取得胜利。

怒发冲冠

【释义】形容愤怒到了极点，使头发竖立把帽子都冲起来。

【出处】汉·司马迁《史记·廉颇蔺相如列传》。

秦昭襄王听说赵惠文王得到一块稀有的和氏璧，便表示愿意以15座城池来换取这块璧。

赵王与大臣们商议后认为，如果把璧交给秦国，恐怕不可能换到秦国的城池，只是白白地被秦国欺骗；如果不给他，恐怕秦王会派兵来侵犯。于是，准备派一个人去出使秦国。有人推荐让蔺相如去完成这个任务。蔺相如对赵王表示，他愿意捧着璧出使秦国，并保证，如果秦国将城池交给赵国，他就将璧留在秦国；如果秦国不给，他就一定将完好无损的璧带回赵国。

蔺相如出使秦国，向秦王献出了和氏璧后，秦王满心欢喜，让后宫姬妾和左右大臣传观这块璧玉，左右都欢呼万岁。蔺相如见秦王没有把15座城池补偿给赵国的意思，便心生一计，走上前说："璧上有个小斑点，请指给大王看。"

蔺相如取璧到手，退后几步，让身子靠着庭柱，怒发冲冠，他说："这次奉璧来秦，想不到大王傲慢无礼，只顾让人传观，不提交城之事，所以我把璧拿了回来。大王要是逼迫我，我宁愿将自己的脑袋与璧一起在柱上撞个粉碎！”

秦王怕他说到做到，连忙表示道歉，再三劝请他不要这样做，并立即叫主管疆城户口的官吏来查看地图，指出15座城池划给赵国。

蔺相如料到秦王只不过是装装样子，并不是真的要这样做，便又说：“和氏璧是天下公认的宝物，我们赵国大王送璧时斋戒5天，如今大王接受它也需要斋戒5天，在朝堂上举行最隆重的仪式，这样我才能献璧。”

秦王无可奈何，答应照办，并叫蔺相如在宾馆里等候。

蔺相如估计秦王虽然答应了斋戒5天再受璧，但不会真的给赵国15座城池。因此派他的随从换了服装把和氏璧藏在怀里，从小路返回赵国。

秦王斋戒5天后，在朝堂上摆开了最隆重的礼仪，请蔺相如来献璧。蔺相如来到后，神色坦然地说：“我怕被大王欺骗而对不起赵国，已经派人走小路将璧送还赵国了。只要大王履行送15座城池的诺言，赵国是不会不给璧的，我欺骗了大王，罪该万死，就请大王将我下油锅烹死吧！”

秦王十分恼火，但转而一想，就是杀了蔺相如，也不能得璧，这样做反倒断绝了与赵国的友好关系。于是在朝堂上正式接见了蔺相如，并且客客气气地放他回国。

后来，人们就把这个故事中蔺相如愤怒时的表现“怒发冲冠”作为成语。

羿射九日

【释义】形容为民除害的英雄行为。

【出处】汉·刘安等《淮南子·本经训》。

上古帝尧时代，忽然有十个太阳一齐出现在天空，造成可怕的大旱，人民苦不堪言。

帝尧向天帝祷告，请求援救。天帝就派了后羿来帮助帝尧。后羿带着妻子嫦娥来到人间，帝尧接见了他们，表示最热烈的欢迎，并且要求他立即施展神力，惩治一下胡闹的太阳。

后羿当即取出天帝所赐的弓箭，走向广场，对准天空十个太阳中的一个，“嗖”的一箭，射了出去。起初，不见动静，稍隔一会，只见那个太阳猛地爆裂开来，火光乱迸，纷纷散落下一些金色的羽毛来。随即轰然一声，掉下了一团红亮的东西。人们跑过去一看，原来是一只硕大无比的金黄色的三足乌鸦，身上还插着后羿的那支神箭。望一望天上，果然少了一个太阳，人们不禁同声欢呼起来。

这时后羿又射出了第二支箭，又一个太阳掉了下来。一支一支地射上去，太阳就一个一个地掉下来，人们的欢呼连绵不绝，空气立刻转冷，焦旱枯干的灾难，眼看就要解除了。

帝尧当然高兴极了，但是，当他看见天空只剩了一个太阳，而后羿射箭的兴致似乎还没有尽的时候，他急了，赶紧从后羿的箭袋里，把剩余的箭全部抽去，这样，才提醒后羿留下了一个太阳。

结驷连骑

【释义】驷：古时一辆车所套的四

匹马。随从、车马众多。形容排场阔绰。

【出处】汉·司马迁《史记·仲尼弟子列传》。

孔子的学生子贡，平时很喜欢抛头露面，谈论起治国道理来头头是道，胸中很有雄才大略。后来卫国君王任命他担任相国，他一朝大权在握，顿时显赫起来：住的是华厦高屋，出门前呼后拥，在朝廷上说话举足轻重，声名权势很大。

孔子另一个学生原宪，满腹才华，平时沉默寡言，不喜欢同别人争强斗胜，后来也当了官，却过着俭朴的日子。孔子死后，他弃官隐居卫国，住在简陋的屋子里，安心地钻研学问。

子贡便以相国的身份去拜访原宪，大队人马随行，有的骑着高头大马，有的乘着车子，而子贡坐在四匹马拉着的车子里，更是威风凛凛。原宪看见子贡结驷连骑，排场很大，非常不高兴，就穿上破衣服，从简陋的住房里走出来迎接子贡。子贡见了，觉得给自己丢了脸面，顿时浑身不自在。他看着原宪的脸，不满地说："我看你莫不是生病了吧？"

原宪听了，知道子贡看不起自己，于是冷冷地回答他说："我听说，如果没有钱财，那只叫作贫穷。只有修养不高，才叫作生病。如今我这副模样，只不过是贫穷而已，怎么是生病呢？"

子贡听了，知道自己对原宪无礼了，顿时脸红起来。

结草衔环

【释义】将草结成绳子，嘴里衔着玉环，表示报恩的意思。

【出处】南北朝·梁·吴均《续齐谐记》。

后汉人杨宝，九岁时，有一天，在山下看见一只受了伤的小黄雀，跌落在一株树下，浑身爬满了蚂蚁，动也不动，看来快要死了。

杨宝很可怜这只小黄雀，便把它救起，带回家去，每天采些黄嫩的花蕊来喂它。经过了100多天的细心喂养，它的伤才完全养好。这时，小黄雀的羽毛也长得很丰满了，跳跳叫叫，非常活泼。杨宝就放它飞走了。

当天晚上，杨宝梦见一个黄衣童子，口衔四个白玉环，说是送给杨宝的礼物，并且感谢他的救命之恩，祝福他的子孙都像玉环一样纯洁清白，世代幸福。说罢化作一只黄雀飞去了。

"结草"和"衔环"二者合并为一句，泛指报恩，如果分开来，则活着报答叫"衔环"，死后报答叫"结草"，所以有这样的说法："生当衔环，死当结草"。

既往不咎

【释义】既：已经。咎：责备。对已过去的事，不予追究。

【出处】春秋·孔丘弟子《论语·八佾》。

春秋时期，鲁国的君主鲁哀公问孔子的弟子宰我："土地神的神主应该用什么树木制作？"宰我回答说："夏朝人用松木，殷代人用柏木，周代人用栗木。栗木的意思是使人民害怕得战战栗栗。"

孔子听到宰我的回答，大为不满，责备宰我说："已经做过的事不用再解释了，已经完成的事不要再规劝了，已经过去的事不用再追究了。"

《论语·八佾》的原文为："哀公问社于宰我，宰我对曰：'夏后氏以松，殷人以柏，周人以栗，曰：使民战栗。'子闻之，曰：'成事不说，逐事不谏，既往不咎。'"

骇人听闻

【释义】骇：惊吓。使人听了非常吃惊。多形容非常之事或故意夸大其词的言论。

【出处】唐·房玄龄等《晋书·王劭传》。

南北朝时，有个名叫王劭的人，曾在北齐、北周和隋文帝、隋炀帝时做过官。王劭并没有什么才学，但他善于投当权者所好，常散布荒诞的童谣或谎报神奇怪异现象，来恭维当朝江山永远稳固。

有一次，王劭煞有介事地跑去告诉隋文帝，他听说在某处捕获了一只神龟，神龟的腹部有“天下杨兴”几个字，只可惜捕龟人不小心，让神龟跑了。隋文帝听了半信半疑，不过，还是重重赏赐了王劭。

王劭见这一招挺灵，越发胡说八道起来，皇后死了，他到处对人说，皇后原是“妙善菩萨”转世，她不是死，而是“返真”，临去时，天上还曾派下仙乐和香花来迎接她。听的人明明知道他是信口胡说，但不敢戳穿，还得装着真有那么回事一样，跟着他把皇后赞美一番。

但是正直的人却很看不起王劭的人品，他们评论王劭尽用些荒诞不经的事来献媚于皇上，说他“骇人视听”。

“骇人视听”后来就演变成了“骇人听闻”或“耸人听闻”。

骄兵必败

【释义】骄兵：恃强轻敌的军队。骄傲的军队必定失败。

【出处】汉·班固《汉书·魏相传》。

西汉时期，汉宣帝为了平定边境，派侍郎郑吉带领军队去攻打车师国。车师国只好归顺汉朝。郑吉占领车师后，留下300名士兵驻守，命令他们一边防守，一边种地。然后，他带领其余的部队回到北面的渠犁城，安营扎寨，长期驻防。

不久，匈奴派出大批的骑兵，浩浩荡荡袭击车师，汉军300名士兵奋勇抗击。郑吉得到报告，急忙率领7000多名将士，马不停蹄赶往车师救援。可是敌我双方力量悬殊，郑吉终因寡不敌众，被匈奴大军围困在车师。郑吉派人冒死突围，给汉宣帝送去奏章，请求朝廷火速派兵支援。

汉宣帝见事情紧急，立即召集朝中大臣商议。将军赵充国认为，只要去攻打匈奴的右翼部队，匈奴就会从车帅撤兵。这时，丞相魏相向汉宣帝劝谏说：“匈奴近几年来没有侵犯我们的边境，而为了车师去攻打匈奴，毫无道理可言。边境的百姓生活困苦，无衣可穿，无粮可吃，怎能打仗？国内许多郡县连年遭灾，收成不好，一些官吏贪赃枉法，儿杀父、妻杀夫的现象时有发生。首先应整顿朝政，任用贤人，处理好国内的事情。仗着国大人众对外炫耀武力，这队伍就是骄横的军队，骄兵必败啊！”汉宣帝采纳了魏相的意见，决定不出兵攻打匈奴，只派部队把郑吉的兵马救回渠犁。

十　画

秦晋之缘

【释义】古代秦国和晋国几代互相通婚，后来指两姓联姻。

【出处】春秋·左丘明《左传·僖公二十三年》。

春秋初期，晋国吞并了附近一些小国，成为大的诸侯国。为了与实力强大的秦国保持友好关系，晋献公把自己的大女儿嫁给了秦穆公，历史上称她为“秦穆夫人”。

后来晋国发生内乱，逃亡在国外的太子夷吾回国继位。

夷吾怕回国后控制不住局势，便请他的姐夫秦穆公派兵护送并支持他。夷吾继位即晋惠公。

晋惠公后来为了加强与秦国的友好关系，把太子子圉送到秦国去当人质；秦穆公为了表示友好，也将女儿怀嬴嫁给子圉。不料，子圉后来背着秦穆公逃回晋国。次年惠公死了，他继任国君，即晋怀公。怀公生性刻薄，乱杀老臣，引起朝中百官对他的强烈不满。

在各诸侯国流亡了19年之久的晋公子重耳，最后来到了秦国。他才华出众，为人忠厚，秦穆公很欣赏他，把5个宗女嫁给他，其中一个就是曾经嫁给子圉的怀嬴。

一天，怀嬴捧着水盆给重耳浇水洗手。重耳洗完后，很轻视地挥手叫她走开。怀嬴生气地说：“秦国与晋国是地位相等的国家，你为什么欺侮我？”

重耳知道自己做错了，马上脱去上衣，做出自囚的样子向她认错。

后来，秦穆公的军队护送重耳回晋国去。不久，他派人刺杀了怀公，群众都拥戴他当国君。之后，他让太子也娶秦国的宗女做夫人，从而父子两代都和秦国联姻。

秦晋两国国君几代互相通婚，后来人们将两姓联姻称为“秦晋”“秦晋之缘”或“秦晋之好”。

秦琼卖马

【释义】秦琼：人名。比喻英雄末路。

【出处】清·褚人获《隋唐演义》。

秦琼，字叔宝，山东人。他是唐朝的开国功臣，曾参加河南的瓦岗起义军，是李密的骠骑亲将。瓦岗军覆灭后，秦叔宝又为李世民所罗致，逐步成为高级将领。

秦叔宝在民间的声望很大，原因是有两部小说《隋唐演义》和《说唐》，都特别强调秦叔宝。在《隋唐演义》与《说唐》里，都有“秦琼卖马”的故事，说的是秦琼在潞州落了难，穷得连饭钱也付不出。先是典押了随身的兵器金双锏，后来逼得连自己的坐骑黄骠马也卖了。可是人在倒霉的时候，样样不遂心，连马也没有人要。幸而遇见了一位卖柴的老者，指引秦叔宝说："这西门15里外，有个二贤庄，庄上主人姓单号雄信，排行第二，人称他为二员外，要买好马送朋友。"秦琼久闻潞州单雄信的大名，就由这位老者介绍到二贤庄，与单二员外见面。秦琼羞于说出真名实姓，只称姓王，拿了马价而去，后来单雄信从别人口中，获知卖马的人，就是山东济南府的秦琼，便立刻追赶。

所以《说唐》里的秦琼，简直和"水浒"里的宋江一样，到处受英雄豪杰的崇拜。

泰然自若

【释义】泰然：安静、镇静，或满不介意的样子。自若：不变常态。指在突发的事件中，保持镇静的态度。

【出处】元·脱脱等《金史·颜盏门都传》。

在宋金交战中，有个金人名叫颜盏门都，身材高大，美须飘飘。他的哥哥羊艾在进攻汴梁的战斗中不幸牺牲，门都继承哥哥的事业，开始了军旅生涯。

那时金朝都统完颜杲准备进攻饶风关，派门都带着60名骑兵做先遣队。作为侦察员，门都出色地完成了任务，展露了他的军事才华。完颜杲非常欣赏他的机智勇敢、临危不惧，便将他带在身边。

金朝天眷初年（1138年），宋朝定国军节度使李世辅与他的父亲一起被金军俘虏，父亲被杀，李世辅投靠西夏，伺机报杀父之仇。一次，李世辅设下家宴，派人邀请完颜杲来做客，席间，以献甲胄为名，劫持了完颜杲。门都看到情形危急，冒死逃了出来，带援军救出了完颜杲。

门都性情忠厚，谨小慎微，制订作战计划特别缜密周到。他遇事沉着镇静，有敌人突然进犯，即使矢箭如雨落下，他仍泰然自若，像平时一样布置行动计划，发出行动命令。门都又有豪侠心肠，对待士兵宽宏大度，因此他的队伍军心稳定，任何情况下都有良好的秩序，士兵们也死心塌地跟随着他。

素面朝天

【释义】指妇女不施脂粉。

【出处】宋·乐史《杨太真外传》。

唐玄宗李隆基时，由于宠爱的武惠妃去世，他常常郁郁寡欢，有时无缘无故地发火。

他儿子寿王李瑁的妃子杨玉环是一位绝色美人。玄宗一见到她就神魂颠倒，虽然从辈分上说，她是自己的儿媳妇，但他顾不得辈分了，千方百计将她弄到自己的身边，封她为贵妃，宠爱有加。自从得到杨贵妃，唐玄宗便沉溺于歌舞声色中了。

杨贵妃集后宫三千宫女嫔妃的宠爱在一身，杨家顿时鸡犬升天，兄弟姐妹都得到封赏，大姐封韩国夫人，三姐封虢国夫人，八姐封秦国夫人。

韩国夫人、虢国夫人、秦国夫人三人都美貌出众，玄宗经常与她们一起寻欢作乐，每年都要赏赐大量的脂粉钱。

三人中虢国夫人最漂亮，又很会讨皇上喜欢，玄宗对她也是又怜又爱。虢国夫人自恃美艳，常常不施脂粉，素面入朝，觐见天子。诗人张祜曾有诗讽刺道：

虢国夫人承主恩，
平明上马入宫门。
却嫌脂粉污颜色，
淡扫娥眉朝至尊。

宫中女子为了讨皇上欢心，都要描眉画唇，施以厚厚的脂粉，虢国夫人别出心裁，不施脂粉，在六宫粉黛中反而更显得美若天仙，玄宗由此更加宠爱她。她家的宅第，豪华比得上皇宫，气派没有哪家能比，虢国夫人享尽荣华富贵。安史之乱后，她逃到陈仓，死在那里。

莫逆之交

【释义】莫逆：没有抵触。交：交情。彼此情投意合，友谊深厚。

【出处】战国·庄周《庄子·大宗师》。

从前，有四个怪人，主张万事万物顺应自然，认为天地间“无”（即“没有”）是最崇高的。

有一天，这四个怪人子祀、子舆、子犁和子来聚在一起，热烈地讨论着“无”的崇高和伟大，一致认为“无”就像人的头一样，起着至关重要的作用。分别时，四人互相望着笑着，认为他们心心相通，友谊将天长地久（四人相视而笑，莫逆于心，遂相与为友）。

过了一些时候，子舆害病了，子祀去探望。子舆出门迎接时，弯着腰，勾着头，高耸起两肩，背上长着五个大脓疮。他却对子祀说：“上天真是伟大啊，使我成为这样的人！”

子祀问道：“你对你的病一点也不忧虑吗？”

子舆说：“干吗要忧虑呢？人的生与死，本来是上天安排好了的，所以，我只要顺应自然就行了。”

不久，子来也害了病，神情非常痛苦，眼看就要死去。子犁去看子来，见子来的妻子悲伤地啼哭。子犁坐在床边和子来说道：“伟大的造物主正在变化你，你的妻子怎么能随便惊疑啼哭呢？”

子来感激地说：“假如一个铁匠正在打铁时，火炉中的一块铁突然跳了起来，那铁匠一定认为是不祥之兆。天地是一个大熔炉，阴阳是一个伟大的铁匠。我现在正在被天地铸造着，怎么能表示出痛苦呢？”

子犁紧紧握着子来的手，说：“我们真是知心朋友！”

后人将“莫逆于心，遂相与为友”概括为“莫逆之交”的成语。

破釜沉舟

【释义】釜：煮饭用的锅。表示下定决心，准备牺牲一切，去取得胜利。

【出处】汉·司马迁《史记·项羽本纪》。

秦二世时，大将章邯有一次在定陶（今山东定陶）把项梁打得大败，项梁战死。章邯乘胜派王离和涉闲去打赵王，一下子又把巨鹿（今河北平乡）城团团围住了。项梁的侄子项羽派英布领二万兵去援救，一时没有获得胜利。

项羽就亲自率领部队去攻打巨鹿。当部队渡过漳河以后，项羽命令把所

鞍马骑兵俑

有的船只都凿破，沉到河底下去，再把饭锅完全打碎，把岸上的房屋全部烧光，每人只发三天的干粮，奔上战场。这无非是向大家表示：宁愿战死也不回来。战士们在这种有进无退的情况下，个个奋勇作战。经过九次的激烈战斗，终于歼灭了秦国军队，并且俘虏了王离，杀死了苏角，逼死了涉闲。项羽也就此成了各处诸侯的领袖。

此成语出自《史记·项羽本纪》中，原文为："项羽乃悉引兵渡河，皆沉船，破釜甑，烧庐舍，持三日粮，以示士卒必死，无一还心。"

顾名思义

【释义】看到名称而联想到含义。

【出处】晋·陈寿《三国志·魏书·王昶传》。

三国时，有个做过魏文帝曹丕的太子的老师叫王昶，字文舒。太子曹叡继位后，王昶被封为杨烈将军，赐爵关内侯。

王昶为人正直，注重名节。他在给他儿子、侄子起名字时都是考虑使用谦实等意义的词，如儿子王浑字玄冲，王深字道冲，侄子王默字处静，王沈字处道。王昶告诫他的子侄说："我之所以给你们起这样的名字，就是要你们看到名字，就想到它的含义，而不致做出违背其含义的举动。"

班门弄斧

【释义】比喻在行家面前卖弄本领、不自量力的行动。

【出处】明·梅之涣《题李白墓》。

鲁班是春秋末期著名的木匠。据说他复姓公输，名"般"，也有的说是名"班"。因为他是鲁国(今山东西南部)人，所以后来就称他鲁班。过去，木匠、泥瓦匠、铁匠、石匠等行业，都把鲁班尊奉为祖师爷。很早，人们就用"班门弄斧"来比喻在行家面前卖弄本领、不自量力。唐代文学家柳宗元在《王氏伯仲唱和诗序》中就有"操斧于班、郢之门，斯强颜耳"的说法，意思就是老脸皮厚，班门弄斧了。

但是，"班门弄斧"这个成语的形成，却与明朝一个叫梅之涣的诗人有关。唐朝大诗人李白，晚年漂泊潦倒于当涂，被他的亲戚当涂县令李阳冰葬于采石矶。从此，这里成了一处名胜古迹，引得不少人前往瞻仰凭吊一番。有些文人墨客，少不得要题咏留念。这样，墓地留下了不少诗句墨迹。明朝时候，有个叫梅之涣的诗人也来到采石矶凭吊李白。他看到那些诗句，吟读下来感到好诗不多，也竟然敢题在李白墓前，实在是不自量力，太可笑了！于是就在李白墓前题诗一首，来讽刺那些敢在李白面前炫耀诗才的人：

采石矶前一堆土，李白之名高千古。
来来往往一首诗，鲁班门前弄大斧。

捉刀代笔

【释义】请人代笔作文。也可指代人做事。

【出处】南朝·宋·刘义庆《世说新语·容止》。

三国时，曹操部下，有一个名叫崔琰的武官，仪表堂堂。他胸前的长须，飘飘洒洒，更显得威武不凡。曹操常以为自己的相貌远不如他。

有一次，匈奴派来的使者要见曹操。为了让外国使者见而敬畏，就叫崔琰冒充他代为接见。接见时，崔琰穿戴了魏王的衣帽，比平时更有精神。曹操自己却佩着刀，毕恭毕敬地站在崔琰的座位旁，装作侍卫的样子，从旁边观察匈奴使者的态度。

接见过后，曹操想知道匈奴使者的反应，便派人去暗暗打听："你看我们的魏王怎么样？"

使者说："魏王固然仪表出众，可是那个座旁捉刀人，看来倒真是一位了不起的英雄！"

这个故事后来演变为称代人作文为"捉刀"。例如请人代写文章，就叫"请人捉刀"；替人作文的人，就叫"捉刀人"。

捉襟见肘

【释义】原意是形容衣服破烂，生活穷困，后演变为困难太多，使人顾此失彼，难以应付。

【出处】战国·庄周《庄子·让王》。

孔子的弟子曾参，很注意道德修养，每天都要反省自己。曾参住在卫国期间，由于贫寒，常常连续好几天不开锅做饭，随便搞些冷食过日子。十余年来，他没有添置过一件新衣服，身上穿的那一套已经破旧不堪，只要稍一提起衣襟，胳膊肘就会露出来。头上戴的帽子也很破旧，稍不小心帽上的系绳就会断裂。至于鞋子就更糟糕，穿时只要往上轻轻一拉，鞋帮子就会被扯破。

可是尽管如此，他仍能保持乐观开朗的心境，不怨天尤人，不自甘消沉，即使在这段艰苦的日子里，也从不忘苦读诗书，提高自身修养，为此不止一次受到孔子的称赞。相传《大学》一书就是他写的。

捕风捉影

【释义】风和影都是捉摸不定的。比喻去觅寻虚无缥缈的事物，或解释为无事生非。

【出处】汉·班固《汉书·郊祀志》。

汉成帝20岁做皇帝，到40多岁还没有孩子。他听信方士的话，在长安郊外的上林苑大搞祭祀，祈求上天赐福，花了很多的费用，但并没有什么效验。

大司农谷永上书说："我听说对于明了天地本性的人，不可能用神怪去迷惑他；懂得世上万物之理的人，不可能受行为不正的人的蒙蔽。现在有些人大谈神仙鬼怪，宣扬祭祀的方法，还说世上有仙人，服不死的药，寿高得像南山一样。听他们的说话，满耳都是美好的景象，好像马上就能遇见神仙一样；可是，你要寻找它，却又虚无缥缈，好像要捕风捉影一样不可能得到。所以古代贤明的君王不听这些话，圣人绝对不说这种话。"

谷永又举例说："周代史官苌弘想要用祭祀鬼神的办法帮助周灵王，可是诸侯反叛的更多；楚怀王隆重祭祀鬼神，求神灵保佑打退秦国军队，结果打了败仗，自己做了俘虏；秦始皇统一天下后，派徐福率童男童女下海求仙采药，结果一去不回。”最后，他又说道，“从古到今，帝王们凭着尊贵的地位、众多的财物，寻遍天下去求神灵仙人，经过了多少岁月，却没有丝毫应验。希望您不要再让那些行为不正的人干预朝廷的事。”

汉成帝认为谷永说得很有道理，便听从了他的意见。

唇亡齿寒

【释义】彼此依存，利害相关，像唇和齿的关系一样。

【出处】春秋·左丘明《左传·僖公五年》。

春秋时期，晋国想攻打虢国。但是它们两国中间隔着一个虞国，要攻打虢国就得向虞国借路。晋国的大夫荀息向晋献公献计说：“请您把那块垂棘出产的宝玉和屈产出产的骏马，作为礼物送给虞王，然后提出借路的要求，他一定会答应的。”

献公说：“垂棘的玉石是我祖传的宝贝；屈产的那匹马，是我最喜爱的好马啊！如果虞国收下这两件礼物，又不借路给我们，那可怎么办呢？”

论战图

荀息回答说：“如果收下我们的礼物，一定会借路给我们的，否则他们就不会收下的。即使他们收下了礼物，那块玉石、那匹骏马，也是暂时属于他们罢了。把玉石放在虞国，就好比把它从内室移到外室，把宝马送给虞国，就好比把马从圈里牵出来养在圈外一样，仍是我们的，您还有什么可忧虑的呢？”

献公听从了荀息的话，就派他把礼物送到虞国去。虞王贪图美玉和宝马，就准备答应晋国的借路要求。

这时虞王身边的一个大臣，名叫宫之奇，劝阻虞王说：“我们不能答应晋国的要求！虢国是我们的友邻，和我们的关系如同嘴唇和牙齿一样，互相关联。前人曾经这样说过：‘唇亡齿寒’。虢国之所以没被灭掉，是靠虞国的支持；虞国之所以没被灭掉，是靠虢国的支持。如果我们把道路借给晋国，那么虢国早晨被灭掉后，虞国在当天晚上也就会跟着被灭掉。我们怎能把道路借给晋国去使用呢？”

虞王没有采纳宫之奇的意见，把道路借给晋国。

于是，荀息带领兵马，进攻虢国，很快把它消灭了。晋军得胜返回晋国的时候，又背信弃义进攻虞国，把虞国消灭了，虞王当了晋国的俘虏。当然美玉和宝马仍归晋公所有。

恶贯满盈

【释义】罪恶已经作够，末日就要来临。

【出处】春秋·孔丘《尚书·泰誓》。

《尚书·泰誓》有这么一句：“商罪

贯盈，天命诛之。”意思是说：商纣王不断作恶，一件又一件的罪案，愈积愈多，好比把东西一件又一件地穿在绳索上一样，已经穿满一贯了。也就是说：商纣王的罪恶已经作够，临到他的末日了。

商纣王是古代传说中的一个暴君。《泰誓》是周武王讨伐商纣王时，在他的军队渡过黄河直逼京城朝歌的胜利形势下，发布的誓师宣言。其实，所谓“商罪贯盈”的“贯盈”一语，是一种比喻的说法。“盈”就是“满”。例如古人把钱币串满一串，叫作“一贯”。以此比喻积恶，积满了，到头了，也就叫“贯盈”。

《韩非子·说林》叙述这么一段故事：

有与悍者邻，欲卖宅而避之。人曰：“是其贯将满矣，子姑待之。”答曰：“我恐其以我满贯也。”遂去之。

故事说：有人同一个粗暴蛮横的人相邻而居，颇觉不安，决定卖掉房屋搬到别处去住。旁人劝他道：“不用急，那个家伙恶贯将满，你且等等吧。”这人答道：“我就是怕他拿我来满贯啊！”结果，还是搬了家。

顿开茅塞

【释义】一下子解开了心中的疙瘩，从而解决了问题。同“茅塞顿开”。

【出处】战国·孟轲《孟子·尽心下》。

战国时候，有个名叫高子的人。他在学习上，三天打鱼两天晒网，不能坚持到底。

孟子便批评他说：“山上的小道虽然只有一点宽，如果经常去走它，那么它就会变成一条大路；但是，如果有一段时间不去走它，那么，这条路就会被茅草堵塞。现在，茅草也把你的心堵塞了！”

成语“顿开茅塞”就是从孟子的这段话演化而成的。高子的心被茅草堵塞了，一旦去掉茅草就能顿开心窍，学业有成。

党同伐异

【释义】偏袒同党，攻击异己。

【出处】南朝·宋·范晔《后汉书·党锢传序》。

汉武帝时，采用董仲舒“罢黜百家、独尊儒术”的建议，规定只有精通儒家学说的人，才能被举荐做官。汉武帝将《诗》《书》《礼》《易》《春秋》五部儒家著作奉为经典，称为五经，并在当时的太学中设立五经博士，专门向太学生教授五经。学生考得好的可以做官，太学生人数最多的时候达到 3000 人。

到汉宣帝刘询的时候，儒家学说更为盛行。刘询自己身受儒家学说熏陶，又召请名儒萧望之进宫教授太子。但由于当时儒生们对《五经》有各种不同的解释，汉宣帝决定组织儒生对五部经典中有争议的部分进行一次大规模的讨论。

在讨论过程中，儒生们把和自己意见相同的人看成是自己的同党，把和自己意见不同的人称为异党，同党们团结起来，一起对异党进行讨伐。所以，《后汉书》的作者范晔在评论这种现象时，称之为“党同伐异”。

蚍蜉撼树

【释义】小小的蚂蚁，想摇动大树，太不自量力了。比喻狂妄无知，不自量力，竟然想动摇伟大的事业。

【出处】唐·韩愈《调张籍》。

李白、杜甫刚去世几十年，有些人对于这两位伟大诗人的作品妄加诋毁，大文学家韩愈对此很不满意，就写了一首诗给他很亲近的一位朋友张籍。张籍是一位有名的诗人，也很崇拜杜甫。韩愈诗的开头几句这样写道：

李杜文章在，
光焰万丈长。
不知群儿愚，
那用故谤伤。
蚍蜉撼大树，
可笑不自量！

韩愈在这首诗里，用“蚍蜉撼大树”，来比喻那些狂妄可笑的“群儿”(幼稚的人们)，他们企图谤伤李杜，是多么的不自量力！

“光焰万丈”或“光芒万丈”，也是成语，形容气势雄伟、明艳夺目。

债台高筑

【释义】筑起很高的债务台。形容欠债很多。

【出处】汉·班固《汉书·诸侯王表序》。

战国末期，东周最后一个君主周赧王已成为傀儡。那时候，秦国想灭掉六国统一天下，而六国则想联合起来抵御秦国。楚孝烈王请周赧王用天子的名义，下令六国出兵讨伐秦国。周赧王一口答应，并叫楚王去约各国诸侯出兵，还让西周公拼凑了一支6000人的军队，准备和六国的部队一起讨伐秦国。

可是，周赧王没钱给这支部队提供给养，于是他向国内富裕的商人、地主借钱，并立下字据，说好打了胜仗后连本带利一起归还。

借到钱后，周赧王派西周公率军前往伊阙驻扎，在那里等候各诸侯国的人马，但等了三个月，只有楚、燕两国派来了一些军队，其他各诸侯国都没有出兵。结果仗没有打，周赧王借来的钱却全部花完了。

西周公的军队返回后，那些借钱给周赧王的商人、地主天天拿了债券，到宫门口向周赧王讨债。周赧王还不起债，外面又无处逃，便到宫中一座高台上躲藏起来。

后来，人们把那个高台称为“债台”，因而有了“债台高筑”这个成语。

借箸代筹

【释义】箸：筷子。筹：筹码。引申为筹划。原意是用筷子比画当时的形势，后指代替别人谋划。

【出处】汉·司马迁《史记·留侯世家》。

公元前204年冬，汉王刘邦坚守荥阳，反击进攻的楚军，双方相持不下。项羽的谋士范增对项羽说：“刘邦能坚守荥阳，无非是靠了敖仓这个大粮库，只要切断了运粮的道路，拿下荥阳也就不成问题了。”于是，项羽大将钟离昧带领1万精兵，突袭了汉军的运粮队伍，取得了成功，使得荥阳的情况十分危急，一旦城内粮草用完，就很可能不攻自破。

刘邦眼看荥阳就要不保，马上召见郦食其共商对策。郦食其建议封六国的后代为王以孤立项羽。刘邦同意了。过几天，谋士张良入见。知分封六国后代的事，大吃一惊，顺手抓起刘邦的筷子，说："大王请允许我用您面前的筷子来分析当前的形势。当初汤伐桀而封夏王朝的后代是因为汤能置桀于死地，大王您现在有把握置项羽于死地吗？"汉王摇头。张良用筷子一划说："这就是一不可。同样当初武王伐纣也是因为有必胜的把握，现在您确信能杀死项羽吗？"汉王又摇头。张良点头说："这是二不可。而且天下豪杰跟随大王南征北战，无非是有利可图，而今大王分封六国后代，人心一散，他们各归其主，您靠谁帮打天下？"

汉王一听如梦方醒，立即销毁了正在刻制的六国王印。

胶漆相投

【释义】相：互相。投：契合。比喻情谊深厚，亲密无间。

【出处】南朝·宋·范晔《后汉书·雷义传》。

汉朝时候有一对学问很好的朋友，一个名叫雷义，一个名叫陈重。有一次，他俩一同赴京考试，结果雷义榜上有名，陈重却名落孙山。当了刺史属官的雷义觉得陈重比自己学问好，但却没有考中，心里很替他不平，便去向刺史要求将自己的功名让给陈重。刺史当然不会答允他。雷义便躲在家里装疯，不去上任，刺史便把他除名解职了。

过了数年，雷义和陈重又同去考试，这回两人都考中了，后来还一同被皇帝选为尚书郎。当时乡里的人见两人的友谊如此亲密，都赞叹地说："胶和漆合在一处可说是结合得非常牢固了，但却比不上雷义和陈重的情谊。"

后人将此话提炼成"胶漆相投"的成语。

胸有成竹

【释义】原指心中已画有一枝竹的形象。后用以形容遇到问题，心中早就有了解决的办法。

【出处】元·脱脱等《宋史·文同传》。

宋代的大文学家苏轼，不但文章和诗词写得好，而且书画也很出色。他和文同是好朋友。文同也兼长绘画，我国绘画史上称他们两人的画为"文人画"。

苏轼一生在政治上很不得意，他的作画，不过是发泄"怒气"，自求陶醉，并没有什么目的。当时，宋徽宗是一个喜爱书画的皇帝，苏轼屡遭贬官降职之后，这个风雅皇帝便让他担任"玉局观提举"。苏轼在观里比较空闲，就大画墨竹，绘画技法因此大有提高。苏轼曾写过一本《画竹记》，介绍画竹的经验说："画竹，必先得成竹于胸中。"这就是说：画竹的画家，在动笔之前一定要酝酿成熟，先有一个生动具体的竹子形象在心胸里，这样，画出来的竹子才生动。

文同也爱画墨竹，他虽然也画花

苏轼题竹图

鸟、山水和人物，但是以画墨竹最为有名。文同画竹，也要求先有成竹在胸，当时还有一个善画的文人晁补之，曾有一首诗，称赞文同的“墨竹”艺术，其中有两句道：

与可画竹时，
成竹已在胸。

脍炙人口

【释义】脍：指切得很细的肉。炙：烤熟的肉。美味的东西人人爱吃。比喻人人都称赞的事物。

【出处】战国·孟轲《孟子·尽心下》。

曾参和他的父亲曾皙都是孔子的弟子。曾皙很喜欢吃羊枣——羊枣是一种小柿子，俗称牛奶柿。曾参是个孝子，父亲去世以后，为了哀悼父亲，不忍心再吃羊枣。

后来孟子的弟子公孙丑向孟子问道：“老师，脍炙（烤肉丝）和羊枣哪一种好吃？”

孟子答道：“当然是脍炙呀！”

公孙丑又问：“那么，曾子为什么吃脍炙而不吃羊枣呢？”

孟子答道：“脍炙是大家都喜欢吃的，羊枣只是个别人喜欢吃的，是曾皙的特别嗜好。父母的名字应该避讳，而姓却不必避讳，因为姓是大家共有的，名却是他独自一个人的。因此，曾参吃脍炙而不吃羊枣。”

成语“脍炙人口”即由此而产生，后来演变成比喻人人赞美和称颂的好诗文。

笑里藏刀

【释义】貌似温和，但内心凶狠。

【出处】后晋·刘昫等《旧唐书·李义府传》。

唐朝时，李义府出身寒族，但勤奋读书，很会写文章。经过科举考试，他当了一个小官。

李义府最擅长的是奉承拍马，由此不断地升官。从此，他总是面带三分笑，几年后，竟升任到右丞相的高位。

李义府脸上总是微笑着，但大臣们都知道他笑里藏刀，心底里其实褊狭阴险，谁要是冒犯了他或者不顺从他的心意，谁就会遭到他的迫害。为此，大家背地里给他起了一个“李猫”的外号。

一次，他得知监狱里关着一个犯了死罪的女犯人，长得非常漂亮，便暗中指使一个狱吏免了她的罪。那女犯一出狱，就被他霸占了。

主管监狱的官员发现了这件事后，便向高宗奏告，那狱吏得知后，吓得上吊自杀。李义府原来很担心事发后自己会获重罪，后来听说那狱吏已经自杀，认为死无对证，也就不把这件事放在心上。

这件事过后，李义府作奸枉法的胆子越来越大了。他笼络心腹，培植亲信，让自己的亲属向别人勒索钱财，包打官司，以致许多人上他家送钱财，求他办各种非法的事。李义府总是一边微笑，一边不顾国法，接受贿赂。

一天，他在宫内看到一份尚未公布的任职名单，马上想到这是索取钱财的好机会，便把上面的人名默记下来，回家后，他叫儿子把名单上有的人一个个叫来，私下通报消息，从而索取了一大笔钱。

不久，这件事被一个反对李义府的大臣探听到了，便向高宗密奏，这一回高宗听后大怒，下诏将他父子俩流放。

长期笑里藏刀、作恶多端的李义府，这次终于难逃法网，朝中文武官员无不拍手称快。

笔走龙蛇

【释义】形容书法雄健洒脱，像龙蛇舞动一般。

【出处】唐·李白《李太白集·草书歌行》。

唐朝时期，一年秋天，秘书监贺知章在府上宴请宾客，高朋满座，好不热闹。正在酣饮之间，来了一位少年僧人。

贺知章说："他是玄奘法师的弟子怀素，出家不戒酒，写得一笔好草书。在他老家长沙和湖南七郡的知名人家，家家都挂有他书写的屏幛。"酒过三巡，贺知章向来宾敬酒致谢说："嘉会良辰，少不得赋诗助兴，有请谪仙李翰林作诗以记盛会如何？"

李白并不推辞，只是说："诗意因兴而起，酒兴有了，但还不够，请怀素师当众挥毫以助诗兴。"

书童抬出几箱书写用的麻笺、素绢，书案上摆出数方上好的宣州石砚，书童几人轮番注水研墨。怀素放下酒杯，飘然起立，堂上顿时一片寂静。但见少年僧人援笔蘸墨，凝神注视纸绢片刻，突然运气挥毫，臂转腕旋，写完一张又一张，不多久，满地尽是灵气飞动的草书。几箱麻笺素绢顷刻用完。

怀素掷笔返座时，李白《草书歌行》亦已写就，当众吟哦道："少年上人号怀素，草书天下称独步……吾师醉后倚绳床……起来向壁不停手，一行数字大如斗，怳怳如闻神鬼惊，时时只见龙蛇走……"

贺知章评论说："上人书写，左盘右旋，确实笔走龙蛇啊！好字，好诗！"

狼狈为奸

【释义】比喻互相勾结起来干坏事。

【出处】唐·段成式《酉阳杂俎》。

传说狼和狈是两种野兽，它们很相似，所不同的是：狼的前腿长、后腿短；狈的前腿短，后腿长。每次出去干坏事时，狈必须依靠狼，把它的前腿搭在狼的后腿上才能行动。袭击羊圈时，狈用后腿直立将狼驮起，狼骑在狈的颈子上，用前腿攀登到羊圈的墙上，爬进去叼走羊。就这样，它们互相配合起来既站得高，又跑得快，合伙伤害人畜。

狼与狈合伙干坏事，是一个虚构的寓言故事。后来人们把这个故事概括为"狼狈为奸"这一成语。

狼狈青铜像

狼吞虎咽

【释义】形容吃东西又猛又急的样子。

【出处】明·施耐庵《水浒传·第五回》。

蔡庆盘缠用尽无法归还，就去找杨

林。杨林说："你来得正好，李应被济州太守关入狱中，我们去营救吧。"于是他们到狱中设法让李应越狱逃出。

他们在鸡叫时走到城边，出城后到路旁酒店，叫酒保打了五斤酒，切上大盘牛肉。由于走了半日，肚中饥饿，他们狼吞虎咽地吃了一顿，忽见酒座上坐着一名军官和四个家丁。当他们听说是来捉拿重犯李应的，便赶紧算了酒钱出门便走。

正在出门时又进来一个铺兵，铺兵一进门就大声呼叫："快拿酒来！"并且说，"昨夜李应越狱走了，还杀死了两个更夫。"

听了这话，那军官惊跳起来说："李应越狱了？我看方才算酒钱的就像李应！"

铺兵说："我看也像。"说着就追出去了。

他们三人与军官、铺兵、家丁展开了一场厮杀搏斗，杀死军官、铺兵，脱险后夺路而走。

爱才若渴

【释义】爱惜人才就像口渴时要喝水一样。

【出处】现代·赵尔巽等《清史稿·艺术传三·王时敏》。

明末大学士王锡爵是太仓人，最爱收藏书画典籍。他的孙子王时敏从小喜欢绘画，王锡爵特地为他建造别墅一处，重金罗致历代名画家的真迹，供孙子观摩学习。

王锡爵跟礼部尚书、松江的董其昌交好，董其昌号称江南第一才子，因为避阉党之乱，辞官家居。王锡爵就让孙子到松江拜董其昌为师，王时敏从此书艺画技大有长进。

王时敏在万历年间考取进士，明亡后，时敏从此退隐于太仓，以读书作画自娱。王时敏作画，除得董其昌神韵风致外，画面构图布局设施，运笔勾勒斫拂，均臻化境。

王时敏很注重提携后进。《清史稿》评价他"爱才若渴"最为得当。他曾经将家中收藏的名画装成巨册，放在画室、书房里，供四方画家前来观赏。只要对方有要求，王时敏必定亲自指点，不遗余力。得到他指点的画家，后来都闻名于当时。

乘虚而入

【释义】乘别人空虚不备之时进入。

【出处】宋·司马迁《资治通鉴·唐纪》。

唐朝自安史之乱以后，中央权力日益削弱，有些藩镇割据一方，与中央政权分庭抗礼。淮西节度使吴元济就是其中之一。817年，唐宪宗派有勇有谋的李愬为大将，领兵讨伐盘踞蔡州（今河南汝县）的吴元济。

李愬首先用计设下埋伏，利用敌兵骄傲轻敌的弱点，活捉了吴元济的淮西骑将李祐。李愬对他以礼相待，诚恳劝他弃暗投明，为国出力。李祐被感召投降。

李祐向李愬献计说："吴元济把他的精兵强将都布置在外围边境上，守卫蔡州城的都是些老弱残兵。我们可以乘虚而入，迅速攻打蔡州城，一战取胜。"李愬决定采纳李祐的建议，乘机突然袭取叛军巢穴——蔡州城。

在一个大雪纷飞的夜里，李愬率领精兵9000名，分三路出发，出其不意突然袭击，攻破了蔡州城，活捉了吴元济。

乘人之危

【释义】乘别人患难之时给予打击，以谋私利。

【出处】南朝·宋·范晔《后汉书·盖勋传》。

东汉时汉阳郡的长史盖勋为人正直，才能出众。当时，汉阳属凉州管辖，凉州刺史梁鹄是盖勋的好朋友，梁鹄在政务上有什么疑难，常向盖勋请教。

凉州管辖的其他几个郡内官吏贪赃枉法，十分腐败。当时武威太守仗着朝廷中有后台，横行不法、鱼肉百姓，弄得老百姓怨声载道，对他恨之入骨。

梁鹄手下有个从事名叫苏正和，是个不畏强霸的正直官吏，他依法查办，狠杀了那些贪官污吏的气焰。

梁鹄得知这一情况后，害怕苏正和这样做会触及武威太守在朝中的后台，连累自己，便想杀掉苏正和，以保住自己的地位。于是，他来到汉阳，想找盖勋商量一下，究竟应该怎样办。

正巧，盖勋和苏正和是一对冤家，有人向他建议乘机将苏正和除掉，盖勋断然拒绝，义正词严地说："为了个人的私怨，杀害贤良的人，这是不忠；乘别人危难的时候去谋害人家，这是不仁！苏正和虽然和我是冤家，但我绝不会乘人之危，落井下石！"

过了几天，梁鹄果然来到汉阳，向盖勋征询如何处置苏正和，盖勋说："喂养鹰鸢，训练它们的凶猛，目的是让它们去捕捉猎物；然而如果你训练好了，却又杀掉它们，那你还喂养鹰鸢干什么呢？"

梁鹄听了，领会了盖勋的意思，便放弃了杀苏正和的想法。后来，苏正和知道了这件事，十分感激，亲自登门道谢，但盖勋却避而不见。他对人说："我劝梁鹄别杀苏正和，这纯粹是公事，跟我与他的恩怨无关！"

乘兴而来

【释义】带着浓厚的兴趣而来。

【出处】唐·房玄龄等《晋书·王羲之传》。

王徽之是东晋时的大书法家王羲之的三儿子，生性高傲，行为豪放不羁。虽说在朝做官，却常常到处闲逛，不处理官衙内的日常事务。后来，他干脆辞去官职，隐居在山阴（今浙江绍兴），天天游山玩水，饮酒吟诗。有一年冬夜，王徽之推开窗户，见到四周白雪皑皑，真是美极了，顿时兴致勃勃地取来酒菜，独自一人坐在庭院里慢斟细酌起来。

忽然，他觉得此景此情，如能伴有悠悠的琴声，那就更动人了。由此，他想起了那个会弹琴作画的朋友戴逵。

"我何不马上去见他呢？"于是，王徽之马上叫仆人备船挥桨，连夜前往，也不考虑路途多远。

王徽之催促着仆人："把船再撑得快点。"心里恨不得早点见到戴逵，共赏美景。

船儿整整行驶了一夜，拂晓时，终于到了目的地，可王徽之却突然要仆人撑船回去，仆人莫名其妙，诧异地问他为什么不上岸去见戴逵，他淡淡地一笑，说："我本来是乘兴而来的，如今兴致没有了，当然应该回去，何必一定要见着戴逵呢？"

宗悫像

乘风破浪

【释义】趁着风势，冲开浪头。比喻志向远大，不畏艰险，奋勇向前。

【出处】梁·沈约《宋书·宗悫传》。

宗悫是南北朝时期宋国名将。他年纪很小时就有远大志向。一天，他的叔父宗炳问他道："你长大了准备干些什么？"

宗悫豪迈地回答说："我长大了愿乘长风破万里浪！"

当时，宋国处于太平时期，没有战事，所以人们都要求子弟以读书为正业，希望有朝一日被推举为官。但宗悫偏偏爱武，因此乡邻们并不认为他志向远大。

后来，宗悫从军，因为本领高强，作战勇敢，宋文帝时被封为振武将军。有一次，他去攻伐南方的林邑（即占城，故地在今越南中南部）。林邑王指挥所有的军队抵抗，还驱赶几头大象助战。大象身上披着铠甲，士兵靠它掩护跟在后面，气势凶猛异常，宋军无法抵挡。

在这紧急关头，宗悫心想：狮子也是百兽之王，只有它才能吓退大象，于是他让士兵制作了一头头假狮子，让它们摇头摆尾蹦蹦跳跳。果然，大象见到它们后非常惊骇，拼命后退，结果压死、压伤许多敌兵。宋军趁势发动进攻，终于攻下林邑。宗悫也因此得到高升。

宗悫小时候说过"愿乘长风破万里浪"，长大后果然实现了这一远大志向。后人把他说的这句话简缩为"乘风破浪"。

乘龙佳婿

【释义】乘龙：比喻得婿如龙。称赞别人的女婿好。

【出处】汉·刘向《历仙传》。

春秋时期，秦穆公有个女儿名叫弄玉，生得花容月貌。她擅长吹笙，秦穆公十分疼爱她，一心想给她找一个如意郎君。

有一天夜里，弄玉梦见一位英俊男子骑着彩凤，吹着玉箫，来到她绣楼前的阳台上。那男子温柔地对弄玉说："我住在太华山上，玉帝特叫我前来与你成婚，时间定在八月十五中秋节那一天。"说罢，又拿出玉箫吹起来，曲调美妙极了。

第二天一起身，弄玉就把自己做的梦告诉了秦穆公，秦穆公很高兴，立刻派人到太华山去，果然找到了那个骑彩凤吹玉箫的男子，他名叫萧史。萧史被带到秦宫，穆公见了十分满意，就叫他吹箫，那乐曲如仙乐一般，这天正好是中秋节，弄玉和萧史就成了婚。婚后，他们生活得非常和美、幸福。

半年后的一天夜晚，萧史和弄玉正在阳台上吹奏箫、笙，忽然飞来一条赤龙，停在萧史身旁。接着，又飞来一只彩凤，栖在弄玉身边。萧史见状，便对弄玉说："我本是天上神仙，因为与你有姻缘，才来同你婚配。但我不能长留人间，必须回天上去了。"弄玉不忍心与丈夫分手，夫妻就一起去向秦穆公告别。秦穆公不敢违背天意，只好放行了。于是，萧史乘着赤龙，弄玉乘着彩凤，双双腾空而去。

铁石心肠

【释义】心肠很硬，像铁石一般。比喻心肠很硬，不易为感情所动。

【出处】唐·魏徵等《隋书·敬肃传》。

隋炀帝杨广登基后，就命负责检察工作的大臣薛道衡对天下官员进行一次考察。

薛道衡在向炀帝禀报时，对卫州（今河南淇县）司马敬肃的评语是"心如铁石，老而弥笃"，意思是心肠像铁石一样坚硬，办事老练而又忠诚老实。从此，敬肃给炀帝留下了比较深刻的印象。

但是，炀帝很快就沉湎于酒色，热衷于修建宫殿和苑林，而把朝政大事搁在一边。这样，负责守卫京都的大将宇文述便乘机专擅朝政。宇文述的家乡在卫州，那地方属于敬肃管辖。宇文述不时命人送书信给敬肃，借以笼络关系。但宇文述的书信每次送到敬萧那里，敬肃总是不拆开就退给送信人。送信人不敢把实情禀报宇文述，以至宇文述一直不明真相。

宇文述的那些亲朋倚依仗朝中有人保护，为所欲为，鱼肉百姓。受害的百姓忍无可忍，向敬肃告发。敬肃派人查清事实后，并未顾及他们是宇文述的亲朋，一一捉拿归案，依法严厉惩处。

宇文述得知这个情况后，对敬肃怀恨在心，便一再在炀帝面前说敬肃的坏话。敬肃眼看隋朝气数已尽，上表辞官，回乡养老。炀帝批准了他的请求。

积羽沉舟

【释义】羽毛虽轻，但堆积多了也会把船压沉。比喻坏事虽小，但积累起来，也会产生严重后果。

【出处】汉·刘向《战国策·魏策一》。

战国时期，秦国的相国张仪发觉齐、楚、燕、赵、韩、魏六国的合纵盟约十分牢固，就辞去相位，想去魏国说服魏王退出合纵之约，与秦国结好。但魏王知道秦国野心很大，而且不讲信义，因此没有听从他。

于是张仪暗中要秦国征讨魏国，魏国战败后，隔了一年又被齐国侵犯，再次战败。秦国于是乘机再次攻魏，把韩国大将申差的军队打得落花流水，这使各诸侯大为震惊。

张仪利用魏国屡战屡败、合纵诸侯国的关系出现裂痕的有利形势，配合秦国的军事进攻，游说魏哀王。他分析了魏国地理形势、兵力状况、目前处境、"合纵"的不可信等不利条件，用"积羽沉舟"做比喻，指出魏国如果忽视这些不利因素，就会像轻的羽毛大量堆积能压沉大船一样，遭到覆亡的危险。

魏哀王腹背受敌，只得同意背离"合纵"协议，请求和秦国"连横"。

徐娘半老

【释义】形容年纪已大，但还有风韵的女子。

【出处】唐·李延寿《南史·后妃传下》。

南朝时，梁朝湘东王萧绎的妃子徐昭佩由于和萧绎感情不和，萧绎对她十分冷淡，一连数年不进她的房中。徐昭佩过着寂寞孤独的生活。

后来，萧绎以湘东王的身份出镇荆州，这时徐昭佩也已人到中年。一次，她在荆州瑶光寺烧香时，和寺中的智远和尚勾搭成奸。过了不久，她发现萧绎的亲信暨季江年轻英俊，神采飘逸，徐妃又和暨季江勾搭上了。暨季江的年龄要比徐妃小十多岁，但徐妃刻意打扮，浓妆艳抹，看上去仍很年轻。暨季江曾经感叹地说："柏直的狗老了，仍然能捕捉猎物；萧溧阳的马老了，仍然能奔驰如飞；没想到徐娘半老，竟风韵犹存，仍如此风流多情！"

徐妃荒淫无耻的行径，终于传入了萧绎的耳中，但他为顾全自己的脸面，一直容忍着她。后来，萧绎宠爱的王贵妃突然去世，有人向萧绎告密说是徐妃下的毒。萧绎忍无可忍，下令要徐妃自杀。徐妃投井死亡后，萧绎又将她的尸体退还给徐家，不再承认她为王妃。

釜底抽薪

【释义】把锅底下的柴火抽掉，使之无法加热。比喻从根本上来解决问题。

【出处】北齐·魏收《为侯景叛移梁朝文》。

534年，北魏分裂成东魏和西魏。东魏的大权掌握在丞相高欢手中，他手下有个得力助手，名叫侯景，他向高欢吹牛说，只要给他3万兵马，他就可以打过长江去，把梁武帝萧衍活捉过来。高欢便拨给他10万军队，让他镇守河南。

侯景向高欢辞行时，私下对高欢说："我带兵在外，为防止意外，您有书信给我，请在上面加上一个小点，以便我识别真伪，防止奸人诈骗。"

尽管侯景受到高欢重用，但他非常瞧不起高欢的儿子高澄。546年，高欢患了重病。高澄知道侯景瞧不起自己，打算赶在父死之前夺回侯景的兵权，便用父亲的名义写信召他回来。他不知道侯景与高欢有密约，所以信上当然没有加小点。

侯景接到信后，见上面没有加小点，心里疑惑起来，便找个借口不回朝。次年高欢病死，侯景知道高澄必定会杀他，便下决心反叛东魏。他先将河南13个州的土地献给西魏，但不肯交出军队，只是伺机行事。

高澄发现侯景公开反叛，便命慕容绍宗率军向侯景进逼。与此同时，又命中书侍郎魏收写一篇文告，谴责侯景的反叛罪状，才思敏捷的魏收很快写好，高澄命人迅速张贴出去。

侯景见此，便索性向南面的梁武帝投降，并请求他派军队来援助。梁武帝马上答应并派兵北上。

高澄见梁武帝出兵援助侯景，便命魏收写了一篇《为侯景叛移梁朝文》。文中有一段写道：梁朝如果不援助侯景并且把他交出来，那就好像"抽薪止沸"、斩草除根一样，从根本上解决了问题。但梁武帝看了不以为然，照样出兵援助侯景。

于是，慕容绍宗率领的东魏军继续南下，与支援侯景的梁军交锋，结果梁军大败。接着，东魏军又去攻击侯景的军队，将其击溃，侯景带领少数部队投奔了梁朝。

第二年，侯景又举兵叛变，攻破梁朝京都建康。不久，梁武帝愤恨而死。后来，侯景又自立为帝，不过没有多久就被其部下杀死。

后来，魏收写的那一篇文告中的“抽薪止沸”，演化为“釜底抽薪”这一成语。

釜底游鱼

【释义】指鱼在锅中游。比喻将要灭亡的事物。

【出处】南朝·宋·范晔《后汉书·张纲传》。

汉代有个名叫张纲的人，不仅反对宦官专权，而且还上书揭发、控告外戚大将军梁冀及其弟河南尹梁不疑贪污腐败、独断专横的罪行，因此，梁冀对他恨之入骨。当时，在广陵地区，张婴领导一支数万人的起义军，梁冀趁机让人推荐张纲做广陵太守，企图借刀杀人，让他到张婴那里去送死。

张纲到任后，只带了十几个随行人员前去张婴兵营劝降。他说：“你们一伙造反事出有因，责任在于以前的太守肆虐贪暴，我并不想跟起义军为敌，只是希望你们能归顺朝廷。”张纲在劝降的同时，又对农民进行武力威胁。于是，张婴对张纲说：“因为我们忍受不了贪官污吏的欺压，又无法向朝廷反映，所以才起兵反抗。现在我们就好像鱼游在釜中一样，很快就会灭亡，所以我们甘愿归顺朝廷。”后来，张婴带领一万余人投降了。

张纲不仅没被杀死，反而立了功，这是他的仇家所始料不及的。

成语“釜底游鱼”是从“鱼游釜中”一词演化而来的。

高枕无忧

【释义】垫高枕头睡大觉。比喻身心安逸，无所忧虑。

【出处】汉·刘向《战国策·魏策》。

春秋时代，有一个名叫冯谖的人，在齐国相国孟尝君门下做食客。有一次，孟尝君派他到薛地去讨债，他到达薛地后，不仅不讨债，反而把借契全烧掉了，并在薛地设宴招待欠债之人，以此说明孟尝君是很好的主人，他不在乎这些钱，所以借钱给大家，主要是帮助大家能过上好的生活，故没钱的人就不需还钱了。这样，薛地的人民大为高兴，对孟尝君非常感激。

后来，孟尝君被齐王解除相国的官职，前往薛地闲居，受到薛地人民热烈的欢迎。这时冯谖对孟尝君说：“狡兔三窟，方能免除一死。现在您才有一窟，还不能把枕头垫得高高地睡觉，我再替您筑两窟。”于是他去游说梁惠王，说是若能请到孟尝君治理国事，定能国富兵强，梁惠王被说动了，便用重金去请孟尝君，请了三次，冯谖都叫他不要去。这事被齐王知道了，怕孟尝君为梁国所用，急忙用更隆重的礼节再请他做相国。冯谖又劝孟尝君向齐王请求赐给先王传下的祭器，放在薛地，建立宗庙，以保证薛地的安全。当宗庙建成时，冯谖对孟尝君说：“现在三个窟已经建成，您可以‘高枕为乐’了。”

“高枕为乐”后来演化为“高枕无忧”这一成语。另外，这个故事中的“狡兔三窟”后来也演变为成语。

高屋建瓴

【释义】建：指倒水或泼水。在高

屋上倒水。比喻居高临下，势不可当。

【出处】汉·司马迁《史记·高祖本纪》。

刘邦称帝后，解除了韩信的兵权，封他为楚王。第二年，有人向刘邦告密，韩信把项羽的大将钟离昧藏在家中，很可能要谋反作乱。刘邦很想借此理由杀了韩信，便假装巡游云梦泽，打发使者通知各地诸侯到陈城会齐，心想等韩信来后，将他扣押起来问罪。

可各地诸侯到后，却不见韩信到来。原来，韩信接到通知，感到事有蹊跷，一时不敢前往。有人给他出主意，让他杀了钟离昧，向刘邦表明心迹。钟离昧曾经救过韩信的命，但韩信为了保住自己的王位，便逼迫钟离昧自杀，然后带了人头去云梦泽朝见刘邦。

但刘邦并不因此宽恕韩信，吩咐武士将韩信扣押起来，带回京都。大夫田肯知道刘邦想杀韩信，便对刘邦说："陛下将韩信抓了起来，又牢牢控制着关中之地，如果出兵向诸侯进击，有似高屋建瓴，势不可当。而齐地有2000多里，70余城，地理位置十分重要。有了齐地，20万人足以抵抗诸侯百万雄兵，所以齐地历来和关中之地合称为三秦。今后不是陛下的亲信子弟，可不能派去做齐王呀！"

刘邦听了，知道田肯在委婉地为韩信求情。因为秦地和齐地，都是韩信平定的，功不可没，现在旧事重提，目的是在提醒他，不要忘了过去，再则，韩信毕竟没有谋反，如果贸然杀了韩信，可能会引起其他诸侯的猜疑，那么政权就会不稳。

刘邦考虑再三，权衡利弊，只以韩信窝藏钟离昧为由，把韩信降为淮阴侯。

离群索居

【释义】离开了群体，一个人孤独地生活。

【出处】汉·戴圣《礼记·檀弓》。

孔子有一个学生名叫子夏。他生性孤僻，平日与其他同学不大合群，只和曾参比较要好。

有一年，他的儿子死了，他哭得十分伤心，甚至差一点把眼睛都哭瞎了。

一天，曾参到他家中去看望他。子夏又十分伤心地哭着说："天啊！我有什么过错，你为什么要给我这么严厉的惩罚，偏要夺走我儿子的性命呢？"

曾参听了，说："子夏兄，你不必责怪老天，我以为，应该责怪的是你自己。你不是没有错误，而是错误很大！"

子夏吃惊地说："请说说我有什么错误。"

"好吧！我告诉你。过去你父亲死的时候，我没见你很伤心；现在你儿子死了，你却伤心到如此地步。两者一对比，你的错误不是很明显了吗？"

子夏听了，如梦初醒，反省说："我离群索居已经很久了，所以听不到朋友的忠告，才会犯如此的错误。今后，我一定要加以改正！"

从这以后，子夏果然努力和同学们打成一片，不再离群索居了。

旁若无人

【释义】不把旁人放在眼里。

【出处】汉·司马迁《史记·刺

客列传》。

荆轲是战国末期的刺客，他原是卫国人。卫国灭亡后，他就到处漫游，在燕国结交了一个卖狗肉的人，还与一个善于击筑（乐器）的高渐离特别要好。他们常常一同喝酒。喝醉了酒，高渐离击筑，荆轲唱歌，歌声悲壮慷慨。他们时而大哭，时而大笑，旁若无人。街上的人都把他们当成疯子。其实，他们把满腹的心事寄托在酒歌之中。荆轲是个智勇双全的人，他对剑术很有研究，所以他后来有胆气和才能去刺杀秦王。

宾至如归

【释义】宾客来到，就像回到自己家里一样。

【出处】春秋·左丘明《左传·襄公三十一年》。

公元前542年，子产奉郑简公之命出访晋国，带去许多礼物。晋平公借口为鲁国国丧致哀，没有迎接郑国使者。子产就命令随行的人员，把晋国宾馆的围墙拆掉，然后赶进车马，安放物品。

晋平公得知这一消息，派大夫士文伯到宾馆责问子产。士文伯说："我国是诸侯的盟主，来朝见的诸侯官员很多。为了保障来宾安全，特意修建了这所宾馆，筑起厚厚的围墙，现在你们把围墙拆了，不知是为了什么。"

子产回答说："这一次我们带了从本国搜罗来的财宝前来朝会，偏偏遇上你们的国君没有空，也不知道何时有空。我听说过去晋文公做盟主的时候，自己住的宫室很矮小，接待诸侯的宾馆却造得又高又大，使人感到宾至如归。可是，现在晋国铜鞮山的宫室占地好几里，而让诸侯宾客住的却是奴隶住的屋子。门口进不去车子，我们又不能翻墙进去，如果不拆掉围墙，让这些礼物日晒夜露，就是我们的罪过了。如果让我们交了礼物，我们愿意修好围墙再回去。"

士文伯把情况报告了晋平公，平公感到惭愧，马上接见子产，并隆重宴请这一行人，并给予了丰厚的回赠，还下令重新建造宾馆。

家徒四壁

【释义】徒：只、仅。家里只有四面墙壁。形容家里十分贫穷，没有财产。

【出处】汉·司马迁《史记·司马相如列传》。

汉代时候，一天，临邛（今四川邛崃）富户卓王孙家大摆酒宴，高朋满座，喜气洋洋。

中午时分，仆人报告说临邛县令和司马相如来了。司马相如是当地有名的才子，人虽穷，但名气不小。司马相如骑着白马，紧随县令的马车后，丰姿俊逸，器宇轩昂，踞鞍凝眸，举止文雅，所有的宾客无不倾慕他的风采。

在酒宴中，县令递给相如一张琴，说："我听说您爱好琴艺，请拿着消遣吧。"

相如躬身辞谢。他听说主人美貌的女儿卓文君新近守寡在家，他早就仰慕文君的才貌，心想：何不趁此机会借琴声传情呢？他便脸朝县令，抚琴轻弹，乐声四起，缠绵的曲调倾诉的却是对文君的思慕。弹完了两首曲子，众人无不拍手称好。爱好音乐的卓文君，此时正在隔壁偷看司马相如，不由得脸上泛起红晕。灵犀一点，琴心相通，一种来自女儿心底的喜悦涌起。

卓文君是个颇有见识、敢作敢为的女子，当晚便私奔相如住处，相如与她一同赶着车子回到成都。打开家门，屋内空空如也，只有四面灰墙立在那儿，别无他物，但是，他们两人你心我心并作一心，这却是世上最富有的。

家喻户晓

【释义】到各家宣传，让家家户户都知道。

【出处】后晋·刘昫等《旧唐书·魏暮传》。

唐文宗时，魏暮担任右拾遗的官职。因为他是初唐名相魏徵的第五代孙，所以唐文宗很器重他。魏暮也不改他先祖之风，常常向皇上直言进谏。

当时有个御史中丞名叫李孝本，是李唐的宗室，因他人的事受株连被杀，他的女儿被收进宫。魏暮认为李孝本的女儿也是李氏皇家宗室，收入宫中是违背人伦的，立即上疏劝阻。

皇帝采纳了他的意见，立即将李孝本的女儿放出宫，皇帝在诏书中说："收李女入宫是为王子们洒扫宫殿，不是增补为声妓；是抚恤年幼的宗室之女，不是征收为宫女。即使这样，因为二者之间外人不大能区别，而且也不能宣传到家至户晓，因而误以为违背了人伦。你能像你祖先那样直谏，我难道不能虚怀接受忠言吗？"

"家至户晓"后演化为成语"家喻户晓"。

席不暇暖

【释义】席：座席。暇：空闲。连席子都来不及坐暖。形容办事心切。

【出处】南朝·宋·刘义庆《世说新语·德行》。

东汉的大臣陈蕃，15岁时，废寝忘食地在屋里读书，许多天不去打扫院子。一天，有位老人来到他家，见到院子里很不整洁，责备他说："你为什么不把院子洒扫一下呢？"

陈蕃回答说："大丈夫在世，应当扫除天下，哪有什么心思去管自己家里的院子？"

后来，陈蕃被任命为乐安（今山东青县西北）太守。乐安有位姓周的贤才，以前几任太守慕名请他出来任职，都遭到他拒绝。但陈蕃到任后只拜访了他一次，他因很敬重陈蕃，马上出来任职。

陈蕃刚当豫章（今江西南昌）太守时，豫章有位贤才，名叫徐穉。陈蕃抵达豫章后还未安顿好，就准备去拜访他。迎接陈蕃的一位官员知道这种情况后，对陈蕃说："大人请先安顿好家眷再说吧，徐先生就住在城里，过几天再去拜访也不迟。"

可是陈蕃回答道："从前周武王灭掉商纣以后，一进城就去登商朝贤臣商容家的门。他求贤心切，可说是连席子也来不及坐暖。我学古人礼贤下士，及早上门拜访贤人，有什么不可以的！"

疾恶如仇

【释义】痛恨坏人坏事如同痛恨仇敌一样。

【出处】唐·房玄龄等《晋书·

傅咸传》。

西晋统治集团从皇室贵族到各级官吏，荒淫奢侈，腐化透顶。单是晋武帝司马炎就有宫女近万人，供他日夜寻欢作乐。有些大官僚，一天的饭费竟数以万计，他们挥霍无度，用白蜡当柴烧，连厕所里都放上高级香料。

这种现象引起了一些清廉之士的不满和忧虑。当时，有一个叫傅咸的人，在武帝、惠帝执政时，都在朝中做官。他为人正派，敢于直言，敢于揭露和批判邪恶。傅咸多次上书给武帝和惠帝，主张裁并官府。他尖锐地指出："奢侈之费，甚于天灾。"由于他的劝谏和批评，朝廷罢免了一些官吏，因此使京城的官吏们有所收敛，有所惧怕。傅咸大胆地揭露官僚权贵们的弊端，并与之做不妥协的斗争，不少人深为敬佩。人们赞扬他疾恶如仇。

料敌如神

【释义】估计敌情非常准确。

【出处】后晋·刘昫等《旧唐书·郭子仪传》。

唐玄宗时，有个名将叫郭子仪，是朔方节度使，玄宗令他讨伐发动安史之乱的叛军。他斩杀叛将周万顷，击退高秀岩，收复云中、马邑等地，因功而被拜为御史大夫。他又与河东节度使李光弼一起击败了史思明，被加官兵部尚书。不久，他又扫平黄河东面、西面、南面的叛军，回师时，唐肃宗亲自出迎犒劳，对他说："你再造了一个唐朝。"

宦官鱼朝恩一向忌妒郭子仪的功劳，总想找机会陷害他。郭子仪在攻打邺城叛军时，由于唐军九个节度使不相统属，不慎被叛军打败。鱼朝恩便归罪于他，向肃宗进谗言，肃宗原来就怕郭子仪权重，便乘机解除了他的兵权，让他做一个无实权的太尉。后来，叛军攻陷汴州、郑州、河洛，京城危急，肃宗又给他兵权，并进封他为汾阳郡王。他出征前要见肃宗，肃宗有病，不见朝官，他在门外哭着说："老臣受命，将死在战场上，不见陛下，死不瞑目。"肃宗在病榻上接见了他，对他说："大唐江山，全靠你了。"

在对叛乱藩镇20多年的战争中郭子仪显示出他杰出的军事才能，因战功显赫而屡屡升迁，被唐德宗赐号为"尚父"。他死时85岁，德宗为他的去世辍朝五日，下诏说："你可以同辅佐周武王灭商的姜尚相比，是上天降下的人杰。你爱兵如子，料敌如神。"

酒囊饭袋

【释义】囊：袋。比喻只会吃喝、不会做事的人。

【出处】汉·王充《论衡·别通》。

五代时，有一个武将叫马殷。起初，他在唐代武安节度使刘建锋部下做一名军官，后来刘建锋被部下杀了，马殷便被拥戴起来，做了统帅。虽然他做了一方领袖，但无所作为，直至朱温篡取了唐的天下，改国号为梁（史称后梁），才把马殷封成楚王，占据了相当于今日的湖南省和广西省东北部的广大土地。马殷只知道享受，昏庸无能，当时的人都瞧不起他，替他起了个绰号叫"酒囊饭袋"，意思是说，他这个人只配盛放酒和饭，其他一切都不是他所知道的。

流芳百世

【释义】芳：指美名。百世：古时以三十年为一世。指时间极为久远，形容美名永远流传。

【出处】南朝·宋·刘义庆《世说新语·尤悔》。

桓温是东晋明帝的驸马。他曾任荆州刺史、大司马，专揽朝政。

因为桓温南征北战，立下不少战功，他和皇室又有特殊关系，因而位高权重，他后来野心萌发。有一次，他躺在床上对亲信们说："人生在世，不能默默无闻。"

亲信们听到后感到惊讶，不敢吭声。接着，他一下子从床上坐起来，激动地说："一个人即使不能流芳百世，那么遗臭万年也是值得的。"

此成语出自《世说新语·尤悔》，原文是："桓公卧语曰：'作此寂寂，将文景所笑。'既而屈起坐曰：'既不能流芳百世，亦不足复遗臭万载耶？"这个故事中还包括了"遗臭万年"这一成语，意思是坏事流传后世，一直被人唾骂。

涉危履险

【释义】形容闯越重重困难险阻。

【出处】南朝·宋·范晔《后汉书·度尚传》。

东汉后期，很多地方爆发了农民起义。汉桓帝任命度尚为荆州刺史，要他去镇压农民暴动。度尚心狠手辣、诡计多端，他杀害和打败了不少义军，但未能扑灭起义的烈火。度尚感到难以向朝廷交代，为了推卸责任，便诬陷交趾刺史张磐临阵脱逃，以致不能彻底消灭起义军。

桓帝不明真相，便下令逮捕张磐，交廷尉审查。不久天下大赦，张磐也被释放，可是他却坚决不肯出狱。狱吏很感奇怪，说："如今皇上赦免你的罪，你为什么不肯出狱？"

张磐说："先前匪徒作乱时，我身披甲胄，涉危履险，讨伐凶顽，砍杀贼首，余党残部像鸟一样地逃奔回荆州。度尚怕我先报告皇上，难逃罪责，就抢先诬陷我，以致我被关入牢狱，我实在是无罪，所以大赦对我不适用。现在出狱，等于承认有罪，这样我就永远蒙受这不该承担的耻辱了。"

张磐坚持要求与度尚当面对质，否则宁可死在牢里。后来查明，果然是度尚诬陷了张磐，张磐终于得以恢复清白。

海市蜃楼

【释义】海边或沙漠中的幻影，为阳光折射所产生的自然现象。比喻虚无缥缈的、实际不存在的事物。

【出处】汉·司马迁《史记·天官书》、宋·沈括《梦溪笔谈》。

《梦溪笔谈》曾这样描述：在山东省蓬莱县常见空中出现城市、楼台等幻景，由于古人缺乏科学知识，往往把这种现象看得很神秘，传说是蜃吐的气。实际是因为该地临海，雨后天晴时由于光线的折射作用而形成的景象，其间似乎还有往来的车马行人。古人把这种现象叫作"海市"，认为是"蜃气"结成的，故称为"海市蜃楼"。

还有在沙漠上旅行的人，常常会看到前面不远的地方出现了一片树林、一池湖水……可是当走到近处一看却又不见了。这是由于光线的折射和反射作用而产生的一种物理现象。

但是，最早记载此情景的当为《史记·天官书》，书上有这样一句话：“海旁蜃气像楼台，广野气成宫阙然，云气各像其山川人民所聚积。”意谓海边的蜃气形成的城市楼阁。

谈虎色变

【释义】色：脸色。一谈起老虎来，立刻吓得变了脸色。比喻一提害怕的事物就神经紧张。

【出处】宋·程颢、程颐《二程全书·遗书二上》。

北宋的大学者程颐曾向别人讲述过自己的一段经历：有一次，他认识了一个农夫。大家在闲谈时，有人提到最近邻村闹虎患，不少男女老幼受害，提醒大家外出要格外小心。在座的众人听到这件事后虽然有点儿紧张，但过一会儿也就淡忘了，七嘴八舌又去谈其他的事情，只有那个农夫听罢脸色铁青，身体战栗不已，一言不发。

程颐是个心细的人，觉察到了这个农夫情绪不对，等人群散后，留住了他问是怎么回事。农夫经不住再三追问，只得吐露实言，几年前他曾被老虎伤过，幸亏乡亲相救，才从虎口里捡回一条性命，在家调养了大半年伤口才痊愈，至今心有余悸，所以听了这件事，情绪就紧张起来。

程颐十分感慨地问自己的学生：像老虎会吃人这样一个简单的道理，虽然连三尺高的儿童都晓得，但一般人当真能体会到老虎吃人的可怕程度吗？程颐的回答是否定的，因为一般人都没有被老虎咬过的亲身经历。

程颐讲这个故事，实际是绕个大圈子说明一个道理：研究学问，一定要获得真知，而要想获得真知，就必须亲自实践。为什么农夫会谈虎色变呢？因为他有亲身体验，所以他才有真知。

谈笑自若

【释义】跟平常一样。指在不平常的情况下，毫不介意，依然有说有笑，不失常态。

【出处】晋·陈寿《三国志·吴书·甘宁传》。

三国时期，东吴有一个著名的将领，名叫甘宁。赤壁之战曹操失败以后，向北撤退。孙权和刘备的联军乘胜追击，一直追到南郡（今湖北江陵县境），驻守南郡的魏将曹仁，以逸待劳，击败了吴军的先头部队。周瑜大怒，准备调兵遣将，与曹仁一决雌雄。可是甘宁认为南郡与夷陵互为犄角，应该先袭取夷陵，然后再进攻南郡。周瑜接受了他的正确建议，命他领兵攻取夷陵。

甘宁率军直逼夷陵城下，与魏军守将曹洪激战20余回合，曹洪败走，领兵往南郡退逃。甘宁命令部下迅速夺取了夷陵。甘宁手下兵员不过千人。当天黄昏，曹仁派曹纯和牛金引兵与曹洪会合，共有5000余人，把夷陵城团团围住。曹军架设云梯攻城，被甘宁守军击退。

第二天，曹军构筑高楼，然后士兵在高楼上向城中射箭，顿时箭如雨发，射伤不少吴兵。吴兵将此情况飞报甘宁，将士们闻讯都有些害怕，唯独甘宁谈笑自若，同往常一样，毫不紧张。他命人收集曹军射来的数万支箭，选派优秀射手，与魏军对射。由于甘宁率军沉着顽强地固守，曹军无法攻破城池。

后来，周瑜派来救兵，配合甘宁击退了魏军。

剖腹藏珠

【释义】剖开腹部，收藏珍珠。比喻惜物伤身，轻重倒置。

【出处】宋·司马光《资治通鉴·唐太宗贞观元年》。

唐太宗李世民有一次给大臣们讲了这样一个故事：西域有一个商人，偶然得到一颗宝贵的珍珠，他害怕别人把珍珠偷去，放在哪里都不放心。后来，他把自己的肚子剖开，把珍珠藏在肚子里面，结果他一命呜呼。

唐太宗讲完这个故事以后说道：“你们说真会有这种人吗？”

大臣们说：“也可能有。”

唐太宗说：“这个商人爱珠而不爱身的愚蠢行为十分可笑。但是，有些人因贪赃受贿而丧命，有些皇帝因无止境地追求享受、穷奢极欲而亡国，他们和那个商人不是同样愚蠢可笑吗？”

右丞相魏徵说：“因为利欲熏心，贪得无厌，结果把自己的性命丢掉了，这样的人大有人在。从前鲁哀公曾对孔子说，有个健忘的人，在搬家的时候，只顾搬运他的财物，竟把自己的妻子忘记了。孔子说，这不算稀奇，有的人健忘得更厉害，比如桀、纣，为了贪图享受，把自己的性命都忘掉了，结果弄得身亡国灭。”

唐太宗对大臣们说：“我们应当总结经验教训，不要犯这类错误，免得被天下人耻笑。”

剜肉补疮

【释义】挖出好肉来补疮疤。比喻只顾忍痛抢救眼前的疾病和困难，而不顾将会产生怎样的严重后果。

【出处】唐·聂夷中《伤田家》。

唐代诗人聂夷中在《伤田家》诗中，深刻地反映了当时农民受到残酷剥削的悲惨生活，并且向统治阶级提出抗议，为人民申诉不平。原诗是这样的：

二月卖新丝，五月粜新谷。
医得眼前疮，剜却心头肉。
我愿君王心，化作光明烛。
不照绮罗筵，只照逃亡屋。

诗的大意是：二月里还没有孵蚕，就把新丝预卖了；五月里还刚插秧，却又不得不预卖新谷了，为了救急，只好忍痛将尚未收获的丝和谷低价估卖了，而顾不得以后的日子将怎么过了。以后的日子怎么过？除了逃亡还有什么别的路可走！诗的后四句说：希望君王的心肠化作明灯，这盏明灯不要只照耀豪华的宴会，而要去照一照逃荒者遗留下的那些空屋。诗人希望封建统治者能够正视农民的苦难，给予关怀照顾。

“剜肉补疮”也叫“挖肉补疮”。

十一画

推心置腹

【释义】指真心诚意地待人。

【出处】南朝·宋·范晔《后汉书·光武帝纪上》。

王莽篡汉后，爆发了农民起义。后来，南阳著名的豪强，西汉皇族刘縯、刘秀兄弟也乘机起兵，加入了绿林起义的队伍，准备夺取政权，恢复刘氏的天下。

王莽听说昆阳失陷，派了 42 万大军前往镇压。起义军在刘秀的指挥下，以劣势兵力击败了王莽军。

接着，萧王刘秀主动要求去河北安抚各州郡，他在河北争取人心，扩充力量。接着，刘秀派出 14 名将领，带领大批兵马，去消灭河北的铜马起义军。经过多次激战，刘秀终于击溃了铜马起义军，数十万人向他投降。

为了壮大自己的实力，扩大自己的影响，刘秀决定收编这一大批人马，并把投降的起义军首领封为列侯。但是，这些首领心存疑虑，不知道刘秀会不会信任他们。刘秀了解到他们的心思，就让他们各自回营，照样带领自己的部下；刘秀骑着马，只带几名随从，到各个军营去慰问他们。

这些投降的将领见刘秀这样毫无戒心地对待他们、关怀他们，感动地说：“萧王如此推心置腹，我们怎能不为他卖命呢！”

刘秀见他们都已经打心里服了自己，就把他们分别安排为自己将领的部下。这样，他一下子就增加了数十万人马。关西那一带原来只知道铜马，现在都把刘秀说成是“铜马皇帝”。

掩耳盗铃

【释义】掩住耳朵偷铃，以为自己听不见，别人也就听不见了。比喻自己欺骗自己。

【出处】战国·吕不韦《吕氏春秋·自知》。

春秋末期，晋国范吉射逃离了晋国。

一天，有个人到范吉射家里，见到有一口钟，想偷偷地把它背走。但是，钟太笨重了，他根本无法把它背走。后来，终于想出了一个办法：把钟敲碎了，分批拿回去。

于是，他找了一个铁锤，用力地敲钟。“当——”第一下敲上去，钟就发出洪亮悠长的响声；再敲下去，钟发出同样的响声。他想：“钟声一响，人家就知道我在这里敲钟。这样，钟就要被别人夺走，我也要被人抓住。”于是，他捂住自己的耳朵，这样钟声再响也听不见了，他想既然我离得这么近也听不见，其他人当然更听不见，就可以安全地将钟偷走了。

其实他非常愚蠢可笑，纯粹是自己欺骗自己。虽然他捂住了耳朵听不见钟声，但别人的耳朵没有被捂住，当然还会听见钟声。

在我国古代，钟和铃都是乐器。后来，人们就把这个故事概括成“掩耳盗铃”这一成语。

捷足先登

【释义】捷：敏捷。足：脚步。比喻行动快的人先达到目的或先得到所求的东西。

【出处】西汉·司马迁《史记·淮阴侯列传》。

韩信被吕后杀死后，刘邦又是欢喜，又是怜惜，问：“韩信死前留下什么话？”吕后说：“韩信怪自己没有听蒯通的计谋。”刘邦听了，立即下令将蒯通抓来。

刘邦亲自审问蒯通：“是你教淮阴侯谋反的吗？”蒯通毫不掩饰地答道：“是的，但这个无知的小人不听我的计策，所以被杀掉。如果用了我的计策，陛下又怎能杀掉他？”刘邦勃然大怒，要处死蒯通。

蒯通大呼：“冤枉也！”刘邦觉得不可思议，问：“你教韩信造反，处死你还有什么冤枉的？”

蒯通回答道：“暴秦无道，天下英雄都来争夺帝位，所以纷纷拉起大旗称王，手下谋臣勇士更是出谋划策，奋勇争先，为的无非是击败对手。这个时候，是捷足者先得啊！桀犬吠尧，并非尧不仁厚，只是因为尧不是它的主人。当时我只知道韩信，哪里知道陛下啊！而且当时天下英雄豪杰争先恐后为陛下效力，很多人因为不能被陛下所用而投靠了别人，陛下难道要将这些人统统杀光吗？”

刘邦听了这番话，觉得有道理，就把他放了，后来蒯通成了刘邦的重要谋士。

探囊取物

【释义】比喻事情非常容易办到，像到自己口袋里取东西一样。

【出处】宋·欧阳修《五代史记·南唐世家》。

五代时，后唐的名士韩熙载因父亲被明宗李亶所杀，准备离开中原，投奔江南的吴国。

韩熙载出走时，有个名叫李榖的好朋友为他送行。道别时，韩熙载对李榖说：“江南国家如果任用我为宰相，我定能率军北上，迅速平定中原。”

李榖听后说：“中原国家如果任用我为宰相，那攻取江南各国好比囊中取物那样容易。”

韩熙载投奔吴国不久，吴国就被南唐攻灭。但是，南唐也国事多变，奸臣当道，他未能得到重用。于是，他借酒消愁，与歌伎厮混在一起，因此一直未能当上宰相，他原先的誓言自然没有得到实现。

李榖的情况与韩熙载截然不同。李榖后来做了北方后周的将领，奉命征伐南唐。他在南征过程中打了不少胜仗，屡建战功，但是他当宰相的誓言也没有实现。

掷地有声

【释义】作者才华出众，其作品语言铿锵有力。另外还形容出语豪迈，不同凡响。

【出处】南朝·宋·刘义庆《世说新语·文学》。

东晋文学家孙绰在会稽（今浙江绍兴）住了十多年，会稽山川秀美，壮丽的景色深深吸引着他，几乎使他乐而忘返。

回家后，他写了一篇《天台赋》。当友人范荣期来访时，他就把赋拿给他看，并说道：“我这篇赋节奏铿锵，不同凡响，不信你可试试，把它扔到地上，一定会发出如同金石般铿锵的声音！”

范荣期知道这个朋友很有文采，但文章怎能掷地有声呢？就说：“不知足下这个金石声属什么调，合不合节拍？”但当他读下去时，果真被作品所描写的景物及形象生动的表达深深吸引住了，以至每读到写得特别精妙的地方，总忍不住啧啧赞叹。

捭阖纵横

【释义】捭阖：开合。纵横：合纵连横的简称，是战国时策士游说的方法。比喻外交上的分化争取手段。

【出处】佚名《鬼谷子·捭阖第一》。

在嵩山南麓，洧水和颍水的上游，有一处纵深的山谷，这里道路崎岖蜿蜒，古木参天，密林中时时传出野兽的叫声。一天，山道上走来一个书生，他向一个正在山崖旁砍柴的人打听鬼谷子的下落。

那砍柴的正好是鬼谷先生的大弟子、来自郑国雍丘的张仪，书生则是家住洛阳郊区伊阙的苏秦。当时列国纷争，诸侯各霸一方，正值用人之际，张仪、苏秦心怀大志，都希望在政治舞台上一显身手，有所作为。隐居嵩山深处鬼谷的王诩，起先是周天子的侍臣，后来诸侯势力扩大，他就离开洛阳，避居鬼谷，虽然王诩无心于名利，但因为他智高虑深、博学多才，所以即使离群索居，还是有好些如同张仪、苏秦那样想有所作为的青年人，不远千里来投奔到他的门下学艺。世人不知其名，都称他为鬼谷先生。

苏秦来到鬼谷，行弟子之礼之后，就跟其他门人一道聆听鬼谷子讲学。

鬼谷先生独坐讲席，用深沉的语调缓缓宣讲：“鬼谷之学共有《捭阖》《反应》《揣》《摩》《权》《谋》等12篇和《本经阴符》7篇。其中以《捭阖》为本。‘捭’者，开也；‘阖’者，闭也。诸位意欲在七国争雄的局面中干出一番事业，先要明‘捭

鬼谷子像

阖’。当世人主间，虽有贤、不肖、智愚、勇怯的差别，但是嗜欲满溢是他们共有的心病，你们可以明白地以‘利’来诱导他们，这就是‘捭’；私下以‘谋’来启发他们，这就是‘阖’。运用‘捭阖’之道，不能一成不变，宜‘纵横反复’，捭中有阖，阖中有捭……”

日后苏秦携“捭阖纵横”之术，游说六国，合纵抗秦，令强秦不敢西出函谷关长达15年之久。张仪继苏秦之后，携“连横”之术，为秦国瓦解了六国同盟，然后各个击破，终于奠定了大一统的基础。

萎靡不振

【释义】萎靡：颓丧。士气低落，意志消沉，行动消极。

【出处】元·脱脱等《宋史·杨时传》。

1125年，金朝的军队兵分两路，大举南进，攻打北宋。守卫燕京的宋将郭药师叛变投敌，守卫黄河的将领梁方平，望见金兵的旗帜，便吓得烧桥逃跑，金兵很快进逼北宋都城东京（今河南开封）。宋徽宗惊慌失措，急忙把帝位传给儿子宋钦宗（赵桓），然后自己逃往南方镇江。这时，大臣杨时对大家说：“大敌当前，我们应当振奋起精神，表现出一致抗金的决心和勇气。如果萎靡不振，那么大宋的江山就要完了。”接着，杨时又提出一些抗金的具体措施。

1126年，宋钦宗受形势所迫，调兵遣将，抗击金兵，在奋勇抗敌的各路兵马配合下，终于打退了金兵的入侵。

萍水相逢

【释义】浮萍随水漂流，偶然聚在一起。比喻素不相识的人偶然相遇。

【出处】唐·王勃《滕王阁序》。

王勃，字子安，是唐初著名的文学家，与杨炯、卢照邻、骆宾王以诗文齐名，合称“初唐四杰”。

676年，王勃去交趾（今越南境内）探望做县令的父亲，途经洪都（今江西南昌）时，都督阎伯屿因重修的滕王阁落成，遂定于九月初九重阳节在那里宴请文人雅士和宾客朋友。他的女婿吴子章很有文才，阎伯屿叫他事先写好一篇序文，以便到时当众炫耀。王勃是当时有名文士，也在被邀请之列。

宴会上，阎伯屿故作姿态，请来宾为滕王阁作序。大家事先都无准备，所以都托词不作。请到王勃时，他却并不推辞，当场挥毫疾书，一气呵成，写成了著名的《滕王阁序》。众宾客看了一致称好。阎伯屿读后也深为钦佩，认为这序文比自己女婿写的要高明得多，也就不再让吴子章出场宣读了。

《滕王阁序》构思精绝，文气通顺畅达，而又纵横交错。序文在铺叙盛会胜景的同时，也流露出作者壮志难酬的感慨：“关山难越，谁悲失路之人？萍水相逢，尽是他乡之客。”这几句话的意思是：关山重重，难以攀越，有谁为失路的人悲哀？今天与会的人像萍浮水面，偶然相遇，都是异乡之客。这就充分表达了他生不逢时、慨叹自己命运不佳的心情。

雪中送炭

【释义】在别人有困难时给予帮助。像寒冷的雪天送炭给予温暖一般。

【出处】元·脱脱等《宋史·太宗纪》。

南宋著名诗人范成大，晚年退居

故乡石湖，自称“石湖居士”。他写的《石湖居士诗集》，其中有一首诗，题目是《大雪送炭与芥隐》。诗中有这样两句：

不是雪中须送炭，
聊装风景要诗来。

雪中送炭图轴

诗中所说的雪中送炭，历史上也有这样的故事：

宋朝的太宗皇帝，很关心穷苦人，有一年天降大雨雪，天气非常寒冷。他在皇宫中忽然想起了穷人的可怜，就派官员拿着粮米和木炭，送给那些穷苦的人和孤苦伶仃的老人，让他们有米做饭吃，有木炭生火取暖。

救死扶伤

【释义】抢救快死的人，扶助受伤的人。形容医务工作者的工作精神和职业道德。

【出处】汉·司马迁《报任安书》。

汉代的司马迁因李陵事件被汉武帝打入牢狱，处以腐刑。他的朋友任安来信，要他“慎于接物，推贤进士”，司马迁当时未给任安回信。后来，任安又因事下狱当斩，司马迁于是给朋友回信，叙述自己受刑后，怎样由“隐忍苟活”到决心完成《史记》的写作，以此说明自己为什么不能“推贤进士”，作为对任安的回答。

在《报任安书》中，司马迁在回忆自己当时因何为李陵辩护时，写道：“李陵提步卒不满五千，深践戎马之地，足历王庭，垂饵虎口，横挑强胡，仰亿万之师，与单于连战十有余日，所杀过当。虏救死扶伤不给，旃裘之君长咸震怖。乃悉征其左右贤王，举引弓之民，一国共攻而围之……”

其中，“虏救死扶伤不给”的意思是，李陵虽深入虎穴，以寡敌众，但仍然给敌人以大量杀伤，使敌人无暇抢救死伤的将士。

“救死扶伤”的成语就是从这里来的。

唯利是图

【释义】唯：助词。是：指示代词，复指提前了的宾语“利”。只要是利就贪图。

【出处】春秋·左丘明《左传·成公十三年》。

580年，秦桓公与晋厉公订立了友好盟约，约定两国和平相处，不做伤害对方利益的事情。可是，盟约墨迹未干，秦桓公就派人游说狄国和楚国，怂恿它们攻打晋国。晋厉公派特使吕相到秦国去抗议。吕相对秦桓公说：“你们秦国是一个大国，可是为什么从来不讲信义？你一方面与晋国签订了友好条约；另一方面却对楚国说，支持它侵犯晋国的行动。世人应该怎么理解你们的政策？”

秦桓公傲慢无礼地回答道：“这很好理解，我们所做的一切，就是只要对秦国有好处，其他后果概不考虑。”

吕相吃惊地指出："你们这样做，不是唯利是图吗？"

秦桓公说："你概括得很准确，我们所需要的正是唯利是图的政策。"

吕相质问道："你们就不怕别国跟你们断交吗？"

秦桓公说："那就请便吧。"

于是，晋秦绝交，不久，两国爆发了战争。

此成语出自《左传·成公十三年》，原文为："余虽与晋出入，余唯利是视。"

趾高气扬

【释义】 趾：脚趾。走路时脚抬得很高，很神气的样子。形容得意忘形，骄傲自大。

【出处】 春秋·左丘明《左传·桓公十三年》。

屈瑕是春秋时楚国的一名将军，他虽然没有什么本领，但却非常骄傲。有一次，他打仗侥幸获胜，于是，更加骄傲起来，以为自己是常胜将军，谁都不放在眼里。

过了两年，楚武王又派他带兵去进攻罗国。大夫斗伯比前去送行。回来的路上，他对驾车的人说："屈瑕趾高气扬，他太骄傲了，不把敌人放在心上，这次打仗一定要失败！"

斗伯比命驾车人把车赶到王宫去见武王，说："请大王快派援军去帮助屈瑕吧！"

武王说："我已经没有军队可派了！"

武王回到后宫，对夫人邓曼说："斗伯比明知我已无兵可派，还让我派兵去支援屈瑕！"

邓曼说："我看斗伯比的意思不是要大王派援军，而是说屈瑕凭恃以前的战功，以为这次攻打罗国必然获胜，因而轻敌。大王应该告诫他才是。"

武王派人去追，可是已经追不上了，屈瑕果然打了败仗，他没脸回来晋见武王，便自杀了。

虚与委蛇

【释义】 委蛇：周旋、应付。随便应付一下。指对人假意接待，敷衍应酬。

【出处】 战国·庄周《庄子·应帝王》。

列子是壶子的学生，跟他学习老庄之道。后来，列子遇到了郑国的神巫季咸，很想另拜季咸为师。他对壶子说："从前，我一直以为您的水平最高，没料到我碰上一个水平更高的人。"

壶子淡然一笑，说："我还未与季咸较量过，你怎么就断定他的水平比我高呢？你去把他请来，让他和我比试比试！"

一次，季咸去见壶子，出来后对列子说："你的老师活不了多久了，最多还能撑10天吧。"

季咸第二次去见壶子，出来后对列子说："你的老师幸亏碰上了我，今天的脸色好多了。"

季咸第三次去见壶子的时候，脚跟还未站稳，掉头便走。壶子对列子说："你知道季咸为什么今天一见我就跑？世上万事万物，无不遵循'道'的规律，逃脱不了'道'的范围。这几天，季咸说是来看我，实际上是与我斗法，我则跟他虚与委蛇。他在心里变成婴儿，我也变作婴儿；他变为畦田，我也变为畦田；他变为悬崖，我也变作悬崖。因此，季咸感到我难以捉摸，不好对付，所以落荒而逃。"

从此以后，列子经过壶子的教导，

大有长进。他刻苦学习，修炼老庄之道，终于达到了忘我的境界。

虚张声势

【释义】虚：佯装。张：夸大。假造声势，借以吓人。

【出处】清·曹雪芹《红楼梦》。

贾雨村被革职后，靠了贾政替他说情才复职，派到金陵（今江苏南京）应天府当县令，他一到任就遇上一件棘手的人命案子：

当地两家人争买一名丫鬟，各不相让，以致伤了人命，凶手是金陵薛家的公子薛蟠。贾雨村问明案情后，当下就要发出逮捕令，一个衙役拼命地向他使眼色，叫他不要下命令。贾雨村便退堂停审，将那衙役请进密室，问："刚才你为啥拦住我？"

那衙役反问："老爷初来乍到，难道就没有抄一张本地的'护身符'吗？"原来，"护身符"上面写的是本地最有权势的大官姓名，若做官的不知底细，一旦触犯了这样的人家，不但官爵，连性命也难保！那薛蟠的母亲是贾政的小姨子，贾雨村如何得罪得起！但人命关天，若处理不公，万一惹出民愤又如何了得？贾雨村左右为难，愁眉不展。

那衙役不慌不忙，为贾雨村想了一个办法：次日开庭办案，只是虚张声势，表面上照样发逮捕令，照样派人去捉拿凶犯，但只抓一两名薛家的仆人，把罪责朝他们身上一推，罚薛家赔上几两银子，将此案了结。

贾雨村依了衙役的主意，第二天，他就徇情枉法，胡乱判结了此案。贾雨村由于善于钻营，官运更加亨通了。

虚有其表

【释义】空有个好看的外表，里面却不实在。

【出处】唐·郑处诲《明皇杂录》。

唐玄宗很钦佩苏颋的才能，想让他做宰相，便命中书舍人肖嵩写诏书。

肖嵩很快就写好了诏书，拿给玄宗看。玄宗看到其中有一句是"国之瑰宝"，很不满意。虽然这是赞美苏颋的话，可是苏颋的父亲名字就叫"瑰"字，古人有对长辈名字避讳的习惯，以此表示尊敬，所以玄宗叫他再改一下。

肖嵩觉得这下惹怒了皇帝，心里十分畏惧，吓得连汗都淌出来了，坐那里想了半天也没写出一个字来。皇帝走到肖嵩面前去看他，见他只是把"国之瑰宝"改成"国之珍宝"，并没有写出太好的文句来，大失所望。等肖嵩退去之后，玄宗抓起草稿扔到地上，气恼地说："真是虚有其表！"

原来，肖嵩是位美男子，看起来是一表人才，可是却写不出像样的文稿，所以玄宗斥责他是"虚有其表"。

患得患失

【释义】患：忧虑。既忧虑得到，又忧虑失去。过多地考虑个人的得失。

【出处】春秋·孔丘弟子《论语·阳货》。

有一次，孔子在和学生讨论问题的时候，发表议论说："鄙夫可与事君也与哉？其未得之也，患得之。既得之，患失之。苟患失之，无所不至矣。"

这段话的大意是：可鄙的庸俗低级的家伙，难道能够同他共事吗？当他没有得到权势或好处时，他生怕得不到，总考虑如何能得到；而当他已经得到时，又生怕丢失掉。像这样很害怕失掉已经获得的权势或好处的人，他们利欲熏心，处处为个人打算，什么坏事都能干得出来。

后人从孔子这段话里引申出“患得患失”这个成语。

悬梁刺股

【释义】将头发悬在梁上，又用锥子刺大腿，使自己不至于打瞌睡。比喻发愤读书、刻苦学习的精神。

【出处】汉·刘向《战国策·秦策一》、晋·张方《楚国先贤传》。

战国时，苏秦虽有雄心壮志，但由于学识浅薄，跑了好多地方，都得不到重用。后来，他下决心发愤读书，有时，读到深夜，实在疲倦，快要打盹的时候，他就咬紧牙关，用锥子往大腿上刺去，刺得鲜血直流。他用这种特殊的办法振作精神，驱逐睡意，坚持学习。后来苏秦终于成为著名的政治家。

汉朝有一个人，名叫孙敬，他非常勤奋好学，喜欢读书，从早读到晚，很少休息，经常读书到深更半夜。夜间读书时间太久，就会打起盹来，影响学习。于是，他想出了一个很特别的办法，找到一条绳子，一头拴在屋梁上，另一头拴住自己的头发。读得疲倦打盹的时候，头一低，绳子就会牵住头发，拉疼头皮，顿时清醒过来。后来他也成为了著名的政治家。

以上两个故事联系起来，就形成了成语“悬梁刺股”。

假手于人

【释义】假：借。通过别人来达到自己的目的。

【出处】晋·陈寿《三国志·魏书·裴松之引皇甫谧（列女传）》。

酒泉地方有个叫娥亲的女子，是福禄县赵君安的女儿。赵君安被同县的恶霸李寿杀害。娥亲的三个弟弟遭到瘟疫，都病死了。李寿高兴地把他的同族人都请来，摆酒庆贺说：“赵家强壮的男子已经死光了，只留下个弱女子，从此不用再担心了！”

娥亲的儿子听到这话后，回家告诉了自己的母亲。娥亲流着眼泪，咬牙切齿地说：“李寿，你不要高兴得太早，我绝不让你活！”便暗中买了锋利的刀，日夜藏在身边，立志杀掉李寿。

李寿为人向来就非常凶狠蛮横，听到娥亲的话后，故意骑马带刀，招摇过市，乡人看了都非常害怕。娥亲近邻中有个姓徐的妇人，担心娥亲被李寿所害，劝娥亲小心慎重，免得遭受灭门之祸。娥亲毫不畏惧，说：“父母之仇，不共戴天，李寿不死，我活着还有什么意义？弟弟虽然死了，我娥亲还在，报仇的事，怎么可以假手于人呢？”

一天，她终于在城外的亭子里与李寿相遇。娥亲立刻拉住李寿骑着的马，大声叱骂李寿，李寿吃了一惊，回马想走，娥亲举刀砍过去，伤了马，李寿被掀翻在路边沟里，娥亲猛扑过去，终于杀死了李寿。

偃旗息鼓

【释义】偃：放倒。息：停止。指正在办的事情停止进行。

【出处】晋·陈寿《三国志·蜀书·赵云传》。

三国时代，黄忠在定军山杀死曹操大将夏侯渊，曹操亲率20万大军来替夏侯渊报仇，并派张郃搬运粮草屯在汉水北山的脚下。黄忠和赵云奉命同去烧劫粮草。后来赵云见黄忠和张著被曹兵分开围住，不能脱身，就前往解救，经过浴血奋战，终于救出了黄忠和张著。

曹操在高坡上看见赵云如此英勇善战，立即亲自带领大军下山助战。赵云的部将张翼看见后面有大军追来，就请赵云下令关紧寨门。赵云坚决不肯，反叫大开寨门，放倒旗帜，停止擂鼓，并在寨外战壕里面埋伏下弓箭手。他则独自骑马提枪，站在营寨的门口。

曹操赶到，下令急攻，可是看见赵云仍然威风凛凛地站着不动，便又向后急退。赵云趁势把枪一挥，战壕里发出雨点般的箭矢。这时曹操不知道赵云究竟埋伏多少人马，首先拍马逃走，其余将领也都争着逃命。赵云和黄忠随即领兵在后面追杀，终于占领了曹军营寨，夺取了曹军粮草。

得心应手

【释义】心里想到什么，手里就能与之配合。形容做事顺手。

【出处】战国·庄周《庄子·天道》。

春秋时期，有一天齐桓公坐在宫殿上读书，正在宫殿下制作车轮的木匠轮扁突然放下手中的工具，来到齐桓公面前问道："请问您读的书里面都讲些什么啊！"

桓公说："都是圣人说的话。"

轮扁说道："圣人已经死了，您所读的只不过是古人的糟粕而已。"

齐桓公厉声喝道："你如果能把刚才说过的话讲出道理来，我就饶了你，如果讲不出道理，我就把你处死！"

轮扁说："我就以我做车轮这件事做例子来说一说吧。轮箍做宽了，可能松动；箍轮太紧，就会滞涩，装不进去。只有不宽不紧，不大不小，才正合适，做起来顺手，符合心意（得之于手而应于心）才能做出合格的车轮。我虽然说不出其中的道理，但是这里却有一定的技术和经验。我无法把这技术单靠嘴传授给我的儿子，我的儿子也无法仅仅听我讲，就能把技术学到手。所以，我虽然已近70岁了，还是一个人在这里制作车轮。古人的技术是不可言传的道理，因为人死了而无法传授下来。因此，您现在读的古人的书本，只能说是古人的糟粕而已。"

得陇望蜀

【释义】陇、蜀皆为地名。得到陇地，还想得到蜀地。比喻人心不足，贪得无厌。

【出处】南朝·宋·范晔《后汉书·岑彭传》。

东汉时期，刘秀手下有一位大将，名叫岑彭。岑彭不仅作战勇敢，而且会用计谋，收罗了不少人才。

光武皇帝建武八年，岑彭领兵去攻打天水，当时隗嚣占据着西城，公孙述占据着四川。岑彭军队将隗嚣包围了，公孙述派兵帮助隗嚣把守上邽。这时，皇帝给岑彭下了一道诏书说："西城和上邽这两处攻下来以后，你可派兵去攻打四川。人心是不知足的，既然平定了陇地，还想得到蜀地。"

岑彭得到皇帝的诏书，就用灌水的办法攻打西城。可是，水深还没有

达到一丈，救兵就来了，把隗嚣救走了。岑彭看看自己的粮草已经不足，也就只好领兵回去。

得过且过

【释义】且：暂且。没有长远打算，整天混日子，过一天算一天。

【出处】明·陶宗仪《辍耕录》。

传说从前在五台山有一种奇特的小鸟，名叫寒号鸟。寒号鸟有四只脚，两只肉翅，不会飞行。夏天，它全身长着绚丽丰满的羽毛，鲜艳夺目，使百鸟十分惊羡。这时，寒号鸟得意扬扬，整天找别的鸟比美。

夏去秋来，有些鸟飞向遥远的南方，到那里去过冬；留下的鸟整天辛勤忙碌，积粮造窝，准备过冬。只有寒号鸟仍然游逛，逍遥自在，到处炫耀它那身五光十色的羽毛。

到了冬天，别的鸟在秋季都换上了一身又厚又密的羽毛，而寒号鸟的那身漂亮的羽毛褪得光光的。夜晚，全身光秃秃的寒号鸟，躲藏在石缝里，冻得浑身直打哆嗦，它不断地咕噜道：“好冷啊，好冷啊，明天就做窝，明天就做窝。”可是，当寒夜过去，太阳从东方升起，温暖的阳光照耀大地时，寒号鸟却忘记了昨夜的寒冷，忘记了要做窝的决心，它又说道：“得过且过！得过且过！”

寒号鸟始终也没有做窝，就这样一天天地混日子，最后终于被冻死了。

脱胎换骨

【释义】比喻思想作风的根本转变，像脱了胎、换了骨一般。

【出处】宋·释惠洪《冷斋夜话》。

从前有些文人，写诗作文，常借用古诗古文的意思，但并不直接抄袭原文原句，他们称这种写作方法叫作“夺胎换骨”或“换骨夺胎”。

宋代文学家黄庭坚曾说过：借用古诗的原意，而另用自己的语词表达它，这可以叫作“换骨法”；深入探究和体会古诗的诗意，进一步加以刻画形容，这可以叫作“夺胎法”。还有其他人也曾说：“文章虽不要蹈古人一言一句，然自有夺胎换骨等法，所谓灵丹一点，点铁成金也。”

“夺胎换骨”原是道家的语言，他们认为吃了金丹，换去凡骨凡胎，可以成仙。

“夺胎换骨”，现在一般说作“脱胎换骨”。

脚踏实地

【释义】作风质朴，态度真诚，做事认真。

【出处】宋·邵伯温《邵氏见闻录》。

司马光是宋代著名的历史学家，曾主编我国第一部编年体通史——《资治通鉴》。司马光在青年时代就爱好研究历史，读了不少书。宋英宗时，他受命主编《通鉴》，前后19年中，无时无刻不在努力钻研，专心写作；他恐怕睡得过久，耽误工作，特制了一个圆木，叫作“警枕”，不让自己睡稳。他先广泛收集材料，经过仔细研究和筛选，再把它们串联起来，然后加以剪裁润色而成定稿，工作态度十分严谨。许多篇章，都做了反复的修改，例如唐代部分，原有600卷之多，最后定稿精简为80卷。全书编成时，共294卷，另有目录30卷，《考异》30卷，包括上起战国下至五代，共1360多年的历史。完成的原稿，都用一笔不苟的工整字体抄写得整整齐齐；剩下的废稿残稿堆放在洛阳，占了满满的两间屋子。司马光在这项艰巨的工作中所表现的辛勤认真的态度，受到了很多人的赞扬。邵伯温称赞他“脚踏实地”。

移风易俗

【释义】改变旧的风俗习惯。

【出处】汉·班固《汉书·贾谊传》。

西汉初年，因为经过秦末起义的动乱，社会秩序很不安定。到了汉文帝时，虽然国力得到一定恢复，但社会风气仍未好转，不少地方还频频发生案件，而掌权的官吏只会公文往还，却不去抓正风俗、立法度的大事。西汉政治家贾谊看到这种情况深为忧虑，就上书汉文帝，极言任用贤能以端正世风的重要性。在这篇奏疏中有如下一段话：

曩之为秦者，今转而为汉矣。然其遗风余俗，犹尚未改……夫移风易俗，使天下回心而乡道，类非俗吏之所能为也。俗吏之所务，在于刀笔筐箧，而不知大体。

意思是说：虽然秦朝已经变为汉朝了，但它的遗风余俗依然存在，而移风易俗、使人心趋向正道的使命，恐怕不是现在这些俗吏们所能承担的。因为俗吏尽管能言善写，却不识大体，目光短浅。

欲盖弥彰

【释义】欲：希望。盖：掩饰。弥：更加。彰：显露。想掩盖自己的错误，却反而使错误更加明显、更加暴露。

【出处】春秋·左丘明《左传·昭公三十一年》。

春秋时鲁昭公三十一年，卫国的齐豹为司寇，本为世袭大夫，因做事不义，被史书称为“盗”。邾国有个大夫名叫黑肱，悄悄地将滥邑（今山东滕州南）送给鲁国，希望鲁国给予他政治上的保护。因为这种事是见不得人的勾当，他做得很隐秘，以为不会有人知道，但被史官在史册上称为“贱”。

写史的人批评这件事说：“一个人对自己的名字应该好好保护，不应该使自己的名字受到玷污，凡是盗窃城市、反叛自己国家的人，罪状永远写在历史上，终身成为不义之人，传之万世万代都消弭不了他的罪行……有的本来想求名，而史册上却不写出他的名字；有的想要将自己的名字隐藏，而史册上却将他的名字大书特书（或求名而不得，或欲盖而名章）。”

这句话后来演变为成语“欲盖弥彰”，也称“欲盖名章”。

欲罢不能

【释义】罢：停。想停止也停止不住。泛指迫于形势，无法中止。

【出处】春秋·孔丘弟子《论

语·子罕》。

颜回对老师孔子崇拜得五体投地。他曾感叹地赞美孔子说："我的老师孔夫子，越是抬头看他，就越觉得他高大；越是用力钻研他的学问，就越觉得深奥，看着好像在前面，忽然又到后面去了。虽然这样高深和不可捉摸，可是老师善于有步骤地诱导我们，用各种学问来丰富我们多方面的知识，又用一定的规章制度和礼节来约束我们的行为，使我们想停止学习都不可能。（夫子循循然善诱人，博我以文，约我以礼，欲罢不能。）我已经用尽我的才力，似乎有所体会而能够独立行事了，可是，要想再前进一步，又不知怎么办了。"

矫枉过正

【释义】矫：扭弯为直。枉：弯曲。过正：超过了正常限度。把弯曲的东西扭直，超过了正常限度，反而扭向另一边。比喻纠正谬误超过了应有的限度。

【出处】汉·董仲舒《春秋繁露》。

周武王灭掉商朝以后，总结了夏、商两朝灭亡的经验教训，把王族和功臣按公、侯、伯、子、男五个等级分封到全国各地，成为诸侯，进行分区管理，以维护周王朝的统治。当时共封了800个诸侯国。

但是，随着时间的推移，诸侯国的后代并不是真心扶助周王室。他们之间因为利害关系而发生激烈冲突，你争我夺，互相攻打，长期进行争霸战争，周王朝则日趋衰落。

公元前221年，秦始皇统一中国，建立了秦王朝，他废除诸侯分封制，将天下分为36郡，以便加强中央集权，巩固统一。但是，由于秦王朝对人民实行极其残酷的剥削和压迫，激化了地主和农民之间的阶级矛盾，终于爆发了以陈胜、吴广为首的农民大起义。

刘邦建立西汉王朝以后，认为秦王朝之所以灭亡，是因为没有分封诸侯，造成处境孤立。于是，他改变这种局面，恢复分封制，刘邦设立王、侯两级爵位，大封功臣。但是，后来诸侯又纷纷叛乱。

汉景帝在镇压了吴楚七国的叛乱后，下令把诸侯王任免官吏的权力收归朝廷；王国的行政由朝廷任命官吏处理，以巩固中央集权。东汉史学家班固在撰写《汉书·诸侯王表序》时对此评论说：西汉初年恢复分封制，大的诸侯王国跨州兼郡，拥有几十座城池，宫室百官的制度同京都的朝廷一样，真可说是矫枉过正。

矫情自饰

【释义】矫情：掩饰真情。掩盖真实面目，把自己装扮得很好。

【出处】晋·陈寿《三国志·魏书·陈思王植传》。

曹操的第三个儿子曹植极有才华，十几岁时，会诵读《诗经》《论语》和长达几十万字的辞赋，而且擅长著文立说。曹操看到他写的文章，以为他请人代笔，曹植便说："言出为论，下笔成章，为何请人？请当面考查。"铜雀台修成后，曹操带领所有的儿子登上铜雀台，命他们赋诗，曹植拿起笔来立即写成一首，写得很不错，令曹操惊奇不已。曹操特别宠爱这个儿子，多次想立他为太子。

但是，曹植很任性，而且饮酒没

有节制，他具有文人心性，却没有治国的才能。而他的哥哥曹丕却很有心机和权术，“矫情自饰”，使曹操身边的人都说他的好话。曹丕把曹植看成自己做太子的最主要的竞争对手，便处心积虑陷害他。

一次，大将曹仁被关羽包围，曹操命曹植任南中郎将，援救曹仁。曹丕有意让曹植喝得大醉，以致使他不能接受曹操的命令。曹操非常愤怒，对曹植的宠爱就越来越淡薄了。

建安二十二年，曹操终于立曹丕为太子。

庸人自扰

【释义】庸人：平庸、糊涂的人。自己扰乱自己，反而增加麻烦和苦恼。

【出处】宋·欧阳修、宋祁等《新唐书·陆象先传》。

唐睿宗时，监察御史陆象先一次得罪了皇帝，被贬到益州去当都督府长史。

陆象先到任后，有人就给他出主意说：“这个地方的百姓十分愚顽，难以管教，你应该用严厉的刑罚治理他们。”

陆象先听了他的话，不以为然地摇摇头。

陆象先用自己的一套办法治理州郡，发现小官犯了罪过，只是训诫他一顿，叫他以后不要再犯。那些大官们觉得他对小官的处分太轻，应该用棍子狠狠地打一顿。陆象先严厉地对他们说：“他们犯了法，你们是有责任的，若是用刑，应该从你们开始。”那些当大官的，被陆象先训斥得满脸羞愧，悄悄地躲开了。此后，陆象先经常对他下面的官吏们说：“天下本来没有什么了不得的大事，就是有一些见识浅陋的人，自己扰乱自己（天下本无事，庸人自扰之）。我今天从根本上来解决一下，以后不就减少许多麻烦吗？”

陆象先果然将州郡治理得很好。

望洋兴叹

【释义】望洋：仰视的样子。兴叹：发出感叹。指在伟大的事物面前，感到自己力量渺小。今多比喻做事因力量不够或缺乏条件而感到无可奈何。

【出处】战国·庄周《庄子·秋水》。

秋天，大大小小河流的水汇集进了黄河，原来狭窄的河道，现在变得非常宽广。河神冯夷见此高兴起来，自言自语地说：“多么宽阔啊！难道天下的水都流进来了吗？”一时兴起，顺着浑浊河水滚滚东流，他要看看自己究竟有多么壮观。冯夷不知不觉竟流进了北海，它抬头望去，只见北海的水面波浪翻滚，辽阔无边，直连着天的尽头，他又回头望了望顺流而来的黄河，相比之下，它就像一条小小的溪流。

这时，北海之神若劈波而来，他对冯夷说：“欢迎，欢迎！”冯夷看到若高大的样子，一下子不好意思起来。他对着若茫然地发出感叹说：“先前总认为天下谁都比不上我，今天到了北海，才知道我算什么呢？仔细想来，不知天下有多少道德高尚的人在嘲笑我呢！”

此成语出自《庄子·秋水》，原文是：“秋水时至，百川灌河，泾流之大，两涘渚崖之间，不辨牛马。于是焉……河伯始旋其面目，望洋向若而叹。”

望风披靡

【释义】披靡：草木随风而倒。比

喻作战中被对方强大的势力压倒或被敌人的气势震慑，不战而溃。

【出处】汉·司马相如《上林赋》。

汉高祖刘邦创立汉朝初期，国力贫弱，因此君臣都很节俭，到了武帝时，国家强盛起来，皇帝也开始铺张奢侈起来。

汉武帝游猎玩乐的地方叫作上林苑，是在秦朝旧苑的基础上扩建而成的，此项工程消耗了无数人力物力，上林苑周围长达300里，有离宫别馆70所，可以容纳千乘万骑，苑中禽兽众多，林木繁茂。

汉代著名的文学家司马相如写了一篇《上林赋》，虚设了子虚、乌有先生和亡是公三个人物，通过亡是公之口，批评了楚国的子虚和齐国的乌有两人相互斗富的言论，极力铺陈天子上林苑的繁华，最后写了天子自省，认识到实行王道仁政的重要性，从而达到讽谏的目的。行文采用夸饰的手法，辞藻十分华丽。

司马相如笔下的上林苑面积极为广大，东边到苍梧山，西边直抵邠国，南部气候温暖的时候，北部气候却依然很寒冷。在隆冬，上林苑南方草木仍蓬勃生长，水波荡漾不冰冻；在盛夏，上林苑北方依然滴水成冰，大地冻裂。其地域之广阔，可见一斑。

上林苑的河流，可以看见八条河流奔腾往来，更相交替，在山间、水滨、树林和广大原野中穿行奔流，随处可见。水流湍急、波涛汹涌、气势磅礴。

珍奇禽兽则是天上飞的、水里游的、地上跑的，无所不有。

郁郁葱葱的草木，遍地都是，江边的小草长得很高，几乎覆盖了水面。森林一望无际，有如起伏绵延的群山。特别是那些发出浓郁香气的奇花异草，布满平原、大泽，与蓝天连成一色。草木“望风披靡”，像大海中的波浪。

望梅止渴

【释义】看到酸梅就解了渴。比喻用空想的办法来慰藉自己。

【出处】南朝·宋·刘义庆《世说新语·假谲》。

曹操带兵攻打张绣时，行军中路过一个没有水源的地方，曹操派人四下找水。可是这里是一片荒原，没有河，也没有井，根本找不到水。曹操又命令士兵就地挖井，挖了半天也见不到一滴水。

曹操心想：要想个办法让大家走出荒原才行！他灵机一动，想出了一个办法。于是，他站在高处，大声对将士们说：“前边不远有一大片梅林，梅子又多又大，咱们到那儿去吃梅子吧！”

听曹操这么一说，将士们马上想到了梅子的酸味，人人嘴里都流出不少口水，这样渴得就不那么难受了。曹操趁此机会赶紧整顿队伍，继续前进，终于带领大军走出了这片大荒原，赶到了目的地。

此成语出自《世说新语·假谲》，原文是：“魏武行役，失汲道，军皆渴。乃令曰：‘前有大梅林，饶子，甘酸可以解渴。’士卒闻之，口皆出水，乘此得及前源。”

深思远虑

【释义】想得很深，考虑得很长远。

【出处】汉·班固《汉书·师丹传》。

师丹，字仲公，为人廉正守道，很得皇帝的信任。

早在汉元帝时，王皇后生有一子，就是后来的汉成帝。傅昭仪也生有一子，因这孩子非常聪明，元帝很是宠爱，封他为定陶王。这定陶王虽寿命不长，倒留下了儿子；汉成帝在位20多年，却没有太子。汉成帝死后，就由定陶王的儿子继承皇位，他就是汉哀帝。

汉哀帝登基以后，大臣们议论说应该尊哀帝的亲祖母傅太后为定陶皇太后，哀帝的生母丁姬亦应尊为定陶皇太后。但是师丹坚决不同意。因此，结怨于傅、丁两位太后。

这件事以后不久，有人向皇帝建议改革币制，控制物价上涨，汉哀帝征求师丹的意见。师丹认为这个建议有一定道理，民贫则国弱，会导致恶性循环。但是当主管部门具体讨论这件事的时候，多数官员认为钱币发行的时间已很长了，要一下改为龟贝，实行起来恐怕很困难。师丹听了各种意见，也觉得确有难度，决定暂不改变币制。

当时师丹年事已高，忘了将记录在案的各位大臣的议论收藏，以致记录草稿被书吏透露了出去。

傅、丁两位太后原本就对师丹不满，这次抓住了攻击他的机会，就唆使族人上书给哀帝，告了师丹一状：身为朝廷重臣，却把绝密文件中的事情泄露出去，传扬到民间，引起人心动荡，市场混乱。

哀帝接到奏告，交给朝臣讨论。给事中博士申咸、桂钦上书为师丹求情："师丹大人腹中经略无人可比，现在有人为泄私愤竟用绝密材料事件来攻击他。师丹前后意见不一，虽然有欠深思远虑，但泄密的过错并不在师丹，用这个罪名来惩罚师丹，恐怕是不妥当的。"

汉哀帝是丁太后亲生、傅太后嫡孙，当然不能因为师丹曾是自己的老师而违反两位太后的意愿，最后做出决断：师丹没有尽心尽职，收去大司空、高乐侯印绶，罢官回家养老。

祸起萧墙

【释义】萧墙：宫室内当门的小墙。比喻由内部不和而引起的争端和灾祸。

【出处】春秋·孔丘弟子《论语·季氏》。

孔子有两个学生冉有（求）和季（子）路，都在季氏三兄弟家当家臣。当时季氏三兄弟控制了鲁国的政治、经济和军事大权，国君则完全成了傀儡。季氏三兄弟打算侵吞弱小邻邦颛臾。冉有和季路一同去试探孔子的想法。孔子批评他们说："颛臾也是先王所封，负责管理东方各民族。它现在并没有什么过错，不过是衰落了，怎么就可以派兵讨伐它呢？"

冉有说："季家要这样干，我们也没有办法呢！"

孔子说："像颛臾这样的弱小邻邦目前很困难，你们理应帮助它，现在居然还要讨伐它，那还要你们干什么？再说，把老虎放出笼子，把珠宝毁于匣中，当事人难道就没有过错吗？"

冉有辩解说："颛臾紧靠鲁国边境，现在趁它弱小的时候，正好把它攻下来，不然将来说不定会给子孙后代带来忧虑和祸患。"

孔子说："我看，季家最大的忧虑和祸患不在颛臾这个边区小国，而是在萧墙之内，在季氏兄弟之间。"

此后不久，季氏兄弟之间果然发生了内乱。

惘然若失

【释义】神情恍惚，像丢了魂似的。

【出处】南朝·宋·范晔《后汉书·黄宪传》。

东汉时有位学者，名叫黄宪。黄宪 14 岁时，有位叫荀淑的名士遇见他，只交谈几句，就发现他有惊人的才学，一连谈了几个时辰，分手时向他拱拱手说："真没想到，您竟是我的老师啊！"

次日，荀淑去拜访本郡的功曹袁阆，一见面他就问："贵郡有个颜子，您知道吗？"

袁阆回答说："他是黄宪，还未成年呢。"

原来，颜子即颜渊，是孔子 3000 弟子中最有学问的一个，年纪也很轻，所以后来常把学问超群的年轻人比作颜子。袁阆一听就知道颜子是指黄宪，因为黄宪的才学是郡里一致公认的。

与黄宪住在同一个闾里中的戴良，也有出众的才学，只是他傲气十足，目空一切，自称像孔子和大禹一样天下第一，谁也比不上他，但是他见了黄宪，就马上变了一副模样，露出恭敬臣服的面容，回家后还怅惘失意，好像丢掉了什么东西似的。

有一次，戴良回到家里，母亲见他闷闷不乐，探问原因，戴良叹了口气说："我没见到黄宪的时候，总认为自己并不比他差，但见了他的面，就总是觉得他高不可攀。"

"惘然若失"又称"惘然有失""惘然如失"。

惜墨如金

【释义】创作态度严谨，不轻易下笔。

【出处】宋·费枢《钓矶立谈》。

五代末期、宋朝初年的李成，是著名画家，他最拿手的是画山水，尤其是他画的寒林雪景，令人叫绝。

在艺术表达方面，李成有一整套富有个性的绘画技巧。他作画，勾勒不多，最大的特色是用墨十分简练，且好用淡墨，少用浓墨、枯墨。这种绘画风格，对元、明、清三代的山水画家产生了巨大的影响。

由于他作画不用重墨，且善于对墨色进行处理，后人便称他"惜墨如金"。

寄人篱下

【释义】依附别人，不能自立。

【出处】南朝·梁·萧子显《南齐书·张融传》。

南北朝时期，有个名叫张融的读书人，后来他做了官。不久，他得罪了权贵，被贬到边远地区任职。他一路上跋山涉水，历尽艰难困苦，后来被土人抓住，要把他杀死。不料他神色自若，大声吟唱。土人见了大惊失色，赶紧把他放了。

之后，张融乘海船到交州（今广东广州）去，途中遇到风暴，海浪滚滚，几乎船翻人亡，但他毫不惊慌，照常吟诗作词，还写成一篇题为《海赋》的文章。

萧道成在没有当皇帝的时候，很欣赏张融的才学和品格，和他交上了朋友，后来萧道成建立了南齐政权，就常常与张融探讨学问。

有一次，萧道成与张融讨论起书法问题，对他说："你的书法颇有骨力，但还缺少二王（指晋代书法家王羲之、王献之父子）的法度。"

张融对萧道成的评价不服气，说：“请陛下别怨我缺少二王的法度，应该怨二王缺乏臣的法度。”

张融主张写文也要有独创性，形成自己的风格，他在一篇文章的序文中写道：“作为男子汉大丈夫，做文章应当像孔子删编《诗》《书》，制定《礼》《乐》那样，发挥自己的创造性，为什么要因袭他人，像鸟雀那样寄人篱下呢？”

惊惶失措

【释义】惊惶：惊怕、慌张，举动失常。

【出处】唐·李百药《北齐书·元晖业传》。

南北朝时，北魏宗室有个叫元晖业的人，他年轻时行为不检点，常和强盗、盗贼来往。年纪渐大后，一改过去的作风，广泛涉猎经史，常常提笔写文章，为人很有志气。

北魏宗室还有一人叫元韶，是魏孝庄帝的侄子，软弱得没有一点骨气。北齐灭魏后，齐神武帝高欢将原魏孝武帝的皇后嫁给他，魏皇室许多珍宝随皇后落到他家，后来，元韶将玉玺献给了齐文宣帝高洋。高洋曾经剃掉元韶的胡须将他装扮成女人讥笑他，他也默默承受。一次，元晖业随齐文宣帝到晋阳，在宫外遇见元韶，忍不住骂他：“简直不像个男人，竟把玉玺送人！我说这话知道自己必死无疑，但是你又能挨到几时呢？”文宣帝听到元晖业说的话，马上下旨杀掉元晖业，同时被杀的还有魏太武帝的孙子元孝友。临刑时，元孝友惊惶失措，而元晖业神态自若，从容就死。

元韶委曲求全，也没有好结果，元晖业死后8年，元韶全家被囚禁在京城地牢中，被活活饿死。

惊弓之鸟

【释义】比喻受过惊吓之后，听到一点动静就非常害怕。

【出处】汉·刘向《战国策·楚策四》。

战国时魏国的武将更羸，射箭的技术很高明。一日，他陪着魏王去游玩，走到一座高台下面，看见空中飞鸟经过，于是他对魏王说：“我不用箭，只用一张空的弓就可把空中的飞鸟射下来。”

魏王说：“你射箭的技术，有如此高明吗？”

更羸说：“我有把握把它射下来。”

等了一会儿，从东方有一只雁飞过来，更羸用一张没有箭的弓，向飞来的雁只用手对空拉了一下弓，“嗡”地响了一声。那只雁立刻应声跌落下来。

魏王惊奇地说：“你射箭的技术果然高明啊！”

更羸说：“不是我的技术高明，而是这只雁已经有了毛病。”

魏王问他说：“你怎么会知道呢？”

更羸解释说：“因为这只雁飞得很慢，叫声又很凄惨。飞得慢，是因为受了伤；叫声凄惨，是因为失了群的缘故。这只惊弓之鸟因为伤没有痊愈，心里还很惊怕，所以听到弓弦的声音就惊跌下来了。”

断章取义

【释义】章：篇章。指全文中的某一章而不是全部。截取全文中的一节，任意解释，为己所用。

【出处】春秋·左丘明《左传·襄

公二十八年》。

春秋时，齐国的大夫崔杼和庆封合谋杀了齐庄公，改立庄公异母弟杵臼为君，史称齐景公。

庄公有两个忠诚的卫士，一个叫卢蒲癸，一个叫王何，他们在庄公遇害后逃往国外。卢蒲癸出逃前嘱咐弟弟卢蒲嫳说："我出逃后，你要设法取得崔杼和庆封的信任，在适当时机叫我回国，咱们一定要为庄公报仇。"

卢蒲嫳不负所嘱，果然当上了庆封的家臣。他很快发现，庆封名为左相，却毫无实权，大权全由右相崔杼一人掌握。于是他便向庆封献计，利用崔杼几个儿子争夺继承权的矛盾，杀了崔杼一家，崔杼也自缢身亡。从此，大权便全落在庆封手里。

后来，庆封迷恋上一个女子，便把国政交给儿子庆舍。

卢蒲嫳又说动庆舍，先后召回卢蒲癸和王何，两人在宫中当上了侍卫。从此，他们抓紧秘密活动，联络不满庆封的人。

卢蒲癸的妻子庆姜是庆舍的女儿，见丈夫行动诡秘，问他究竟在干些什么事，并说自己一定鼎力相助。卢蒲癸便把准备灭庆氏、为庄公报仇的事说了。庆姜当即表示要大义灭亲，帮助丈夫完成这一义举。

庆姜果然说到做到。他们选在庆封出猎的那一天举事。庆姜又用激将法让父亲到太庙施行祭礼，以便卢蒲癸等人下手。

在举行祭礼时，卢蒲癸和王何突然执戈猛刺庆舍，庆舍垂死挣扎，用酒壶砸死了王何。之后，卢蒲癸又率甲兵杀尽庆氏余党。

事后，有人问卢蒲癸说："庆氏和卢氏都是姜氏的后裔，你怎么会娶同宗的庆姜为妻呢？"

卢蒲癸回答说："庆舍不避同宗，要把女儿嫁给我，我为什么要回避呢？就像有人对《诗经》断章取义来表达自己的意思，我也只取我所想要的，管什么同宗不同宗呢？"

弹冠相庆

【释义】弹冠：弹去帽子上的尘土。形容坏人得势，互相庆贺。

【出处】宋·苏洵《管仲论》。

春秋时期，管仲辅佐齐桓公称霸中原，深受桓公重用，桓公把齐国的事务全部交给管仲处理，桓公自己有了许多空闲时间。于是一些人便乘机钻营，取悦桓公，其中竖刁、易牙和开方三人最为受宠。

几年后，管仲劳累过度而病倒。临终前，管仲要求桓公疏远易牙等三人，任命隰朋为相，桓公答应了。

可是一个月后，隰朋也因病去世，桓公便命鲍叔牙为相，鲍叔牙推辞不过，便提出条件："大王一定要远离易牙等三人，否则，我绝不会从命。"

桓公答应了。可是不久，他便忘记了鲍叔牙的忠告，又召用了易牙等三人。这三人万分高兴，弹冠相庆。

不久，鲍叔牙病故，易牙等三人操纵国政，并乘桓公病重之际作乱。桓公得知后，以衣袖遮掩其面，连叹数声而亡。

十二画

落井下石

【释义】井：同“阱”，掘地为坑以陷野兽。乘人之危，加以陷害。

【出处】唐·韩愈《柳子厚墓志铭》。

唐朝文学家柳宗元少年的时候，文章就写得很好，名气很大，后来中了进士。当御史大夫时，因犯过失而被贬到永州去做司马，后又调到柳州去当刺史。韩愈是柳宗元同时期的大文豪，他眼见好友柳宗元被小人所诬，郁郁不得志地死去，就为柳宗元写了一篇墓志铭。其中有段话的大意是：“读书人要到穷困的时候，才能看出他的气节。现在有些人平常居住在里巷时，大家互相爱慕，用酒食来做游戏追逐，很和睦地谈笑着，还指着天地，流着眼泪，发誓要生死与共，绝不背弃，就像真的一样。但是如果有一天遇到小小的利害，便冲突起来翻脸不认人了，甚至落井下石，这种事情应该是连禽兽或野蛮人都不会做的，但是他们却自以为做得很好。这些人如果知道柳子厚宽大为怀的风度，也应该有点惭愧吧！”

博闻多识

【释义】见多识广，学识丰富。

【出处】北朝·北齐·魏收《魏书·李业兴传》。

李业兴，是南北朝北魏人。他少年时就立志于学习，背着书籍求师访友。当时，渔阳有个人叫鲜于灵馥，收徒授业，声誉很高。李业兴也曾投到他门下学习。鲜于灵馥讲解《左传》时，李业兴提了几个问题，居然将老师难住了。

他学习的内容很广泛，后来担任了朝廷的史官，专门撰写史书，因为写得好，他的文章社会上广为流传。

后来，北魏迁都到邺，邺城经过战争烽烟，已是破败不堪，原先的建筑、城墙等均已毁坏。吏部郎中辛吉，推荐李业兴统率画工设计京城的图样。辛吉说：“李业兴是大儒，博闻多识。由他参考古今典籍，定下京城体制，召集画工，绘出新图，然后奏明皇帝定夺，这件事一定能做好。”皇帝批准了辛吉的请求。

博而不精

【释义】学识广博，但不精深。

【出处】南朝·宋·范晔《后汉书·马融传》。

东汉著名的经学家郑兴以研究《左

氏春秋》著称于世。他的儿子郑众，12 岁时就跟父亲学习这部经学著作，后来，郑众还学习了《周易》《毛诗》《周礼》等经学著作，终于成为了学识渊博的人，在社会上很有名气。

皇太子刘疆和山阳王刘荆敬慕郑众的名望，特请光武帝的女婿梁松带重金去笼络郑众。不料被郑众予以拒绝，说："皇太子日后要继承君位，山阳王也是诸侯，按规定不能私交宾客，这事我实在难以从命！"

梁松威胁他说："这可是他们的一番好意，你可千万不要违背他们的旨意啊！"

郑众说："我宁可为正道而死，也不愿干违禁犯罪的事！"

不久，梁松出了事。在追查他的罪行时，涉及许多人。梁松曾去礼聘过郑众，但审案的官员早就知道，郑众拒绝了梁松的笼络，因此没有追查到他。

郑众做官后，在公务之余给一些年轻人讲解《毛诗》《周礼》等经学著作，并且花很大的精力为《左氏春秋》做注，后来，终于完成了《左氏春秋注》。当时，最著名的经学家是马融，他仔细地阅读了郑众的注本后，评价说："郑众的注本广博而不精深。"

揠苗助长

【释义】 揠：拔。把苗拔起，以助其生长。比喻违背事物发展规律，强求速成。

【出处】 战国·孟轲《孟子·公孙丑上》。

宋国有一个人，嫌他田里的秧苗长得太慢，就到田里用力把每棵苗向

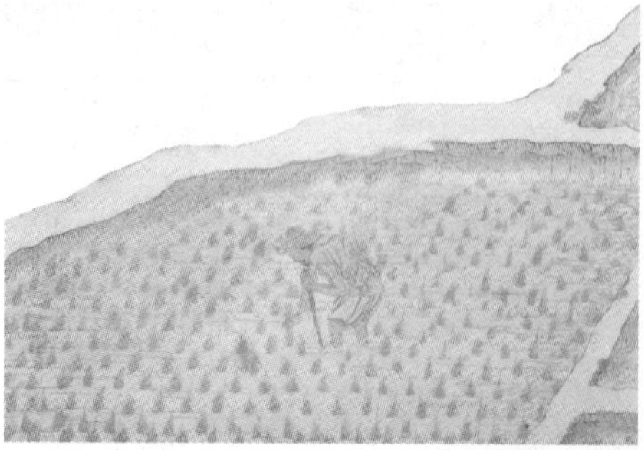

上拔高了一些。他认为这样做就可以让秧苗长得快些了。于是他回家以后，就对他的家里人说："啊！我今天干得多么累啊！我已经帮助田里的苗长高了。"他的儿子听到了，赶到田里一看，所有的苗都已经枯萎了。

"揠苗助长"这个成语，也可作"拔苗助长"。

揭竿而起

【释义】 原意为没有兵器，揭竿起义。后指奋然起义的意思。

【出处】 汉·贾谊《过秦论》。

陈胜出身十分贫穷。他家住的房异常破旧，用草绳拴块木板当作门，找个破瓮安在墙上就称窗户；吃穿无着，生活困苦极了。

这一年，陈胜被征去戍守边防，同行的共有 900 多人。行军途中，碰上连绵的雨天，道路泥泞不堪，十分难走，赶路赶得筋疲力尽，但还是不能按期到达。秦朝的法律非常严酷，超过规定期限就要被砍头。陈胜认为，不按期到达边防，要被杀死，即使按期到达，也会活活累死。反正都是死，不如造反，便毅然决定举行起义，反抗秦王朝。

起义的农民们赤手空拳，一无所有。于是，他们砍下树枝充当兵器，

高举竹竿作为义旗。天下百姓早就痛恨秦王朝的残酷统治，所以陈胜起义军振臂一呼，马上就云集响应。原来六国的诸侯贵族，也趁此机会起兵抗秦。经过几年战争，终于推翻了秦朝。

握手言欢

【释义】双方握手，气氛非常欢洽。

【出处】南朝·宋·范晔《后汉书·李通传》。

王莽篡汉后加强了对百姓的控制，人民生活在水深火热之中。李通父子当时在朝中做官。李通的父亲李守喜好星历谶记，李通听父亲说过谶记“刘氏复兴，李氏辅佐”，觉得是到了朝代更替的时候了。于是辞官回乡，静候时机。

李通听说下江、新市起兵，南阳动乱。那时，刘秀在宛县躲避官吏追捕，李通立即派李轶去迎候刘秀。

于是，李通和刘秀两人相会，二人谈得非常投机，握手言欢。李通设计在武试的日子，劫走南阳郡的长官，这样就可以号召民众。于是，李通让刘秀和李轶回到春陵，以便派兵呼应；并派堂兄之子李季到长安，将这件事告诉父亲李守。

没想到李季在途中病死，李守发觉情况不好，连忙逃走。王莽听说后，就把李守抓起来关在牢中。正巧这时传来李通起兵的消息，王莽大怒，将李守及在长安的家人全部杀死。南阳也诛杀了李通的兄弟、同族共 64 人。李通悲恸欲绝，更坚定了要推翻王莽的残暴统治的决心。

这时候刘秀的军队已经会合在一起，李通与刘秀、李轶在棘阳县相遇，于是共同攻破南阳郡。

光武帝刘秀即位后，李通尽责尽力，辅佐朝政。

喜形于色

【释义】抑制不住内心的喜悦，兴奋之情表现在脸上。

【出处】北朝·北齐·魏收《魏书·高允传》。

南北朝时，魏国的大臣高允生病了。高祖和文明太后便派御医李修前去探视，高允一边感谢皇恩，一边若无其事地对李修说：“老臣虽然年事已高，但行动仍很灵敏，身体仍很强壮，也没有什么病。请皇上放心，老臣愿为国家再尽一点绵薄之力。”

李修回到宫内，向皇上复命探视的结果。他悄悄地对皇上说：“高允表面上看没什么病，但身体内有异常情况，恐怕是不久于人世了。”皇上让李修保密，派使臣赐给高允许多御用的珍奇宝贝、美味佳肴，以至酒米油盐醋等，有 100 多样，都是些上好的货色。皇上还经常派人到高允家去慰问，嘱咐高允好好养病。高允终于喜形于色，对别人说：“上天对我恩重如山，照顾得真是无微不至，让我很好地安度晚年。”

这样过了许多天，高允在一个深夜去世。就在全家人为高允操办丧事的时候，皇上下诏赏给了 1000 匹绢、2000 匹布、500 斤棉、50 匹锦、100 匹杂采、1000 斗的谷子，用来帮助高允的家属操办丧事之用。像这样的赏赐和荣耀，自北魏开国以来尚未有过。等到高允要下葬的时候，皇上又以侍中、司空公、冀州刺史、将军等官衔相赠，同时赐给他谥号为文，真是备极哀荣。

焚书坑儒

【释义】毁灭古老文化，杀害文人。

【出处】汉·司马迁《史记·秦始皇本纪》。

秦始皇为庆贺打败匈奴的胜利，大宴群臣。席间，有个博士说道："殷、周两朝的王位传了一千多年，是因为分封子弟功臣得到各地诸侯辅佐的缘故。如今陛下有了天下，皇室子弟却都是普通人。一旦出了事，靠谁来援救呢？凡事不效法古代而能长久的，这事从来没有听说过。刚才周青臣当面奉承陛下，目的是粉饰皇帝的过失！"

丞相李斯马上接着说："黄帝等五帝办事不相重复，夏、商、周三代制度也不因袭守旧，所以能兴旺安定，他们并不是故意要同前代相反，而是因为时代不同，不能不有所改变。如今陛下开创了大业，建立了万世功业，怎么能再去效法三代的做法？现在天下太平，法令统一，百姓理应好好经商、种田，儒生也要好好学习和遵守法令制度。但是，就是有一些儒生不学今而专学古，他们纠集起来，向百姓造谣，制造混乱，如果不禁止这种风气，皇帝的权威就会受影响。为此，请陛下下达一个法令：凡不是秦国记载的历史，都把它焚烧掉。凡不是博士所掌管的典籍，包括藏有的《诗》《书》以及诸子百家的著作，由官府人员全部集中起来，堆在一起烧掉。凡是几个人在一起谈论《诗》和《书》的，处以死刑。凡是引用古书反对时政的，全族处死。官吏有知情不检举的，与犯人同罪。法令下达后30天内不把这些书交出来焚烧的，处以黥刑，并罚四年劳役。医药、算卦、种树等方面的书，可以不焚烧。"

秦始皇同意李斯的建议，命他起草法令。不久，就公布了焚书的法令。这就是历史上有名的秦始皇焚书事件。

当时，秦始皇正在寻找所谓长生不老之药，花了许多钱财，结果还是没能弄到。后来，他又听信了专搞迷信的侯生与卢生两人的谎言，让他们再去寻找长生不老的仙药。这两人知道不可能找到这种仙药，私下议论说："始皇帝的为人，横暴主观，自以为是。他出身于诸侯，并吞天下后，为所欲为，以为自古以来没有人能比得上他自己，还喜欢用刑罚、杀戮来树立威信。大家唯恐获罪，只图保持俸禄官位，无人敢效忠进谏。秦法规定，一个人不能兼有两种以上的方技：如果方技试验无效，往往要处死。观测天象的多达30人，都是很好的读书人。他们害怕触犯忌讳，只是一味奉承，不敢直言他的过失。"

两人合计了很久，最后决定逃走。秦始皇知道大怒道："我很信任卢生等人，还赐给他们许多东西，他们如今却说我的坏话还逃跑。在咸阳的许多儒生中，有的竟在散布妖言，惑乱百姓，真是可恶！"

于是，秦始皇让御史对所有的儒生都进行考察审问，又让儒生们互相检举揭发。他亲自圈定把违犯禁条的460多人全部活埋在咸阳。这就是历史上有名的秦始皇坑儒事件。

后来，人们把这两件事联系起来，形成了"焚书坑儒"这个成语。

趋炎附势

【释义】 趋：迎合。炎：热。比喻迎合奉承，依附有权势的人。

【出处】 元·脱脱等《宋史·李垂传》。

宋真宗时的宰相丁谓，玩弄权术，独揽朝政。许多想升官的人都吹捧他。

当时有个名叫李垂的人，他对官场中逢迎拍马的庸俗作风非常反感，所以一直得不到重用。有人问他为何从未去拜谒丁谓，李垂说："丁谓身为宰相，不公正处理事务，有负朝廷对他的重托和百姓对他的期望。这样的人，我怎么能去拜谒他呢？"

这话传到了丁谓那里，丁谓怀恨报复，借故把李垂贬到外地去。

宋仁宗即位后，丁谓被贬到遥远的地方去任职，而李垂却被召回京都。一些关心他的朋友对他说："朝廷里有些大臣知道你才学过人，想推举你当知制诰（为皇帝起草诏书的官员）。不过，当今宰相还不认识你，你何不去拜谒一下他呢？"

李垂回答说："如果我30年前就去拜谒当时的宰相丁谓，可能早就当上翰林学士了，我现在年纪大了，怎么能趋炎附势，看别人的眼色行事，借以换取他们的引荐和提携呢？"

他的这番话不久传到了宰相耳里。结果，他再次被排挤出京都，到外地去当州官。

朝三暮四

【释义】 比喻反复无常，变来变去。

【出处】 战国·庄周《庄子·齐物论》。

战国时，宋国有个老人名叫狙公，他养了一大群猴子，他的家境并不富裕，但宁可省吃俭用，也要让猴子吃饱。

猴子很贪食，吃了还要吃，狙公不堪重负，打算限制它们的食物。

一天，他对猴子们说："明天起给你们吃栗子，早上给三个，晚上给四个，够了吗？"

猴子们听了嫌少，站起来又跳又叫。

狙公便说："好吧，那么就早上给四个，晚上给三个，这样够了吗？"

猴子们听说早上的栗子加了一个，都非常高兴，纷纷趴在地上表示满意。

其实，狙公并没有给猴子增加栗子的总量。后来人们把狙公的做法称为"朝三暮四"。

堤溃蚁穴

【释义】 千里大堤往往崩溃于一个小小的蚁穴。比喻小问题不解决，就会发展成大问题。

【出处】 战国·韩非《韩非子·喻老篇》。

白圭，又名丹，是战国初期的魏国人，曾任魏相，传说他在防洪方面很有成绩。白圭的防洪方法，主要是筑堤，并且勤查勤补，随时仔细巡视，一发现小洞，即使是极小的蚂蚁洞，也要随时填塞，不让它漏水，不让它由小洞逐渐扩大、以致决口，从而造成大祸。所以白圭任魏相期间，魏国没有闹过水灾。

的确，大祸往往是由小患引起的。《韩非子》因此说：“千丈之堤，以蝼蚁之穴溃；百尺之室，以突隙之烟焚。”意即：千丈的大堤，因蚂蚁钻的小洞而终至崩溃；百尺的高楼，因烟囱小裂缝里的烟而起火焚毁。

量入为出

【释义】根据收入多少来考虑支出，不要超支。

【出处】晋·陈寿《三国志·魏书·卫觊传》。

200年，曹操在出兵征伐袁绍的时候，派属官卫觊前往巴蜀之地去联络益州牧刘璋。卫觊因道路不通，只得留在关中。

关中这地方本来很富裕，前几年因为战乱，数十万关中人逃亡在外。现在这里局势安定，人们又先后返回故居。当地一些将领趁他们返回后一时找不到生计，就将其招为私家的士兵，借以扩大自己的势力。

卫觊敏锐地感到，地方势力强大，会威胁到曹氏势力的集中和朝廷权力的巩固。于是他写信转告曹操，建议加强关中地区的控制和管理，削弱地方将领的权力。曹操采纳了他的建议。不久，关中地区的局面有所改观。

227年，魏文帝曹丕去世后由曹叡继位，史称魏明帝。明帝生性残暴，生活奢侈，大兴土木，营造宫殿。卫觊对这种状况极为忧虑，就上奏章给明帝说，如今国家还未统一，战争没有结束，陛下如不重视开源节流，国家就会衰败，再也不能复兴起来了。奏章最后写道：“目前最需要做的事，就是君臣同心协力，共同出谋划策，精确地计算国库的财力状况，并且根据收入情况来确定支出。”

但是，明帝没有采纳卫觊的正确意见，照样奢侈享乐。随着政权的日益腐朽，司马氏逐渐掌握了朝政大权。到265年，司马炎终于代魏称帝，开始了西晋王朝的统治。

“量入为出”这个成语，就取自卫觊向魏明帝上的奏章。原文是：“当今之务，宜君臣上下，并用筹策，计较府库，量入为出。”

凿壁偷光

【释义】将墙壁凿个洞，以便使邻室的光透进来。表示读书刻苦。

【出处】晋·葛洪《西京杂记》。

西汉末年，东海郡（今江苏、山东两省交界处）出了一位很有学问的人，名叫匡衡。他家祖祖辈辈务农，生活贫苦。但是，这个农家的儿子偏偏十分爱读书，由于没有钱买书，他十分苦恼。后来，他听说附近有户人家，家里藏有许多书。他便上这户人家去要求干活，并对主人说：“我干活是为了能读到书。只要主人家愿意把收藏的书借给我读，就算是给我工钱了。”

主人答应了他的要求。匡衡高兴极了。干活之余，就埋头看书。但只有晚上才有充裕的时间，可是晚上看书要点灯，而他没有钱买灯油，因此他非常焦虑。幸而他隔壁的人家很富，每天夜里灯火通明。匡衡忽然看见墙缝里透过一线亮光来，于是他把墙壁凿开一个小洞，让更多的亮光照射进自己的屋子。从此，他每天夜里就蹲在这小洞边，借用照射过来的烛光读书，直到人家熄灭了烛光，他才去睡觉。经过苦读，匡衡终于成为一位著名的学者。

《西京杂记》关于这个故事的原文是："匡勤学而无烛，邻舍有烛而不逮，衡乃穿壁引其光，以书映光而读之。"

赏罚分明

【释义】分明：严正分明。赏与罚做到严正、分明。

【出处】汉·王符《潜夫论·实贡》。

晋文公打下了曹国，发下一道命令，大小三军不许动僖负羁家里的一根草，否则，就砍头。僖负羁是晋文公的恩人，所以晋文公要报答他！但是，晋文公的两个大将，魏犨和颠颉偷偷地跳上屋去，想把僖负羁捉出来杀了。不料屋瓦一塌，人便翻下来，跟着一根大梁压住魏犨的胸膛。幸好颠颉赶到，才将他救了出去。晋文公知道了这件事，认为两人不听他的号令，擅自行动，要杀魏犨和颠颉。

大臣赵衰觉得不妥，便对晋文公说："他们都立过大功，杀了太可惜吧！"

晋文公说："功是功，过是过。赏罚必须分明。"

他又说："魏犨看来是残疾了，就杀了他吧！"

赵衰说："让我去看看，如果没有残疾，还是让他戴罪立功吧！"赵衰走后，晋文公便下令杀了颠颉。

魏犨听说赵衰来看他，便忍着痛楚，爬起来装着没什么事的样子迎接赵衰。赵衰问他觉得怎么样，魏犨说没什么，说着还施展功夫，跳上屋去又跳下来。赵衰回去报告了晋文公。晋文公说："他没残疾是好事，但他犯法却不能不办。"便下令革去他的军职，叫他戴罪立功。上下三军全知道了国君赏罚分明，谁也不敢擅自行动了。

蛟龙得水

【释义】比喻有才能的人得到了施展的机会，就像蛟龙在水可以自由游动。

【出处】唐·李延寿《北史·杨大眼传》。

北魏有个人叫杨大眼，从小就显示出超乎常人的勇力和敏捷，快跑如飞，但起初由于没有人提携，他只做了一个小官。

不久，朝廷将南下讨伐，急需将才。尚书李冲受命挑选带兵出征的各级将领。杨大眼向李冲请求出征，李冲认为他职位低而不予同意。杨大眼说："尚书不知道我的本事，现在请让我表演一下技艺。"说完，他从身上抽出一条三丈多长的绳子，系在自己的头发上，然后飞也似的向前跑去，只见那条长绳子，在他脑后形成箭一般的直线，奔跑的马也追赶不上。观看的人都惊叹不止。李冲当即任命他为南征的主将。

杨大眼受封后，得意地对他往日的同僚说："现在的我，正像人们说的蛟龙得水，可以兴云作雾了。"杨大眼率军南下，经历了很多次战斗，每一次都显出他勇冠全军的杰出才能。

此成语出自《北史·杨大眼传》原文是："吾之今日，所谓蛟得水之秋，自此一举，不复与诸君齐列矣！"但"蛟龙得水"一词更早出自《管子·形势解》："人主待得民，而后成其威。故曰：蛟龙得水，而神可立也。"

集思广益

【释义】集中众人的智慧，使事情有好的效果。

【出处】三国·蜀汉·诸葛亮《教与军师长史参军掾属》。

三国时期，刘禅继位后，蜀汉的大小政事都由诸葛亮处理决定，他实际上成了蜀汉政权的主持者。尽管如此，诸葛亮并不居功自傲，经常听取部下的意见。

初占益州的时候，董和曾经协助诸葛亮处理日常的军政要务。董和在处理日常公务时，不顾个人的出身经历和蒙受嫌疑的可能，与诸葛亮有不同意见时，就抱着知无不言的态度，开诚布公地提出来，有时甚至同诸葛亮进行激烈的争辩。诸葛亮不仅不责备他，反而赞扬他办事认真、一丝不苟。

丞相府里有一个办理文书事务的主簿官杨颙，对诸葛亮什么事都要亲自过问的工作作风提出意见。他对诸葛亮说，处理国家军政大事，上下之间应有不同的分工，劝诸葛亮不必亲自处理一切文书，少插手一些琐碎小事，应着重抓军政大事。

诸葛亮很感谢杨颙的劝告和关心。但他总觉得重任在身，许多事情不得不亲自处理。后来杨颙病死，他非常难过，痛哭了好几天。为了鼓励下属参与政事，诸葛亮写了一篇《教与军师长史参军掾属》的文告，号召大家主动发表政见。文告中的一段话大意是："丞相府里让大家都来参与议论国家大事，是为了集中众人的智慧和意见，广泛地听取各方面有益的建议，从而取得更好的效果。""集思广益"这个成语，就出自诸葛亮的这篇文告。

循规蹈矩

【释义】原指遵守规矩，不轻举妄动。现多形容一举一动都按照旧准则行动，拘泥保守，不敢稍有变动。

【出处】清·曹雪芹《红楼梦》。

《红楼梦》第五十六回写了这样一个故事：

李纨、宝钗赞成探春的主意：把姑娘们住的大花园交给园中老妈妈料理。老婆子被召集来以后，李纨当众对她们说明探春的意见，大家都很愿意干这活儿，当下就争相"承包"了。有的说：把那片竹子给我，一年工夫明年又是一片，除供家里吃笋，一年还可交些钱粮；有的说：把那片稻地交给我……

宝钗说：若管园子的人把收入拿去了，那没有管上的人一定不高兴，她们一年也很辛苦，因此你们每人从收入中拿出一部分分给她们！这么一所大花园都交给你们照管了，这是信得过你们。因为你们是三四代的老妈妈了，你们是最循规蹈矩的，希望你们大家都要好好去干。

当下众老妈妈表态说：请姑娘奶奶只管放心吧。

惩前毖后

【释义】惩：警戒。毖：谨慎。把过去的错误引以为教训，以后做事要小心谨慎，避免重犯错误。

【出处】春秋·佚名《诗经·周颂·小毖》。

周武王逝世后，他的儿子成王继承王位，由于当时成王年纪很小，不

周公像

会管理国家大事，便由他的叔父周公摄政。这时，成王的另外两个叔父（管叔和蔡叔）欺侮成王年幼，又怀疑周公有篡位的野心，便勾结殷纣王的儿子武康共同发动叛乱，要消灭周成王，夺取帝位。后来周公将乱事平定，巩固了国家政权。传说成王在宗庙祭祀时，曾经作了一首颂诗，用以表达自己的恐慌心理和平乱的决心，成王这首诗便是《诗经·周颂》中的“小毖篇”，其开头两句是：“予其惩而毖后患。”

这两句诗的意思是说：我应当从所受的惩罚中吸取教训，小心谨慎，以免再遭其他祸患。

鲁女忧葵

【释义】葵：一种蔬菜。表示妇女对国家大事的关心和忧虑，也有女大当嫁之意。

【出处】汉·刘向《列女传》。

春秋时候，鲁国漆室地方有个姑娘，年纪很大还没有嫁人。一天，她靠在大门口的柱子上，唱起歌来，歌声非常凄惨。邻居有个妇女问她说：“你的歌声为什么这样凄惨？你想出嫁吗？我可以给你找个好人家。”

姑娘长叹一声：“唉！我难道为了没有嫁人或者生活不快乐才悲哀吗？我担忧的是国君年老、太子幼小啊！”

邻居妇女大笑道：“这事情跟我们妇女有什么关系呢？”

这个姑娘说：“这道理不是你能懂得的。从前，有个楚国客人借住在我家，把马系在我家菜园，不料缰绳断了，那匹马到处乱奔，把种在菜园中的冬葵全部践踏了，害得我整整一年没有吃上冬葵。邻居中有个妇女跟人逃跑了，她家中的人请我的哥哥前去追赶，适巧碰上洪水暴发，我哥哥不幸在急流中淹死，害得我终生没有哥哥。现在鲁国国君年老昏庸，太子又小又不懂事，政治一天天腐败下去，没有多久，祸乱就要来了。如果鲁国发生祸乱，国君臣子受辱，百姓也要遭殃，我们妇女又到哪里去躲避呢？你却说跟我们妇女没有关系，怎么可以这样讲呢？”

过了三年，鲁国果然遭受战祸，男子都上阵作战，妇女也都在后方做运输物资的工作，没有一个可以得到安宁的。

筚路蓝缕

【释义】筚路：柴车。蓝缕：破衣服。架着柴车，穿着破旧的衣服。形容创业的艰辛。

【出处】春秋·左丘明《左传·宣公十二年》。

春秋时期，有一年，楚庄王领兵攻打郑国，郑国派大夫皇戌到晋国求援。皇戌对晋国将领们说：“现在，楚军轻而易举地获得胜利，因此很骄傲，他们现在人困马乏，没有戒备。此时如果你们出兵攻打，与我们联合作战，一定能够大败楚军。”晋军中军副将先縠非常同意这种主张。

可是下军副将栾书却极力反对。他说：“楚国自从灭掉庸国以来，经常教育百姓不要忘记建设国家的艰难，要经常警惕祸患的到来。楚王还经常告诫百姓不要忘记，楚国先君若敖、蚡冒开创基业时坐着柴车、穿着破烂衣服开辟山林荒地的艰难（筚路蓝缕，以启山林）。这样看来，楚军怎么会骄傲呢？师出无名就要打败仗，我军攻打楚军，我军无理，楚军有理。楚国国君亲自统率大军，昼夜警戒，严防意外，怎么能说他们人困马乏、没有戒备呢？”

由于主战派的意见占了上风，晋国没有采纳栾书的正确意见，因此，晋国的军队被楚军打得大败。

销声匿迹

【释义】把声音消除，踪迹去掉，隐藏起来，让人见不到面，听不到声音。

【出处】宋·孙光宪《北梦琐言》。

唐朝时候，在京都长安城有位姓宗的年轻人，会提炼金银。他曾经和卖烧饼的陈敬宣十分要好。后来，两人为争夺一个美貌的女子而闹翻，成为仇人。

两人绝交之后，陈敬宣官运亨通，当上西川节度使。后来京都长安发生叛乱，僖宗皇帝逃离长安，到蜀地避乱。这时，姓宗的年轻人也和大家一起逃往蜀地锦江。他知道这里归陈敬宣管辖，害怕陈敬宣找到他报仇，于是不敢在此地定居，只好四处游荡，隐名埋姓，销声匿迹。

但是，陈敬宣早已料到他要来蜀地避难，于是派人四下察访，终于在内江县捉到他把他杀掉了。

锐不可当

【释义】锐：锋利。当：阻挡。锋利得无法阻挡。形容来势凶猛，不可阻挡。

【出处】宋·欧阳修《五代史记·王峻传》。

五代时期，周太祖郭威即位不久，原来后汉的河东节度使刘旻为扩大地盘，率兵攻打晋州，周太祖便派王峻去征讨。王峻率军到达陕州以后，下令让部队停驻休整，这一停就是十几天。周太祖心里着急，就派了使者翟守素快马加鞭赶到陕州，对王峻说：“你再按兵不动，太祖就要亲自出征了。”

王峻悄悄对翟守素说：“急什么？晋州城防守坚固，刘旻是攻不进的；而且刘旻的军队来势汹汹，锐不可当，我若正面迎击，难免损兵折将。我之所以留在这里，不是我怕他，而是避开锋芒，观察形势，伺机反击。再说，太祖刚刚即位，立足未稳，应该先对各方藩镇施以威德。你回去告诉太祖，据我观察，兖州节度使慕容彦超有谋反的迹象，太祖如果出征离京，万一慕容彦超攻入京师，那多危险！”

周太祖接到使者的报告，恍然大悟，明白王峻的智谋确实不凡，又很忠诚于自己，于是对他更是优礼有加。

王峻在送走使者翟守素之后，就命令军队向晋州推进，在离开晋州30里的地方扎营。刘旻听说后周派了常胜将军王峻前来，心里畏惧，就悄悄撤退了。

程门立雪

【释义】程：指宋代学者程颐。立雪：原指佛教徒站在雪中虔诚求道。此时杨时、游酢冒着大雪在程颐门前站着，虔诚求教。泛指恭敬地向老师请教。

【出处】元·脱脱等《宋史·杨时传》。

北宋学者杨时考取进士以后，为了丰富和提高自己的学识，专程奔赴河南颍昌拜大学者程颢为师，继续钻研学问。当他40岁时，程颢死了，为了获取知识，他又跑到洛阳，拜程颢的弟弟程颐为师。

有一天，眼看就要下大雪，但是为了向老师请教一个问题，仍然和同学游酢前往程颐家拜访。到了程颐家中，只见程颐坐在那里闭目打盹。他俩不愿意惊醒老师，也不甘心离去，于是就悄悄地、恭恭敬敬地站在一旁，等候程颐醒来。他俩站立好半天，程颐才睁开眼睛看到他们，这时门外纷飞的雪花已经积有一尺多厚，而杨时和游酢站在那里没有一点疲倦和不耐烦的样子。成语“程门立雪”就是由此而来的。

痛心疾首

【释义】痛：怨恨。疾：痛恨。对人或对事憎恶痛恨至极的意思。

【出处】春秋·左丘明《左传·成公十三年》。

春秋时，秦国和晋国国境相连，双方都想扩展自己的势力范围，然而秦晋两国虽属姻亲，而且在历史上也曾经互相帮助过，但仍不免时有冲突，从秦穆公到秦桓公的三代中，秦晋二国争战不休。晋厉公即位后，又因边界问题发生纠纷，于是两国君主互相约定在令狐（今山西氏县西）会面，大家订立盟约，决定互不交攻。可是秦桓公一回国，立刻又背叛了盟约——约楚国攻打白狄（秦国边境的小国，是秦的敌国，但与晋却有姻亲之好），楚国也答应了。

可是，秦国却派人对白狄说：“晋国要攻打你们。”

楚国也派人对晋国说：“秦国背约和楚国修好，要对付晋国，白狄和楚国都洞悉秦国的用心，对秦国的背信弃义都痛心疾首。”

于是晋国派吕相去秦国绝交，对秦国说：“各国诸侯如今都知道秦国唯利是图，不守信用，所以大家都愿意和晋国亲近友好，现在晋国已经和各国诸侯做好准备，如果秦国愿意订立盟约，我晋国可以负责劝诫诸侯退兵，否则，我们与诸侯共同对付秦国。”

痛定思痛

【释义】悲痛的心情平定之后，回忆痛苦，比当时经历的痛苦还要痛苦。

【出处】宋·文天祥《指南录·后序》。

元军在灭金以后，大举攻宋，南宋统治集团妥协求和，步步退让，不敢抵抗。

1275年，元军逼近南宋都城临安。朝中的大小官员聚集在左丞相的官署里，都不知道用什么办法来解除危难。这时元军派人来说，可以让主持宋朝国事的人去谈判。于是众人推举一贯主张抗元的右丞相文天祥去元营解除祸患。

为了缓解危急的局势，同时更想窥察一下元军的情况，以便回来后找出挽救国家危亡的计策，文天祥毅然辞去右丞相的职务，以资政殿学士的身份前往元营。

到元营后，文天祥以激昂慷慨的言辞，痛斥了元军南侵的罪行。面对大义凛然的文天祥，元帅伯颜非常惊慌，却又钦佩他的才识，企图引诱他投降，被文天祥严词拒绝。

但随同文天祥出使的贾余庆却媚敌投降了。于是伯颜决定拘留文天祥，而将贾余庆放回。

在元军的攻击下，临安最终还是失守，宋恭帝率领百官投降。消息传来，文天祥悲痛欲绝，但抗击元军的决心仍然没有改变。

不久，元军让继文天祥任右丞相的贾余庆以祈请使（向元朝统治者求降的使者）的身份，前往元朝的京城大都（今北京）。伯颜强迫文天祥随他前往。

文天祥忍耐着所受的屈辱，还是随同去了。船驶到京口（今江苏镇江），文天祥乘敌人不备，与同去的幕客乘上一条小船脱身。接着，一行人来到了真州（今江苏仪征）。文天祥把敌人的军情虚实告诉了真州守将苗再成，同时写信给淮东、淮西两位边帅，约他们联合行动。

不料，驻守扬州的淮东边帅李庭芝以为文天祥已投降元军，这回是来代敌人骗取扬州城的，便命令苗再成除掉他。苗再成不同意这样做，于是送文天祥出城，劝他逃到淮西去。文天祥不得已，只好改名换姓，历尽千辛万苦，终于到达了永嘉（今浙江温州）。

早些时候，文天祥就听说恭帝的弟弟赵昰在福州即位，因此文天祥到永嘉后，又乘海船去福州。

在从元军手中逃脱到渡海的南下路途中，文天祥写了许多记录自己危急遭遇和抒发自己爱国之情的诗篇。后来他把这些诗作汇成一个集子，命名为《指南录》。“指南”是表示他像磁针一样，永远指向南方，表明了他对宋王朝的一片忠心。

“痛定思痛”这个成语，就来自文天祥的《指南录后序》。它表示悲痛的心情平静以后，追思当时所遭受的痛苦，倍加伤心。

道听途说

【释义】途：道路。听来的马路消息，没有事实根据。

【出处】宋 · 苏轼《艾子杂说》。

艾子，是春秋战国时期人。有一次他刚从楚国回到齐国，一个叫毛空的人告诉他说：“有一户人家的鸭子一次下了 100 个蛋。”

艾子不相信，问道：“哪有这样的事呢？”

毛空自己想想不对，改口说道：“那么应该是两只鸭下的蛋。”

艾子还是不相信。

毛空又改口说：“那么是三只鸭下的蛋。”

后来毛空见艾子总是不相信，就一次又一次地把鸭子的数目一直增加到 10 只。

艾子问他道：“你为什么总是增加鸭子的数目，不减少蛋的数目呢？”

毛空说：“我宁愿增加鸭子的只数，也不减少蛋的数目。”

艾子见他如此固执己见，自己便无话可说。

毛空却接着说：“上个月天上掉下一块肉来，有 30 丈长，10 丈宽。”

艾子说：“没有这个道理。”

毛空改口说：“那么就是 20 丈长。”

艾子还是不相信，毛空又说是 10 丈长。

艾子忍不住了，问他："你看见这个世界上有 10 丈长、10 丈宽的大块肉吗？"毛空也觉得这事似乎荒唐，艾子接着又问，"你刚才说鸭子是哪一家的？那块肉又掉在什么地方？"

毛空老老实实地回答道："我是听别人说的。"

艾子马上转过脸对他的学生们说："你们可不要像他这样'道听途说'啊！"

惴惴不安

【释义】惴惴：忧愁恐惧的样子。由于害怕而显示出担心和不安的神情。

【出处】春秋·佚名《诗经·秦风·黄鸟》。

公元前 621 年，春秋五霸之一的秦穆公死了，决定让 100 多个活人殉葬，其中包括秦国大臣子车氏家族的奄息、仲行、鍼虎。这三个人都对国家做出过贡献，是受百姓尊敬的良臣。他们要为秦穆公之死而被活活埋在地下，秦国人民深表同情和痛惜，对他们三个人中的每一个，人们都愿意用 100 个人的生命去赎取。但是人民的意愿是不可能实现的。为了表示对这三个良臣的惋惜和对暴君的憎恨，秦人作了《黄鸟》这首挽歌。这首歌的大意如下：

黄雀叫叽叽，在酸枣树上歇息。
谁跟穆公去了？子车家的奄息。
说起这位奄息，一人能与百人匹敌。
走近了墓穴，忍不住浑身战栗。
苍天啊苍天！为什么让好人统统死去？
如果允许赎他的命，我们愿意以百换一。

黄雀叫叽叽，飞来桑树上歇息。
谁跟穆公去了？子车家的仲行。
说起这位仲行，百人莫抵。
走近了墓穴，忍不住浑身战栗，
苍天啊苍天！为什么让好人统统死去？
如果允许赎他的命，我们愿意以百换一。

黄雀叫叽叽，飞到牡荆树上歇息。
谁跟穆公去了？子车家的鍼虎。
说起这位鍼虎，以一当百不含糊。
走近了墓穴，忍不住浑身战栗。
苍天啊苍天！为什么让好人统统死去？
如果允许赎他的命，我们愿意以百换一。

在这首诗歌的原文中有一处写道："临其穴，惴惴其栗。"成语"惴惴不安"即由此演变而来。

屡见不鲜

【释义】鲜：指新杀的鸟兽。原意是指对经常来的客人，就不必宰杀禽兽加以款待。现指经常见了就不觉得新鲜。

【出处】汉·司马迁《史记·郦生陆贾列传》。

楚汉相争时，有一个口才出众的说客叫陆贾。他在刘邦手下，经常出使诸侯各国，每每都胜辩而归。因而他的才辩很受刘邦赏识，官职升迁很快。刘邦死后，他就辞职回雍州住下。

他有五个儿子，都已长大成人。于是，他将所有积蓄财产平均分给儿子，让他们各自为生。但是，他提出了一个条件说："我要带着歌舞侍者十多人，坐车去游玩，一年中常来常往，经过你们中的任何一家，都要以上好食品招待，不要认为经常来往就不宰杀禽兽加以招待”。他还告知，如果他死在谁家，他的随身之物和侍从就归谁。

这以后，他果然随带侍从和贵重的宝剑外出周游，轮番吃住在各个儿子家，大约每十天轮一次，而五个儿子念及父亲之训，谁也不敢怠慢。

强弩之末

【释义】 弩：古代发箭用的机械。末：弓箭射程的末梢。比喻强大的力量已经衰竭，不能再起作用。

【出处】 汉·司马迁《史记·韩长孺列传》。

西汉初年，匈奴经常兴兵南下，骚扰汉朝的边境地区，为此，汉高祖刘邦曾亲率数十万大军，北上征讨匈奴，但最后以失败而告终。用武不成，就决定对匈奴实行“和亲”政策。

匈奴首领单于表面上答应与汉朝讲和，但没隔多久就撕毁和约，接二连三地发兵南侵，汉军被迫应战，双方一直处于时战时和的局面。

公元前 135 年，匈奴派出使臣到汉朝请求和亲，汉武帝就召集大臣商议此事。大臣王恢曾长期担任边郡的官吏，对匈奴的情况非常熟悉，他不同意与匈奴和亲，主张起兵攻打匈奴。

御史大夫韩安国极力反对王恢的主张，说：“派大军到千里之外去作战，一定不会有好的结果。匈奴兵力强大，如果我们派兵出征，汉军需要行军几千里才能打到匈奴，人马必定疲惫不堪，这就好像用强弩射出去的箭，飞到射程的末梢，力量就会减弱到连薄薄的绸子也穿不透；这并不是因为它们开始时力量不强，而是因为到了最后，力量衰竭，起不了什么作用了。因此，派兵远征匈奴是不明智的举动，不如与匈奴和亲。”

于是，汉武帝采纳了这一建议，同意与匈奴和亲。

强词夺理

【释义】 强词：强辩之词。夺：争。强行狡辩，无理硬说有理。

【出处】 明·罗贯中《三国演义》。

战国时代，宋国有一个大夫，名叫高阳应，是一个强辩者，没有理由的事情，他也要强辩硬说，别人虽然嘴上说不过他，可心里却对他不服。

有一次，高阳应要建一座房子。一位有经验的木匠看了盖房子的材料对他说：“用这么湿的木头做柱子，不久便会生出裂痕。木头一有裂痕，就会支撑不住房子了，将来房子会倒塌的。还是等木头风干以后再动工吧。”

高阳应却反驳说：“正好相反，用湿木头做柱子，房屋不仅不会倒塌，反而会更坚固。你看，木头越干就越有力，砖瓦混土越干就越轻。现在木头还湿的时候，对湿屋顶都能支撑得住，过了些时候，砖瓦干了，压力减少了，木头风干了，不是更能支撑得了吗？怎么会倒下来呢？”

木匠被他这么一驳，无话回答，只好依着他的意思去做，房屋很快盖起来了，但是没有多久，不出木匠所料，房子果然倒塌了。

以上故事中的高阳应，可谓强词夺理。在《三国演义》第四十三回中，也有“强词夺理”的说法，云：“孔明所言，皆强词夺理，均非正论，不必再言。”

十三画

蓬头垢面

【释义】面容很脏、头发很乱的模样。

【出处】北朝·北齐·魏收《魏书·封轨传》。

南北朝时期的北魏，有个人名叫封轨，对儒家的经典著作特别有研究。封轨为人正直，不依附权贵。当时有个名叫高绰的人，也是很有名气的读书人。文昭皇太后的哥哥高肇做了司徒，高绰约封轨一起去拜见他。高肇专搞结党营私，谁巴结他，就能升官；谁反对他，就要加以罪名处置，专横跋扈到了极点。封轨看不起他，所以没去。高绰在高肇处那里不见封轨，就立刻回去，对人说："我一向以为自己有读书人不趋炎附势的气节，今天才知道，我与封轨相比，差得远呢！"

封轨容貌英俊，身材高大，平时还十分注意修饰打扮。有个不修边幅的文人问他："读书人大都不喜欢打扮自己，你为什么在这方面特别讲究？"

封轨说："品行好的人，帽子要戴得端正，衣服要穿得整洁。看人看东西要注意仪态，为什么非要蓬头垢面才能做贤人呢！"

那人惭愧地走了。

勤能补拙

【释义】勤：勤劳。能：可以。补：弥补。拙：笨拙。勤劳能补笨拙，用以表示自谦。

【出处】唐·白居易《偷闲走笔题二十四韵》。

825年，朝廷诏封白居易为苏州刺史。

这年阳春三月，白居易乘船离开洛阳，经过千山万水来到苏州。当地居民齐心整理市容，迎接新的地方官吏来临，这使得白居易感动不已。他对苏州早已神往，知道不少的名山胜水很值得游玩，但因到任后事情繁多，他无暇抽空散心，日以继夜埋首于政务公文中，甚至通宵不眠，也不以为意。

白居易勤于政事，在寄给朋友的书信中，曾有一句是"补拙莫如勤"，意思是再愚钝的人，只要勤勉亦能弥补不足了。忙碌的公务使得

白居易像

他积劳成疾，染患眼疾。826年秋天，他辞官离开苏州返回洛阳。

感恩图报

【释义】对别人的恩情表示报答。

【出处】汉·司马迁《史记·伍子胥列传》。

春秋时，吴国大将伍子胥决定要攻打郑国。郑国的许多大臣主张发动全国老百姓来迎战。郑定公说："谁能使伍子胥退兵，寡人必定重重地奖赏他。"可是大家知道伍子胥文武双全，有勇有谋，所以命令发出了三天，竟没有人来应征。

到了第四天的早上，有个捕鱼的小伙子来见郑定公，说他有办法使伍子胥退兵。郑定公问他要多少兵车。他说："不用兵车，也不用粮草，光凭我这支划船的桨，就能够把好几万的吴国兵马打退。"

郑定公也只得"死马当活马医"，让他去试试。那个捕鱼的人胳肢窝里夹着一支桨，到吴国兵营里去见伍子胥。他一边唱着，一边敲着那支桨打着拍子。他唱道：

芦中人，芦中人；
渡过江，谁的恩？
宝剑上，七星文；
还给你，还在身。
你今天，得意了；
可记得，渔丈人。

伍子胥吓了一跳，问他："你是谁呀？"

捕鱼的人说："你看见我手里拿着的桨吗？我爸爸全靠这支桨过日子，他当初也是靠这支桨救了你的命。"

伍子胥这时才想起当年自己在芦花渡口逃难的情形，十分感激那个捕鱼老人的救命之恩，不由得掉下眼泪来。

捕鱼人又说："我们国君下了命令说：'谁能够请将军退兵，就有重赏。'不知将军肯不肯看在我死去父亲的情面上，饶了郑国，也让我能得些奖赏。"

伍子胥带着感激的口吻说："我能够有这么一天，完全是你父亲的恩德。我哪能把他忘了呢？"说完就下令退兵了，此举真是感恩图报啊！

携老扶弱

【释义】携带老人和孩童。形容民众老老少少成群结队而行。

【出处】唐·房玄龄等《晋书·刘琨传》。

晋怀帝的时候，刘琨被任命为并州刺史，加封为振威将军。刘琨在赴任的路上向皇帝上书，大意是说："微臣才疏学浅，德望有限，担当这个重任真是惶恐得很，担心辱没这个使命。我九月底出发，山高路险，盗寇啸聚山林，阻挡路途，一路上我以寡敌众，冒着巨大的危险，历经艰难困苦，才到达了壶口关。微臣到达这里后，看到灾荒严重，百姓流离失所，四处逃散，留下来的人家不到十分之二；路上尽是带着老人和孩子的人，他们期望到他乡能寻得一处安身之所，填饱肚子；留下来的人家，把妻儿都卖了，真是白骨遍野，哀呼号啕之声不绝于耳。盗贼四起，有万余人之多，遍布山野，掳掠、抢杀，无所不为，只有壶关还可以买到米，但是路途险峻，盗贼则可以一当百，守在城里，真是山穷水尽，难以度日。臣常常夜不成寝，食不下咽，实在没有好的办法。这城虽然在边地，但地位很重要，希望陛下派人运来粮食、布帛等物品，挽救一城的百姓。”

晋怀帝看了此文很感动，立即命令运去救济物品。

在刘琨的奏章中有“携老扶弱”一语，它作为成语流传了下来。“携老扶弱”以后通常用作“携老扶幼”。

颐指气使

【释义】颐：下巴。用下巴和神色来指挥别人，盛气凌人的意思。

【出处】宋·薛居正等《旧五代史·梁史·李振传》。

900年，宦官刘季述乘唐昭宗酒醉发动政变，废黜了昭宗，立太子李裕为帝。然后，他派人去汴州，请靠镇压黄巢起义军起家的节度使朱温予以支持。朱温的心腹李振献计，让朱温以勤王为名消灭宦官，以便控制朝廷。

朱温采纳了李振的意见，派他去京城长安联络宰相崔胤共谋大事。崔胤答应后便调兵冲进宫中杀了刘季述，恢复了昭宗的帝位。朱温因功被封为梁王，从此对李振更加信任。

904年，朱温又杀了崔胤并胁迫昭宗迁都洛阳，从此昭宗便成了傀儡天子。李振作为朱温的心腹亲信，常被派去洛阳窥察昭宗和其他大臣的动静。

李振趾高气扬，目中无人，颐指气使。每次他到洛阳，总要把自己看不顺眼的人贬掉几个。因此，朝臣们在背后都称他为“鸱枭”（猫头鹰）。

905年，朱温指使李振勾结宰相柳璨把30多名大臣降职贬往外地，残暴成性的李振给他们扣上浮薄的罪名，全部投入黄河中淹死。

907年，朱温灭唐称帝，建立后梁政权。李振当上户部尚书。但仅过了17年，后梁便被后唐所灭，李振被满门抄斩。

暗箭伤人

【释义】采取卑劣的手段，暗地里伤害别人。

【出处】春秋·左丘明《左传·隐公十一年》。

春秋时期，郑国的郑庄公得到鲁国和齐国的支持，准备讨伐许国。一年夏天，郑庄公在宫前检阅部队，发派兵车。老年将军颍考叔和青年将军公孙子都，为争夺兵车吵了起来。颍考叔是一员勇将，他不服老，拉起兵车，转身就跑，公孙子都于是怀恨在心。

七月间，郑军逼近许国都城。攻城的时候，颍考叔奋勇当先，高举大旗，爬上了城头。公孙子都眼看颍考叔就要立下大功，心里更加忌妒，便抽出箭来，对准颍考叔射了出去，只见这位勇敢的老将，顿时一个跟斗摔了下来。另一位将军瑕叔还以为颍考叔是被许国兵杀死的，连忙拾起大旗，指挥士兵，继续战斗，终于将城攻破，郑军全部入城。许国的国君许庄公逃到了卫国去，许国的土地于是并入了郑国的版图。

像公孙子都那样，趁人不备，暗放冷箭，就叫作“暗箭伤人”。

后来，凡是采取任何不光明的手段，暗地里伤害别人，都可叫作“暗箭伤人”。

置之度外

【释义】置：放置。度：考虑。不

把（生死、利益等）放在心上。

【出处】南朝·宋·范晔《后汉书·隗嚣公孙述传》。

东汉初年，光武帝刘秀打败了王莽的军队，削弱了割据的藩镇，建立了政权，但天下并没有统一。当时，除了光武帝外，东方皇帝刘永、蜀中皇帝公孙述、燕王彭宠、齐王张步、五郡大将军窦融、西川大将军隗嚣等，拥有重兵，占据州郡，都要和光武帝争夺天下。

光武帝决心要统一全国。于是，他搜罗人才，争取民心，把刘永、彭宠等一个个消灭掉，五郡大将军窦融只得归附了光武帝。

不久，光武帝派使者来歙去见隗嚣，劝他臣服，隗嚣见光武帝兵势强盛，心中虽不乐意，表面上只得答应。

建武六年(30年)，光武帝平定了中原，他环顾天下形势，认为隗嚣已不足为患，而公孙述又远在西南边陲，天下大局已定，便和众将议论说：“隗嚣和公孙述这两个人，已经没有力量阻挡我统一全国了，我可以把他俩置之度外了！”过了几年，光武帝出兵征伐隗嚣和公孙述，把这两股割据势力全部消灭，整个中国又得到了统一。

路不拾遗

【释义】社会风气好，在路上丢失了东西也没有人拾。

【出处】后晋·刘昫等《旧唐书》。

唐朝时，有一行人，经过武阳，在路上遗失了一件衣服，走了几十里以后才发觉，心中很是着急。有人劝慰他道：“不要紧，我们武阳境内，路不拾遗，你回去找，一定可以找到原物。”那人就赶回去，果然找到了他丢失的衣服。

人们形容社会风气好，路上遗失了东西也没有人拾，就叫“路不拾遗”，也作“道不拾遗”。

“路不拾遗”往往与“夜不闭户”同时使用，这两个成语，表达同一个意思。

愚公移山

【释义】决心大，不断地干，大山也可搬走。比喻再大的困难也阻挡不了意志坚决的人。

【出处】战国·列御寇《列子·汤问》。

传说很早以前，在冀州以南、河阳以北有两座大山，一座是太行山，一座是王屋山，山高万丈，方圆有700里。

在山的北面，住着一位叫作愚公的老汉，他的年纪很大了。他家的大门正对着这两座大山，进出很不方便。愚公决心把这座大山挖掉。

有一天，他召集了全家老小，对他们说：“这两座大山，挡住了我们的出路，咱们大家一起努力，把它挖掉，你们觉得怎么样？”

他的妻子提出了疑问：“像太行、王屋这么高大的山，怎么挖？况且挖

愚公移山图

出来的那些石头、泥土往哪里送呢？”

大家说：“这好办，把泥土、石块扔到渤海边上就行了！”

次日天刚亮，愚公就带领全家老小开始挖山。

他的邻居是个寡妇，她有一个七八岁的小儿子，也跑来帮忙。

黄河边上住着一个老汉，这人很精明，人们管他叫智叟。他看到愚公他们一年到头，辛辛苦苦地挖山运土不止，觉得很可笑，就去劝告愚公：“你这么大岁数了，还能活几天？用尽你的力气，也拔不了山上的几根草，怎么能搬开这么大的山呢？”

愚公深深地叹口气说：“我看你这人自以为聪明，其实是顽固得很，还不如寡妇小孩呢！不错，我是老了，活不了几年了，可是，我死了还有儿子，儿子又生孙子，孙子又生儿子；子子孙孙，世世代代，一直传下去，是无穷无尽的，可是这两座山却不会再长高了，我们为什么不能把它们挖平呢！”

愚公的精神感动了上帝，上帝派神仙将两座山移走了。

锦囊妙计

【释义】放在锦囊之中的计谋。泛指好计谋。

【出处】明·罗贯中《三国演义》。

刘备与孙权的联军取得了赤壁之战的胜利，孙权出力很多，却获利很少，为此，他耿耿于怀。于是他在赤壁之战以后，根据周瑜的计策，以招亲为计，打算骗刘备到东吴与自己妹妹结亲，借此扣押刘备，讨还刘备向东吴暂借的荆州。

诸葛亮识破了周瑜之计，做了周密妥善的安排，要让刘备既娶到亲又能保住荆州。

刘备临行前，诸葛亮给随行的大将赵云三个锦囊说：“锦囊中有三条妙计，你按我的吩咐，依计行事，必可保主公无虞。”

赵云领受任务后，带了500名兵士随同刘备来到东吴。

到达东吴后，赵云拆开第一个锦囊，按计让500士兵上街采办喜庆礼物，使满城皆知刘备前来招亲之事；同时又陪同刘备带厚礼去见孙权的舅父乔国老，说明招亲之事。乔国老高兴地进宫向吴国太贺喜，结果由国太做主，弄假成真，刘备和郡主结了亲。

孙权见一计不成，又采用周瑜的另一个计谋，让刘备沉湎于优裕的生活中，乐而忘返，与诸葛亮等疏远，届时再取荆州。这时刘备新婚，果然不想回归。于是，赵云打开第二个锦囊，依计向刘备谎报曹操领兵讨伐荆州。刘备和孙夫人商量后，决定夫妻一起私下返回荆州。

但他们的行动被周瑜发现，周瑜派将领阻拦。赵云拆开第三个锦囊，依计要刘备请孙夫人出面斥退阻拦的将领，等将领报告孙权，孙权派人持上方宝剑来阻止时，刘备已和孙夫人登上了诸葛亮来接应的小船，直驶荆州而去。

由于诸葛亮的锦囊妙计，致使孙权和周瑜赔了夫人又折兵。“赔了夫人又折兵”这一成语，也出自这个故事。

愚不可及

【释义】原指装傻为常人所不及，后用来比喻非常愚蠢。

【出处】春秋·孔丘弟子《论语·

公冶长》。

春秋时期，卫国有个叫宁武子的大夫，为人奸猾，善于见风使舵，投机取巧。孔子评论说："宁武子这个人，在国家太平时节，他就显得很聪明；而当国家不太平的时节，就装成很愚笨的样子。他的那种聪明，别人是能够做得到的；而他那种假装愚笨的做法，别人就做不到了。"

孔子的原话是："宁武子，邦有道，则知；邦无道，则愚。其知可及也，其愚不可及也。"

觥筹交错

【释义】觥：盛酒的器具。筹：行酒令时使用的筹码。形容众人聚饮场面喧杂和热闹的情景。

【出处】宋·欧阳修《醉翁亭记》。

欧阳修自号"醉翁"，在任滁州太守时，常到滁州西南郊琅琊山的酿泉去游玩。酿泉上面有个亭子，他给它命名为"醉翁亭"。他和宾客们常在这亭子里饮酒欢聚，并且写了一篇有名的散文《醉翁亭记》。

《醉翁亭记》描写宾客们游宴的欢乐情景道："宴酣之乐，非丝非竹；射者中，弈者胜，觥筹交错，坐起而喧哗者，众宾欢也。"

"觥筹交错"和"杯盘狼藉"的意思相仿。

遥遥华胄

【释义】遥遥：年代久远。华胄：华夏的后裔。借指年代久远的名人后裔。

【出处】唐·李延寿《南史·何昌寓传》。

南北朝时期，有个叫何昌寓的人，年轻时洁身自好，不与官家纨绔子弟为伍；他所结交的都是些品行端正而有名望的人。他为人正直风雅，后来被朝廷征为吏部尚书。

一日，何昌寓在客厅与人闲聊。一个身穿华丽衣服的陌生青年提了个大包，来至何昌寓府第，一见何昌寓，即一躬到底，并从包中拿出一大堆礼品双手奉上。

何昌寓面露不快地说："你是个读书人，难道没有听人说起过子鱼拒鱼的故事吗？君子之交淡如水。请把东西收起来，有什么事可直说。"

青年回答道："晚辈奉家父之命，来找何大人，希冀能谋个一官半职。"

何昌寓说："自古以来，选拔官员大多要经过考核，怎么能由个人选择官位呢？"

青年人脸涨得通红，低下了头。

何昌寓又说："再说我与你从未见过面，你的情况我一点也不知道，我怎么能冒冒失失地保荐你呢！"

青年颇为自豪地说："何大夫，晚生姓闵，是子骞的后代！"

何昌寓笑着对其他人说："遥遥华胄！"

解弦更张

【释义】琴瑟之音不和时，解下琴弦重新调整。比喻变更方法或制度。

【出处】汉·班固《汉书·董仲舒传》。

汉初名儒董仲舒在汉武帝执政时，曾为江都相（今江苏扬州一带）。武帝对董仲舒特别尊重，常常请他对施政方针提出建议。董仲舒有一次曾说了以下的一些话：

董仲舒

今汉继秦之后……虽欲善治之，无可奈何……窃譬之琴瑟不调，甚者必解而更张之，乃可鼓也；为政而不行，甚者必变而更化之，乃可理也。当更张而不更张，虽有良工不能善调也；当更化而不更化，虽有大贤不能善治也……

这几句话的大意是：汉朝继秦而立，秦朝的旧制度都不适用了。好比琴上的弦已经陈旧不堪，没法使音调和谐了；必须把它解下来，重绷新弦，然后才可弹奏。政策制度也是如此，行不通了就必须改革，然后才能办好事情。应当换弦而不换，即使是第一流的音乐家也弹不出优美的音调来；应当改革而不改，即使是最贤明的政治家也做不出令人满意的政绩来。

“解弦更张”同“改弦更张”。

痴人说梦

【释义】比喻说痴呆话。

【出处】宋·释惠洪《冷斋夜话》。

古时候有一个性情古怪的和尚，名叫伽龙。他曾到长江与淮河一带游历。他的举止行为古怪，和一般和尚不同，非常惹人注意。

人们好奇地问他：“何姓？”

他回答说：“姓何。”

又问他：“何国人？”

他回答：“何国人！”

人们以为他装疯卖傻，因而始终不知道他的姓名和来历。

唐代的李邕本打算替这个怪和尚作传，但是，连他的姓名和籍贯都不知道，怎么能给他写传略呢？于是，他无可奈何地写出了下面的话：“大师姓何，何国人。此正所谓对痴人说梦耳！”意思是，把这位和尚认作姓“何”，又认作“何国人”，这真是对着呆子说梦话，而痴人却信以为真。

溪壑无厌

【释义】贪欲很大，难以满足。

【出处】南朝·梁·萧子显《南齐书·谢朓传》。

南朝齐代的谢朓很有才华。他少年时勤奋好学，写得一手好文章，他写的诗被当时的人赞为“二百年来都没有这样的好诗”。

齐明帝时候，谢朓在南徐州做官，他上奏告发他的老丈人王敬则要谋反，因此皇帝对他非常赏识，提拔他为尚书吏部郎。可是他却招来大臣们的猜疑，又得罪了妻子。谢朓的妻子因父亲被杀，常常是怀中藏着刀，要找谢朓报仇，弄得谢朓不敢回家见妻子。

当时的皇帝无德，大权旁落，权臣江祐和他的弟弟江祏想另立皇帝，将此事与中书郎遥光密谋，遥光也派自己的亲信刘沨偷偷地传话给谢朓，想把他纳为心腹，谢朓认为自己受了齐明帝的恩德，不能有负于朝廷，不肯答应这件事。

不久，遥光继续拉拢谢朓，谢朓害怕起来，便把江祏等人想谋反的事告诉左兴盛，可左兴盛非常害怕，拿不定主意。江祏听到这个消息，立刻告诉遥光。遥光勃然大怒，设计假称皇上要召见谢朓，让谢朓等候，立即联合一批人联名上奏皇帝弹劾谢朓，说谢朓是一个溪壑很大、难以满足的人，常以告发别人作为自己升官发财的途径，还勾结里外的人，造谣惑众，收买人心，甚至私通敌国，卖身求荣，犯下了死罪。皇帝稀里糊涂地下令，将谢朓关进大牢。不久，谢朓便死在牢中。

滥竽充数

【释义】没有真本事，只是充数而已。

【出处】战国·韩非《韩非子·内储说上》。

战国时，齐宣王非常爱听吹竽（一种簧管乐器），还喜欢讲排场，总要叫300人一起吹竽给他听。这300人都有丰厚的俸禄。

当时有个南郭先生，很羡慕吹竽有丰厚的俸禄，可他自己又不会吹竽。于是他心生一计，自我吹嘘是吹竽高手，齐宣王信以为真，把他收编在吹竽的乐队里，并给予他与乐队其他吹竽手一样丰厚的俸禄。

从此，齐宣王听乐队吹竽，南郭先生就混在里面，拿着竽装腔作势地做出吹竽的模样。因为吹竽手很多，乐声又响，他混在里面充数，没人识破他的伎俩。南郭先生也扬扬得意，以为真可以混在里面凑个数了。

后来齐宣王死了，他的儿子齐湣王继位。湣王也非常喜欢听吹竽，不过他不喜欢听许多人合奏，喜爱让乐工一个一个吹给他听。

南郭先生听说齐湣王有这个要求，知道自己再也混不下去了，就赶紧逃之夭夭。

后人根据这个故事，概括成“滥竽充数”这个成语。

群策群力

【释义】发动大家想办法，出力量。

【出处】汉·扬雄《法言·重黎》。

西汉的哲学家、文学家扬雄，模仿孔子的《论语》写出了《法言》。扬雄在《法言》的《重黎》篇中，论述了汉王刘邦与西楚霸王项羽争斗的情况。项羽兵多将广，但在楚汉战争中被刘邦的军队包围起来，后来他虽然突出重围，但到乌江边时，跟随他的只有28名骑兵，而追上来的汉军却有好几千人。项羽自知末日已到，感叹地说，“这是老天爷要我灭亡，而不是我不会打仗的罪过”。说罢，拔出宝剑自杀。

项羽把自己失败的原因归结为“此天之亡我”，这是一种天命观。扬雄反对这种观点，他在《重黎》篇中假托一个人问自己：“项羽兵败垓下，临死时还说：‘此天之亡我’，这话对吗？”

扬雄回答说：“汉王刘邦能群策群力，而项羽不采纳大家的计策，只靠自己的勇猛行事。凡是善于采纳别人计策的就能胜利，而只靠自己个人勇猛之力的就会失败，这与天有什么关系呢？”

成语“群策群力”就来自扬雄的这段论述。

十四画

摧枯拉朽

【释义】摧折朽木枯草，比喻快速摧毁腐朽势力。

【出处】唐·房玄龄等《晋书·甘卓传》。

东晋元帝时大将军王敦兴兵反叛朝廷。他还劝说梁州刺史甘卓共同起事，甘卓犹豫不决。

湘州刺史司马承坚决反对王敦反叛朝廷，派邓骞劝说甘卓忠于朝廷，出兵讨伐王敦；甘卓的参军李梁则劝甘卓伺机而动，不可匆忙行事。李梁的意思是，如果王敦取胜，他必将重用甘卓；如果王敦不胜，朝廷必将重用甘卓，让他起兵平定叛乱。这样，无论哪一方取胜，甘卓都没有吃亏，只会得到好处，因此不要轻易兴兵参战。

邓骞反驳李梁，指出：甘卓既不讨伐王敦，又不反叛朝廷，必然会招来祸患。王敦兵马不过万余，守卫武昌的不足五千。甘卓的军队超过王敦一倍，如果进军武昌，一定能取得胜利。邓骞又对甘卓说："甘将军如果发兵攻打武昌，就好像摧枯拉朽一样容易，不必有什么顾虑。"可是，甘卓仍然犹豫不决。

王敦挥师东下，见甘卓没有响应，于是派参军乐道融去襄阳，进一步劝说甘卓起兵。乐道融本来就反对王敦叛乱，到襄阳后反劝甘卓起兵讨伐王敦。甘卓这才下了决心，写了檄文，声讨王敦罪状，调兵遣将，讨伐王敦。王敦得知甘卓率军前来讨伐，非常害怕，于是又派甘卓的侄儿、参军甘卬前去面见叔父，请求甘卓回师襄阳。这时甘卓仍然优柔寡断，不听别人劝告，竟然回师襄阳。后来，襄阳太守周虑等人，与王敦勾结，暗害甘卓。甘卓本来可以轻而易举地战胜王敦，结果由于他的犹豫而反遭暗算。《晋书·甘卓传》中邓骞劝说甘卓的原文是："将军之举武昌，若摧枯拉朽，何所顾虑乎？"

模棱两可

【释义】棱：物体的角。模棱：可左可右之意。可以这样，也可以那样，不明确表态。

【出处】宋·欧阳修、宋祁等《新唐书·苏味道传》。

唐代苏味道在20岁时，考取进士。先做吏部侍郎，后来武则天做了皇帝，他被委任为宰相。他只求保持个人的地位和安全，处理事情总是这样办也行，那样办也可，从不明确表示态度和意见，更谈不上什么创建和改革了。他还对人说："处理事情不能做明确决断。因为如果发生了错误，就要负失职的责任。只要'模棱'以持两端就行了。"当时的人听他这样说，都叫他"苏模棱"或"模棱手"。

《新唐书·苏味道传》中苏味道对别人说的一段原话是："处事不欲决断明白，若有错误，必贻咎谴，但误则有悔，摸棱以持两端可也。""摸棱"即"模棱"。现称"摸棱两可"为"模棱两可"。

暮云春树

【释义】傍晚的云，春天的树，指能勾起回忆的景物。比喻思念远方的知己。

【出处】唐·杜甫《春日怀李白》。

744年夏的一天，唐代两位大诗人——杜甫和李白在洛阳会面。

当时杜甫33岁，比李白小11岁，但是，年龄的差距并没有妨碍他们成为好朋友。杜甫一见李白，就被这位"天上谪仙人"的风采吸引住了，希望与李白一起去求仙访道。李白见杜甫谦虚纯朴，诗也写得很好，因此与他一见如故，结成了好友。

不久，李白到梁园（今河南开封）娶妻成家。过后，杜甫也特意到那里去贺喜。李白非常高兴，请杜甫进城喝酒。

杜甫像

第二年，杜甫和李白在齐州度过了夏天。六月底，李白告别杜甫，前往鲁郡（今山东兖州）。第三年秋天，杜甫也前往那里。他俩又一起访问友人，一同饮酒作诗。白天携手出游，醉后同床共枕，形影不离，情同手足。

暮秋时节，杜甫决定西去长安，谋求一个官职。李白一直把他送到城东门前。两人在一家小酒店默默地喝了几杯酒，终于依依不舍地分手了。此后，这两位诗坛巨人再也没会过面。

杜甫到长安后，未能谋到官职，失意兼寂寞，使他更想念李白。于是，他写了一首五言律诗。诗的后四句是这样的：

渭北春天树，
江东日暮云。
何时一樽酒，
重与细论文。

大意是：杜甫住在渭水之滨的长安，他把自己比作那里春天的树。李白在江东漫游，杜甫把他比作那里傍晚的浮云。什么时候两人一面饮酒，一面重新细细谈论文学方面的事，这是杜甫所渴望的。

赫赫有名

【释义】赫赫：盛大显著的样子。名声非常显著。

【出处】汉·班固《汉书·何武传》。

西汉宣帝、哀帝当政时，有一个大臣叫何武。何武对结党营私、任人唯亲一类事深恶痛绝。他如果要任命下属官吏，必定先拟好择用条例，向大家公布，严格按条例办，只看才德，不徇私情。所以，他提拔的大多数官吏是没有赫赫名声的人。

当时有个大臣叫何寿，曾是何武的上司。何寿看出何武是宰相之才，又是同姓，就和他结交，所以在太守任期内对何武很好。后来何寿当了大司农，他的侄子在任扬州刺史的何武手下当长史。

一次，何武朝见天子，住在京师，正好何寿的侄子也到了长安，何寿就邀请了何武的弟弟何显等人一起饮酒。喝到酒酣耳热之际，何寿让自己的侄子出来和大家见面，故意说："这是扬州长史，才能低下，所以没有被提拔。"

何显听了，觉得很惭愧，回去后，要何武举荐何寿的侄子。何武不听，说："刺史是全州的长官，有责任举荐贤良，惩治恶人，绝不能有所偏私。"

辗转反侧

【释义】翻来覆去地睡不着。

【出处】春秋·佚名《诗经·关雎》。

《诗经》中有一首情歌叫《关雎》，大意是说：一个年轻人看见一个姑娘采荇菜的苗条形象思念不止，他翻来覆去躺在床上睡不着觉。他思念她，想追求她，幻想能够和她结为终身伴侣。这首诗有两段是这样写的：

参差荇菜，左右流之。
窈窕淑女，寤寐求之。
求之不得，寤寐思服。
悠哉悠哉，辗转反侧。

诗的大意是：长短不齐的荇菜，在河水里左右流动，那个采荇菜的苗条姑娘，我在睡梦里都在追求她。追求她但是没有得到，我睁眼闭眼都把她想念。夜漫长，我相思不断，我躺在床上翻来覆去不能入睡。

聚米为山

【释义】把米堆成地形地貌，分析战场形势。

【出处】南朝·宋·范晔《后汉书·马援传》。

马援是赵国名将赵奢的后代，赵奢被封为马服君，子孙就以封号为姓。

建武八年，光武帝刘秀亲自率军征讨隗嚣，到了扶风郡一个叫漆的地方。那儿地形比较复杂，将领们认为，帝王的军队行军打仗应分外慎重，不适宜贸然进入险要难走的地方，刘秀一时间也难以决断。这时，从隗嚣那儿投奔刘秀的马援正好奉诏在夜间赶到，刘秀马上询问他的意见。马援听了，不急不慢地分析形势，说隗嚣方面将帅早已离心离德，有土崩瓦解之势，现在进兵必然不堪一击。为了让光武帝和将领们听得更明白，马援叫士兵搬来大米，将米堆成西州的山川地形，然后边指点比画，边讲解应从何处、哪条道路进兵，使人一目了然。光武帝听后，松了一口气，笑着说："敌军好像就放在我眼前，看得清清楚楚。"

第二天一早，刘秀就号令进军，隗嚣大败。

誓死不二

【释义】立下了至死不变的决心。

【出处】汉·司马迁《史记·酷吏列传》。

春秋时，晋国有个叫李离的典狱官，为人正直，办案秉公依法。

有一次，他在查阅过去自己所批复的案件中，发现了一起错判死刑的冤案，心中深感内疚。

根据当时的法律，凡错判死刑的也必须服死刑。李离知道自己所犯的也是死罪，便立下了死志，决心誓死不二，以维护法律的严肃性。于是，他让手下人把自己绑起来，请晋文公判自己死刑。

晋文公了解情况后，命卫士给李离松绑，并为他开脱说："官职有高低之分，量刑也应当有轻重之别。这件案子主要错在下面，你不应该负主要责任。"

李离听了，不同意晋文公的看法，认为下面虽然有错，但自己是掌握刑罚的最高官员，死刑是由自己批准执行的，因此自己负有不可推卸的责任，仍坚持请晋文公将自己处死，以正国法。

晋文公坚决不同意，但李离誓死不二，说："大王，我犯了死罪，如果不处死我，今后大王何以维护法律的尊严，大王又何以维护您的威望呢？"

说完，李离毫不迟疑地拔剑自刎而死。

蜻蜓点水

【释义】比喻做事不深入实际，浮在表面上。只接触一两点，轻轻一点而过的不认真不踏实的作风。

【出处】唐·杜甫《曲江二首》。

唐代长安的曲江池，每年春天三月三日帝王官吏、平民纷纷前来游览，而诗人们游览曲江归来后常常要饮酒作诗。757年，杜甫重来长安任左拾遗。由于安史叛军被打败以后，国家状况有所好转，杜甫的个人处境也略微安定了一点儿，所以他每每下朝后就去痛饮一番，酒后看看曲江的美景，无限欣喜，便在游曲江时作《曲江二首》，诗中描绘：花丛中蝴蝶隐现，水面上蜻蜓轻轻点水。这是曲江景色的真实写照。

瞎子摸象

【释义】只知局部，不知整体，就像瞎子摸象摸到了象的哪个部分，就以为象是什么样子。

【出处】佚名《六度集经·镜面王经》。

从前，有一位国王，他养了许多大象。有一天，他坐在象身上游玩，路上碰到了一群瞎子，国王忽然产生个念头，便命令那群瞎子走过来，问道："你们知道大象是什么样子吗？"

瞎子们一齐摇头，说："陛下，我们不知道。"

国王笑了："那你们就用手去摸一摸吧，然后向我报告。"

瞎子们赶紧围着大象摸起来。过了一阵子，他们开始向国王报告。

一个瞎子摸到了象牙说："大象好似一个又粗又长的萝卜。"

一个瞎子摸到了象耳朵说："大象同簸箕一样。"

一个瞎子摸到了象腿说："大象和柱子一样。"

一个瞎子摸到了象脚说："大象和舂米的石臼一样。"

一个瞎子摸到了象背说："大象好似一张床。"

一个瞎子摸到了象尾说："你们说的全不对，大象原来跟绳子一样。"

国王听了哈哈大笑。原来他们将自己摸到的一部分误认为是全体，所以闹出了笑话。

蝇营狗苟

【释义】像苍蝇那样追逐脏东西，像狗一样摇尾乞怜、苟且偷安。形容没有廉耻的人的卑劣行为。

【出处】春秋·佚名《诗经·小雅》、

唐·韩愈《送穷文》。

《诗经》里有一首题为《青蝇》的诗，共三节，每节都以“营营青蝇”起句。第一节的四句原文是：“营营青蝇，止于樊。岂弟君子，无信谗言。”营营，形容往来频繁之状；青蝇，即绿头苍蝇，比喻谗人；樊，义同“藩”，即篱笆；岂弟，兄弟般和睦的意思，大意是说：

绿头苍蝇真正讨厌，
把它赶到篱笆外面。
和善明理的正派人，
绝不听信挑拨离间。

这首诗，是用来讽刺昏君和谗臣的，诗人把搬弄是非、颠倒黑白的小人比作青蝇。从前，人们形容贪贿舞弊、争名逐利的卑劣人物，称之为“蝇营”，说他们好比往来营营的青蝇一般，讨厌之至。唐代文学家韩愈在他的《送穷文》中说：“蝇营狗苟，驱去复还。”他在“蝇营”二字之后，添了“狗苟”二字，从此这成语就流传了下来。狗，是苟且、贪婪、善于偷偷摸摸的畜牲，用来和讨厌的青蝇并列，是很恰当的。而且“蝇营”二字同音，“狗苟”二字也同音，这个成语，在字面上组合得相当巧妙。

锲而不舍

【释义】锲：镂刻。舍：停止和放弃。只要不停地镂刻金石，再硬也能刻穿。比喻学习持之以恒，必有成果。

【出处】战国·荀况《荀子·劝学》。

荀况是战国时期著名的思想家、哲学家、教育家，他写过一篇文章，名叫《劝学》，以此劝导和鼓励人们坚持不懈地认真学习。

文章一开始写道，学无止境，所以学习不可以停止。青这种颜色，是从蓝草中提取出来的，但它却比蓝草的颜色更青；冰，是由水结成的，却比水要寒冷。这是他用来比喻经过学习之后，比未学习时有所进步。

荀子又写道，不一步一步地走，不会到千里之远；不是一条一条小河的水汇合起来，不会成为江海。用来比喻学习是一个由少到多、日积月累的过程；高深的学问和渊博的知识，是一点一滴积累起来的。

荀子又用镂刻金石来比喻学习要持之以恒，坚持不懈，他写道：刻一下就停下手来，烂木头也刻不断；不停地刻下去，即使是坚硬的金属和石头，也可以把它们刻穿。所以，人们要用不断地镂刻的精神来学习，这样就一定能取得成功。原文中的话是这样的：“锲而舍之，朽木不折；锲而不舍，金石可镂。”

箪食瓢饮

【释义】箪：盛饭的竹器。一箪饭，一瓢水，形容生活清苦，虽然贫穷，但道德高尚。

【出处】春秋·孔丘弟子《论语·雍也》。

颜回家中很穷，但他勤奋好学，每天清晨起身读书，经常要读到夜深人静时才入睡。他的生活起居十分简单，住在一条简陋的小巷子中，每天吃的是一竹筐饭和一瓢水，但他的情绪一直很乐观，从来没有为此担忧过。

有一次，孔子带着一些学生周游列国，在路过匡邑的时候，突然遭到匡人的围困。事后，颜回赶到孔子身边，孔子说：“颜回，我以为你已经死了呢！”

“先生在，我怎么敢死呢！”颜回说。

孔子听了，非常感动。在周游列国回到曲阜后的一天，孔子对颜回说：“颜回，你家里穷，房子也小，为什么不去求个一官半职呢？”

颜回回答说：“学生有些薄田，虽然收入不多，但吃穿已经够了，而且还有琴瑟可以娱乐，只要能学到老师的道德学问，何必出去做什么官呢？”

孔子感叹地对学生们说：“颜回真是有贤德啊！吃的是一竹筐饭，喝的是一瓢水，住在那么简陋的小巷子里，别人忍受不了，他却十分乐观。他真是一个贤德的人呀！”

管鲍之交

【释义】管仲和鲍叔牙是春秋时两个知心朋友。比喻朋友间友谊深厚。

【出处】汉·司马迁《史记·管晏列传》。

管仲和鲍叔牙，两人都是春秋时期齐国的政治家，又是一对最知心的朋友。

管、鲍二人曾经合资经商，在分配盈利的时候，管仲总是要多得一些，鲍叔牙并不认为他贪财，而是知道他实在太穷困。管仲曾替鲍叔牙办过几件事，不但没有办好，反而越办越糟，鲍叔牙并不认为他愚蠢，而是知道事情有不顺利的时候。管仲三次做官，每次都被罢了官，鲍叔牙并不认为他没有才能，而是知道他没有遇到良好的时机。管仲三次参加作战，三次逃跑，鲍叔牙并不认为他贪生怕死，而是知道他家中有老母需要照顾。鲍叔牙对管仲了解得非常深透，因此管仲很有感慨地说：“生我的人是父母，了解我的人是鲍子呀！”

后来，齐国发生内乱，管、鲍两人各为其主，结果鲍叔牙的主公胜利，成了有功之臣，而管仲却成为罪犯。鲍叔牙在齐桓公面前为管仲说情，免他死罪，还推荐他担任相国，自己则甘愿做管仲的副手。由此产生了成语“管鲍之交”。

管中窥豹

【释义】竹管中看豹，只能看到豹的一个斑点。比喻只看到局部没看到全局。有时也用作自谦词，谦称自己的意见不够全面。

【出处】南朝·宋·刘义庆《世说新语·方正》。

东晋著名的书法家王献之，小时候就很聪明。有一天，他在家里看父亲的学生玩打牌之类的赌博游戏，忽然指着南面的一方喊道：“你这一方赢不了啦！”

学生们见这个才七八岁的孩子能看出谁胜谁负，便取笑他说：“这孩子从竹管里看豹，只能看到豹子身上的一处斑纹！”

事实上，王献之所看到的是全局，而且判断也是正确的，所以又有“一斑可窥全豹”的成语。这两个成语，都说明了局部与全局的辩证关系。此成语出自《世说新语·方正》，原文是：“此郎亦管中窥豹，时见一斑。”

察言观色

【释义】行事要观察和辨别他人的脸色和语言。

【出处】春秋·孔丘弟子《论语·颜渊》。

孔子有个学生叫颛孙师，字子张。有一次，子张问孔子：“读书的人怎样做才可以叫作通达呢？”

孔子反问他：“你所说的通达是什么意思呢？”

子张回答说：“通达就是做官的时候一定要有名望，在家里的时候也要有名望。”

孔子说：“这仅仅是有名声，怎样才算通达呢？品质应该是正直的，遇事讲道理，而且会察言观色，懂得如何谦恭待人，这样的人，当官的时候必然事事通达，在家里的时候也必然事事通达。如果局限于名声，表面上似乎爱好仁德，实际的行为却并非如此，这样的人，做官的时候一定会骗取名声，在家里的时候也一定会骗取名声。”

孔子与学生的这一段对话，提出了察言观色的重要性。这里所说的“察言观色”是褒义。

寥若晨星

【释义】寥：稀少。稀少得像早晨的星星一样。指数量很少。

【出处】唐·韩愈《昌黎先生集·华山女》。

唐朝时期，宗教盛行，曾任监察御史、国子博士、刑部侍郎等职的韩愈信奉儒家思想，坚决反对佛教和道教的流传。他曾写了一首题为《华山女》的政治讽刺诗，描述了佛教和道教两家争取信徒的情形。

华山县（今陕西华阴）城佛寺很多，佛教势力很大，佛教徒宣讲佛经时听众很多，那个地方的道教势力薄弱，当道士宣讲道经时，听众很少，就像清晨天上的星星那样，稀稀拉拉，寥寥无几。为了改变这种情况，华山有个女道士亲自出马布道。她凭借自己的好模样，卖弄色相，以此吸引信徒。

旗鼓相当

【释义】旗鼓是古代作战号令进退的信物。旗鼓相当形容双方势均力敌，不相上下。

【出处】南朝·宋·范晔《后汉书·隗嚣公孙述传》。

25年，汉光武帝刘秀虽然建立了东汉中央王朝，但边远地区尚未完全统一，其中最大的两派是公孙述和隗嚣。刘秀为了孤立公孙述，便设法拉拢隗嚣，隗嚣为了寻找出路，便向东汉称臣，于是刘秀通过大司徒邓禹封他为西川大将军。他以后又为东汉王朝立了些功劳，所以刘秀起初很信任隗嚣。

为了阻止盘踞四川的公孙述势力向外扩展，刘秀给隗嚣写了一封措辞委婉的信，希望他能够凭借自己的兵力，阻击公孙述的进犯。他在信中说：“我现在忙于在东方作战，大部队都集中在那里，西方兵力薄弱。如果公孙述出兵到汉中，企图进犯长安，我希望能够借重将军的兵马旗鼓和他较量一番。倘能如此，那么，双方的力量就相差无几了。”隗嚣接受了刘秀的意见，与刘秀共同出兵，把公孙述打得大败。

刘秀信中的原文中有这么一句：“如今子阳到汉中、三辅，愿因将军兵马，鼓旗相当。”“鼓旗相当”后演变为“旗鼓相当”。

精卫填海

【释义】精卫：古代神话中的鸟名，它用口衔石头想将大海填满。比喻坚持不懈的精神和行动。

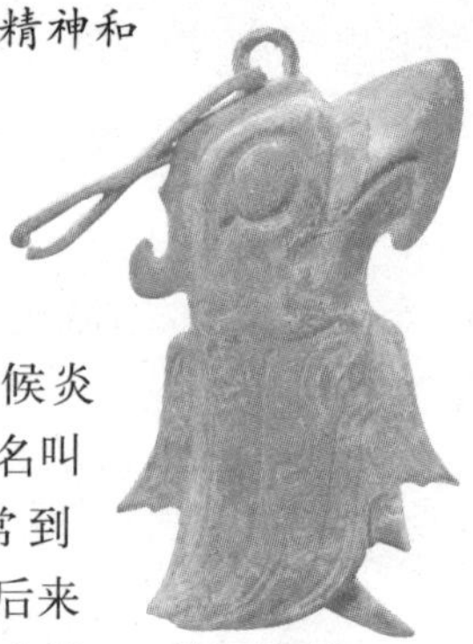
精卫鸟铜铃

【出处】 佚名《山海经·北山经》。

传说古时候炎帝有一个女儿名叫女娃，她经常到东海去游泳，后来不幸淹死了。女娃死后变成了一只精卫鸟（也叫“冤禽”）。精卫鸟嘴白脚红，头上有花纹，经常发出“精卫”的叫声，好像在呼喊着自己的名字。精卫鸟顽强不息，每天都从西山叼回石头和木棍，投入东海，它天天如此，年年如此，一直坚持不懈，决心要把东海填平，以发泄自己的愤怒，报自己被大海淹死的冤仇。

此成语出自《山海经·北山经》，原文是：“有鸟焉……是炎帝之少女，名曰女娃。女娃游于东海，溺而不返，故为精卫，常衔西山之木石，以堙于东海。”

晋·陶潜《读山海经》诗曰：“精卫衔微木，将以填沧海。”

漏网之鱼

【释义】 漏网：网漏。比喻逃脱的敌人或罪犯等。

【出处】 汉·司马迁《史记·酷吏列传》。

晋襄公打败了秦国。秦国的将军孟明视、白乙丙、西乞术都被俘了。后来晋襄公听母亲说，秦国和晋国是亲戚，冤仇宜解不宜结，于是晋襄公就放了这三个俘虏。

这时，晋将先轸一听说国君把秦国的俘虏放走了，当下三步两步地跑去见晋襄公，说服晋襄公收回了成命。

大将阳处父立刻提了刀，驾车去追。孟明视、白乙丙、西乞术这三人也怕晋襄公后悔，派人来追，就拼命地跑，他们一直跑到黄河边，回头一瞧，后面果然尘土飞扬，有大队人马追来。三个人只是叫苦。正在这时，却见河边有一只捕鱼小船，他们不管三七二十一，都跳进船里，原来捕鱼船是秦国派来接应他们的。阳处父追到河岸，眼睁睁地看着他们远去了。

于是他们成了“网漏于吞舟之鱼”，即渔网疏漏，可以吞下船的大鱼都被漏掉了。后来，这句话就演变为“漏网之鱼”。

十五画以上

臧谷亡羊

【释义】臧、谷：两个人名，他们都丢失了羊。虽然动机有好有坏，但结果都不好。比喻事不同而实则一。

【出处】战国·列御寇《庄子·骈拇篇》。

古时候，有臧和谷两个牧羊的孩子，赶着羊出去放牧，结果他们的羊全都丢失了。主人先问臧为什么会丢失羊。他说，他带着书籍去放羊，因为读书读入了迷，羊跑了也没有发觉。主人又问谷干什么去了，他说，他参加掷骰子去了，玩着玩着，就把放羊的事忘了。

这两个孩子失职，一个为了读书，一个为了贪玩。虽然事情性质不一样，但是他们的错误是相同的：都不专心于自己的本职工作。造成的结果也相同：他们的羊都丢失了。

暴虎冯河

【释义】暴虎：徒手与虎搏斗。冯河：徒步过河。比喻有勇无谋。

【出处】春秋·孔丘弟子《论语·述而》。

孔子有个学生叫子路。他在拜孔子为师之前，听说孔子收徒讲学，便在帽子上插了几根鸡毛，佩着宝剑，到孔子讲学的地方来惹事。

见到孔子后，子路拔出宝剑舞了一阵，剑锋好几次逼近孔子。孔子面不改色地看完了他舞剑后，称赞他剑舞得好，接着劝他认真读点书。不料，子路虎着脸说：“我像一根笔直的竹竿，天生是做一支好箭的材料，还读书做什么？”

孔子开导他说：“读了书就有了学问，好比在竹箭尾部装上了羽毛，前面又安上了锋利的金属头。这样，箭就更有用了。”

子路觉得孔子说得很有道理，便拜孔子为师；但是，他粗鲁简单、有勇无谋的习性一直改不掉。

有一次，孔子当着子路的面，对最得意的弟子颜渊说：“用我呢，我就去干；不用我呢，我就藏起来。只有我和你才能做到这一点吧！”

子路好胜心强，见孔子这样赞扬颜渊，心中有些不服气，就问孔子：“老师，如果让您统率三军，那您找谁共事？”

子路本以为自己在军事方面很在

行，老师一定会找他共事，不料孔子回答说："对空手去和老虎搏斗以及徒步过河这种自以为勇敢不怕死的人，我是不和他共事的。我要的是遇事谨慎、善于谋划而能完成任务的人。"

子路听了，感到很惭愧。

在《论语·述而》中，孔子最后对子路讲的原话是："暴虎冯河，死而无悔者，吾不与也。必也临事而惧，好谋而成者也。"

横行霸道

【释义】比喻胡作非为，蛮不讲理。

【出处】清·曹雪芹《红楼梦》。

花花公子薛蟠，与贾府是亲戚，他到贾府来，名义上是上学，但他三天打鱼两天晒网，白交些学费却不求上进，只求结识些纨绔子弟。有两个学生，因贪图薛蟠的银钱，被他哄上手了。班里还有两个长得妩媚风流的学生，外号分别为叫"香怜""玉爱"。薛蟠的心性却好比水上浮萍漂泊不定，今日爱东明日爱西。自结识了香怜、玉爱二人，就弃去了当时的好友金荣，近来又有了新朋友，就弃去了香怜、玉爱。对他这种喜新厌旧、胡作非为的举动，贾瑞虽然奉爷爷之命来管理学生，但为了讨好，以便从中勒索，对薛蟠的行为竟不闻不问，一任薛蟠横行霸道。

暴戾恣睢

【释义】暴：残暴。戾：残忍。形容凶恶残暴，横行霸道。

【出处】汉·司马迁《史记·伯夷列传》。

春秋时期，齐国和鲁国交界处有个柳下村。齐鲁两国常来柳下抓丁当兵。柳下村有家姓展的，儿子叫展跖，生得虎背熊腰，为了逃避兵役，躲到深山里。一个多月后，风声过了，展跖回家，只见村里茅舍已被烧光，自己父母也不知下落了。

展跖聚集逃回来的青年，以斧头、竹箭做武器，向位于沂水边的启阳城杀去。

经过一场血战，启阳城被乡民武装攻陷，展跖打开牢门，解救出被囚禁的兄弟。展跖还从囚徒那里知道有一批老弱乡民被押送到西南方的鄫国，展跖心想：自己的父母可能就在鄫国，而且对付敌人，需要武器粮草，既然鄫国是个军库，何不图个现成？某夜，展跖率领兄弟悄悄地登上号称"鲁南金城"的城堡，给鄫侯一个措手不及，最后占领了鄫城。

侥幸逃脱的鄫侯，慌慌张张地向曲阜城的鲁侯报告，鲁侯拨给他战车50辆，1000名甲士，结果鄫侯全军覆没。展跖的队伍不断扩大，奴隶主贵族闻风丧胆。"跖"旗所指，"大国守城，小国入堡"。

奴隶主把展跖当作眼中钉、肉中刺，污蔑他行为残忍横暴，给他安上"日杀不辜""暴戾恣睢"的罪名，并把他称为"盗跖"。

墨守成规

【释义】墨守：固守。成规：现成的或久已通行的规则。固执地按老规矩办事，不求改进。

【出处】战国·墨翟《墨子·公输》。

战国时代，楚王想去攻打宋国，便叫当时最有名的工匠公输班设计制造攻城用的云梯。墨子是个主张兼爱、反对战争的人，听到这件事，立即从鲁国跑到楚国的都城去，对楚王说："听说您要攻打宋国，有这回事吗？"

楚王说："有。"

墨子说："一定要有占领宋国的把握才能去攻打。如果打不胜，反而把事情搞坏。我认为您一定占领不了宋国的。"

楚王当然不相信他的话。墨子说："那么，我制作守城的设备，请您叫公输班来攻，看他能不能攻进城。"

于是公输班用他制造的云梯，攻打墨子守御的城，一连攻了九次，都被墨子打退。后来两人调换过来，公输班守城，墨子攻城，墨子一连攻了九次，就攻破了九次。楚王见公输班制造的器械，并不能攻破墨子所守的城，就取消了攻宋的打算。墨子善于守城的故事，就演变为成语"墨守成规"。但现在成语的意思与当时的情况大不一样了。

箭在弦上

【释义】迫于形势，不得不做，就像箭已放在弦上，不得不发。

【出处】宋·李昉等《太平御览》。

汉末文学家陈琳，是"建安七子"之一。东汉后期藩镇割据。陈琳原是北方袁绍的书记官。袁绍为了讨伐曹操，让陈琳写了一篇《为袁绍檄豫州》的檄文。在檄文中，不仅历数曹操各种罪状，并且痛骂了曹操祖宗三代，还号召各地共同起兵，讨伐曹操。

后来袁绍被曹操打败，陈琳投靠了曹操。有一次，曹操责问陈琳："你当初替袁绍写檄文，数说我的不是，为什么还要痛骂我的祖宗三代呢？"

陈琳回答说："当时我为形势所迫，不得不这样做。这就好像把箭放在弦上不得不发射出去一样。"

曹操听到陈琳的回答，觉得不无道理。曹操很喜爱陈琳的文才，并没有追究这笔历史的旧账，反而对他很器重，有许多重要的檄书、文稿，曹操都让陈琳撰写。

德高望重

【释义】指品德高尚，名望很大。

【出处】唐·房玄龄等《晋书·会稽文孝王道子传》。

383年，前秦皇帝苻坚调集87万大军攻伐东晋。东晋宰相谢安命他的侄子谢玄率兵8万前去迎战，结果在淝水大败秦军，创造了以少胜多的又一战例。可是不久，朝廷内部发生了

建安七子图

最早提出"七子"之说的是曹丕（见《典论·论文》）。"建安七子"之文都具有慷慨多气的建安风格，后被誉为"建安风骨"。

矛盾，昏君晋孝武帝重用同母弟会稽王司马道子。385年，谢安病死，司马道子掌握了朝政大权。司马道子与儿子司马元显合力搜刮钱财，奢侈无度。他们当权十多年，受苦受难的东晋民众再也忍受不了这种恶政，一些藩镇也乘机暗中准备夺权。398年，桓玄联络了刺史王恭、殷仲堪等起兵，反对专擅朝政的司马道子和司马元显。

401年，司马元显这个年仅21岁、自称德高望重的权臣终于与他父亲司马道子一起被杀。

熟能生巧

【释义】凡事做多了就会熟悉，熟悉后就会把事情做得很巧妙。

【出处】宋·欧阳修《欧阳文忠公文集·归田录》。

北宋有个著名的射箭能手，名叫陈尧咨。一天，他在射箭场地练习射箭，射十支箭竟有八九支箭射中靶中的红心。围观的人都拍手叫好，陈尧咨非常得意。但观众中有一个卖油的老头颇不以为然，只略略点头而已。陈尧咨见了这个情景很不高兴，于是向老人问道："您会射箭吗？您觉得我的箭射得怎样？"

老人回答说："我不会射箭。你的箭法还算可以，但并没有什么奥妙之处，只不过是熟练罢了。"

陈尧咨听了更加不高兴："您怎敢小看我的射箭本领！难道您有什么高明的本事吗？"

老人把一个装油的葫芦放在地上，又把一个铜钱盖在葫芦口上，然后用勺子舀起一勺油，高高地举起，朝钱眼倒下去，只见油像一根线一样穿过钱眼，流进葫芦里。勺里的油倒完了，铜钱上一点儿油星也没沾上。围观的人看得无不拍手叫绝。老人对陈尧咨说："我是卖油的，经常做这件事，这也没有什么了不起，只不过熟练罢了，你射的箭多了也就可以熟能生巧了。"陈尧咨连连点头称是。

《归田录》中老人对陈尧咨说的话的原文是："我亦无他，惟手熟尔。"

褒衣博带

【释义】褒衣：宽大的衣服。博带：宽大的衣带子。指古代儒生的装束。后指庄重的礼服。

【出处】汉·班固《汉书·隽不疑传》。

汉代老将军暴胜之到长安拜访京兆尹赵广汉。其时，汉昭帝刚死，京城里的豪族游侠，乘新皇帝尚未继位、朝廷上下不安的时机，兴风作浪。赵广汉逮捕了许多奸人，恢复了京城秩序。

见面后，暴胜之盛赞赵广汉治乱有方。

赵广汉说："我的才能很普通，处理朝廷一级大事，我远不如前任京兆尹隽不疑。"

当年，武帝驾崩，小儿子刘弗陵继位，是为昭帝。昭帝始元五年，京城里突然来了一个身穿黄色衣袍的男子。他乘着黄牛拉着的大车，车上插着画有龟蛇等灵物的黄旗，车顶覆着黄车盖。他驾车缓缓走到皇宫北阙门前，自称是在外地被杀的武帝长子刘据。武帝死后，这位太子是法定继承人。为了确定来人身份的真假，昭帝下诏，令朝内所有的高级官员一齐来辨认。因为事关重大，连丞相、御史也不敢轻易表态。

京兆尹隽不疑因他事缠身，最后赶到，即刻下令逮捕黄衣人。

同僚说：“是与非未确定前，还是慢点下逮捕令为好。”

隽不疑说：“先帝在时，就下令追捕外逃的太子，后来虽然听说太子已经在外身亡，但追捕令没有收回，即使黄衣人是真太子，我是执行先皇命令，有什么可指责的！”

后来查明，黄衣人是嵩山卜者成方遂。因为有人说他像太子，他就来到长安行骗。

赵广汉说：“听说隽京兆尹是老将军您推荐给朝廷的。”

暴胜之说：“是的，先帝晚年时，渤海盗贼群起，我奉命前往青州戡乱。一日，我正闲坐内堂，门人禀告说：‘有个头戴进贤冠，腰佩玉柄长剑，玉环玉玦系于前后，褒衣博带，穿着端庄，神态严肃的书生求见。小人请他解剑，他说：‘剑乃君子武备，不可离身。’我早听说渤海有个名士隽不疑，猜想来者就是他，连鞋也没有穿好，赶快到堂前相迎。后来我表荐他为青州刺史，又升任京兆尹。”

霓裳羽衣

【释义】本意是珍贵的丝绸和羽毛织成的衣服。后成为一种舞蹈和乐曲的代称。形容精美无比、使人如入仙境的音乐、舞蹈。

【出处】宋·李攘等《太平广记·卷二十二录·逸史》。

唐代开元年间，有一年中秋佳节，唐玄宗在皇宫中遥望碧空，尽情地欣赏那一轮明月。方士罗公远便讨好地问道：“陛下是否愿意到月中游览一番？”

唐玄宗像

唐玄宗很乐意，罗公远便取出身边的拐杖，用力向空中掷去，拐杖到了天上，顿时化成一座银色的大桥。罗公远请唐玄宗踏桥登月。月宫前面宽广的庭院里，几百名身穿雪白丝绸衣服的仙女翩翩起舞，舞姿轻柔，有一支舞曲尤为动人。罗公远说：“这是天上的仙乐，叫霓裳羽衣。”唐玄宗暗暗记下了乐谱。

回到皇宫，唐玄宗召乐师按记下的乐谱、声调作出了《霓裳羽衣》曲。唐玄宗最宠爱的杨贵妃按他月中所见，穿上雪白的衣裙，轻舒广袖，跳起了《霓裳羽衣》舞。仙乐、美女、舞蹈使唐玄宗陶醉不已，以致终日沉湎其中，几乎忘了治理国事。

璞玉浑金

【释义】比喻人的品质纯美朴实，犹如未雕琢的玉、未冶炼的金。

【出处】南朝·宋·刘义庆《世说新语》。

魏晋时期“竹林七贤”之一的山涛，与魏明帝时任大将军的司马懿有亲戚关系，但他并没有依仗这层关系谋取荣华富贵。239 年明帝死去后，年轻无能的曹芳即位。受命辅政的司马懿和曹爽各自网罗党羽，钩心斗角，千方百计想消灭对方，以便独揽朝政大权。山涛知道司马懿足智多谋，曹爽不是对手，最终将被消灭，但他并未因此而投靠司马懿，而是经常与嵇康等贤才在竹林游宴。

249年，司马懿果然除掉了曹爽，独专朝政。两年后他死去，其子司马师继任大将军。司马师当政后，山涛调动了官职，于是他特地上书，推荐嵇康担任自己门下的吏部郎。不料，嵇康对司马氏铲除异己、独揽朝政的做法很反感，他不仅未去赴任，反而写了一封信，与山涛断绝来往。

这封信，就是著名的《与山巨源绝交书》。山巨源即山涛。信中列举了九条自己不适宜当官的理由。山涛很了解嵇康，知道他是个血性男子汉，性格耿直、刚强，所以对此并不介意。但是，司马氏集团却不放过蔑视他们的嵇康。263年，司马昭借故把嵇康杀了。

过了两年，司马昭的儿子司马炎代魏称帝，建立了晋朝。山涛上书推荐嵇康的儿子嵇绍，说虽然父亲被杀，但儿子与此事不相干，他德才兼备，应当任用。司马炎接受了山涛的建议，任命嵇绍为秘书丞。

当时有个名叫贾充的权臣，在司马炎面前吹捧自己的心腹陆亮，说他禀性忠直、公正无私，请求让他与山涛一起任职。司马炎答应了。但山涛了解陆亮是个小人，不可能忠于职守，便极力加以反对。当时还有个县令，在任职期间大肆搜刮民财，他怕人告发后获罪，便向朝廷不少大臣行贿。他送给山涛的是一百斤丝。山涛为避免显示出自己与别人不同，不露声色地收了下来；只是命人将它封好，吩咐谁也不准动用。后来那县令案发，不少大臣被牵连受讯，问到山涛时，他把封存的丝取出来，只见上面积满了尘土，里面的丝一点也没有动用过。

“竹林七贤”之一的王戎盛赞山涛说：“山涛就像未经琢磨的玉和未经冶炼的金一样。人们往往都欣赏金玉饰品光彩夺目的外表，而对未经琢磨的玉和未经冶炼的金，却不知道它们内在高贵的质地。”

燕雀处堂

【释义】小燕子居住在堂屋上。比喻要居安思危，不能依赖别人来享乐。

【出处】三国·魏·王肃《孔丛子·论势》。

孔鲋是孔子九世孙，战国末年，他旅居魏国，是当时的著名人士。他在《论势》中，记述了一件当时发生在魏国的事情：

秦兵攻伐赵国，赵国的近邻是魏国，魏国的大夫们对此并不警备，反而认为形势对他们有利。他们说：“如果秦国打败了赵国，我们就同秦国表示和好；如果秦兵被赵国打败了，我们就乘它危急之际出兵袭击，可以取得大胜。”

魏国的国相子顺笑道：“秦国从秦孝公上台以来，没有打过败仗，此次秦兵肯定胜赵，你们必定无‘机’可乘！”

大夫们辩解说：“就算赵国必定要被打败，那么对我们又有什么损失？邻国倒霉，强不起来，不正是对我国有利吗？”

子顺说：“秦国是侵略成性的贪

暴之国，它灭亡了赵国，一定要继续东进，那时魏国就要遭殃了。”

接着，子顺便讲了下面的故事：

燕雀处屋堂，子母相哺，煦煦然其相乐，自以为安矣。灶突炎上，栋宇将焚，燕雀颜不变，不知祸之及己也。

这段话的意思是：燕子或麻雀一类的小鸟，住在一户人家的屋檐上，以为住在这样的地方是最太平、最可靠的了。不料，有一天，这户人家灶上的烟囱坏了，火焰往上直冒，一会儿就烧着了屋梁，一场灾难已无法避免，而燕雀们脸不变色，依然无忧无虑，一点儿也不知道大祸快要临头了。

子顺讲完后，严肃地对魏国大夫们说：“现在你们全然没想到，赵国如被攻破，大祸即将降临到自己头上，难道我们能像无知的燕雀一样吗？”

噤若寒蝉

【释义】噤：闭口。冬天的蝉，不叫。比喻有所顾虑，缄默不语。

【出处】南朝·宋·范晔《后汉书·杜密传》。

东汉桓帝时，任泰山太守及北海相的杜密，奉公守法，公正严明，只要有人犯法，不管他是什么人，也都一律依法处刑，绝不宽容。有一年冬天，他到高密县巡察，发现一个小官郑玄深具才干，立即提拔他到郡府里任官，并让他入太学修习诗书，促使郑玄后来成为著名的学者和教育家。杜密告老还乡后，仍然时时关心政治，发表意见。

同一郡内，有位名叫刘胜的人，原任蜀郡太守，已经告老还乡，而他的作为和杜密则有天壤之别，为了明哲保身，为己身利害而不分善恶是非。

老虎噬驴纹带饰

有一回，郡太守对杜密说：“刘胜为人很好，获得大家的赞赏。”

杜密知道太守是明指刘胜不问政治，暗里批评自己的多事。于是，杜密便说：“刘胜就如寒天中的蝉一般默然无语，知善不保荐，闻恶也不举发，只图自身平安，不念国家大事，像这样的人，有什么值得称颂的？我推荐好人，检举坏人，完全是从国家的立场出发，如果一直保持沉默，能称为正直的读书人吗？”

郡太守听后，很受感动，从此更加尊重杜密。

黔驴技穷

【释义】黔驴：放在贵州的驴，它只会大声呼叫着吓人。形容有限的本事已使过，再也没有什么更大的本事了。

【出处】唐·柳宗元《三戒·黔之驴》。

传说从前贵州地方没有驴子，有人用船从外地运来一头毛驴，把它放牧在山脚下。

山中的老虎发现了这头毛驴。它看见这个庞然大物，不知道它到底有多大本领，不免心里有些害怕，只能躲在树林中偷偷瞧着它。

过了好一阵子，老虎见毛驴没有动静，就走出树林，逐渐接近毛驴，小心谨慎地打量它，但还是没有看出来它究竟是个什么东西。

有一天，毛驴忽然大叫一声，老虎吓了一大跳，急忙逃得远远的。后来，老虎也听惯了毛驴的叫声，对它越来越熟悉了。于是老虎又向毛驴靠近一些，还在它前后转来转去，再后来，老虎挨得毛驴更近，更加大胆放肆，甚至往毛驴身上连碰带挤，故意冲撞、冒犯它。

毛驴终于被惹得发怒了，于是就用蹄子去踢老虎，这样一来，老虎反倒高兴了，心中想道："原来你只有这点本事呀！"于是，大吼一声，猛扑过去，咬断了毛驴的喉咙，美餐了一顿。

雕虫小技

【释义】雕：雕刻。虫：鸟虫书，古汉字的一种字体。比喻技巧很差，微不足道。

【出处】唐·李白《与韩荆州书》。

唐玄宗时的韩朝宗，曾经做过荆州刺史，他非常爱护青年文士，乐于提拔后进的人才，有不少青年经过他的推荐，获得了理想的职业。所以，当时社会上的人们都非常敬慕他。

一天，李白给韩朝宗写了一封信，即《与韩荆州书》。信中除对韩朝宗的为人、学问大大地赞颂一番外，就是述说自己的志愿以及写作方面的情形。信的末尾说："恐雕虫小技，不合大人。"这是一句谦虚的话，意思是说："恐怕我所写的文章微不足道，不合大人的心意和趣味。"

篝火狐鸣

【释义】用笼子罩着火，使之远看隐约如磷火；学着狐狸的叫声。原是鼓动起义，现在比喻造谣惑众。

【出处】汉·司马迁《史记·陈涉世家》。

陈胜被征兵开赴渔阳戍边，900人的队伍走到大泽乡，遇到大雨，道路不能通行，因而误了规定的期限。按照刑法他们要被杀头。陈胜和吴广在一块商量，与其等死，不如造反。

陈胜说："现在天下人都仇恨秦朝，听说胡亥年小，不该立为皇帝，应该立公子扶苏。现在老百姓都听说公子扶苏贤明，可是他已经死了；项燕是楚国的名将，楚国人很同情他，有的说他死了，有的说他逃了。现在咱们就假托公子扶苏和项燕的名义造反，响应的人一定会多。"吴广同意了。他们找到一块丝绢，用红笔写上"陈胜王"三个字，然后派人带到市场，偷偷地塞进鱼肚子里。隔不多久，这条鱼被伙夫买回做菜。他发现了丝绢上的文字，大惊失色，这消息立刻传开了。

陈胜又偷偷告诉吴广，趁着别人不注意的时候，在附近的树丛和神庙中，夜里点上火，用笼子罩上，从远处看一闪一闪的，好像鬼火一样。又让人学着狐狸的叫声，喊着："大楚兴，陈胜王！"这样一来，士兵们都被这奇异的现象惊住了，以为这是神仙的暗示，便一致拥护陈胜当大王。陈胜和吴广看时机已经成熟了，便杀死了领兵的校尉，率领900名士兵起义。

"篝火狐鸣"这句成语，就是从这个故事来的。

鹤立鸡群

【释义】像高高的鹤立在群鸡之中

一样。形容才华和仪表出众，高人一等。

【出处】南朝·宋·刘义庆《世说新语》。

三国时，魏国著名的文学家和音乐家、“竹林七贤”之一的嵇康的儿子嵇绍和他父亲一样，才华出众，身材魁梧，仪表堂堂，因此，他不论走到哪里，都很引人注目。

西晋建立后，嵇绍被朝廷征召到京都洛阳做官。有人见了他后，对“竹林七贤”之一的王戎说：“昨天我第一次见到嵇绍。他长得高大雄伟，在人群之中，就像一只仙鹤站立在鸡群里一样引人注目。”

王戎说：“他父亲嵇康的风度更胜过他！”

晋惠帝司马衷继位后，嵇绍在皇帝身旁供职，经常出入宫廷，很受信赖。嵇绍对晋朝也非常忠诚。

后来，西晋皇族内部发生了权力之争，嵇绍随惠帝出兵迎击叛军，结果在荡阴（今河南汤阴县）打了败仗。当时，在场的将领和侍卫中有不少逃跑的，但嵇绍始终护卫着惠帝。叛军的箭雨点般地射来，嵇绍身中数箭，鲜血溅到了惠帝的战袍上，最后因伤重死去。战后，侍从要洗去惠帝战袍上的血迹，惠帝加以阻止，说：“不能洗掉，这是嵇侍中的血啊！”

燃眉之急

【释义】像火烧眉毛那样的急迫，比喻情势急迫。

【出处】明·罗贯中《三国演义》。

汉末献帝时，曹操挟天子以令诸侯，专权到了极点。各地汉室的皇族和拥兵大将，都起来反抗。曹操想统一天下，带兵南下，和刘备在新野等地交战，刘备因地狭兵少，无法支撑。孙权见曹操大兵压境，就派鲁肃到刘备那里探听消息，并和刘备商议：刘、孙两方联合起来，共同抵抗曹操。但是以孙权手下张昭为首的文臣们，见曹操兵力强大，不敢抵抗，都主张投降。因此，鲁肃邀请诸葛亮同赴东吴，游说孙权出兵。

诸葛亮到东吴以后，孙权帐下的谋士纷纷来和他辩论。张昭用带有责问的口气对诸葛亮说：“我们很久以前就知道，先生居住在隆中的时候，常常把自己比作春秋时的管仲、乐毅。管仲辅佐齐桓公，使齐桓公成为诸侯的盟主；乐毅替燕国出兵伐齐，连下七十余城。现在刘备得到你之后，你不但不能帮助他强大起来，反而失去了新野，丢弃了樊城，当阳长坂坡打了败仗，又逃到了夏口，像火烧眉毛一样危急，你哪里比得上管仲、乐毅的万分之一呢？”

诸葛亮当场一一辩驳，妙语横生，反把张昭等人说得哑口无言。这个故事中张昭的话，后来演变成了“燃眉之急”这句成语。

磨杵成针

【释义】只要下功夫，再艰难的事也能完成。即使是铁杵，也能磨成针。

【出处】明·陈仁锡《潜确类书》。

据说，唐代大诗人李白小时候非常贪玩，不用功读书。有一天，他到野外游玩，在一条小河边上，看见一位白发苍苍的老婆婆，手中拿着一根大铁棒，在石头上用力地磨着。李白很奇怪，就上前询问。老婆婆看了看李白，回答说：

“我想把它磨成一根绣花针。”

李白更觉得奇怪了，说：“这么粗的一根铁棒，您怎么能把它磨成绣花针呢？”

老婆婆说：“只要功夫深，铁杵就能磨成针啊！”

李白深受启发，告别了老婆婆，就回家发愤读书去了。后来，李白果然成为著名的大诗人。

激浊扬清

【释义】冲去污水，使清水涌流。比喻清除坏的，发扬好的。

【出处】唐·房玄龄等《晋书·牵秀传》。

西晋时，有个名叫牵秀的文人，颇有些才气，得到皇帝的赏识，被封为皇帝的侍从官。牵秀曾经大言不惭地对别人说：“如果我当宰相，负起督察百官的职责，一定能惩恶奖善、激浊扬清；如果担任军队的统帅，一定能打败任何敌人，建立不朽的功勋。”

然而事实并非如此。291年，牵秀担任尚书时，西晋皇族之间因晋惠帝司马衷是个低能儿而发生争夺皇位的“八王之乱”，牵秀非但没能稳定朝政，反而跟诸王狼狈为奸，为虎作伥。

他曾先为长沙王司马乂效力，司马乂被杀；他又投靠成都王司马颖。后来，河间王把持朝政后，他又投靠河间王，当上了司马颙的平北将军。司马颙被东海王司马越战败后，牵秀也被司马颙的部属杀死。但他所说“激浊扬清”的话，却作为成语流传下来。

戴罪立功

【释义】带着罪去建立功劳，以功折罪。

【出处】清·张廷玉《明史·马芳传》。

明朝崇祯十五年，甘肃发生大规模的农民起义，甘肃总兵马炉率领王世宠、王加春、鲁荫昌等三员副将加以镇压，为濒临倾覆的朱明皇朝暂时求得了一方安宁。

但是，刚扑灭了一次火，别的地方又出了战乱。那一年冬天，督师孙传廷下令调动马炉的军队，马炉自以为“功勋卓著”，没把他放在眼里，根本不予理睬，孙传廷上奏皇帝，弹劾马炉违抗军令。

皇帝派人调查了事情的来龙去脉，觉得马炉未服军令不对，但因他镇压起义有功，便允许他戴罪图功，以观后效。

马炉回到军中后，孙传庭并没有放过他，一面惩罚了他的抗令之罪；一面又上书皇帝，罗织了他许多罪名。因皇帝一时还用得到他，就降旨，叫他以戴罪之身，好自为之。

鞠躬尽瘁

【释义】鞠躬：弯曲身体。尽瘁：竭尽心力。为国为民，尽心尽力，不辞劳苦，贡献一切。

【出处】三国·蜀汉·诸葛亮《后出师表》。

三国时，诸葛亮受刘备的三顾之恩，便一直帮助刘备打天下。但是，刘备在当时群雄中的势力是比较弱小的。因此诸葛亮一生，谨谨慎慎地立功创业。然而，他辛辛苦苦制定的联孙抗曹政策，被刘备亲手发动的讨吴战争所破坏，结果是全军覆没，连刘备的命也赔上了。

刘备死后的蜀国，形势非常不稳

定，外侮内患，交相煎迫，诸葛亮一一地稳定住了：如五月渡泸，深入不毛；六出祁山，抵拒司马。他上了一篇《后出师表》，开头就说：“先帝虑汉贼不两立，王业不偏安，故托臣以讨贼也……”但他也知道我弱敌强，可是“然不伐贼，王业亦亡，惟坐而待亡，孰与伐之”。这篇文章中，提出六不解，坚请后主刘禅批准出兵，北伐中原，最后忠心耿耿地说：“臣鞠躬尽瘁，死而后已，至于成败利钝，非臣之明所能逆睹也。”

罄竹难书

【释义】 罄：尽。用尽了竹子也写不完某人的罪恶。比喻罪恶太多，无法写完。

【出处】 战国·吕不韦《吕氏春秋·明理》、后晋·刘昫等《旧唐书·李密传》。

隋朝末年，炀帝杨广统治残暴，荒淫奢侈，大兴土木；又连年对外用兵，使百姓无法活下去，迫使他们揭竿而起。

在众多的农民起义军中，有一支是翟让领导的起义军。它以瓦岗寨（今河南滑县南）为根据地，史称瓦岗军。后来这支起义军改由李密领导。

614年，为了进一步联合各路起义军，以及吸引隋朝的文武官员来投奔他，李密便在进攻隋都洛阳的时候，发布了一篇讨伐炀帝的檄文，号召各方人士推翻隋朝的统治。檄文在历数炀帝残暴统治、祸国殃民的十大罪状之后写道：“用尽南山所有的竹子制成竹简，也写不完杨广的罪过；用尽东海的水，也冲洗不清他的罪恶。”

此成语出自《旧唐书·李密传》，原文是：“罄南山之竹，书罪未穷。”

《吕氏春秋·明理》中有这么一句话：“此皆乱国之所生也，不能胜数，尽荆越之竹，犹不能书。”应该是形成“罄竹难书”一词的出典。

螳螂捕蝉

【释义】 螳螂捕蝉，不知黄雀已在后边想吃它。比喻只看到眼前利益，却不顾身后的危险。

【出处】 汉·刘向《说苑》。

春秋时期，吴王想派兵攻打楚国，他为了表示自己早已下定了决心，就对身边的大臣们说：“谁要是来劝阻我，我就把他处死！”

有一个年轻的侍卫官，却不管吴王的命令，还是想劝吴王不要派兵进攻楚国，但是又不敢直说，于是他就拿一把弹弓，在王宫的后花园中转来转去。他的衣服都被露水浸湿了，还是继续在花园里转，一直转了三天。

吴王奇怪地问他说：“你早晨跑到花园里干什么？何苦把衣服浸湿成这个样子！”

侍卫官回答说：“您看，花园里有一棵树，树上有一只蝉。这蝉在高高的树枝上得意地鸣叫，可是它却不知道有一只螳螂正在它的身后，弯着身子，举起前爪正打算捕捉它；而螳螂也不知道有只黄雀正在它的身旁，伸长了脖子想去捕食它；然而黄雀却不知道我正拿着弹弓已经瞄准了它。它们三个都是只想到要取得眼前的利益，而没考虑到隐藏在身后的危险呀！”

吴王听了这话，顿时恍然大悟，于是，就打消了攻打楚国的念头。

螳臂当车

【释义】用螳螂的臂来挡车。形容不自量力，想阻挡根本阻挡不了的大趋势。

【出处】战国·庄周《庄子·人间世》。

鲁国有个贤人名叫颜阖，被卫灵公聘去当大公子的老师。但颜阖听说那大公子德行很坏，跟他相处很危险，就向卫国大夫蘧伯玉请教说："有一个人，假如我与他朝夕相处而不符合法度与规范，就会危害国家；如果合乎法度与规范，就会危害自身。您说，我该怎么办？"

蘧伯玉说："首先要端正自己。表面上可以顺从他，而内心则不如顺其禀性暗暗疏导。但顺从他不要关系过密，疏导他不要太露心意。你知道那螳螂吗？奋起它的臂膀去阻挡滚动的车轮，它不知道自己根本不能胜任！你不了解那养虎的人吗？他从不敢用活物去喂饲它，因为他担心扑杀活物会激起老虎的凶残本性；他也不敢用整个动物去喂饲老虎，因为他担心撕裂动物也会诱发老虎凶残的本性；老虎能向饲养人摇尾乞怜，是因为饲养人知道老虎饥饱的时刻，通晓老虎凶暴的禀性。而遭到老虎残杀的人，是因为他触犯了老虎的性情啊！"

《庄子·人间世》的原文是："汝不知螳螂乎？怒其臂以当车辙，不知其不胜任也。""螳臂当车"这一成语，便是从这句话引申而出的。

蹊田夺牛

【释义】蹊：践踏。牛踩坏了庄稼，就把人家的牛夺了过来。比喻处罚太重。

【出处】春秋·左丘明《左传·宣公十一年》。

春秋的时候，陈国的君主陈灵公和大臣孔宁、仪行父都跟夏姬私通。有一天，他们在夏姬家喝酒，拿夏姬的儿子夏征舒开玩笑。

灵公对仪行父说："征舒像你！"

仪行父说："更像国君！"

夏征舒听了十分愤怒，后来，他趁灵公不防备，射箭杀死了灵公。孔宁和仪行父慌忙逃到楚国去了。

楚庄王因为夏征舒弑君而兴师讨伐陈国，长驱直入，杀死夏征舒，并把陈国收归为楚国的一个县。

楚国大夫申叔时对此颇有看法，楚庄王知道了，当面责备他说："夏征舒杀了他的国君，寡人率领诸侯讨伐并且杀掉他，诸侯和本国大夫都来庆贺，只有你不庆贺我，为什么呢？"

申叔时问道："我可以申述我的理由吗？"

楚庄王说："你说吧！"

申叔时说："夏征舒杀了他的国君，讨伐并杀掉他，是国君您伸张了正义。但也有人这么说：牵牛践踏了别人的田地，就把他的牛夺走。牵牛践踏田地的人确实有罪，但夺走他的牛，惩罚就太重了。现在把陈国设置为楚国的县，这不是跟夺别人的牛一样吗？"

楚庄王听了拊掌称好，说："那么，现在再恢复陈国，怎么样？"

申叔时回答说："好啊！这就是从人家手里夺过来再还给人家。"

于是，楚庄王重新封立陈国。只是从每个乡抽一个人带回楚国，聚居一地，称为"夏州"，以旌表此次战功。

辩日远近

【释义】辩：辩论。有的说太阳中午离得近，有的说太阳中午离得远，各执一词，难以判断，各说各有理。

【出处】战国·列御寇《列子·汤问》。

一次，孔子去东方讲学，遇见路旁有两个小孩子在激烈地争论，便走上前去想看个究竟。

一个小孩子对他说："太阳早晨的时候离人近，中午的时候离人远。"

另一个小孩子接着说："不对！应该是早上离人远，中午离人近。"

前一个小孩子又说："太阳刚出来的时候足足有车伞那么大，到了中午却像菜盘那样小，这不是近大远小的缘故吗？"

另一个小孩子理直气壮地反驳道："早上的时候，天气凉飕飕的，中午却热得像在汤锅里，这不正合乎远凉近热的道理吗？"对于两个小孩子究竟谁是谁非，孔子也难以决断。

于是，两个小孩子嘲笑孔子说："谁说你是一个无所不知的圣人啊！"

鹬蚌相争

【释义】鹬：一种细长嘴的小鸟，它与蚌相争时，却被渔人趁机捕获了。比喻两方相争，却被第三者得利。

【出处】汉·刘向《战国策·燕策二》。

战国时期，赵国打算进攻燕国，著名的说客苏代就去赵国劝阻。

苏代对赵惠文王讲了一个故事：有一天，一只河蚌张开蚌壳，在河滩上晒太阳。这时有只鹬鸟，正从河蚌身边走过，就伸嘴去啄蚌肉。河蚌急忙将两片蚌壳闭合，把鹬的长嘴紧紧夹住。

鹬鸟与蚌争斗起来，相持不下。鹬鸟威胁河蚌说："如果不张开壳子，今天不下雨，明天不下雨，就会晒死你！"

河蚌也不示弱，它对鹬鸟说："我把你狠狠钳住，今天不放你，明天不放你，就会憋死你！"

这时，恰巧有一个渔夫走过来，没费一点力气，就把它们两个一起捉住拿回家去了。

苏代讲完故事，就对赵惠文王说："现在赵国准备进攻燕国，如果真的打起来，燕、赵两国谁也消灭不了谁，将会长期相持不下，弄得疲惫不堪。我担心强大的秦国会像渔翁那样，乘机把赵、燕两国一起吞并掉，希望大王慎重考虑。"

赵惠文王于是就取消了进攻燕国的计划。

覆水难收

【释义】泼出去的水，收不回。比喻既成的事实难以挽回。

【出处】南朝·宋·范晔《后汉书·何进传》。

汉灵帝死后，何进扶立少帝刘辩，专揽朝政，并与何太后产生尖锐矛盾。为了不让何太后干预朝政，何进与袁绍密谋，以诛杀宦官为名，诏令前将军董卓带兵屯扎关中上林苑（京师长安附近）。

对此，何进的弟弟车骑将军何苗反对何进说："决定国家大计，谈何容易！泼出去的水，是不可能再收起来的。应当深思熟虑，不要与太后及宦官们闹翻了。"

何进不听。后来，何进终于被宦官用计杀掉。